D1753996

Der Druck dieses Buches erfolgte mit freundlicher Unterstützung der Stadt-Heidelberg-Stiftung und des Ministeriums für Wissenschaft, Forschung und Kunst Baden-Württemberg.

Lektorat: Angelika Andruchowicz

Bildnachweis bei der jeweiligen Bildunterschrift
© 2001 für die Beiträge: Autorinnen und Autoren
© 2001 für diese Ausgabe:
Verlag Das Wunderhorn, Bergstr. 21, 69120 Heidelberg
Satz: Fensterplatz
Umschlagfoto: Rolf Schneider
Druck, Fuldaer Verlagsagentur, Fulda
Alle Rechte vorbehalten
ISBN 3-88423-165-0

Christoph Mundt, Gerrit Hohendorf, Maike Rotzoll (Hrsg.)

Psychiatrische Forschung und NS-„Euthanasie"

Beiträge zu einer Gedenkveranstaltung an der Psychiatrischen Universitätsklinik Heidelberg

Wunderhorn

Vorwort

In der öffentlichen Debatte um die nationalsozialistische Vergangenheit des wiedervereinigten Deutschland findet eine Gruppe von Opfern weiterhin nur geringe Beachtung. Es sind dies die psychisch kranken, geistig behinderten und sozial auffälligen Menschen, die den nationalsozialistischen „Euthanasie"maßnahmen zum Opfer fielen. Obwohl die verschiedenen Mordaktionen an psychisch kranken Anstaltsbewohnern die ersten systematischen Massentötungen im Nationalsozialismus gewesen sind, die für den Genozid an den europäischen Juden eine Art „Schrittmacherfunktion" hatten, ist diese Opfergruppe – wie andere Opfergruppen auch – in dem geplanten Berliner Holocaust-Mahnmal nicht repräsentiert. Die Bearbeitung der nationalsozialistischen „Euthanasie" in den Medien beschränkt sich auf die Regionalseiten der Tageszeitungen und die Dritten Fernsehprogramme. Eine Nationale Gedenkfeier für die Opfer der NS-„Euthanasie" mit 100 (!) Zuhörern im Frühjahr 2000 in der ehemaligen Tötungsanstalt Pirna-Sonnenstein[1] verlief ohne wesentliche Presseresonanz. Die Opfer von „Euthanasie" und Zwangssterilisation waren lange Zeit überhaupt nicht als NS-Verfolgte anerkannt und sind es auch heute nur bedingt. Und all dies, obwohl es mittlerweile eine Vielzahl fundierter wissenschaftlicher Arbeiten zum Thema nationalsozialistische „Euthanasie" gibt und sich viele, wenn auch nicht alle Psychiatrischen Krankenhäuser ihrer Geschichte im Nationalsozialismus in mehr oder weniger vorbildlicher Weise gestellt haben.

Das geringe öffentliche Interesse an den weit über Hunderttausend ermordeten psychisch kranken und geistig behinderten Erwachsenen und Kindern sowie sozial auffälligen Menschen hat mehrere Gründe.

---

[1] Vgl. Deutsches Ärzteblatt Jg. 97, Heft 12, 24.3.2000, S. 588.

Zum einen spielen gesellschaftliche Vorurteile, Berührungsängste und eine fortwirkende Stigmatisierung psychisch Kranker auch heute noch eine nicht zu unterschätzende Rolle. Dies gilt auch für die Familien der ermordeten Patienten, in denen der plötzliche Tod eines Kindes, einer Tante oder eines Bruders in einer fernen Anstalt häufig mit einem starken Tabu belegt ist. Zum anderen zeigt die neue Euthanasie-Debatte, daß mit der sogenannten aktiven Sterbehilfe und dem assistierten Suizid nicht nur bei schwer körperlich, sondern auch bei psychisch kranken Menschen (es gibt mehrere Fälle in den Niederlanden), bei Patienten im Wachkoma oder bei schwer behinderten Neugeborenen die von außen gesetzte und gesellschaftlich legitimierte Bestimmung von Lebenswert bzw. Lebensunwert eines Menschen offen oder versteckt fortgeführt wird. Dabei spielen zunehmend auch ökonomische Motive eine Rolle. Hier und nicht in der industrialisierten Tötungspraxis des Nationalsozialismus liegt die Gefahr mahnende historische Parallele zur gegenwärtigen Euthanasiedebatte verborgen, die sich bereits im Rückgriff auf den von den Nationalsozialisten als Tarnbegriff verwendeten Terminus „Euthanasie" andeutet. In der gegenwärtigen „bioethischen" Debatte um die aktive Sterbehilfe wird das Argument der geschichtlichen Erfahrung einer zunehmenden Radikalisierung von Ausgrenzungs- und Vernichtungsstrategien gegenüber „lebensunwertem Leben" im Vorfeld der NS-„Euthanasie" häufig voreilig, ohne die notwendige historische Detailkenntnis, zurückgewiesen.

Der vorliegende Band soll an die geistig behinderten Kinder erinnern, die in den Jahren 1942 bis 1944 in die Psychiatrische Universitätsklinik Heidelberg aufgenommen und in ein von der nationalsozialistischen „Euthanasie"zentrale finanziertes, tödliches Forschungsprogramm einbezogen wurden. Dieses Forschungsprogramm war von dem damaligen Klinikdirektor Carl Schneider, zugleich Obergutachter der „Euthanasie"zentrale, und seinen Mitarbeitern konzipiert worden mit dem Ziel, die Gehirne der Kinder in Heidelberg zu untersuchen. Zu diesem Zweck sind 21 der untersuchten Kinder in der Landesheil- und Pflegeanstalt Eichberg auf Veranlassung Carl Schneiders mit Medikamentenüberdosierungen getötet worden. Diesen Kindern zum Gedenken und der heutigen Medizin und Psychiatrie zur Mahnung ist der Gedenkstein gewidmet, der am 8. Mai 1998 vor der Psychiatrischen Universitätsklinik Heidelberg enthüllt worden ist. Dabei darf nicht vergessen werden, daß diese 21 Kinder nicht die einzigen Patienten und Patientinnen der Heidelberger Klinik gewesen sind, die den nationalsozialistischen „Euthanasie"maßnahmen zum Opfer fielen. In einer Dissertation wird gegenwärtig das Schicksal von weit über 2.000 zwischen 1936 und 1945 in andere Anstalten verlegten Patienten und Patientinnen der Heidelberger Klinik untersucht, um herauszufinden, wieviele von ihnen andernorts im Rahmen der NS-„Euthanasie" getötet wurden. Erinnert sei nicht zuletzt an die Patienten und Patientinnen der Klinik, die zwangssterilisiert oder zu diesem Zweck von der Klinik begutachtet wurden. Auch dieses Thema ist derzeit Gegenstand einer Doktorarbeit.

Mit diesem Buch wollen wir den Tag der Mahnmalsenthüllung, bei der etwa 300 Gäste, unter ihnen auch Angehörige der getöteten Kinder, anwesend waren, dokumentieren.

Der Vormittag begann mit den hier abgedruckten Grußworten und einer Ansprache von Eduard Naudascher, einem der Angehörigen, der in einfachen, aber eindrucksvollen Worten das Schicksal seines damals 13jährigen Bruders schilderte, verbunden mit dem Appell, aus dem Geschehen persönliche und gesellschaftliche Konsequenzen für die Gegenwart und die Zukunft zu ziehen. Im Anschluß daran berichtete der Medizinhistoriker Volker Roelcke über die Geschichte der Heidelberger Forschungsabteilung unter Carl Schneider und stellte die Ergebnisse einer historischen Arbeit vor, die von einem ursprünglich studentischen Arbeitskreis Anfang der neunziger Jahre begonnen wurde.

Die Enthüllung des Mahnmals vor dem Hauptportal der Klinik wurde anschließend von dem Klinikdirektor Prof. Mundt vorgenommen. Es folgte eine Lesung von Dokumenten aus den Krankengeschichten der Kinder im Wechsel mit Musikfragmenten aus der Prinzhornsammlung, gesetzt für Violine und Klavier. Im Buch sind die auf die Musik bezogenen Texte von Else Blankenhorn sowie die der Musik nachempfundenen Texte des Komponisten Philipp-Damian Siefert festgehalten. Anschließend gab es, angeregt durch kunsthistorische Erläuterungen von Christoph Zuschlag, Gelegenheit zum Gespräch mit dem Künstler Rolf Schneider, der das Mahnmal gestaltet hat.

Den Nachmittag füllte ein wissenschaftliches Symposium aus, das einen breiten historischen Bogen spannte: von den gesellschaftlichen und wissenschaftlichen Wurzeln der nationalsozialistischen Ausgrenzungs- und Vernichtungsstrategien gegenüber als minderwertig definierten Menschen bis hin zu den aktuellen Diskussionen über Sterbehilfe und über die ethischen Voraussetzungen medizinischer Forschung am Menschen.

Am Anfang standen zwei Beiträge von Autoren, die aufgrund ihres Geburtsjahrgangs noch als Zeitzeugen gelten können. Der Freiburger Medizinhistoriker Eduard Seidler berichtete über die Geschichte der „Kindereuthanasie" im Nationalsozialismus, ergänzt durch seine Erinnerung an die erb- und rassenhygienische Propaganda während der eigenen Schulzeit. Manfred Müller-Küppers, emeritierter Kinder- und Jugendpsychiater aus Heidelberg, setzte sich ebenfalls auf sehr persönliche Art und Weise mit der Entwicklung seines Faches während des Nationalsozialismus auseinander. Es folgten drei Vorträge, die aus je unterschiedlichem Blickwinkel die Frage nach der historischen Einordnung der nationalsozialistischen Massentötungen, von „Euthanasie" und Holocaust, stellten:

Ausgehend von Goldhagens These eines *eliminatorischen Antisemitismus* der Deutschen analysierte der Bielefelder Historiker Hans-Walter Schmuhl das Verhältnis von Intention und Struktur, von rassistischer und rassenhygienischer Ideologie zu der spezifischen Struktur der nationalsozialistischen Herrschaft mit der zunehmenden Radikalisierung einer charismatischen Herrschaftsform. Der amerikanische Historiker Henry Friedlander (New York) vertrat in seiner Analyse des nahtlosen Übergangs vom „Euthanasie"programm zum Holocaust die Auffassung, daß die wesentliche Motivation der Massenmorde in der rassistischen und eugenischen Ideologie der Nationalsozialisten bestanden habe und ökonomische Einsparungen nur ein Nebeneffekt gewesen sein könnten. Der Sozialpsychiater und Historiker Klaus Dörner (Gütersloh/Hamburg) beschrieb in seinem Beitrag „Die ‚Endlösung' der sozialen Frage" Geschichte als das jeweilige Verhältnis von Stärkeren und Schwächeren. Dabei seien, epochalen Umbrüchen entsprechend, unterschiedliche Gruppen der Gesellschaft von Ausgrenzung bedroht gewesen. Für die Gegenwart erhofft sich Dörner eine Gesellschaft, der es gelingt, mehr Ambivalenzen auszuhalten, statt diese beseitigen zu versuchen, und dabei mehr Integration von Randgruppen zu wagen.

Thomas Fuchs (Heidelberg) stellte die Frage nach dem Menschenbild der an den Medizinverbrechen im Nationalsozialismus beteiligten Ärzte in den Vordergrund. Er sieht das wesentliche, auch für heutige ethische Fragen relevante Problem darin, daß der Mensch sowohl in einer rein naturwissenschaftlichen Sichtweise als auch in der Ideologie des biologistischen Rassismus seiner unbedingten, unverfügbaren Personalität beraubt werde. Der Münchener Psychiater Hans Lauter setzte sich vor dem Hintergrund der Erfahrungen der nationalsozialistischen „Euthanasie" mit der neuen Euthanasiedebatte und der gegenwärtigen Praxis der Euthanasie in den Niederlanden auseinander. Der Heidelberger Medizinhistoriker Wolfgang Eckart zeichnete die historische Entwicklung der Richtlinien über medizinische Versuche am Menschen nach, die bereits Anfang der dreißiger Jahre in Deutschland ein hohes ethische Niveau erreicht hatten, und warnte davor, den gegenwärtig erreichten Stand, z.B. in bezug auf die Bioethik-Konvention des Europarates, wieder aufzugeben.

Die Kunsthistorikerin der Heidelberger Prinzhornsammlung Bettina Brand-Claussen beschrieb in ihrem Beitrag „'Irrenkunst' und ‚irre' Kunst zwischen Wilhelm Weygandt und Carl Schneider" die Vorgeschichte der Verfolgung und Vernichtung von avantgardistischen Künstlern und psychisch kranken Kunstschaffenden im Nationalsozialismus, die damit begann, daß moderne Künstler und ihre Werke seit Ende des 19. Jahrhunderts als „entartet" diffamiert und mit den Arbeiten von „Geisteskranken" verglichen wurden.

Der Beitrag des aus Wien stammenden Heidelberger Kinder- und Jugendpsychiaters Franz Resch zur Geschichte der „Kindereuthanasie" in Wien wurde auf dem Symposium nicht gehalten, sondern eigens für diesen Band geschrieben. Er setzt sich insbesondere auch mit der Frage auseinander, was wir aus der Geschichte lernen können.

Die Mahnmalsenthüllung wurde begleitet von der Frühjahrstagung des „Arbeitskreises zur Erforschung der nationalsozialistischen ‚Euthanasie' und Zwangssterilisation", der sich seit Anfang der achtziger Jahre in halbjährlichen Abständen in einem informellen Rahmen trifft. Die Arbeitskreistagung fand in der Heidelberger Klinik und auf dem Schwarzacher Hof statt, derjenigen Einrichtung, aus der der größte Teil der getöteten Kinder stammte und aus der die meisten von ihnen in die Tötungsanstalt Eichberg verlegt wurden. Wir haben dieser Tagung die Beiträge entnommen, die einen Bezug zur Geschichte der Heidelberger Forschungskinder haben. Hans-Werner Scheuing berichtete über den Schwarzacher Hof und das Schicksal seiner Bewohner im Nationalsozialismus sowie die Transporte der Kinder in die Anstalt Eichberg. Willi Dreßen, Leiter der Zentralen Stelle der Landesjustizverwaltungen Ludwigsburg, bewertete kritisch die Einstellung des Heidelberger Ermittlungsverfahrens gegen Beteiligte der Heidelberger Forschungsabteilung unter Carl Schneider. Petra Lutz stellte die Ergebnisse ihrer Dissertation zur Haltung der Eltern gegenüber der „Kindereuthanasie" dar. Sie untersuchte Briefe und Aussagen von Eltern getöteter Kinder aus den Anstalten Eichberg, Ansbach und Eglfing-Haar.

Die besondere Atmosphäre, die mit dem Gedenktag und der Mahnmalsenthüllung verbunden war, kann dieser Band nur bedingt wiedergeben. Wichtig war uns, daß einige der Angehörigen der getöteten Kinder anwesend waren, zumal wir aus unserer Kontaktaufnahme mit den Angehörigen wissen, wie schmerzhaft und schwierig die Auseinandersetzung mit dem zum Teil heute immer noch tabuisierten Schicksal von „Euthanasie"-Opfern in den betroffenen Familien sein kann.

Das Mahnmal ist Ergebnis einer Auseinandersetzung innerhalb der Klinik, in der seit Ende der achtziger Jahre ein offenes Sprechen über die bis dahin tabuisierte nationalsozialistische Vergangenheit möglich wurde. Bis Ende der achtziger Jahre hatte auch die personelle Kontinuität ehemaliger Mitarbeiter des Forschungsprogramms von Carl Schneider eine offene Auseinandersetzung erheblich erschwert.

Die Entscheidung über Ort und Gestaltung des Mahnmals und die schwierige Erarbeitung des Gedenktextes wurde nach einer offenen Diskussion unter Beteiligung aller Klinikmitarbeiter und -mitarbeiterinnen (einschließlich einer Klinikvollversammlung) getroffen. Besonders fruchtbar war die Zusammenarbeit mit dem Heidelberger Künstler Rolf Schneider, der die Vorbereitungen im geduldigem Gespräch mit einer Vielzahl von Beteiligten von Seiten der Klinik begleitete und dem an dieser Stelle nochmals unser besonderer Dank ausgesprochen sei. Möglich geworden ist das Mahnmal schließlich durch die großzügige Unterstützung der Medizinischen Fakultät der Universität Heidelberg und die Zusammenarbeit mit dem Universitätsbauamt und dem Klinikumsvorstand. Dem Verwaltungsdirektor, Herrn Leitenden

Ministerialrat Manfred Rummer, sei für sein Engagement bei der Finanzierung des Mahnmals und der Gestaltung des Gedenktextes ausdrücklich gedankt. Herzlich danken möchten wir auch allen Mitarbeiterinnen und Mitarbeitern der Klinik, die zum Gelingen der Gedenkveranstaltung beigetragen haben, stellvertretend für viele seien genannt Pflegedienstleiter Roland Eichstädter, Frau Doris Moser und Herr Reinhold Steger. Zugleich möchten wir allen Geldgebern der Gedenkveranstaltung, unter ihnen das Ministerium für Wissenschaft, Forschung und Kunst Baden-Württemberg, und für den Druckkostenzuschuß der Stadt-Heidelberg-Stiftung unseren Dank aussprechen. Dem Verlag Das Wunderhorn sei für die geduldige verlegerische Betreuung, das sorgfältige Lektorat und die großzügige Ausstattung des Bandes herzlich gedankt.

Ein Mahnmal darf keinen Schlußstrich unter die nationalsozialistische Vergangenheit ziehen, wie er im Sinne der Hebung eines neuen deutschen Selbst- und Nationalbewußtseins gefordert wird. Gerade in seiner konkreten Erinnerung an das Schicksal von 21 im Namen von „Volksgesundheit" und medizinischem Forschungsinteresse getöteten Kindern soll das Mahnmal Kristallisationspunkt einer lebendigen Auseinandersetzung mit einer Geschichte bleiben, derer wir uns nicht entledigen können. Dies gilt gerade angesichts weiterhin bestehender Ausländer-, Behinderten- und auch Judenfeindlichkeit. Lebendige Auseinandersetzung mit dem Geschehen heißt für die heutige psychiatrische Praxis und Forschung, sich der Mitverantwortung bewußt zu bleiben, in einer gewollt kompetitiven Gesellschaft den in ihrem Selbstbewußtsein geschwächten, verunsicherten oder zerstörten psychisch Kranken den Freiraum zu gewährleisten, den sie zu Erholung, Reifung oder auch chronischem Leiden in Dignität benötigen. Die grundsätzliche Anerkennung der personalen Integrität auch bei schwerer Beeinträchtigung begründet diese Forderung.

Mittlerweile ist das Mahnmal zu einem selbstverständlichen Ort der Begegnung geworden, der an zentraler Stelle vor dem Klinikeingang viele Patientinnen und Patienten, Besucher und Klinikangehörige zum Nachdenken einlädt.

Christoph Mundt, Gerrit Hohendorf, Maike Rotzoll
Heidelberg im Mai 2000

Grußworte

Begrüssung durch Prof. Dr. Christoph Mundt, Ärztlicher Direktor der Psychiatrischen Universitätsklinik Heidelberg

Im Namen der Psychiatrischen Universitätsklinik Heidelberg begrüße ich Sie sehr herzlich zu diesem Gedenkakt für die Opfer der nationalsozialistischen „Euthanasie" aus unserer Klinik. Es ist für uns eine große Genugtuung, daß Sie so zahlreich gekommen sind.

Ich möchte im besonderen begrüßen die Gäste, die ein Grußwort zu uns sprechen werden und im Programm noch nicht namentlich aufgeführt werden konnten:

Ich begrüße herzlich Herrn Dr. Kramer für das Ministerium für Wissenschaft, Forschung und Kunst, Baden-Württemberg.

Ich begrüße sehr herzlich für das Rektorat der Universität Heidelberg Herrn Prorektor Prof. Kirchheim.

Für die Medizinische Fakultät begrüße ich Spectabilis Prof. Sonntag.

Für den Klinikumsvorstand den Vorsitzenden und Ärztlichen Direktor des Klinikums Prof. Martin und den Kaufmännischen Direktor Leitenden Ministerialrat Rummer. Beiden sei bereits an dieser Stelle für den Rückhalt und die großzügige finanzielle Unterstützung gedankt.

Ich begrüße weiterhin Herrn Prof. Resch, meinen Kollegen aus der Abteilung für Kinder- und Jugendpsychiatrie unserer Klinik, die in den sechziger Jahren gegründet wurde.

Ich begrüße weiterhin sehr herzlich Herrn Bürgermeister Schaller, der für die Stadt Heidelberg zu uns sprechen wird.

Besonders freue ich mich, daß der Bund der Euthanasie-Geschädigten und Zwangssterilisierten, vertreten durch Frau Nowak, zu uns sprechen wird, sowie darüber, daß Prof. Naudascher als ein Angehöriger eines der Opfer das Wort ergreifen wird.

Bei den weiteren im Programm namentlich aufgeführten Personen, die an dieser Gedenkfeier aktiv mitwirken, möchte ich mich global sehr herzlich für ihre Beteiligung bedanken.

Meine Damen und Herren, die Bemühungen um die Errichtung eines Mahnmals für die „Euthanasie"-Opfer dieser Klinik und damit die offene Auseinandersetzung mit der nationalsozialistischen Geschichte haben einen fast 9jährigen Vorlauf. Ein Blick zurück auf diesen Vorlauf wirft auch die Frage auf, warum wir hier, an diesem historischen Tag, erst heute, 53 Jahre nach Ende der nationalsozialistischen Herrschaft, stehen.

Wenige Tage nach meiner Amtsübernahme im Jahr 1989 war ich konfrontiert mit dem Anliegen einer vielköpfigen Studentengruppe, die in den Archiven der Klinik über die Zeit zwischen 1933 und 1945 historisch forschen wollte. Die Entscheidung, ob das Projekt zu unterstützen sei, hatte die wissenschaftliche Motivation der Gruppe, die Seriosität der Methodik und – angesichts massiven Druckes aus der Klinik, das Vorhaben zu verbieten – die Einbettung in das Umfeld zu bedenken. Einige der damals unbekannten Studentinnen und Studenten sind inzwischen profilierte wissenschaftliche Mitarbeiterinnen und Mitarbeiter der Klinik geworden, die mit der von ihnen erarbeiteten Dokumentation der Euthanasie-Opfer der Klinik und der Bearbeitung des ideengeschichtlichen und praktisch-klinischen Hintergrundes der Tötungen die Voraussetzungen geschaffen haben für die Errichtung eines Mahnmals, das auf die Opfer Bezug nimmt.

Vielleicht gewichtiger als ihre wissenschaftliche Arbeit ist aber die Initialzündung, die die Gruppe damals gesetzt hat zur Überwindung von Tabuisierung und Schweigen an einer Stätte, deren Verstrickung in das Euthanasie-Programm in führender Rolle schwer wiegt besonders eingedenk ihrer Bedeutung als weltweit geachtetes wissenschaftliches Zentrum vor der nationalsozialistischen Ära.

Schon in den sechziger Jahren hatte Alexander Mitscherlich die deutsche Unfähigkeit zu trauern mit der abwehrenden Entfremdung der Kriegsgeneration von ihrer sozio-kulturellen Identität in Zusammenhang gebracht. Die großen kulturellen Leistungen mit ihren Stil- und Schulenbildungen und eben auch die wissenschaftlichen Leistungen waren zum großen Teil kontaminiert mit dem Ungeist, der Widerspruch offenbar nicht erduldbar.

Gerade die Heidelberger Klinik hat für ihre wissenschaftliche Welt diese Kontamination in besonders schmerzender Weise exemplifiziert. Ihre große psychopathologische Tradition, die mit den Werken von

Emil Kraepelin und Karl Jaspers eine Grundlage der heute weltweit gültigen Krankheitslehre ist, stattete auch den psychopathologisch forschenden und publizierenden Obergutachter der T4-Aktion Carl Schneider mit ihrer Autorität aus. Neben der Kontamination einer hoch angesehenen und auch nach dem Krieg wieder zur Blüte gelangten Forschungsrichtung stellte die personelle Kontinuität der Arbeitsgruppe von Carl Schneider an der Klinik eine weitere solche Kontamination dar. Zwei seiner Assistenten bekleideten bis in die siebziger Jahre Professoren-Stellen der Klinik. Patienten und Ärzte blieben ohne Kontinuitätsunterbrechung unmittelbar aufeinander bezogen. Historisches Dokumentationsgut wurde vernichtet.

Eine Generation später als Mitscherlich haben Barbara Heimansberg und Christoph Schmidt 1987 die erste Nachkriegsgeneration, Kinder von Opfern und Tätern, in psychotherapeutischen Gesprächen zu Wort kommen lassen. In ihrem Buch „Das kollektive Schweigen, deutsche Identität und das Vermächtnis der Scham" zeigen sie, wie sich aus unbewußten und reflektierten Äußerungen die verlorene oder fragmentierte Identifikation mit unserer Kultur und Geschichte auch in der Nachkriegsgeneration darstellt. Wer etwa noch Mitte der achtziger Jahre in dieser Klinik nach den ersten historischen Referaten im Hausseminar die versteinerte Sprachlosigkeit erfahren hat, die den Vorträgen folgte, kennt die außerordentliche Macht dieser Gefühlsprozesse.

Für die weitere Entwicklung des Projektes der Studenten war von großer Bedeutung die entschiedene, ohne jedes Zögern angebotene Unterstützung des Dekans der damaligen Fakultät für Klinische Medizin II, Prof. Hacke, und des Medizinhistorikers Prof. Seidler, Freiburg, der die Arbeit fachlich begleitete. Beiden sei an dieser Stelle für die damals nicht selbstverständliche Unterstützung herzlich gedankt, besonders aber der damaligen Gruppe selbst, von denen ich stellvertretend auch für diejenigen, die sich später anderen Themen zugewandt haben, Gerrit Hohendorf, Achim Magull-Seltenreich, Volker Roelcke und Maike Rotzoll nennen möchte. Die Unbefangenheit der zweiten Nachkriegsgeneration hat im Verein mit der damaligen Gesamtkonstellation den überfälligen Prozeß auch hier an dieser Klinik in Gang gebracht.

Mit der Dokumentation der Tötungen in mehreren Publikationen und dem Versuch, ihren ideengeschichtlichen Hintergrund nachzuzeichnen, war die Möglichkeit gegeben, an die Konzeption eines Mahnmals zu denken. In einem etwa 3jährigen Klärungsprozeß, in den alle Berufsgruppen der Klinik einbezogen waren, wurde der Ort bestimmt und von Rolf Schneider die Form geschaffen. Ihm sei an dieser Stelle sehr herzlich gedankt für sein einfühlsames Mitgehen mit den internen Nöten und Schmerzen dieser Klinik, für seine Bereitschaft, sich immer wieder auf neue Varianten einzustimmen, ohne sich selbst zu verleugnen. Zwischen Verstecken des Mahnmals in einem unberührten Winkel und übermäßiger Aufdringlichkeit wurde zuletzt eine Lösung gefunden, die von der in anderen Kliniken am häufigsten gewählten Form der eingesenkten Bodenplatte abgeht und eine erhabene Form gewählt hat, ähnlich der Lösung des Psychiatrischen Behandlungszentrums Nordbaden Wiesloch. Die Lösung entspricht der historischen Bedeutung der Klinik in beiderlei, der positiven und der negativen Hinsicht.

Meine Damen und Herren, ein Dienst, den wir den Getöteten erweisen können, besteht darin, ihre Geschichte zu bewahren und zu erinnern. Und das bedeutet auch, sie in Bezug zu setzen zu unserer Gegenwart. Als wesentliches Charakteristikum des damaligen Denkens hat die Historikergruppe unserer Klinik in ihren Publikationen die Verschiebung des Heilungszieles der NS-Medizin vom Individuum auf die Gesellschaft herausgestellt. Dieser in der Intention mit Hilfe eugenischer Maßnahmen primär-präventive Gedanke ist offenbar besonders korrumpierbar. Wird einmal die Unhintergehbarkeit des kantischen kategorischen Imperativs, der letztlich im Individualinteresse wurzelt, aufgegeben, wird das Leben bzw. der Tod instrumentalisierbar, tut man sich offenbar schwer, einen anderen Fixpunkt ethischer Handlungspraxis für die Medizin zu finden, der transkulturell stabil bleibt. Dennoch bin ich der Meinung, daß nicht die Idee als solche zu dem Verlust der Maßstäbe geführt hat. Vergleichbare Ideen gab es lange vor der nationalsozialistischen Ära und in vielen Ländern, auch solchen, die heute besondere Autorität in gesellschaftspolitisch-ethischen Fragen genießen. Die retrospektive Rückverfolgung von Ideen und Denkstilen, die zu systematischer Massentötung durch eine verirrte Medizin geführt haben, mag uns die Entwicklung dorthin erläutern und das Wiedererkennen dieser oder ähnlicher Gedanken in neuem Gewand erleichtern. Für die Vermeidung der Wiederholung taugt sie alleine nicht, denn dafür ist nicht nur die Idee im Ursprung, sondern der Verlust der Ausgewogenheit des Denkens vor der Tat, die Blockierung der offenen Diskussion in der Endphase der Entwicklung maßgeblich. Die Aufhebung des freien Spiels der Meinungen zerstört die kritische Tradition, die Karl Popper als letzten Haltepunkt für das, was wir für richtig halten, beschworen hat. Der Auftrag ist also, für den Erhalt dieses freien Spiels der Meinungen einzustehen.

Es gibt heute und seit geraumer Zeit wieder eine „neue" „Euthanasie"-Diskussion. Sie wird auch Gegenstand des wissenschaftlichen Symposiums heute Nachmittag sein. Der niederländische Beitrag zu dieser Diskussion, der sich wesentlich auf die prinzipielle Zulassung des medizinisch-assistierten Patientensuizids bezieht, zeigt eine ganz andere Struktur als das Denken, das der nationalsozialistischen „Euthanasie" zugrunde lag, nämlich die Orientierung an wirklichen oder vermeintlichen Belangen des Individuums aus der Bürgerrechtsbewegung heraus. Anderes gilt für den sogenannten konsequentialistischen Utilitarismus mit seinem Ziel einer maximalen Hedonie für möglichst viele Mitglieder einer Gesellschaft. Er setzt wieder Gemeinschaftswerte über Individualwerte in der Medizin. Diese Philosophie mit ihrer Konsequenz aktiver Euthanasie schwergeschädigter Neugeborener beispielsweise ist z.T. in Australien für eine begrenzte Zeit Gesetz geworden.

Dennoch kommen die Gefahren heute wohl nicht so sehr aus diesen beiden Richtungen. Sie stehen zu sehr im Mittelpunkt einer sehr breiten internationalen Diskussion. Weniger problematisiert werden dagegen die zum Teil verdeckten und tief in aktuellen Denkstilen verwurzelten Einflüsse der Ökonomisierung und Merkantilisierung der Medizin auf die Denkbarkeit ausgeweiteter passiver Euthanasie, des assistierten Suizids und auch aktiver Euthanasie. Natürlich ist die Verschwendung von Ressourcen schädlich auch für die Patienten, aber die zunehmende Orientierung an Kosten-Nutzen-Erwägungen mit ihrer Problematisierung des hohen Kosteneinsatzes für kurze Überlebenszeiten von geringer Lebensqualität führt eine Problematisierung des Lebenserhaltes als letztem Ziel der Medizin mit sich. Hier deutet sich wieder eine besonders zwingende, weil nüchtern-sachlich begründete Unterordnung der individuellen Heilungserwartung unter den Primat eines gesellschaftlichen Anspruchs an mit entsprechender Relativierung des Wertes des zu erhaltenden Lebens.

Meine Damen und Herren, wir wissen aus der Psychopathologie und Psychotherapie, wie dysfunktional massive Schuld- und Schamgefühle oder Selbstbezichtigungen für das Sozialverhalten sind. Aus vielen Gesprächen mit ausländischen, vor allem amerikanischen Freunden und Kollegen, deren Land übrigens sein Vietnam-Trauma sehr viel rascher und offensiver bearbeitet hat als wir unser geschichtliches Trauma, habe ich zu meiner Überraschung gelernt, daß Selbstbezichtigungen unerwünscht sind. Erwartet wird vielmehr ein selbstbewußtes, vitales Sich-Einbringen in die Diskussion um Themen, die uns angehen, mit der Erfahrung und Verarbeitung der Geschichte, die meiner Generation und folgenden mitgegeben wurde.

Ich möchte schließen mit einem Zitat der Schriftstellerin Ilse Aichinger, Wiener Jüdin, die einen Teil ihrer Familie in den Gaskammern verloren hat. Es stammt aus einer Rede, die sie an bayerische Schülerinnen und Schüler aus Anlaß einer Preisverleihung 1988 gehalten hat. Sie bezieht sich dabei auch auf Inge Scholl, eine Schwester der Geschwister Scholl, die der Weißen Rose angehörten:

„Von der Verharmlosung darf kein Tag berührt werden, sagte Inge Scholl. Sie sagte es fast nebenbei, wie man eben das Selbstverständliche sagt, das nicht weiter erläutert werden muß, aber wie beginnen? Vielleicht damit, sich inmitten der eigenen Verwandlung die Hinwendung zu den Verwandlungen Anderer zu bewahren, auch zu ihren Leiden, sich gefaßt zu machen auf diese Anderen und damit zugleich auf sich selbst."

Grusswort Ministerialdirigent Dr. Otto Kramer
Ministerium für Wissenschaft, Forschung und Kunst Baden-Württemberg

Für die Landesregierung von Baden-Württemberg und das Wissenschaftsministerium möchte ich sehr nachdrücklich begrüßen, daß Universität und Universitätsklinikum Heidelberg heute diese Gedenkveranstaltung abhalten und ein Mahnmal für die Heidelberger Opfer der Euthanasie enthüllen.

Man könnte fragen:
– Liegen die schrecklichen Vorgänge, die Herr Prof. Mundt soeben geschildert hat, nicht lange genug, nämlich 50 bis 60 Jahre zurück, um sie der Vergangenheit und dem Vergessen überantworten zu können?
– Und hat sich gerade die Universität Heidelberg in den letzten 50 Jahren nicht hinreichend oft durch ihre Rektoren und herausragenden Wissenschaftler und in angemessener Form mit ihrer unrühmlichen nationalsozialistischen Vergangenheit beschäftigt, so daß diese Vergangenheit nicht endlich Vergangenheit sein sollte?

Die Antwort lautet eindeutig: Nein, schon deshalb, weil diese Vorgänge ein Schandfleck der Universität sind, der nie „verjährt". Die Beschäftigung mit der eigenen Vergangenheit ist ein konstitutives Element unseres Selbstverständnisses, zumal des Selbstverständnisses einer alten, sehr stark geisteswissenschaftlich-historisch orientierten Universität. Gestatten Sie mir in diesem Zusammenhang die Bundestagspräsidentin Rita Süßmuth zu zitieren:

„Erinnerung ist anstrengend, aber sie befreit auch. Sie gibt uns Kraft, die Zukunft zu bestehen".

Lassen Sie uns erinnern und uns vergegenwärtigen, daß die Euthanasieverbrechen in der Heidelberger Psychiatrie aus einem keine Grenzen anerkennenden, die Menschenrechte und die Menschenwürde mißachtenden Wissens- und Forscherdrang heraus begangen wurden. Was garantiert, wenn nicht ständige Erinnerung daran, daß heutige und künftige Forscher und Wissenschaftler nicht ähnlichen Versuchungen erliegen? Ein Blick auf die Möglichkeiten der modernen Medizin und Wissenschaft zeigt, daß es der Versuchungen viele gibt.

Gerade eine Institution wie die Universität, die die Freiheit von Forschung und Lehre für sich beansprucht – und dies zurecht –, gerade eine solche Einrichtung hat die Aufgabe, sich der Voraussetzungen und Grenzen dieser Freiheit immer wieder zu erinnern.

Wenn sich die Universität Heidelberg und ihre Psychiatrische Klinik heute mit ihrer Vergangenheit im Dritten Reich auseinandersetzen, geht es also nicht nur um diese Auseinandersetzung an sich, sondern auch darum, die Widerstandsfähigkeit der Universität und ihrer Mitglieder gegen ähnliche Entwicklungen in der Zukunft zu stärken, aus dem Versagen von damals die richtigen Schlußfolgerungen für heute und für morgen zu ziehen.

In diesem Sinne wünsche ich der Veranstaltung ein gutes Gelingen.

GRUSSWORT PROF. DR. HARTMUT KIRCHHEIM PROREKTOR FÜR MEDIZIN DER RUPRECHT-KARLS-UNIVERSITÄT HEIDELBERG

Im Namen des Rektors der Ruprecht-Karls-Universität begrüße ich Sie zu der heutigen Gedenkveranstaltung. Der erschreckend konkrete Anlaß für diese Veranstaltung ist die Tötung von 21 Kindern im Zusammenhang mit einer wissenschaftlichen Untersuchung an der Psychiatrischen Universitätsklinik Heidelberg in den Jahren 1942 bis 1944. Ein heute ebenfalls stattfindendes Symposium wird sich insbesondere mit der Entwicklung der Psychiatrie im Nationalsozialismus befassen. Der geistig-moralischen Kapitulation der Universitäten in dieser Zeit begegnete man auch in meinem Fachgebiet, der Physiologie, nach 1945 im wesentlichen mit Wegsehen, Verschweigen, Ausweichen und Untätigkeit. Ich möchte exemplarisch an eine Tagung „Ärztliche Fragen bei Seenot und Winternot" erinnern, die am 26./27. Oktober 1942 in Nürnberg stattfand und an der namhafte Vertreter der Deutschen Luftfahrtmedizin und Kälteforschung teilnahmen, unter ihnen eine Reihe von Physiologen aus der Generation meiner akademischen Lehrer. Die Tagungsteilnehmer haben damals nachweislich erfahren, daß bei den Experimenten Versuchspersonen zu Tode kamen. Zur Reaktion der Tagungsteilnehmer, nämlich einigen wenigen spärlich im privaten Kreis geäußerten Bedenken, mag ich mich nicht äußern. Der Mangel an Distanzierung und Widerruf durch meine Kollegen nach 1945, teilweise verbunden mit einem ungebrochenen Selbstbewußtsein, wie auch die späte Ehrung eines der Tagungsteilnehmer im Jahre 1978 durch eine angesehene Akademie der Wissenschaften macht mich allerdings betroffen. Wenn diese Gedenkstunde neben der Trauer um die Opfer dazu beitragen kann, 53 Jahre nach Kriegsende das Versagen der Deutschen Wissenschaften während des Nationalsozialismus durch eine konkrete und individuelle historische Auseinandersetzung mit diesen Vorgängen bewußt zu machen, so hat sie ihren Zweck erfüllt.

Grusswort Prof. Dr. Hans-Günther Sonntag
Dekan der Medizinischen Fakultät der
Ruprecht-Karls-Universität Heidelberg

Unsere Zeit lebt vom Vergessen. Überflutet von Nachrichten und Informationen aus allen Gebieten unserer Erde registrieren wir Geschehnisse, ohne sie zu verarbeiten, zu verinnerlichen. Mord, Kinderschändungen, persönliche Schicksale berühren uns für Momente, und schnell werden wir zurückgeführt zur Tagesordnung, zum Tagesgeschäft, zur Normalität – wo wird der nächste Urlaub stattfinden?

Über 55 Jahre liegt das schreckliche Geschehen zurück, für das wir heute ein Mahnmal einweihen.

Die Ära des Nationalsozialismus, eine Zeit, in die sich kaum noch jemand von den Anwesenden versetzen kann, wenn er überhaupt damals schon geboren war, ist ein Zeitabschnitt, der sich in seiner ganzen Auswirkung unserer heutigen Vorstellung entzieht, und doch wollen – und müssen – wir Geschehnisse aus dieser Zeit in Erinnerung behalten, ihnen unser Angedenken widmen. Da stellt sich die Frage: Was haben wir damit zu tun? Was sind unsere Beweggründe, mahnend diesem Geschehen einen Gedenkstein zu setzen, das wir nicht verschuldet haben, was sich in seinen Ursprüngen, in seiner Umsetzung und in seinen Konsequenzen unserem heutigen Verständnis entzieht?

In diesem spezifischen Falle sind es die unschuldigen Opfer, nicht eines rassistisch ausgerichteten nationalsozialistischen Regimes, sondern es sind die unschuldigen Opfer eines verabscheuungswürdigen Verhaltens von Kollegen, von Ärzten, die sich über den seit Hippokrates fixierten humanistischen Anspruch eines „Semper nihil nocere" aus sogenannten medizinisch-wissenschaftlichen Beweggründen hinweggesetzt haben und dabei den Tod, d.h. das Auslöschen individuellen menschlichen Lebens, in Kauf genommen haben, es sind diese unschuldigen Opfer, vor denen wir uns heute verneigen.

Auch heute sind wir im Rahmen der universitären Krankenversorgung, die gleichzeitig die medizinische Forschung und Lehre einschließt, immer wieder mit Fragen des individuellen Leids konfrontiert, und so brauchen wir mehr denn je die Mahnung, allen unseren Handlungen die ethischen Grundsätze zugrunde zu legen, die sich aus unserem medizinisch-humanistischen Grundverständnis ableiten. Die Medizinische Fakultät Heidelberg dankt Ihnen, lieber Herr Mundt, und Ihrer Arbeitsgruppe, die sich mit großem Engagement um die historische Aufklärung dieses Geschehens vor 55 Jahren bemüht hat, und nicht nur dieses zur Kenntnis genommen, sondern mit der Initiierung dieses Mahnmals aktiv zur Bewältigung dieser geschichtlichen Ereignisse beigetragen hat.

So wird dieses Mahnmal als stiller Zeuge auch in unserer schnellebigen und vergeßlichen Zeit immer wieder mahnend auf die Grenzen der medizinischen Forschung hinweisen. Vielleicht kann es aber auch darüber hinaus mahnender Verweis darauf sein, daß wir auch in unserer heutigen Zeit nicht frei von den Problemen des Täters und des Opfers sind, daß wir gerade in der Medizin bewußt oder unbewußt uns in der Rolle des Täters, aber auch in der Rolle des Opfers wiederfinden können. So erhält m.E. dieses Mahnmal über das Gedenken an ein spezifisches Geschehen hinaus auch eine ganz aktuelle Bedeutung, so daß seine Aufstellung für die Universitätsmedizin in Heidelberg einen außerordentlichen Stellenwert einnimmt.

Grusswort Prof. Dr. Eike Martin
Klinikumsvorstand des Universitätsklinikums Heidelberg

Für mich als Mediziner ist es bestürzend und nicht faßbar, darüber nachzudenken, daß 21 Kinder der Psychiatrie in Heidelberg in die Heil- und Pflegeanstalt Eichberg zur Tötung verbracht wurden allein mit dem Ziel, ihre Gehirne anschließend in Heidelberg untersuchen zu lassen. Dies sind die Fakten und gleichzeitig auch der Spiegel der unmenschlichen Denkweise im Dritten Reich, die in der Medizin unter dem Mantel Psychiatrischer Forschung, Rassenhygiene und Reformpsychiatrie zur Beteiligung von Medizinern an dem sogenannten Euthanasieprogramm geführt hat.

Es gibt nichts zu beschönigen. Nach 54 Jahren den Opfern zu gedenken und gleichzeitig ein Mahnmal zu errichten – dies symbolisiert die Auseinandersetzung und Aufarbeitung dieser belastenden und düsteren Epoche deutscher Medizin. Herrn Prof. Mundt und allen, die sich damit auseinandergesetzt haben und die heute dazu beitragen, den Opfern zu gedenken, darf ich im Namen des Klinikumsvorstandes Dank aussprechen. Die Mitarbeiter des Klinikums, die Besucher und die Vorübergehenden werden durch dieses Mahnmal immer daran erinnert werden, daß erwachsene Menschen die Täter und hilflose Kinder ihre Opfer waren. Das nachgeschaltete wissenschaftliche Symposium wird einige der vielen Fragen vielleicht beantworten. Das Geschehene zu verstehen, ist nicht möglich. Das Mahnmal soll uns daran erinnern.

Grusswort Prof. Dr. Franz Resch
Ärztlicher Direktor der Abteilung für Kinderund Jugendpsychiatrie der Psychiatrischen Universitätsklinik Heidelberg

Zeit der Erinnerung.
Wir beklagen.
Wir beklagen 21 Kinder.
Und mit ihnen hunderte, unzählige Patienten,
die unverstanden, ungehört,
mißachtet in ihrem Menschsein getötet wurden.
Um einer fassungslosen Forschung willen,
die auf Kosten von Leben,
nur verächtlicher Neugier
rücksichtslos Vorschub leistete.

Wir beklagen die Kinder,
und ihre Eltern, die zerrissenen Familien,
wir beklagen den Ungeist,
die Hoffart, die zynische Selbsterhöhung,
die es wagte, Kranke und Leidende so abzuwerten
an ihrem janusgesichtigen, ihrem bornierten Maßstab
aus gesichtsloser, geschichtsloser und wesenloser Kälte,
einer Kälte, die sich als Nützlichkeit zu intellektualisieren versuchte
und sich als Mitleid tarnte.

Wir beklagen Patienten,
die Ärzten in Obhut gegeben waren,
wir beklagen Menschen, deren Gehirne den Seelenärzten wichtiger
schienen als ihre vertrauenden kindlichen Hoffnungen auf Besserung
oder Genesung.

Wir als spezialisierte Psychiater für Kinder,
das ganze Team der Abteilung,

wir beklagen, was damals passierte,
in einer Zeit, in der das Wissen um das Seelenleben von Kindern sehr undifferenziert noch war,
wir haben keinen Grund als Besserwisser den Zeigefinger zu heben,
wir haben keinen Grund uns selbstgefällig zu distanzieren,
angesprochen sind wir heute, es geht uns weiterhin etwas an:

In Zukunft derartige zynische Wertverdrehungen im Tarnkleid der Wissenschaft rechtzeitig zu erkennen und einzudämmen, soll uns Betroffenheit und dreifache Mahnung sein:
   1. Die wissenschaftliche Neugier ist immer in den Zügeln expliziter ethischer Wertvorstellungen zu halten.
   2. Wissenschaft ist niemals ahistorisch als wertfreie Suche nach absoluten Wahrheiten zu begreifen.
   3. Die ärztliche Verantwortung ist immer die gegenüber dem einzelnen Kind, dem einzelnen Patienten. Therapeuten, Beistand und Anwalt sind wir für einzelne Menschen. Wir versuchen Brücken in die Gemeinschaft zu schlagen, wir müssen uns hüten, als Ärzte im Dienst der Gesellschaft Brücken zu einzelnen Patienten abzubrechen oder gar dem einzelnen Lebenswert und Lebensrecht abzusprechen!
   Jede Zeit hat ihre eigenen Formen getarnter oder unverhohlener Unmenschlichkeit.

Wir beklagen die Vergangenheit,
wir wissen um ihre unentschuldbaren Fehler – doch
ohne Selbstgerechtigkeit sollten wir unseren kritischen Blick für das Tun im eigenen Alltag schärfen,
wir wollen weiter unser Tun mit Zweifel prüfen,
uns hinterfragen, uns offenhalten für Kritik und Bedürfnis der Betroffenen, die wir behandeln.

Psychiatrie, ärztliche Heilkunst der Seele, d.h. grundsätzlich mehr Wärme und mehr Klarheit in das Leben der Patienten zu bringen. Bei uns Ärzten steht die Wissenschaft im Dienste des therapeutischen Handelns und damit im Dienste unserer Wertentscheidungen.
   Psychiatrie basiert auf Erkenntnissen und Werten. Diese Werte gilt es klarzustellen, zu prüfen, zu bewahren und zu schützen.

Grusswort Thomas Schaller
Bürgermeister der Stadt Heidelberg

„Es läßt sich nicht ohne Entsetzen ins Auge fassen", sagt Horst-Eberhard Richter, „was Ärzte, die zum *Schutz* von Gesundheit und Leben verpflichtet sind, zur *Vernichtung* von Gesundheit und Leben beigetragen haben."

Was waren das für Ärzte und deren Helfershelfer? Waren es nur ein paar „perverse Psychopaten", wie es nach dem Krieg eher beschwichtigend hieß. Oder hat Alexander Mitscherlich, Beobachter und Berichterstatter des Nürnberger Ärzteprozesses, Recht, wenn er von einem ganzen „Apparat" spricht, der diese Ärzte „in die Lage oder in die Chance dazu brachte", wobei „unter dem Deckmantel von Wahrheitssuche, Forschung sich mit der Ideologie der Diktatur und deren Befehlsstruktur vermischte".

Als Vertreter der Stadt frage ich mich vor allem, was das soziale Umfeld für derartige mörderische Ideologien bildete. Wie müssen wir uns das Heidelberg dieser Zeit vorstellen, in dem derartiges Unfaßbares ungehindert geschehen konnte?

Schließlich kann die Ermordung von psychisch kranken Menschen, die in der renommierten Heidelberger Universitätsklinik lebten, nicht unbemerkt geschehen sein. Es gab Eltern und andere Angehörige der Patienten, es gab Pflegepersonal, Verwaltungsmitarbeiter/-innen, Küchenpersonal, Hausmeister, Putzleute usw.. Und all die hatten ebenfalls Angehörige, Bekannte, Freunde. So etwas spricht sich herum – als Schreckensnachricht oder mit heimlicher bis offener Zustimmung.

Wie sah die Propaganda in den damaligen Medien aus, welches waren die Rechtfertigungs-Ideologien, um eine allgemeine Akzeptanz für die Euthanasie, das Experiment mit Menschen, den Mord an psychisch Kranken zu erzeugen? Man hat mir versichert, daß sich in der Heidelberger Literatur keine Hinweise auf öffentliche Propaganda seitens der NS-Organisationen und der Stadt zur Ausgrenzung von

Behinderten und psychisch Kranken findet. Da es keine Zweifel gibt, daß es eine solche Propaganda gegeben hat, weist dies auf Desinteresse der Stadtforschung bis in die heutige Zeit hin.

Wenn ich schon frage, was das für ein Heidelberg war, in dem derartige Morde geschehen konnten, so muß ich mich erst recht fragen, was das für ein Heidelberg und eine Universität war, die auch *nach* Ende des Nazikrieges den Tätern eine Weiterbeschäftigung ermöglichte.

Carl Schneider, Hauptverantwortlicher der Morde, Chefideologe und damaliger Direktor der Universitätspsychiatrie beging 1946 nach Inhaftierung durch die Alliierten Selbstmord. Die Psychiater jedoch, die ihm bei seinen mörderischen „Forschungen" assistierten, konnten in ihrem Beruf weiterhin tätig sein. Dr. Wendt, der sich in Heidelberg während des Krieges habilitiert hatte, war als Professor bis zu seiner Pensionierung in der Psychiatrischen Universitätsklinik Heidelberg tätig. Dr. Rauch wurde ebenfalls Professor an der Heidelberger Klinik und Leiter einer Abteilung für Forensische Psychiatrie; nach Carl Schneiders Tod war er kurz als kommissarischer Klinikschef eingesetzt.

Wurde also auch *nach* der Naziherrschaft diese Euthanasie-Ideologie von der offiziellen Ärzteschaft und der universitären Wissenschaft gedeckt?

Eine Erklärung für diese mögliche Kontinuität liegt wohl darin, daß der deutsche Faschismus nicht von innen, sondern von außen – von Amerika, England und der Sowjetunion gemeinsam – besiegt wurde. Insoweit ist das heutige Datum – der 8. Mai – für die Enthüllung des Mahnmals für die Euthanasie-Opfer der Psychiatrischen Universitätsklinik Heidelberg *eine* Antwort auf die Frage nach der Kontinuität. Ein sicherlich bewußt gewähltes Datum, eine hoffnungsvoll stimmende Wahl.

Dennoch: wir schreiben das Jahr 1998 – 53 Jahre nach der Befreiung von der Nazi-Herrschaft.

Es ist offensichtlich: Der deutsche Faschismus insgesamt – und insbesondere die Euthanasie – wurde nach der Zerschlagung der Nazi-Herrschaft zu wenig oder gar nicht aufgearbeitet.

Wir wissen durch viele Untersuchungen, daß es – auch in Heidelberg – nicht nur eine gewisse medizinische und wissenschaftliche Kontinuität gab, sondern auch eine juristische *und* eine politische.

Der Heidelberger Oberbürgermeister Carl Neinhaus – Nazi-Parteimitglied seit 1933 – war sicherlich kein besonders aktiver Nazi-*Täter*, eher ein „typischer Mitläufer", wie ihn Karl Jaspers charakterisierte. Dennoch: 1933 wurde Neinhaus als einer der ganz wenigen Oberbürgermeister im Reich von den Nazis übernommen und im Amt bestätigt. Dort blieb er bis Kriegsende. 1952 wird er wieder Oberbürgermeister – diesmal als CDU-Mitglied. Seine Nachkriegs-Karriere führt ihn noch bis in das Amt des Landtagspräsidenten.

So ist die Frage erlaubt, ob dieses Mahnmal nicht viel zu spät kommt.

Haben wir unsere Gedenkplatte für die Deportation von Juden aus Heidelberg und für die Deportation von Sintis und Romas aus Heidelberg nicht ebenfalls viel zu spät enthüllt und die Gedenkstätte der Sintis und Romas nicht zu spät eingeweiht?

Für die Mitläufer und Verantwortlichen der damaligen Zeit mag dieses Mahnmal tatsächlich zu spät kommen. Doch für uns heute Lebenden?

Können wir sicher sein, daß wir *heute* in einer Gesellschaft leben, die derartige Morde im Namen des Fortschrittes so sicher verhindert, daß sie in ihrem systematischen Vollzug ausgeschlossen sind?

Ich sehe einen allgemeinen – noch lange nicht überwundenen, eher sogar tendenziell wachsenden, meist auf technische Dinge bezogenen – Größenwahn, der alles als machbar erscheinen läßt, keine Grenzen akzeptieren will, mit Leben nach wirtschaftlichen Gesichtspunkten umgeht. Ein Größenwahn, der dabei ist, die Lebensgrundlagen der Menscheit zu zerstören, eine Tendenz auch in der Medizin, Menschen als verdinglichtes, naturwissenschaftliches Phänomen zu betrachten, deren körperliche Funktionen ingenieurhaft zu reparieren sind. Ich denke auch an die zutiefst erniedrigende Diskussion, die behinderten Menschen die Fähigkeit zum Glücklichsein abspricht.

Auf der anderen Seite stellen wir eine zunehmende Verunsicherung von immer mehr Menschen fest. Menschen, die von unserem gnadenlosen Wirtschafts-System quasi ausgestoßen werden, sind offenensichtlich in ihrer sozialen Entwurzelung zu solidarischem Vorgehen zur Verbesserung ihrer Situation kaum mehr fähig. Sie neigen nicht nur dazu, simplifizierten Ansichten und Führern mit simplen Botschaften zu folgen. Sie sind gefährdet, als andersartig Deklariertes abzulehnen, ja zu bekämpfen. So werden in Deutschland Menschen mit schwarzer Hautfarbe wegen ihrer Hautfarbe, werden Rollstuhlfahrer wegen ihrer Behinderung auf offener Straße tätlich angegriffen, geschlagen, erschlagen.

Mir scheint, die Wurzeln der damaligen Ideologie sind keineswegs beseitigt.

Ich meine, das Gedenken an die damalige Zeit macht es uns zur Pflicht, eine zivile Gesellschaft von couragierten Bürgerinnen und Bürgern aufzubauen, die schon ersten Anzeichen von menschenverachtenden Tendenzen nachhaltig entgegentreten. Damit schon die Erniedrigung, die Verletzung und erst recht die Tötung von Menschen, die stets mit der Ausgrenzung einzelner Gruppen beginnt, in Zukunft der Vergangenheit angehört.

In diesem Sinne begreife ich das Mahnmal, das wir heute enthüllen, als ein *positives* Zeichen. In diesem Sinne kommt es nicht zu spät – es kommt gerade rechtzeitig für uns *heute* Lebenden! Es ist erschreckend aktuell.

Meine Hochachtung vor den Initiatoren, Dank an Herrn Professor Dr. Mundt und an den Künstler, Herrn Rolf Schneider.

GRUSSWORT KLARA NOWAK
BUND DER „EUTHANASIE"-GESCHÄDIGTEN UND ZWANGSSTERILISIERTEN

Allen Gästen, Referenten und Freunden möchte ich herzlich danken, daß Sie zu der Gedenkstunde gekommen sind und an die Kinder, die in der Klinik ermordet wurden, erinnern. Das, was geschehen ist, darf sich nicht wiederholen.

Im Bund der „Euthanasie"-Geschädigten und Zwangssterilisierten haben sich sehr viele Menschen gemeldet. Eine Geschichte ist grausamer als die andere. Es ist erschütternd, was von 1933 bis 1945 geschehen ist. Den Bund haben wir leider erst 1987 gründen können, und seitdem finden in verschiedenen Städten Deutschlands Treffen statt. Diese gemeinsamen Gespräche sind für uns nützlich, und wir konnten einige Betroffene aus ihrer Isolation holen.

Seit 1992 läuft unsere Petition in Bonn mit der Forderung:
– Volle Anerkennung als Verfolgte des NS-Regimes und damit Gleichstellung mit diesem Personenkreis.
– Bis zum Vollzug der vorstehenden Forderung: Gleichbehandlung der Beweiserbringung für laufende Beihilfen mit den anderen Verfolgtengruppen, d. h. nach § 4 der AKG-Härterichtlinien nur Rückgriff auf privatärztliche Atteste statt auf fachärztliche Gutachten.
– Nichtberücksichtigung des Familieneinkommens, sondern lediglich Berücksichtigung des Eigeneinkommens bei Anträgen aus dem Härteausgleich für „Euthanasie"-Geschädigte.

Bisher wurde von uns ein fachärztliches Gutachten über einen 25% Gesundheitsschaden durch die Sterilisation verlangt. Es fehlt die Gleichstellung mit den anerkannten NS-Verfolgten. Durch die Verstümmlung unseres Körpers ist unsere Lebensentwicklung in vollkommen andere Bahnen gelenkt worden. Für die „Euthanasie"-Geschädigten wird bei der Einmalzahlung immer noch das Familieneinkommen zugrundegelegt. Da es die Notlagengrenze nicht übersteigen darf, kommt es zu ungleichen Behandlungen in einzelnen Familien. Andere Einmalzahlungen werden einkommensunabhängig geleistet.

Über die Aufhebung der Beschlüsse der ehemaligen Erbgesundheitsgerichte und NS-Unrechtsurteile wird zur Zeit im Bundestag debattiert.

Sie haben damit einen kleinen Einblick in unsere Geschichte. Ich danke Ihnen fürs Zuhören.

Worte eines betroffenen Angehörigen

Eduard Naudascher

Eines der Opfer, derer wir hier gedenken, ist mein Bruder Dolfi. Nie werde ich meine letzte Begegnung mit ihm vergessen. Man hatte ihn, wie ich heute weiß, von der hiesigen Klinik in die sogenannte „Heilanstalt" Eichberg bringen lassen mit der Maßgabe, sein Gehirn sei, zusammen mit denen der anderen zwanzig Probanden, nach der Tötung an die Klinik zurück zu überweisen. Meine Eltern in Bulgarien und ich, der ich damals im Allgäu in einem Internat war, erhielten im September 1944 die Mitteilung, Dolfi sei am 8. September durch eine Lungenentzündung – wie es hieß – „von seinem schweren Leiden erlöst worden".

Einen Monat vor seinem Tod hatte ich ihn noch einmal besucht. Diesen Besuch werde ich in meinem Leben nie vergessen. Dolfi war damals 13 Jahre alt, ich 14. Er strahlte vor Freude, und wir wetteiferten, uns auszumalen, wie glücklich wir sein werden, wenn erst einmal der Krieg vorbei sei und wir wieder mit den Eltern vereint wären. Erst als ich ihm abends sagen mußte, daß ich nun wieder ins Internat zurück müsse, brach es aus ihm heraus: „Nimm mich mit! Nimm mich mit! Die sind hier so böse zu mir!" Aber was blieb mir 14-jährigem Internatsschüler anderes übrig, als ihn in Eichberg zu lassen, zumal ich ja nicht den Schatten einer Ahnung haben konnte, was sich hinter „*Heil*anstalt Eichberg" verbarg ... .

Ich bin sehr dankbar, daß man mir erlaubt hat, das Archiv der Psychiatrischen Klinik hier einzusehen. So erfuhr ich in vollem Umfang, wie weit entfernt von – wie es in einem Brief an meine Eltern hieß – „Untersuchungen zur Bestimmung neuer Therapievorschläge" die Experimente waren, denen mein Bruder hier ausgeliefert war. Sie werden sich vorstellen können, was in mir vorging, als ich in seiner Archiv-Akte protokolliert fand, was er vor seiner Tötung durchmachen mußte bei solchen Experimentierphasen wie „Geschicklichkeit im ‚Schimpansengarten'" oder „Reaktion im warmen und im kalten [!] Bad".

Und dennoch, – je mehr ich seit dieser Akteneinsicht die Berichte darüber verfolge, wie weit sich die Einstellung gegenüber den geistig Behinderten wieder in der gleichen verhängnisvollen Richtung verändert hat, für um so unheilvoller hielte ich es – unheilvoll und fatal für die jetzt unter uns lebenden Euthanasie-Bedrohten –, wenn wir uns bei einer Veranstaltung wie der heutigen ausschließlich mit Verurteilung der NS-Zeit aufhielten. Beginnt sich bei Ärzten und Pflegern – ja eigentlich ganz allgemein – nicht erneut die Ansicht zu verbreiten, es sei zum besten der Schwerstbehinderten und deren Angehörigen, wenn man – wie es immer noch heißt – diese Menschen „von ihrem Leiden erlöst" oder wenn man durch pränatale Diagnostik solche Menschen gar nicht erst zur Welt kommen läßt?

Auch hier liegt es mir fern, zu urteilen oder gar verurteilen. Nur meine ich, daß ein Blick auf die Einzelschicksale wie das meines kleinen Bruders uns gemahnt, diese sich verbreitende Ansicht gründlich in Frage zu stellen. Was wissen wir denn schon vom Seelenleben schwerstbehinderter Menschen[1] und von der Bedeutung ihres Daseins für die Gesellschaft der sogenannten Normalen?[2] Und wie können wir so sicher sein, was zum besten der Angehörigen solcher Menschen gereicht? – Bis in die jüngste Zeit in meinem ganz auf Anerkennung und Erfolg ausgerichteten Leben war, wenn ich es heute überdenke, dieser kleine Bruder in mir Saatkorn für ein radikales Umdenken. Inzwischen gibt es für mich keinen Zweifel mehr, daß, worauf es letztlich im Leben ankommt, mit Sicherheit *nicht* ein vorzeigbares Lebenswerk ist, sondern unsere Öffnung für das Wirken jenes göttlichen Geheimnisses, das in jedem Menschen wohnt. Dieses Geheimnis aber kann uns gerade im Zusammenleben mit den Menschen, die aufgrund ihrer Behinderung außerhalb unserer gelddominierten Wirklichkeit stehen, besonders deutlich aufleuchten.

Es gibt einen erschütternden Bericht von Eltern über ihre Erfahrung mit einem Kind, dessen Dasein sie nur als „eine nackte, harte, grausame Tatsache" empfinden konnten. Nach dem Tod des Kindes, so schreiben diese Eltern, nachdem alle Schwierigkeiten hinter ihnen lagen, da wußten sie, daß die Annahme dieser harten Aufgabe als ihnen zugedacht ihnen das Wertvollste beschert hatte, das sie je erlebt haben. Sie hatten Erfahrungen gemacht, die sie um keinen Preis missen mochten. Die Jahre der Pflege waren ihre äußersten und bittersten, so schreiben sie, aber auch die reichsten und kostbarsten.[3]

Unsere schwerbehinderten Brüder und Schwestern haben, so kommt es mir vor, eine wichtige Botschaft für uns Gesunde, die wir uns mehr und mehr nur noch über unsere Leistung definieren und dem Verzweifeln nahe sind, wenn wir wegen Krankheit, Alter oder Arbeitslosigkeit keine Leistung mehr erbringen können. Die Schwächsten, zu denen jeder von uns eines Tages gehören kann, stellen einen lebenden Appell an die in uns schlummernden, schönsten menschlichen Eigenschaften dar, der mir in heutiger Zeit geradezu unverzichtbar zu sein scheint, wenn in unserer Welt der miteinander konkurrierenden Starken ein achtsam-liebevolles Miteinander nicht verloren gehen soll. Viel wichtiger, als hier und heute voll Abscheu und Trauer auf ein Kapitel der deutschen Geschichte zu schauen, ist es deshalb, uns einzugestehen, daß die Menschen, derer wir hier gedenken, weniger Opfer der NS-Ideologie als solcher waren, als vielmehr Opfer eines materialistischen Menschenbildes, von dem auch wir heute massiv bedroht sind.

Unser Gedenken der NS-Euthanasie-Opfer fällt bemerkenswerterweise in eine Zeit heftiger Auseinandersetzungen um die Bioethik-Konvention des Europarats, durch die – diesmal um der Wettbewerbsvorteile in der Biotechnologie und Biomedizin, einschließlich der Pharmakologie willen – auch in Deutschland erneut menschenrechtsverletzende Praktiken legitimiert werden würden, wie z.B.:

– Fremdnützige Forschung an nicht-einwilligungsfähigen Menschen (d. h. an Kindern, geistig Behinderten, Altersdementen, Komapatienten ...),

– Entnahme von regenerierbarem Gewebe von nicht-einwilligungsfähigen Menschen,

– Eugenische Selektion bei geschlechtsgebundenen Erbkrankheiten,

– Eingriffe in die menschl. Keimbahn auch zu präventiven Zwecken usw..[4]

Wer wird hier nicht erinnert an den Turmbau zu Babel, über den in Genesis 11,6 zu lesen steht: „... Und das ist erst der Anfang ihres Tuns. Jetzt wird ihnen nichts mehr unerreichbar sein, was sie sich auch vornehmen."

Die Auswirkungen eines Vertragswerks gemäß dieser Bioethik-Konvention – inzwischen irreführenderweise „Menschenrechtsübereinkommen zur Biomedizin" benannt – sind schon jetzt ablesbar. In den Niederlanden, die diese Konvention unterzeichnet haben, sind nach einer dpa-Meldung vierzig Prozent der im letzten Jahr verstorbenen geistig Behinderten euthanasiert worden!
Aufgrund der Erfahrungen aus der NS-Zeit käme Deutschland eigentlich eine Vorreiterrolle zu in der Verteidigung der ethischen Grundnormen unserer christlichen und humanistischen Tradition. „Wir haben in unserer Geschichte Erfahrungen gespeichert", so formulierte es Frau Margot von Renesse in der Bundestagsdebatte um die Bioethik-Konvention am 29.05.1995, „die uns das Mißtrauen gegen alle nahelegt, die Macht über Menschen innehaben. Wir haben gesehen, daß der Mensch zu allem fähig ist, was den Menschen zum Objekt macht, peinigt und erniedrigt. ... Die bittere Lehre, daß man rechtliche Grenzen setzen muß, wo sich Macht von Menschen über Menschen konzentriert, sollten [gerade] wir anderen vermitteln können". Unsere vornehmste Aufgabe bestünde hiernach darin, uns im Europarat, in dem die Bioethik-Konvention demnächst zum völkerrechtlichen Vertrag erhoben werden soll, energisch für die Errichtung eines international verbindlichen, rechtlichen Schutzwalls um Menschenrecht und Menschenwürde einzusetzen. Stattdessen ist leider zu befürchten, daß diese Konvention zum Jahresende 1998 auch in Deutschland ratifiziert wird, da sich wegen jahrelanger Geheimhaltung der Vorbereitungen hierzu eine Opposition erst in jüngster Zeit formieren konnte.[5]
Um so wichtiger ist es – und wird es in Zukunft sein –, daß sich Forscher und Ärzte selbst verpflichten, den wissenschaftlichen und kommerziellen Interessen an der biomedizinischen Forschung und Praxis Grenzen entgegen zu setzen und daß sie dabei von einer breiten Öffentlichkeit unterstützt werden. Ich bin sicher, daß ich auch im Sinne der übrigen Angehörigen der Heidelberger Euthanasie-Opfer spreche, wenn ich an dieser Stelle den Initiatoren der Aufarbeitung dieses Stücks schwarzer NS-Geschichte danke. In meinen Augen ist es ein überaus bedeutungsvolles und Hoffnung gebendes Zeichen, daß das heute zu enthüllende Mahnmal als beständige Warnung vor Wiederholungen der Geschichte an so zentraler Stelle vor dem Hauptportal der Psychiatrischen Universitätsklinik errichtet wurde.

Ich wünsche mir, daß dieses Mahnmal und die heutige Veranstaltung die Erinnerung in uns wachhält, daß
- Unantastbarkeit der menschlichen Würde und
- Ehrfurcht vor dem Leben

auch weiterhin in Gefahr sind, einem Nützlichkeitsdenken aufgeopfert zu werden.

Ich wünsche mir, daß wir auf der Hut sind, wenn heute wieder mit scheinbar ehrenwerten Motiven für die Akzeptanz menschenrechtsverletzender Übergriffe geworben wird, so z.B. mit Formulierungen wie
- Medikamenten-Erforschung für unheilbar Kranke von morgen

oder
- Erlösen leidender Menschen von ihrem Leid.

Eine Welt, die kein Leid mehr leiden oder mitleiden will, so sagt uns Heinrich Spaemann, erblindet für die Wirklichkeit.[6]

Und schließlich wünsche ich mir, daß diese Feier und das Mahnmal Menschen die Augen öffnet für Erfahrungen, wie ich sie durch meinen Bruder Dolfi und sein Schicksal machen durfte: Erfahrungen, die die üblichen Werte- und Prioritätenvorstellungen auf den Kopf stellen und deutlich machen, was in unserem Leben allein zählen wird, wenn wir eines Tages einen letzten Blick darauf zurückwerfen.

Anmerkungen

[1] Vgl. Heitler, W.: Der Fall Käthe oder die Macht des Geistes über den Körper, in: Naudascher, Eduard (Hg.) (1989): Lesebuch zu bedrängenden Fragen unserer Zeit Heft 1-3 (Eigenverlag), 1989, S. 107:
Die folgende Geschichte handelt von einem Mädchen namens Käthe. Das Mädchen war von Geburt an völlig verblödet. Es hat in den zwanzig Jahren seiner Existenz – ob man das Leben nennen will, sei dahingestellt – nicht ein einziges Wort gesprochen, sondern nur von Zeit zu Zeit tierische Laute von sich gegeben. Allem Anschein nach nahm es niemals auch nur den geringsten Anteil an dem, was in seiner Umgebung vor sich ging. Trotzdem hatte man es immer bei Veranstaltungen dabei sein lassen. Hier wurden viele Lieder gesungen, und Käthe war dabei. Aber wie gesagt, es schien alles keinen Eindruck auf sie zu machen. Käthe bekam ein Bein amputiert und mußte mehrere Male eine Gehirnhautentzündung durchmachen ... So vegetierte das Mädchen zwanzig Jahre lang dahin. Eines Morgens rief der Arzt den Direk-

tor der Anstalt an, er möge kommen, Käthe läge im Sterben. Im Bericht des Direktors heißt es wörtlich: „Als wir gemeinsam das Sterbezimmer betraten, trauten wir unseren Augen und Ohren nicht. Die von Geburt an völlig verblödete Käthe sang sich selbst ihre Sterbelieder. Vor allem sang sie immer wieder das Lied: ‚Wo findet die Seele die Heimat, die Ruh', Ruh', Ruh', himmlische Ruh'. Das bisher so verblödete Gesicht war vergeistigt und verklärt. Eine halbe Stunde lang sang Käthe, dann schlief sie ruhig ein." Was war hier vorgefallen? Nach der Aussage des Arztes war die Hirnrinde Käthes völlig zerstört, so zerstört, daß Denken irgendwelcher Art im gewöhnlichen Sinne unmöglich war. Man kann sich schwer vorstellen, daß das, was wir die geistige Persönlichkeit nennen – das Ich, das Selbst oder wie wir es nennen wollen – das Gehirn in diesem Fall noch als Sitz gebrauchen konnte. Rein physiologisch betrachtet müssen die Lieder, die Käthe gehört hat, wohl so zum Gehirn gelangt sein, daß einige noch intakte Gehirnzellen sie in Erinnerung bewahrt haben. (Wir wissen ja, daß, wenn irgendwelche Zellen zerstört sind, andere deren Funktion übernehmen können.) Aus den zwanzig Jahren des Lebens dieser Käthe konnte man nur schließen, daß es hier eine geistige Persönlichkeit wie bei anderen Menschen nicht gab. Käthe schien nicht viel anders als ein Tier zu sein. Aber dieser Augenschein trog eben, denn nur ein Mensch kann Lieder singen, und nur ein Mensch mit einer vollen Persönlichkeit kann wissen, welche Lieder zu einer bestimmten Situation passen – in diesem Fall Sterbelieder. Käthe hatte auch andere Lieder gehört, aber die Vorahnung ihres bevorstehenden Todes ließ sie offensichtlich die richtigen Lieder wählen. Wie diese Persönlichkeit mit dem untauglichen Körper verbunden war, wissen wir nicht. Die ganzen zwanzig Jahre hindurch hatte sie nicht vermocht, sich irgendwelchen Ausdruck zu verleihen und die Zerstörung des Körpers und insbesondere der Hirnrinde irgendwie zu überwinden. Aber in der Todesstunde, da geschah es: Dieses intakt gebliebene Wesen, das nicht mit dem Körper zerstört worden war, in der Todesstunde gelang es ihm mit einer unvorstellbaren Kraft, sich desjenigen Teils des Körpers zu bemächtigen, der noch funktionsfähig war (z.B. des Kehlkopfes), um sich in einer souveränen Weise einmal, eine halbe Stunde lang, in dieser irdischen Welt zu manifestieren. Bis kurz vor dem Tod hatte dieser Mensch nicht die Möglichkeit gehabt, den zerstörten, in den letzten Jahren erst recht dem Zerfall nahen Körper in Besitz zu nehmen. In der letzten halben Stunde aber gewann er die Kraft! Die Entwicklung dieser menschlichen Persönlichkeit war hier offenbar umgekehrt verlaufen wie die des Körpers. Während der Körper mehr und mehr verfiel, war wohl die Kraft der Persönlichkeit gewachsen – wie hätte sie sonst den Körper erst während der letzten halben Stunde durchwirken und lenken können. Angesichts dieser Tatsache erscheint es wenig plausibel – ja geradezu unsinnig – anzunehmen, daß mit dem Tod auch diese erstarkte menschliche Persönlichkeit plötzlich vergeht. Viel wahrscheinlicher ist es, daß – wie uns die Wissenden seit Jahrtausenden bezeugen – die menschliche Persönlichkeit beim Tod den Schritt der Loslösung vom Körper vollzieht. Ein großer Schritt war das

bei Käthe bestimmt nicht mehr. Erscheint die Auswahl des Liedes nicht wie ein Beweis, daß Käthe von dieser zukünftigen Existenz ohne körperliche Gebrechen wußte?
Diese Geschichte der Käthe entstammt dem Beitrag von Prof. W. Heitler (Physik) zur Tagung „Materie und Psyche" der Evangelischen Akademie Bad Herrenalb 1974. Sie ist nach Heitler einwandfrei belegt. Sie erschien u.a. in einem Zeitungsartikel mit dem Titel „Wertloses Leben?" verfaßt vom Direktor der Pflegeanstalt für Behinderte und Schwachsinnige Happich.

2   Vgl. Sheldrake, Rupert: Hypothese der morphogenetischen Felder und ihre Konsequenzen, in: Naudascher, Eduard (Hg.) (1989): Lesebuch zu bedrängenden Fragen unserer Zeit Heft 1-3 (Eigenverlag), 1989, S. 62-69.

3   Grahl, Ursula (1974): Die Seerose – Peter mit dem großen Kopf, Wuppertal: Edition Bingenheim.

4   Vgl. Fuchs, Ursel: Kritik-Koordination zur geplanten Bioethik-Konvention, hg. von „Bürger gegen Bioethik" Düsseldorf 2/1998.

5   Vgl. Fuchs, Ursel; Kobusch, Wilma (1996): Tabubrüche hinter verschlossenen Türen, Universitas – Zeitschrift für interdisziplinäre Wissenschaft 51, Heft 9/1996, S. 861. Die Bioethik-Konvention ist von Deutschland bisher nicht unterzeichnet oder ratefiziert worden.

6   Spaemann, Heinrich (1992): Er ist dein Licht, Freiburg/Br.: Herder, S. 84.

Historische Referate

Die Forschungsabteilung der Psychiatrischen
Universitätsklinik Heidelberg 1943-1945 und ihre
Verwicklung in die nationalsozialistische „Euthanasie"

VOLKER ROELCKE, GERRIT HOHENDORF, MAIKE ROTZOLL

Psychisch kranke und behinderte Menschen gehören zu den sogenannten „Randgruppen" unserer Gesellschaft. Durch ihr abweichendes Verhalten von sozialen Normen stellen sie eine Herausforderung und Irritation für viele Mitglieder dieser Gesellschaft dar. Eine solche Irritation kann im positiven Sinne Anlaß zum Nachdenken über uns selbst werden; sie kann aber auch zur Ausgrenzung und Entwertung der Betroffenen führen. Die Geschichte der Psychiatrie im 20. Jahrhundert ist reich an Beispielen für beide Aspekte.

Wir haben uns hier versammelt, weil in Heidelberg eine beispiellose Form der Ausgrenzung, Entrechtung und Erniedrigung psychisch kranker und behinderter Menschen stattgefunden hat. In derselben Institution, in denselben Gebäuden, in denen maßgebliche Impulse für die heutige psychiatrische Krankheitslehre entstanden sind und in welchen die Irritationen des *Verrücktseins* etwa von Karl Jaspers oder Hans Prinzhorn kreativ aufgenommen werden konnten, wurden Kinder und Jugendliche zum Gegenstand einer medizinischen Forschung, welche den Tod der Betroffenen zum integralen Bestandteil ihres Forschungsplans machte.[1]

Wie konnte es geschehen, daß Angehörige einer Gesellschaft, die sich selbst als führende „Kulturnation" verstand, den Respekt vor der Würde gerade der schwachen und wehrlosen Menschen verloren und diese zum Objekt von medizinischer Forschung und ökonomischem Kalkül machten – bis hin zur systematischen Vernichtung dieser Menschen?

Diese Frage wurde von dem Heidelberger Neurologen und späteren Psychoanalytiker Alexander Mitscherlich schon 1945 formuliert.[2] Trotz vielfältiger Anstrengungen läßt sich diese Frage auch heute noch nicht abschließend beantworten.[3] Sie ist aber ein Appell, eine Verpflichtung, die Bedingungen für die Möglichkeit eines solchen Verhaltens zu erforschen, um womöglich andere Formen der Stigmatisierung und Entwertung von Menschen zu vermeiden, und auch, um Verhaltensspielräume selbst in totalitären Gesellschaften aufzuweisen.

Die Verbrechen gegen die Menschlichkeit, die im Rahmen der Medizin im Nationalsozialismus stattgefunden haben, sind damit eine dauerhafte Herausforderung nicht nur für die spezialisierten Arbeitsfelder der Medizingeschichte und der medizinischen Ethik, sondern für die Medizin im allgemeinen.

Die hier an der Heidelberger Psychiatrischen Universitätsklinik durchgeführten medizinischen Forschungen im Kontext der „Euthanasie" zeigen, daß die systematische Krankenvernichtung nicht einfach als ein grausames Ereignis in entlegenen Heil- und Pflegeanstalten und damit losgelöst von der universitären Medizin betrachtet werden kann. Sie war kein Ereignis, für das lediglich einige randständige Psychiater zusammen mit überforderten oder herzlosen Pflegekräften und wenigen bürokratischen Schreibtischtätern verantwortlich gemacht werden können. Vielmehr fanden diese Forschungen in einem der zeitgenössischen Zentren der Hochschulpsychiatrie statt. Die den Forschungen zugrundeliegenden Fragestellungen und Methoden entsprachen dem damals aktuellsten Stand der Wissenschaft.[4] Die Implikationen dieser engen Verknüpfung von Wissenschaft und Menschenverachtung erschließen sich erst nach und nach bei genauerem Blick auf die historischen Ereignisse.

Bevor ich Sie mit den wichtigsten Stationen dieser Forschungen konfrontiere, möchte ich einige wenige Bemerkungen über die Vorgeschichte dieser Gedenkveranstaltung einschieben und gleichzeitig Herrn Prof. Mundt danken, daß er die Veranstaltung möglich gemacht hat. Ich selbst spreche hier als Mitglied des „Arbeitskreises Medizin im Nationalsozialismus Heidelberg", der Ende der achtziger Jahre aus einer Initiative von Medizinstudierenden entstanden ist und zu dem ich – damals klinisch im Bereich der Psychosomatik und Psychiatrie tätig – um 1990 hinzugekommen bin. Bei meiner damaligen Tätigkeit bin ich immer wieder auf Fragen zu Personen, Institutionen und Denktraditionen gestoßen, die mich irritiert und letztlich auf die Geschichte verwiesen haben. Gerrit Hohendorf und Maike Rotzoll, die jetzt als wissenschaftliche Mitarbeiter an der Heidelberger Psychiatrischen

Klinik tätig sind und die heutige Veranstaltung maßgeblich konzipiert haben, gehörten zu den Initiatoren der damaligen studentischen Arbeitsgruppe. Die wechselhaften Erfahrungen dieser Gruppe geben einen Hinweis auf die Zwiespältigkeit, mit der manche universitäre Institutionen dem Anliegen der historischen Klärung und Erinnerung gegenüberstanden.[5]

Um so erfreulicher ist die Unterstützung des Arbeitskreises durch Professor Mundt sowie die Medizinhistoriker Professor Seidler und Professor Eckart und auch die durch die heutige Veranstaltung dokumentierte Anerkennung unseres Anliegens durch den Rektor und die Medizinische Fakultät der Universität.

Lassen Sie mich nun die historischen Fakten zusammenfassen:

Bereits seit dem ausgehenden 19. Jahrhundert waren unter dem Vorzeichen von Degenerationslehre und verschiedenen Evolutionstheorien (wie etwa dem Darwinismus) Begriffe und Modelle aus Biologie und Medizin auf soziale Phänomene angewendet worden. In der zeitgenössischen Öffentlichkeit und von Seiten der Politik wurde diesem wissenschaftlich legitimierten Ansatz zur Lösung sozialer Fragen eine hohe Autorität und Kompetenz zugeschrieben. Naturwissenschaftler und Ärzte kamen dadurch in die Rolle von Experten für gesellschaftliche und insbesondere bevölkerungspolitische Fragen. Soziale Mißstände wurden biologistisch als Krankheit der Gesellschaft aufgefaßt. Mit der Eugenik und (im deutschen Sprachraum) der Rassenhygiene entstanden neue wissenschaftliche Arbeitsfelder mit eigenen Fachgesellschaften, Publikationsorganen und seit den zwanziger Jahren auch akademischen Institutionen in Form von Forschungseinrichtungen, Lehrstühlen und universitären Lehrprogrammen.[6]

Ich möchte an dieser Stelle betonen, daß die im Kontext von Eugenik und (im deutschen Sprachraum) Rassenhygiene formulierten Ideen in den ersten Jahrzehnten unseres Jahrhunderts keineswegs als Populärwissenschaft oder gar als Pseudowissenschaft galten. Selbstverständlich gab es Kontroversen innerhalb der „scientific community" um Detailfragen oder auch über die Anwendungsmöglichkeiten bestimmter Methoden. Der generelle Gedanke jedoch, nämlich die Theorien und Ergebnisse der Biologie zu einer Verbesserung sozusagen des „genetischen pools" sozialer Gruppen oder ganzer Nationen fruchtbar zu machen, wurde kaum grundsätzlich in Frage gestellt. Die

Professor Dr. Carl J.P. Schneider (Universitätsarchiv Heidelberg)

Befürworter sowohl innerhalb der Medizin und Biologie als auch in der weiteren Gesellschaft fanden sich in allen westlichen Staaten quer durch die politischen Lager.[7] Als Exponenten seien hier nur exemplarisch die Medizin-Nobelpreisträger Charles Richet und Alexis Carrel (aus Frankreich und den USA), der sozialdemokratische Reichstagsabgeordnete und Professor der Hygiene Alfred Grotjahn oder der Biologe und Jesuitenpater Hermann Muckermann genannt.[8] Auch muß der Auffasung widersprochen werden, daß die deutschen Vertreter der Eugenik und Rassenhygiene spätestens seit den dreißiger Jahren wissenschaftlich isoliert gewesen seien. Vielmehr bezog sich etwa der Wortführer der dominierenden Gruppe innerhalb der britischen Eugenik-Bewegung, Lionel Penrose, ausdrücklich auf die Konzepte führender deutscher Rassenhygieniker.[9] Und einer der maßgeblichen amerikanischen Eugeniker, Harry Laughlin, als Superintendent am *Eugenics Record Office* in Cold Spring Harbour tätig, fühlte sich sehr geehrt, als er 1936 wegen seiner Verdienste von Professor Carl Schneider, dem Direktor der Heidelberger Psychiatrischen Klinik und zu dieser Zeit auch Dekan der medizinischen Fakultät, die Ehrendoktorwürde in Aussicht gestellt bekam.[10] Schneider, bis 1933 ärztlicher Leiter der Bodelschwingh'schen Anstalten in Bethel, war nach der Amtsenthebung seines Vorgängers Karl Wilmanns durch die nationalsozialistischen Machthaber dessen Nachfolger in Heidelberg geworden. Er vertrat nicht nur in der breiteren Öffentlichkeit, sondern auch in seinen wissenschaftlichen Publikationen sozialdarwinistische und eugenische Positionen, die für ihn keineswegs im Widerspruch zu seinen auch aus heutiger Sicht wichtigen Beiträgen zur Theorie und Praxis der Psychiatrie standen.[11] Schneider war auch der Leiter des hier zu beschreibenden Forschungsprogramms an behinderten Kindern im Kontext der „Euthanasie".

Eine wesentliche Voraussetzung für die Ausgrenzung, Zwangssterilisation und schließlich auch Tötung psychisch Kranker und Behinderter waren neben den zur Verfügung stehenden wissenschaftlichen Deutungsmodellen auch die ökonomischen und sozialen Konsequenzen der Weltwirtschaftskrise 1929 sowie die spezifischen Bedingungen des nationalsozialistischen Staates.

In der Folge der Wirtschaftskrise kam es zu massiven Kürzungen in den öffentlichen Haushalten, worunter vor allem die Angebote der öffentlichen Wohlfahrt litten. Im Bereich der Psychiatrie kam es zur Abschaffung gerade entstehender Reformmodelle, in welchen beispielsweise Formen der Frühentlassung mit gemeindepsychiatrischen Angeboten kombiniert worden waren. Zunehmende Arbeitslosigkeit und die damit verbundenen innerfamiliären und gesellschaftlichen Spannungen reduzierten die Bereitschaft der Bevölkerung, psychisch Kranke und Behinderte in das Alltagsleben zu integrieren. Dies bedeutete eine Zunahme der Zahl der Anstaltspatienten und der durchschnittlichen Aufenthaltsdauer.[12] Die Kluft zwischen benötigten Mitteln für stationäre Behandlungen einerseits und den verfügbaren öffentlichen Geldern andererseits weitete sich daher rasch aus. Auf Tagungen und in Fachzeitschriften wurden bald intensive Diskussionen über die zweckmäßigste Verteilung der Ressourcen geführt. Die meisten Psychiater waren der Auffassung, daß die Zuteilung von Geldern von der Prognose der jeweiligen Erkrankung abhängig gemacht werden müsse. Demnach sollten für behandlungsfähige Patienten vergleichsweise hohe Beträge zur Verfügung gestellt werden, während chronisch psychotische und behinderte Menschen separat und mit möglichst geringem Aufwand untergebracht werden sollten.

In dieser Situation wuchs die Akzeptanz für die Theorien und praktischen Vorschläge der Eugenik und Rassenhygiene in allen gesellschaftlichen Schichten, insbesondere auch unter Psychiatern, Juristen und Politikern. Die etwa seit der Jahrhundertwende geführte Diskussion über eine Sterilisation vermeintlich Minderwertiger mündete bereits in den zwanziger Jahren in verschiedene öffentlich vorgetragene Forderungen nach einer gesetzlichen Regelung. Wenige Monate nach dem Regierungsantritt der Nationalsozialisten im Jahr 1933 wurde das sogenannte „Gesetz zur Verhütung erbkranken Nachwuchses" verabschiedet, in dem die Sterilisierung von Patienten mit sogenannten „Erbkrankheiten" auch gegen den Willen der Betroffenen festgelegt wurde. Aufgrund dieses Gesetzes wurden mindestens 300 000 Menschen zwangssterilisiert.[13] Die Opfer haben bis heute nur eine beschämend geringe Entschädigung erhalten.

Der weitgehende Konsens der Psychiater über eine differenzierte Mittelzuteilung für Anstaltspatienten war eine der Vorbedingungen für die Realisierung eines Gedankens, der ebenfalls schon lange vor 1933 in unterschiedlichen Kontexten diskutiert worden war – nämlich die systematische Tötung der nicht therapierbaren chronisch kranken und behinderten Menschen.[14] Diese Tötung wurde mit dem ebenfalls sehr traditionsreichen Begriff der „Euthanasie" euphemistisch verbrämt.

Eine erste breite Diskussion erfuhr der Gedanke des ärztlich veranlaßten Tötens in der desolaten Situation nach dem Ersten Weltkrieg, als der Zusammenbruch des politischen Systems des Kaiserreichs mit massiver Armut und ausgedehnten materiellen Zerstörungen einherging: Im Jahr 1920 verfaßten der Psychiater Alfred Hoche und der Jurist Karl Binding eine programmatische Schrift mit dem Titel „*Die Freigabe der Vernichtung lebensunwerten Lebens*". Hoche definierte in dieser Schrift die Kategorie der geistig toten „Ballastexistenzen". Diese seien gekennzeichnet durch das „Fehlen irgendwelcher produktiver Leistungen" und durch den „Zustand völliger Hilflosigkeit, mit der Notwendigkeit der Versorgung durch Dritte".[15]

Die Überlegungen zur Vernichtung der sogenannten „Ballastexistenzen" stießen in der Ärzteschaft zunächst eher auf Zurückhaltung.[16] Die Argumentation von Binding und Hoche wurde jedoch nach 1933 von Ärztefunktionären und Politikern wieder aufgenommen und später zur Rechtfertigung der sogenannten „Aktion Gnadentod" oder eben „Euthanasie" benutzt. Dieser systematische Krankenmord stand in engem Zusammenhang mit dem nationalsozialistischen Vernichtungskrieg. Er war nur möglich durch die aktive Teilnahme oder zumindest Duldung eines sehr großen Teils der deutschen Psychiater. Zentral gesteuert durch die „Euthanasie"dienststelle in der Berliner Tiergartenstraße 4 (deshalb auch „Aktion T4") wurden im Reichsgebiet zwischen 1939 und 1941 über 70 000 Patienten und Patientinnen ermordet. Wahrscheinlich aufgrund kirchlicher Proteste und der zunehmenden Beunruhigung der Bevölkerung wurde die zentral organisierte Vernichtung der Anstaltspatienten im August 1941 zunächst eingestellt[17], die Krankentötungen jedoch dezentral in verschiedenen „Sonderaktionen" bis zum Kriegsende weitergeführt. Insgesamt fielen der sogenannten „Euthanasie" im deutschen Herrschaftsgebiet schätzungsweise 200 000 bis 300 000 Menschen zum Opfer.[18]

Einer derjenigen Universitätspsychiater, die sich an der Vorbereitung und Durchführung der Tötungen maßgeblich beteiligten, war der Heidelberger Psychiater Professor Carl Schneider. Er war spätestens seit Sommer 1939 in die Planungen zum Krankenmord einbezogen und fungierte bei der Selektion der Opfer als Obergutachter.

Bereits im Vorfeld des Vernichtungsprogramms war durch eine Gruppe von Psychiatern beschlossen worden, die einmalige Gelegenheit zu Forschungszwecken zu nutzen. Wichtige wissenschaftliche Fragestellungen, die international diskutiert wurden, sollten durch die nun mögliche systematische Korrelation von klinischen Daten und den nach dem Tod erhobenen Befunden geklärt werden.[19] Das Anliegen als solches – die Korrelation der Befunde – sowie die im Forschungsprogramm vorgesehenen Untersuchungen entsprachen durchaus der inneren Logik der wissenschaftlich-experimentellen Medizin sowie dem Standard der zeitgenössischen Diskussion und Forschung.[20] Auch der absolute Vorrang des wissenschaftlichen Erkenntnisgewinns vor anderen Wertsetzungen, etwa der Subjektivität des Patienten, war seit der zweiten Hälfte des 19. Jahrhunderts explizites Programm der experimentellen Medizin.[21] Im hier geschilderten Fall war es das Fehlen ethischer Beschränkungen und strafrechtlicher Konsequenzen unter den Bedingungen nationalsozialistischer Herrschaft, welches eine Forschung ohne jegliche Rücksicht möglich machte.

Parallel zu den Vorbereitungen für diese Forschungen versuchte Schneider zusammen mit dem Direktor der *Deutschen Forschungsanstalt für Psychiatrie* (heute *Max-Planck-Institut für Psychiatrie*) in München, Ernst Rüdin, und weiteren Psychiatern, die „Euthanasieaktion" in ein umfassendes Reformkonzept der psychiatrischen Versorgung und Forschung einzubinden:

Danach sollte in jedem Versorgungsbezirk des Reichs eine zentral gelegene Heilanstalt eingerichtet werden, in welcher die behandlungsfähigen Patienten mit neuen, effektiven Methoden „aktiv" therapiert werden sollten. Die verbleibenden Kranken wären demnach in peripher gelegenen Pflegeanstalten untergebracht worden, wo nach Möglichkeit ihre Arbeitskraft ausgeschöpft werden sollte. Die übrigen Patienten sollten mit Ausnahme der Alterskranken der „Euthanasie" anheimfallen.[22]

Vor dem Hintergrund der geplanten Rationalisierung der psychiatrischen Versorgung gewinnen die umfangreichen Forschungsvorhaben von Carl Schneider und anderen Psychiatern ihren besonderen Stellenwert. Gegenstand waren die Krankheitsgruppen Schizophrenie, Epilepsie und der sogenannte „Schwachsinn". Durch die Forschungen sollten u.a. wissenschaftlich fundierte Kriterien gefunden werden, die eine eindeutige Unterscheidung zwischen den behandlungsfähigen und nicht behandlungsfähigen Patienten ermöglichen würden. Ebenso sollten Maßstäbe zur Differenzierung zwischen „angeborenen" und „erworbenen" Formen des sogenannten „Schwachsinns" erarbeitet werden. Die Forschungen zielten also darauf ab, die Selektion sowohl für die Sterilisation als auch für die Krankenvernichtung zu optimieren und wissenschaftlich zu begründen. Ernst Rüdin, der *Direktor der Deutschen Forschungsanstalt für Psychiatrie* in München und zugleich der Vorsitzende der *Gesellschaft Deutscher Neurologen und Psychiater* hatte diese Fragestellung zu einem zentralen Forschungsthema der Psychiatrie im Kontext der nationalsozialistischen Gesundheitspolitik erklärt.[23]

Umgekehrt war für die vollständige Durchführung des Forschungsprogramms der Tod der untersuchten Kranken eine notwendige Voraussetzung. Nur auf diese Weise konnten die am lebenden Patienten gewonnenen Daten systematisch mit den pathologisch-anatomischen und histopathologischen Befunden insbesondere des Gehirns korreliert werden. So heißt es im Entwurf des Forschungsplans von Schneider lapidar:

„Es ist selbstverständlich, daß für zahlreiche Untersuchungen, zumal im Rahmen der [‚Euthanasie'-]Aktion auch histopathologische und pathologisch-anatomische Untersuchungen vorgenommen werden müssen und können".[24]

In die Untersuchungen sollten nach ersten Überlegungen reichsweit psychiatrische Anstalten und universitäre Institutionen einbezogen werden. Das gesamte Forschungsprojekt hatte einen finanziellen Umfang von 15 Millionen Reichsmark über 15 Jahre.

Die Realisierung dieses weitgespannten Programms wurde jedoch durch die Bedingungen des Krieges erheblich eingeschränkt. In enger Absprache mit der zentralen Dienststelle in Berlin wurde ab Januar 1942 eine Beobachtungs- und Forschungsabteilung in der Landesanstalt Brandenburg-Görden eingerichtet. Nach den Vorstellungen von Schneider sollte die Gördener Forschungsabteilung mit einer Außenabteilung der Heidelberger Klinik in der Heil- und Pflegeanstalt Wiesloch zusammenarbeiten. Die Gesamtleitung sollte in Heidelberg liegen. Gleichzeitig mit den Vorbereitungen für die Einrichtung der Wieslocher Forschungsabteilung begannen reichsweit eine Reihe von psychiatrischen Anstalten der Heidelberger Klinik die Gehirne verstorbener bzw. getöteter Patienten zur histopathologischen Untersuchung zuzusenden. Bis Kriegsende wurden im histopathologischen Labor der Klinik von Dr. Hans-Joachim Rauch, einem Mitarbeiter Schneiders, mindestens 187 Gehirne untersucht.[25]

Anfang Dezember 1942 wurde die Außenabteilung der Heidelberger Klinik in Wiesloch in Betrieb genommen. Ziel war es, geistig behinderte Patienten und Patientinnen vor ihrer Tötung in der Anstalt Eichberg bei Wiesbaden eingehend zu untersuchen. Zu diesem Zweck hatte die Berliner „Euthanasie"zentrale ein Gebäude der Wieslocher Anstalt angemietet und mit eigenem Personal versorgt. Drei Ärzte aus der Heidelberger Klinik waren in die Forschungen mit einbezogen: Fritz Schmieder, Carl Friedrich Wendt sowie der bereits erwähnte Hans-Joachim Rauch. Für ihre Tätigkeit im Rahmen der Wieslocher Forschungsabteilung erhielten sie aus Berlin eine Sondervergütung von jeweils 150 Reichsmark monatlich. Weiterhin waren zwei vollamtliche Psychiater durch die zentralen Dienststellen nach Wiesloch abgeordnet worden, Johannes Suckow und Ernst-Adolf Schmorl.[26] Wegen der Kriegsumstände mußte die Wieslocher Abteilung jedoch entgegen den Planungen schon Ende März 1943 wieder geschlossen werden.[27]

Ab Sommer 1943 wurden die Forschungen an der Heidelberger Klinik selbst weitergeführt. Im Mittelpunkt standen die Untersuchungen an sogenannten „schwachsinnigen" Kindern. Auch hier sollten Kriterien für die Unterscheidung von angeborenem und erworbenem „Schwachsinn" gefunden werden. Schneider begründete die „kriegswichtige" Bedeutung dieser Fragestellung gegenüber politischen Instanzen mit bevölkerungspolitischen Überlegungen: Nur bei Vorliegen eindeutiger Unterscheidungskriterien könnten die Eltern „schwachsinniger" Kinder angemessen beraten werden. Das heißt, die Eltern von Kindern mit angeborenem „Schwachsinn" sollten von der weiteren Zeugung abgehalten werden, während die Eltern der übrigen Kinder „angesichts des Existenzkampfes des Deutschen Volkes" zur weiteren Fortpflanzung ermuntert werden sollten.[28]

Ab August 1943 bis Anfang 1945 wurden insgesamt 52 Kinder und junge Erwachsene in der Heidelberger Klinik untersucht. Die Betroffenen, zuvor meist in Anstalten oder Heimen untergebracht, wurden zur Untersuchung für etwa 6 Wochen in der Heidelberger Klinik aufgenommen. Nach Abschluß der Untersuchungen wurden sie zunächst wieder in die Anstalten zurückgebracht oder von den Eltern abgeholt. Ein Mitarbeiter der *Deutschen Forschungsanstalt für Psychiatrie*, Dr. Dr. Julius Deussen, war neben Schneider der Koordinator des Forschungsprogramms.[29] Deussen besuchte die Anstalten im weiteren Einzugsbereich der Heidelberger Klinik, um „geeignete" Kinder für die Forschungen auszuwählen.[30] Er führte auch die Korrespondenz mit den Angehörigen, die er nach Möglichkeit ebenfalls zur Untersuchung einbestellte. Bei den zuständigen Behörden, wie Meldeämtern und Gerichten, forderte er umfangreiches Aktenmaterial über die Patienten an.

Das eigentliche Forschungsprogramm umfaßte klinische, psychologisch-psychiatrische und technisch-apparative Untersuchungen:[31] Regelmäßig wurde eine Pneumencephalographie, eine sehr eingreifende und schmerzhafte Röntgenuntersuchung der Gehirnventrikel, durchgeführt. Aus den erhaltenen Krankenakten wissen wir, daß diese Untersuchung bei vielen Kindern zu Übelkeit und Erbrechen führte. Ein Kind aus der Wieslocher Forschungsabteilung ist nach dieser Untersuchung verstorben.

Als weitere invasive Untersuchungen sind die Stoffwechselexperimente zu nennen, die zur Erfassung eventueller endokrinologischer Veränderungen durchgeführt wurden. Die Ergebnisse dieser Experimente wurden 1946 von der Schwiegertochter Carl Schneiders an der Universität Leipzig als medizinische Dissertation veröffentlicht.[32] Eine ausgiebige photographische Dokumentation nicht nur der Patienten, sondern auch der Angehörigen diente ebenso wie die von Dr. Schmieder durchgeführten anthropometrischen Studien dazu, Körperbautypen im Sinne der Konstitutionslehre zu bestimmen. Insbesondere sollten körperliche Auffälligkeiten, sogenannte „Stigmata", mit verschiedenen Typen geistiger Behinderung korreliert werden. Eine umfassende „erbbiologische Bestandsaufnahme" der Familie durch Sippentafeln sollte es ermöglichen, erbliche Formen des „Schwachsinns" zu identifizieren.

Die bisher genannten Untersuchungen lassen sich als wissenschaftlicher Standard der damaligen Zeit einordnen. Darüberhinaus entwickelte Deussen in Übereinstimmung mit den Interessen und Arbeits-

Akteninhaltsverzeichnis

Name: geb.:   Diagnose:
             Geburtsort:

1. Eintrag ins Aufnahmebuch, Meldezettel : 1
2. Anlegen des Krankenblattes und der Zählkarte : 2

3. Auszug aus:
   a) Krankenblatt : 3a
   b) übersandten Akten : 3b
4. Exploration
   a) des Probanden : 4a
   b) von Angehörigen, Lehrern usw. : 4b
5. Schriftliche Auskünfte
   a) Schriftwechsel von Eltern, Lehrern, Anstalten usw. : 5a
   b) Objektive Unterlagen über <u>Angehörige</u> (Strafregisterauszug) : 5b

6. Internes und neurologische Untersuchung: : 6

7. Untersuchung der Körperflüssigkeiten
   a) Urin : 7a
   b) Blutsaft : 7b
   c) EKG : 7c
   d) Blutbild : 7d
   e) Blutkonstante (Ca, Rest-N. usw.) : 7e
   f) Liquoruntersuchung, Zellbild, WAR : 7f

8. Stoffwechseluntersuchung:
   a) Adrenalin : 8a
   b) Insulin : 8b
   c) Traubenzucker : 8c
   d) spez. dyn. Eiweißwirkung : 8d
   e) Wasserstoß : 8e

9. Röntgenuntersuchung:
   a) Thorax-Aufnahme : 9a
   b) Schädelleer-, bezw. Sella-Aufnahme : 9b
   c) Encephalographie : 9c

Forschungsplan laut Akteninhaltsverzeichnis (Archiv der Psychiatrischen Universitätsklinik Heidelberg, Forschungsakte F 7)

10. Photographie:
   a) Kopf (vorn, schräg, seitlich : 10a : *erl.*
   b) Körper)stehend u. liegend) : 10b : *erl.*
   c) Ohren, Hände und Füsse   : 10c : —
   d) Bewegungsaufnahme   : 10d : —

11. Anthropometrische Untersuchung   : *erl.*

12. Stationsbeobachtung (Pflegebericht) 12 :
   a) Arbeitstherapiebeobachtung   : 12a :

13. Testprüfungen:
   a) binet   : 13a :
   b) Rorschach   : 13b :
   c) Vorprüfungen   : 13c :
   d) Funktionsprüfungen : 13d :
   e) Schimpansengarten : 13e :

14. Exploration durch den Arzt : 14 :

15. Anlage der Sippentafel
   a) nach Krankenblatt u.übersand-
      ten Akten   : 15a :
   b) nach Befragung des Probanden   : 15b :
   c) nach Befragung der Angehöri-
      gen usw.   : 15c :
   d) nach Schriftwechsel   : 15d :
   e) nach eingeforderten Akten   : 15e :

16. Sektionsbefund des Gehirns
   a) makroskopisch   : 16a :
   b) histologisch   : 16b :

17. Allgemeiner Sektionsbefund   : 17 :

18. Kontrolle der Akten:
   a) Nach Beendigung des Klinikauf-
      enthaltes   : 18a :
   b) nach Eingang des Sektionsbe-
      fundes   : 18b :

programmen der *Deutschen Forschungsanstalt* in München eine Reihe zusätzlicher Untersuchungsmethoden[33]: Zu nennen sind hier insbesondere die „Funktionsprüfungen", bei denen die Kinder beispielsweise in warmem und kaltem Wasser untergetaucht wurden, um ihre Reaktionen zu prüfen. Diese „Funktionsprüfungen" verdeutlichen das Interesse, die „Funktionsfähigkeit" der Kinder im Hinblick auf Außenreize und Anforderungen der Umwelt im Sinne einer mechanistischen Auffassung zu beurteilen. Daß dabei auch Gewalt und Erschrekken, wie etwa das Überstülpen einer Kappe oder das genannte Untertauchen im Wasser, angewendet wurden, ist kennzeichend für die gesamte Konzeption des Forschungsprogramms.

Demgegenüber werden in den Beschreibungen des Pflegepersonals die Kinder in ihrer Menschlichkeit, mit ihrer Lebensfreude, ihrer Unsicherheit und Bedürftigkeit erkennbar. Diese Beobachtungen sind in den Krankenakten dokumentiert.[34] Wir werden später an diesem Vormittag Textauszüge aus diesen Dokumenten hören.

Von Anfang an war beabsichtigt, das Untersuchungsprogramm in jedem einzelnen Fall mit dem pathologisch-anatomischen und dem histologischen Untersuchungsbefund des Gehirns abzuschließen. Bei resümierenden Besprechungen nach Abschluß der klinischen Untersuchungen, an denen neben Schneider alle wissenschaftlichen Mitarbeiter des Programms teilnahmen, wurde die vorläufige Diagnose formuliert. Die endgültige Diagnose sollte nach der Obduktion geklärt werden, wozu in den eigens angelegten Forschungsakten eine spezielle Rubrik vorgesehen war.[35] Schon in den Vorbesprechungen mit der zentralen „Euthanasie"dienststelle in Berlin sowie in Vereinbarungen mit der ärztlichen Leitung der Anstalt Eichberg hatte Schneider Vorkehrungen getroffen, auch diesen letzten Teil des Forschungsprogramms, der für die Kinder den Tod bedeutete, realisieren zu können. Nach der Tötung sollten die Gehirne der Kinder wieder nach Heidelberg zurückgebracht werden, um sie hier von dem Psychiater und Neuropathologen Dr. Hans-Jochim Rauch untersuchen zu lassen.

Durch die teilweise erhaltene Korrespondenz von Schneider und Deussen ist dokumentiert, daß Deussen, Rauch und nichtärztliches Personal der Heidelberger Klinik wiederholt Kinder auf den Eichberg brachten und planten, auf dem Rückweg die konservierten Gehirne mitzunehmen.

Aus den Unterlagen der Anstalt sowie den Gerichtsakten im Eichberg-Prozeß läßt sich rekonstruieren, daß tatsächlich in der sogenannten „Kinderfachabteilung" der Landesheilanstalt Eichberg 21 der in Heidelberg untersuchten Kinder durch Überdosierung von Luminal oder Morphium ermordet wurden.[36]

Ich komme zum Schluß:

Die vorangegangene Darstellung der historischen Fakten verweist auf eine Vielzahl von Fragen, die auch für die Psychiatrie und Medizin *heute* von höchster Aktualität sind. Ich möchte daraus nur einen Aspekt hervorheben:

Das Programm der hier dargestellten psychiatrischen Forschungen entsprach völlig dem zeitgenössischen Stand der Wissenschaft. Auch die zugrundeliegende Wertsetzung mit dem Vorrang des Forschungsinteresses vor der Subjektivität des Patienten ist keineswegs ein spezifisch nationalsozialistisches Phänomen. Diese Priorität wurde seit dem ausgehenden 19. Jahrhundert wiederholt explizit formuliert, und sie taucht auch heute in den Diskussionen zur Ethik in den Biowissenschaften an prominenter Stelle auf.[37]

Das historische Beispiel zeigt, daß diese für die moderne medizinische Wissenschaft zentrale Wertsetzung nicht ausreichend ist, um unter bestimmten historischen Rahmenbedingungen die Schädigung bis hin zur Tötung der Patienten im Verlauf der Forschung zu verhindern.

Im Interesse der kranken Menschen, aber auch im Interesse ihrer eigenen Glaubwürdigkeit und Akzeptanz ist die medizinische Forschung daher dringend auf Grenzsetzungen angewiesen. Die Kriterien für diese Grenzen können nicht aus der Wissenschaft selbst, sondern nur über einen gesellschaftlichen Dialog gewonnen werden. In diesem Dialog müssen die betroffenen Kranken oder ihre Vertreter einen zentralen Platz einnehmen. Die Subjektivität der Kranken muß der zentrale Maßstab für die Zumutbarkeit medizinischer Forschung, aber auch therapeutischer Praxis sein.

Anmerkungen

1   Vgl. Abb. S. 52/53 sowie Aly, Götz (1985): Der saubere und der schmutzige Fortschritt; Laufs, Bernd (1989): Die Psychiatrie zur Zeit des Nationalsozialismus am Beispiel der Heidelberger Universitätsklinik; Roelcke, Volker, Hohendorf, Gerrit; Rotzoll, Maike (1994): Psychiatric research and ‚euthanasia'. The case of the psychiatric department at the university of Heidelberg; Hohendorf, Gerrit; Roelcke, Volker; Rotzoll, Maike (1996): Innovation und Vernichtung – Psychiatrische Forschung und „Euthanasie" an der Heidelberger Psychiatrischen Klinik 1939-1945.
2   Mitscherlich, Alexander (1945): Geschichtsschreibung und Psychoanalyse – Bemerkungen zum Nürnberger Prozeß.
3   Wichtige Zusammenfassungen und Interpretationsansätze finden sich bei Dörner, Klaus (1988): Carl Schneider: Genialer Therapeut, moderner ökologischer Systemtheorektiker und Euthanasie-Mörder; Schmuhl, Hans-Walter (1987): Rassenhygiene, Nationalsozialismus, Euthanasie; Burleigh, Michael (1994): Death and Deliverance – ‚Euthanasia' in Germany c. 1900-1945, und Friedlander, Henry (1995): The origins of Nazi Genocide.
4   Vgl. Schmuhl, Hans-Walter (1991): Reformpsychiatrie und Massenmord; Hohendorf, Gerrit; Roelcke, Volker; Rotzoll, Maike (1996): Innovation und Vernichtung, und Roelcke, Volker; Hohendorf, Gerrit; Rotzoll, Maike (1998): Erbpsychologische Forschung im Kontext der „Euthanasie".
5   Einige dieser Erfahrungen sind dokumentiert in dem Sammelband zu einer Ringvorlesung über die Medizin im Nationalsozialismus, der von zwei Mitgliedern des Arbeitskreises herausgegeben wurde: Hohendorf, Gerrit; Magull-Seltenreich, Achim (1990): Von der Heilkunde zur Massentötung, Vorwort, S. 7-19.
6   Vgl. Schmuhl, Hans-Walter (1987): Rassenhygiene, Nationalsozialismus, Euthanasie; Weingart, Peter; Kroll, Jürgen; Bayertz, Kurt (1988): Rasse, Blut und Gene; Weindling, Paul (1989): Health, Race and German politics between national unification and Nazism, 1870-1945, und Kaufmann, Doris (1998): Eugenik – Rassenhygiene – Humangenetik.
7   Vgl. Weindling, Paul (1987): Die Verbreitung rassenhygienischen Gedankengutes in bürgerlichen und sozialistischen Kreisen in der Weimarer Republik; Weindling, Paul (1989): Health, race and German politics; Mazumdar, Pauline M.H. (1992): Eugenics, Human Genetics and Human Failings, und Kühl, Stefan (1994): The Nazi connection: Eugenics, American Racism, and German National Socialism.
8   Muckermann war einer der Initiatoren und ersten Direktoren des Kaiser-Wilhelm-Instituts für Anthropologie, menschliche Erblehre und Eugenik im Jahr 1927; vgl. Weindling (1989): Health, race and German politics et passim. Zum Verhältnis von katholischer Kirche und Eugenik vgl. Lepicard, Etienne (1998): Eugenics and Catholicism.
9   Mazumdar, Pauline M.H. (1992): Eugenics, Human Genetics and Human Failings, S. 196-255.

[10] Bird, Randell D.; Allen, Garland (1981): The Papers of Harry Hamilton Laughlin, S. 350-352. Den Hinweis hierauf verdanken wir Armin Trus, Gießen.
[11] Vgl. Teller, Christine (1990): Carl Schneider – Zur Biographie eines deutschen Wissenschaftlers, und Hohendorf, Gerrit; Roelcke, Volker; Rotzoll, Maike (1996): Innovation und Vernichtung. Hingegen sieht Dörner bei Carl Schneider einen Gegensatz zwischen den modernen therapeutischen und theoretischen Ansätzen und seiner Beteiligung an den nationalsozialistischen „Euthanasie"aktionen repräsentiert, vgl. Dörner, Klaus (1986): Carl Schneider: Genialer Therapeut, moderner ökologischer Systemtheoretiker und Euthanasie-Mörder.
[12] Vgl. Siemen, Hans Ludwig (1987): „Menschen blieben auf der Strecke..." – Psychiatrie zwischen Reform und Nationalsozialismus.
[13] Vgl. Bock, Gisela (1986): Zwangssterilisation im Nationalsozialismus, und Weindling, Paul (1989): Health, race and German politics.
[14] Vgl. Fichtner, Gerhard (1976): Die Euthanasiediskussion in der Zeit der Weimarer Republik, und Schmuhl, Hans-Walter (1987): Rassenhygiene, Nationalsozialismus, Euthanasie.
[15] Binding, Karl; Hoche, Alfred (1920): Die Freigabe der Vernichtung lebensunwerten Lebens., S. 57.
[16] Meyer, Joachim Ernst (1988): „Die Freigabe der Vernichtung lebensunwerten Lebens" von Binding und Hoche im Spiegel der deutschen Psychiatrie vor 1933.
[17] Zum sogenannten Stopp der „Aktion T4" vgl. Faulstich, Heinz (1998): Hungersterben in der Psychiatrie 1914-1949, S. 271-288.
[18] Vgl. Schmuhl, Hans-Walter (1987): Rassenhygiene, Nationalsozialismus, Euthanasie; Burleigh, Michael (1994): Death and Deliverance; Friedlander, Henry (1995): The Origins of Nazi Genocide, und Faulstich, Heinz (1998): Hungersterben in der Psychiatrie 1914-1949; Faulstich, Heinz (2000): Die Zahl der „Euthanasie"-Opfer.
[19] Vgl. hierzu ausführlich Hohendorf, Gerrit; Roelcke, Volker (1996): Innovation und Vernichtung.
[20] Vgl. Hohendorf, Gerrit; Roelcke, Volker; Rotzoll, Maike (1997): Von der Ethik des wissenschaftlichen Zugriffs auf den Menschen.
[21] Vgl. Lepicard, Etienne (1997): Ethisches Verhalten und ethische Normen vor 1947.
[22] Eine 1943 von Schneider, Rüdin und Nitsche, dem medizinischen Leiter der T4-Dienststellen, und anderen verfaßte Denkschrift „Gedanken und Anregungen betr. Die künftige Entwicklung der Psychiatrie" entwarf den Rahmen, in welchem die Planungsexperten der „Euthanasiedienststellen" konkrete Pläne für ein vereinheitlichtes und zentral gelenktes Anstaltswesen entwickelten. Es wurden verschiedene Konzepte der Trennung von Heil- und Pflegeanstalten diskutiert, wobei zur Einrichtung spezieller „Euthanasie"-Anstalten z.T. kontroverse Auffassungen vertreten wurden. Zu den Planungen im einzelnen siehe Schmuhl, Hans-Walter (1991): Reformpsychiatrie und Massenmord; Aly, Götz (1985): Der saubere und der schmutzige Fort-

schritt, und Roelcke, Volker (2000): Psychiatrische Wissenschaft im Kontext nationalsozialistischer Politik und „Euthanasie". Die Bedeutung der erwähnten Denkschrift, die an den Reichsgesundheitsführer Conti und den Generalkommissar für das gesamte Gesundheitswesen Karl Brandt gerichtet war und die der Psychiatrie eine besondere Rolle bei der erbhygienischen Überwachung des Volkes zuwies, wird in der gegenwärtigen Forschungsliteratur kontrovers beurteilt. So sieht Dirk Blasius in ihr lediglich einen Reflex auf den mit der „Euthanasie" verbundenen Ansehensverlust der Psychiatrie ohne wesentlichen politischen Einfluß. Vgl. Blasius, Dirk (1994): „Einfache Seelenstörung", S. 185-191; siehe auch Burleigh, Michael (1994): Death and Deliverance, S. 263-266.

[23] Brief Rüdins an den Reichsforschungsrat vom 23. Oktober 1942; das Dokument ist zitiert in Weber, Mattias M. (1993): Ernst Rüdin, S. 279; vgl. auch Rüdin (1940); zu Rüdins Interesse an der „Euthanasie" und seiner Unterstützung der Heidelberger Forschungen vgl. Roelcke, Volker; Hohendorf, Gerrit; Rotzoll, Maike (1998): Erbpsychologische Forschung im Kontext der „Euthanasie", und Roelcke, Volker (2000): Psychiatrische Wissenschaft.

[24] Brief Schneiders an die „Euthanasie"zentrale in Berlin vom 12. März 1942, Heidelberger Dokument 127 127-129 (National Archives Washington T 1021 Roll 10-12 File 707, Mikrofilmkopie im Bundesarchiv Berlin) zit. in Hohendorf, Gerrit; Roelcke, Volker; Rotzoll, Maike (1997): Von der Ethik des wissenschaftlichen Zugriffs auf den Menschen, S. 82.

[25] Vgl. mit Quellennachweisen Hohendorf, Gerrit; Roelcke, Volker; Rotzoll, Maike (1996): Innovation und Vernichtung.

[26] Die jetzt rekonstruierte Biographie von Johannes Suckow (1896-1994), seit 1950 bis zu seiner Emeritierung Professor an der Medizinischen Akademie Dresden, zeigt anschaulich, auf welche Weise Mitarbeiter für die Forschungen im Kontext der „Euthanasie" gewonnen wurden, vgl. Lienert, Marina (2000): Johannes Suckow (1896-1994).

[27] Vgl. Peschke, Franz (1993): Die Heidelberg-Wieslocher Forschungsabteilung, und Hohendorf; Gerrit; Roelcke, Volker; Rotzoll, Maike (1996): Innovation und Vernichtung. In den vorangegangenen vier Monaten waren insgesamt 35 zumeist geistig behinderte oder an Epilepsie leidende Patienten und Patientinnen untersucht worden. 24 von diesen Patienten haben den Krieg überlebt; vier wurden in der hessischen Anstalt Hadamar ermordet, einer fiel in der Anstalt Kaufbeuren vermutlich ebenfalls der „Euthanasie" zum Opfer, ein weiterer starb 1944 im Konzentrationslager Buchenwald. Zwei Patienten starben bereits 1943 in Wiesloch, ein Kind starb an den Folgen einer in der Heidelberger Klinik durchgeführten Pneumenzephalographie, einer sehr eingreifenden Röntgenuntersuchung der Gehirnkammern.

[28] Heidelberger Dokument 127 878-885, vgl. Hohendorf, Gerrit; Roelcke, Volker; Rotzoll, Maike (1996): Innovation und Vernichtung, S. 942f..

[29] Zu Deussen vgl. Roelcke, Volker; Hohendorf, Gerrit; Rotzoll, Maike (1998): Erbpsychologische Forschung, und Roelcke, Volker (2000): Psychiatrische Wissenschaft.

[30] Eine der betroffenen Anstalten war der Schwarzacher Hof bei Mosbach, über dessen Geschichte eine detaillierte Monographie vorliegt, vgl. Scheuing, Hans-Werner (1997): „... als Menschenleben gegen Sachwerte gewogen wurden" und seinen Beitrag in diesem Band.

[31] Das umfangreiche Programm der Forschungen wird aus einer jeder Forschungsakte beigelegten Inhaltsübersicht deutlich: die einzelnen Punkte wurden jeweils nach der erfolgten Untersuchung abgehakt, siehe Abb. S. 52/53.

[32] Schneider, Monika (1946): Stoffwechselbelastungsproben bei schwachsinnigen Kindern.

[33] Vgl. Deussen, Julius (1944): Psychologische Grundfragen und Methode der erbwissenschaftlichen Forschung, siehe hierzu auch Roelcke, Volker; Hohendorf, Gerrit; Rotzoll, Maike (1998): Erbpsychologische Forschung.

[34] Vgl. Dokumentenlesung S. 115ff.

[35] Vgl. Abb. Akteninhaltsverzeichnis S. 52/53.

[36] Vgl. Hohendorf, Gerrit; Roelcke, Volker; Rotzoll; Maike (1996): Innovation und Vernichtung, und Hohendorf, Gerrit; Weibel-Shah, Stephan; Roelcke, Volker; Rotzoll, Maike (1999): Die „Kinderfachabteilung" der Landesheilanstalt Eichberg 1941-1945 mit den einzelnen Quellennachweisen. Von den 52 untersuchten „Forschungskindern" wurden nachweislich 20 in der Landesheilanstalt Eichberg ermordet. Ein weiteres Kind wurde vor Beginn der Forschungen im Sommer 1943 von der Heidelberger Klinik auf den Eichberg verlegt und ist dort vermutlich ermordet worden. Wir haben dieses Kind zu der auf dem Mahnmal verzeichneten Liste der Opfer hinzugezählt, zumal da das Gehirn in Heidelberg untersucht worden ist.

[37] Vgl. z.B. Helmchen, Hanfried; Lauter, Hans (1995): Dürfen Ärzte mit Demenzkranken forschen? sowie kritisch dazu Hohendorf, Gerrit; Roelcke, Volker; Rotzoll, Maike (1997): Von der Ethik des wissenschaftlichen Zugriffs auf den Menschen. Zu einer entsprechenden, wirkungsgeschichtlich relevanten Position aus dem 19. Jahrhundert vgl. Lepicard, Etienne (1997): Ethisches Verhalten und „ethische" Normen vor 1947.

Literaturverzeichnis

Aly, Götz (1985): Der saubere und der schmutzige Fortschritt, in: Aly, Götz u.a. (Hg.): Reform und Gewissen – „Euthanasie" im Dienst des Fortschritts (Beiträge zur nationalsozialistischen Gesundheits- und Sozialpolitik Bd. 2), Berlin 2. Aufl. 1989: Rotbuch Verlag, S. 9-78

Binding, Karl; Alfred Hoche (1920): Die Freigabe der Vernichtung lebensunwerten Lebens. Ihr Maß und ihre Form, Leipzig: Felix Meiner

Bird, Randall D.; Allen, Garland (1981): The Papers of Harry Hamilton Laughlin, Eugenicist, Journal of the History of Biology 14, 1981, S. 339-353

Blasius, Dirk (1944): „Einfache Seelenstörung" – Geschichte der deutschen Psychiatrie 1800-1945, Frankfurt/M.: Fischer Taschenbuch

Bock, Gisela (1986): Zwangssterilisation im Nationalsozialismus – Studien zur Rassenpolitik und Frauenpolitik, Opladen: Westdeutscher Verlag
Burleigh, Michael (1994): Death and Deliverance. ‚Euthanasia' in Germany, c. 1900-1945, Cambridge: Cambridge University Press
Deussen, Julius (1944): Psychologische Grundfragen und Methode der erbwissenschaftlichen Forschung., Archiv für Rassenbiologie 37, 1944, S. 162-171
Dörner, Klaus (1986): Carl Schneider: Genialer Therapeut, moderner ökologischer Systemtheoretiker und Euthanasie-Mörder – Zu Carl Schneiders „Behandlung und Verhütung der Geisteskrankheiten", Berlin: Springer 1939, Psychiatrische Praxis 13, 1986, S. 112-114
Dörner, Klaus (1988): Tödliches Mitleid – Zur Frage der Unerträglichkeit des Lebens oder: die Soziale Frage: Entstehung, Medizinierung, NS-Endlösung, heute, morgen, Gütersloh 2. Aufl. 1989: Jakob van Hoddis
Faulstich, Heinz (1998): Hungersterben in der Psychiatrie 1914-1949 mit einer Topographie der NS-Psychiatrie, Freiburg/Br.: Lambertus
Faulstich, Heinz (2000): Die Zahl der „Euthanasie"-Opfer in: Frewer, Andreas; Eickhoff, Clemens (Hg.) (2000): „Euthanasie" und die aktuelle Sterbehilfe-Debatte – Die historischen Hintergründe medizinischer Ethik, Frankfurt/M.: Campus, S. 218-234.
Fichtner, Gerhard (1976): Die Euthanasiediskussion in der Zeit der Weimarer Republik, in: Albin Eser (Hg.) (1976): Suizid und Euthanasie als human- und sozialwissenschaftliches Problem (Medizin und Recht, Bd. 1), Stuttgart: Enke, S. 24-40
Friedlander, Henry (1995): The Origins of Nazi Genocide. From Euthanasia to the Final Solution, Chapel Hill, London: University of North Carolina Press (dt.: Der Weg zum NS-Genozid – Von der Euthanasie zur Endlösung. Darmstadt 1997: Wissenschaftliche Buchgesellschaft)
Helmchen, Hanfried; Lauter; Hans (Hg.) (1995): Dürfen Ärzte mit Demenzkranken forschen?, Stuttgart, New York: Thieme
Hohendorf, Gerrit; Magull-Seltenreich (Hg.) (1990): Von der Heilkunde zur Massentötung – Medizin im Nationalsozialismus, Heidelberg: Wunderhorn
Hohendorf, Gerrit; Roelcke, Volker; Rotzoll, Maike (1996): Innovation und Vernichtung – Psychiatrische Forschung und „Euthanasie" an der Heidelberger Psychiatrischen Klinik 1939-1945, Der Nervenarzt 67, 1996, S. 935-946
Hohendorf, Gerrit; Roelcke, Volker; Rotzoll, Maike (1997): Von der Ethik des wissenschaftlichen Zugriffs auf den Menschen: Die Verknüpfung von psychiatrischer Forschung und „Euthanasie" im Nationalsozialismus und einige Implikationen für die heutige Diskussion in der medizinischen Ethik, in: Hamann, Matthias; Asbeck, Hans (Hg.) (1997): Halbierte Vernunft und totale Medizin – Zu Grundlagen, Realgeschichte und Fortwirkungen der Psychiatrie im Nationalsozialismus (Beiträge zur nationalsozialistischen Gesundheits- und Sozialpolitik Bd. 13), Berlin, Göttingen: Verlag der Buchläden Schwarze Risse/Rote Straße, S. 81-106
Hohendorf, Gerrit; Weibel-Shah, Stephan; Roelcke, Volker; Rotzoll, Maike (1999): Die „Kinderfachabteilung" der Landesheilanstalt Eichberg 1941-

1945 und ihre Beziehung zur Forschungsabteilung der Psychiatrischen Universitätsklinik unter Carl Schneider, in: Vanja, Christina u.a. (Hg.) (1999): Wissen und irren. Psychiatriegeschichte aus zwei Jahrhunderten – Eberbach und Eichberg (Historische Schriftenreihe des Landeswohlfahrtsverbandes Hessen, Quellen und Studien Bd. 6), Kassel: Eigenverlag des LWV, S. 221-243

Kaufmann, Doris (1998): Eugenik – Rassenhygiene – Humangenetik. Zur lebenswissenschaftlichen Neuordnung der Wirklichkeit in der ersten Hälfte des 20. Jahrhunderts, in: Dülmen, Richard van (Hg.): Erfindung des Menschen – Schöpfungsträume und Körperbilder 1500-2000, Wien u.a.: Böhlau, S. 347-365

Kühl, Stefan (1994): The Nazi connection: Eugenics, American Racism, and German National Socialism, New York, Oxford: Oxford University Press

Laufs, Bernd (1989): Die Psychiatrie zur Zeit des Nationalsozialismus am Beispiel der Heidelberger Universitätsklinik, Homburg/Saar: Medizinische Dissertation

Lepicard, Etienne (1997): Ethisches Verhalten und „ethische" Normen vor 1947, in: Tröhler, Ulrich; Reiter-Theil, Stella (Hg.) (1997): Ethik und Medizin 1947-1997 – Was leistet die Kodifizierung von Ethik?, Göttingen: Wallstein, S. 61-74

Lepicard, Etienne (1998): Eugenics and Catholicism. An Encyclical Letter in Context: *Casti conubii*, December 31, 1930, Science in Context 11, 1998, S. 527-544

Lienert, Marina (2000): Johannes Suckow (1896-1994) – Leben und Werk eines deutschen Psychiaters im 20. Jahrhundert, Sudhoffs Archiv 84, S. 1-18

Mazumdar, Pauline M. H. (1992): Eugenics, Human Genetics and Human Failings. The Eugenics Society, its Sources and its Critics in Britain, London, New York: Routledge

Meyer, Joachim Ernst (1988): „Die Freigabe der Vernichtung lebensunwerten Lebens" von Binding und Hoche im Spiegel der deutschen Psychiatrie vor 1933, Der Nervenarzt 59, 1988, S. 85-91

Mitscherlich, Alexander (1945): Geschichtsschreibung und Psychoanalyse – Bemerkungen zum Nürnberger Prozeß, Schweizer Annalen 1945, Nr. 11, S. 604-613 (= Gesammelte Werke Bd. 7, S. 66-77)

Peschke, Franz (1993): Die Heidelberg-Wieslocher Forschungsabteilung Carl Schneider's im Zweiten Weltkrieg, Schriftenreihe des Arbeitskreises „Die Heil- und Pflegeanstalt Wiesloch in der Zeit des Nationalsozialismus" Heft 2, S. 42-77, Wiesloch 1993

Roelcke, Volker; Hohendorf, Gerrit; Rotzoll, Maike (1994): Psychiatric research and ‚euthanasia'. The case of the psychiatric department at the University of Heidelberg, 1941-1945, History of Psychiatry 5, 1994, S. 517-532

Roelcke, Volker; Hohendorf, Gerrit; Rotzoll, Maike (1998): Erbpsychologische Forschung im Kontext der „Euthanasie": Neue Dokumente und Aspekte zu Carl Schneider, Julius Deussen und Ernst Rüdin, Fortschritte der Neurologie und Psychiatrie 66, 1998, S. 331-336

Roelcke, Volker (2000): Psychiatrische Wissenschaft im Kontext nationalsozialistischer Politik und „Euthanasie": Zur Rolle von Ernst Rüdin und der Deutschen Forschungsanstalt für Psychiatrie, in: Kaufmann, Doris (Hg.): Geschichte der Kaiser-Wilhelm-Gesellschaft im Nationalsozialismus – Bestandsaufnahme und Perspektiven der Forschung, Göttingen: Wallstein, S. 112-150

Rüdin, Ernst (1940): Eröffnungsansprache auf der V. Jahresversammlung der Gesellschaft Deutscher Neurologen und Psychiater in Wiesbaden, 26. bis 28. März 1939, Allgemeine Zeitschrift für Psychiatrie 114, 1940, S. 164-167

Scheuing, Hans-Werner (1997): „... als Menschenleben gegen Sachwerte gewogen wurden" – Die Geschichte der Erziehungs- und Pflegeanstalt für Geistesschwache Mosbach/Schwarzacher Hof und ihrer Bewohner 1933-1945 (Veröffentlichungen des Vereins für Kirchengeschichte in der Evangelischen Landeskirche in Baden Bd. 54), Heidelberg: C. Winter (HVA)

Schmuhl, Hans-Walter (1987): Rassenhygiene, Nationalsozialismus, Euthanasie – Von der Verhütung zur Vernichtung „lebensunwerten Lebens", 1890-1945 (Kritische Studien zur Geschichtswissenschaft Bd. 75), Göttingen 2. Aufl. 1992: Vandenhoeck & Ruprecht

Schmuhl, Hans-Walter (1991): Reformpsychiatrie und Massenmord, in: Prinz, Michael; Zitelmann, Rainer (Hg.) (1991): Nationalsozialismus und Modernisierung, Darmstadt: Wissenschaftliche Buchgesellschaft, S. 239-266

Schneider, Monika (1946): Stoffwechselbelastungsproben bei schwachsinnigen Kindern, Leipzig: Medizinische Dissertation

Siemen, Hans-Ludwig (1987): „Menschen blieben auf der Strecke ..." – Psychiatrie zwischen Reform und Nationalsozialismus; Gütersloh: Jakob van Hoddis

Teller, Christine (1990): Carl Schneider – Zur Biographie eines deutschen Wissenschaftlers, Geschichte und Gesellschaft 16, 1990, S. 464-478

Weber, Matthias M. (1993): Ernst Rüdin – Eine kritische Biographie, Berlin u.a.: Springer

Weindling, Paul (1987): Die Verbreitung rassenhygienischen Gedankengutes in bürgerlichen und sozialistischen Kreisen in der Weimarer Republik, Medizinhistorisches Journal 22, 1987, S. 352-368

Weindling, Paul (1989): Health, race and German politics between national unification and Nazism, 1870-1945, Cambridge University Press: Cambridge

Weingart, Peter; Kroll, Jürgen; Bayertz, Kurt (1988): Rasse, Blut und Gene – Geschichte der Eugenik und Rassenhygiene in Deutschland, Frankfurt/M.: Suhrkamp-Taschenbuch 1992

Zur Geschichte des Schwarzacher Hofes

HANS-WERNER SCHEUING

Der Schwarzacher Hof ist heute Teil der Johannes-Anstalten Mosbach, einer großen Einrichtung für Menschen mit geistiger Behinderung. Er liegt etwa 35 Kilometer von Heidelberg entfernt im Kleinen Odenwald. Die Geschichte des Schwarzacher Hofes als Anstalt begann 1899, als der Badische Landesverein für Innere Mission in Karlsruhe das zu Unterschwarzach gehörende landwirtschaftliche Gut aufkaufte und hier eine Erziehungsanstalt für gefährdete und verwahrloste männliche Jugendliche eröffnete. Durch die Errichtung von sechs großen Gebäuden in den Jahren 1907 bis 1928 wurden im Laufe der Zeit immer mehr Heimplätze angeboten. Aufgrund der staatlichen Sparmaßnahmen am Ende der Weimarer Republik wurden von den Kostenträgern jedoch immer weniger Jugendliche eingewiesen. Das Erziehungsheim Schwarzacher Hof kam so in immer größere wirtschaftliche Schwierigkeiten und wurde zu Beginn des Dritten Reiches endgültig aufgelöst. Der Evangelische Gemeindebote für die Kirchengemeinden Aglasterhausen und Unterschwarzach meldete im Februar 1934:

> „Einen schweren Schlag für die unmittelbar Betroffenen und die wirtschaftl. Lage der Gemeinde bildet die auf 1. April vorgesehene Schließung der Erziehungsanstalt Schwarzacher Hof. Der Rückgang der Zöglingszahl, verbunden mit den ständig herabgesetzten Pflegegeldern und den immer größer werdenden Schwierigkeiten, aus freiwilligen Gaben und Haussammlungen Gelder hereinzubekommen, bestimmten den Landesverein für Innere Mission zu diesem folgenschweren Schritt."[1]

1934 bis 1936 stand der Schwarzacher Hof leer. In dieser Zeit entwickelte das badische Innenministerium ein Konzept zur Planwirtschaft der Erziehungsanstalten. Unter der wissenschaftlichen Parole „systematische Differenzierung"[2] sollten sogenannte „Erbgesunde" von „Erbgeschädigten" abgesondert werden, um ihre Erziehung zur

Schwarzacher Hof bei Unterschwarzach 1931 (Nr. 11855 Unterschwarzach, Strähle Luftbild, 73614 Schorndorf)

„Eingliederung in die Volksgemeinschaft" zu erleichtern. Die Absonderung der „Erbgesunden" schuf das Problem der Unterbringung der restlichen Heimbewohner. Als unterstes Auffangbecken waren vorgesehen „Sonderanstalten, die nur oder überwiegend für die Aufnahme hochgradig Pflegebedürftiger oder Arbeitsunfähiger bestimmt"[3] waren. Der Schwarzacher Hof wurde eine solche „Sonderanstalt", und das kam so:

Durch Neuaufnahmen und Verlegungen aus anderen Anstalten war die evangelische „Erziehungs- und Pflegeanstalt für Geistesschwache" im nahegelegenen Mosbach Ende 1935 überlegt. Bei den Neuaufnahmen handelte es sich überwiegend um Kinder mit schweren Behinderungen, die als „nichtbildungsfähig" galten und nicht in die Anstaltsschule aufgenommen wurden. Die Anstaltsleitung plante die Übernahme des leerstehenden Schwarzacher Hofes, um die Zahl der Heimplätze zu erweitern und gleichzeitig – in den Worten des Verwaltungsrates – „die nötige Scheidung von Blöden und Schwachsinnigen unserer Anstalt"[4] durchzuführen, d.h. die Absonderung der sogenannten bildungs- und arbeitsfähigen Heimbewohner von den Menschen mit schwerer Behinderung. Das badische Innenministerium ermutigte die Anstaltsleitung dazu durch Zuschüsse, Darlehen und eine Belegungsgarantie.

Während die Anstaltsleitung so durch „Binnendifferenzierung" für den Mosbacher Teil den Charakter der Erziehungsanstalt bewahren wollte, behielt das Innenministerium die „systematische Differenzierung" aller badischen Anstalten im Auge. Es beabsichtigte langfristig die gesamte Einrichtung zu einer Sonderanstalt zu machen und änderte deshalb schon 1936 per Erlaß ihren Namen in „Erziehungs- und Pflegeanstalt für Geistesschwache *und Blöde* in Mosbach"[5]. Im gleichen Erlaß wurde der Pflegesatz für Schwachsinnige von 1,85 RM auf 1,60 RM gesenkt. Nur der Pflegesatz für „Blöde", d.h. für schwerer behinderte Menschen mit Pflegebedarf blieb auf gleicher Höhe bei 2,00 RM. Für die Einrichtung war dies ein finanzieller Anreiz vor allem schwerer behinderte Menschen aufzunehmen. Die Mosbacher Anstalt mietete deshalb ab April 1936 zwei Gebäude des Schwarzacher Hofes an, um dort eine „Abteilung für Blöde" einzurichten. Die Belegung dieser Zweigstelle hat sich innerhalb von zweieinhalb Jahren von 70 auf 150 Heimbewohner mehr als verdoppelt.[6] Heimbewohner waren sogenannte „blöde Buben" und einige „Schaffbuben". Beide hatten eines gemeinsam: sie gingen nicht zur Schule. Am Schwarzacher Hof gab es – im Unterschied zu Mosbach – keine Anstaltsschule.

25 bis 30 „blöde Buben" wohnten auf einer Station mit einem großen Schlafsaal, einem Tagesraum, einer Toilette und einem Bad mit Wanne, aber ohne Waschbecken. In den Betten schliefen sie auf Spreusäcken. Unterhosen gab es für sie nicht. Tagsüber hatten sie Röckchen an. Einzelne Bewohner waren ständig bettlägrig oder saßen den ganzen Tag angebunden auf einem Stuhl. Zum Frühstück und Abendessen gab es Kaffee mit etwas Milch und trockenes Brot, zum Mittagessen fast täglich Eintopf. Im Krieg bestand der Eintopf zeitweise aus Blättern von Spitzwegerich, Löwenzahn, Gänseblümchen und Brennesseln, die auf der Wiese gesammelt, gekocht und mit Kartoffelflocken für die Schweinefütterung angereichert wurden. Bei gutem Wetter wurden die gehfähigen Heimbewohner in Zweier-Reihen spazierengeführt. Bei schlechtem Wetter blieben sie im Tagesraum weitgehend sich selbst überlassen. Außer ein paar Bauklötzen gab es kein Spielmaterial. Einzelne Bewohner betätigten sich damit, Papierstücke

mit Spucke naßzumachen und an die Decke zu werfen, so daß sie kleben bleiben sollten. Eine Betreuerin brachte ihren privaten Plattenspieler mit. Der dudelte den ganzen Tag: „Auf der Heide blüht ein Blümelein". Kinder die selbständiger waren, wurden beim Putzen und bei der Pflege ihrer Mitbewohner eingesetzt („Schaffbuben"). Kinder mit epileptischen Anfällen hat man „strampeln lassen". Für die ärztliche Versorgung war ein überlasteter Landarzt in Aglasterhausen zuständig. Vom April 1936 bis August 1940 starben 31 Heimbewohner im Schwarzacher Hof.

Die „Schaffbuben" wurden vor allem für anstehende Arbeiten in Haus und Garten eingesetzt. Ein Mitarbeiter berichtet, daß sie mit Scheuern im großen Tagesraum beschäftigt wurden. „Das geschah ohne Wasser und führte mit der Zeit dazu, daß die Dielen wie gewachst aussahen."[7] Nachdem ein „Schaffbub" 1936/37 zwei Mal weggelaufen war, wurde er in der Chirurgischen Klinik in Heidelberg zwangssterilisiert, aber nicht entlassen. Zwangssterilisation wurde hier zur Strafmaßnahme. Auch das Schlagen von Heimbewohnern war üblich. Im Protokoll des Verwaltungsrates hört sich das so an:

„Der Direktor berichtet über einige traurige Vorkommnisse von etlichen psychopathischen Burschen auf dem Schwarzacherhof. Der Tatbestand zeigt die schwierige Lage des Hausvaters des Schwarzacherhofes, der gegenüber diesen üblen Burschen nur durch harte Maßnahmen sich behaupten konnte. Der Pächter auf dem Hof, der der Anstalt nicht hold ist, hat wohl die Anzeige gegen die Anstalt ins Werk gesetzt. Doch wurde nach den Vorstellungen d. Direktors b. d. Herrn Landrat eine Klage bisher nicht erhoben."[8]

Im Alltag der Anstalt Mosbach war es eine der wirksamsten Erziehungsmaßnahmen, wenn man einem Bösewicht androhte, er werde auf den Schwarzacher Hof verlegt.[9]

Mit Ausnahme des Hausvaters (Diakon) waren am Schwarzacher Hof fast nur Angestellte ohne Ausbildung beschäftigt. Die meisten kamen nicht aus der Umgebung und hatten ein Zimmer in der Anstalt. Nur in der Küche arbeiteten einzelne Frauen aus der Gegend. Eine kam aus Oberschwarzach. Sie berichtet:

„Es war schon eine Abneigung da. Die Leute sagten: ‚Zu den Deppen gehen wir nicht!' Sie wollten garnichts wissen davon. Sie waren halt nicht dafür, daß da so Idioten – so hat es geheißen – einziehen."[10]

Über die Arbeit der NS-Propaganda in Unterschwarzach gibt ein Bericht der Regionalzeitung vom November 1937 Auskunft:
„Film über Erbkrankheiten Unterschwarzach. Im vollbesetzten Saal der ‚Reichspost' fand am Sonntag ein Filmvortrag über Erbkrankheiten statt. Pg. G. (Aglasterhausen), der in der Heil- und Pflegeanstalt Wiesloch anschauliches Material gesammelt hat, machte einleitend Ausführungen über die Fortpflanzung von gesundem u. krankem Erbgut. Die folgenden Bilder zeigten in grauenerregender Weise, welches namenlose Elend in den Irrenanstalten wohnt und wie die an ihrem Leiden meist unschuldigen Kranken dahinsiechen müssen. Ein beredtes Bild ergaben die Summen, die der Staat für diese Kranken jährlich aufwenden muß. Wieviel wertschaffende Einrichtungen könnten mit diesen 1,2 Milliarden RM geschaffen werden. Was lag da näher, als diese sich ausbreitende Krankheit durch Verhütung erbkranken Nachwuchses zu unterbinden. Wenn auch die Bedeutung dieses Gesetzes nicht überall verstanden wird, so wird doch mancher Zuschauer zu der Überzeugung gekommen sein, daß es doch besser und menschlicher ist, wenn diese unglücklichen Menschen garnicht geboren werden. Künftige Geschlechter werden es unserer Regierung danken, daß sie hier mit starker Hand durchgegriffen hat und ein langsames Aussterben dieser Erbkranken vorbereitet. Reicher Beifall belohnte den Redner."[11]

Im Mai 1939 hat die Anstalt Mosbach den Schwarzacher Hof aufgekauft. In der Folgezeit gab es eine Auseinandersetzung mit der Gemeinde Unterschwarzach darüber, ob Schwarzacher Hof eine Erziehungsanstalt sei und damit von der Grundsteuer befreit. Der Bürgermeister von Unterschwarzach schrieb im Mai 1940:
„Wir bestreiten in diesem Zusammenhang, dass die Mosbacher Anstalt eine *Erziehungs*anstalt ist, denn in diesem Falle müßten zumindest *Erzieher* in dieser Anstalt tätig sein. In der hiesigen Filiale, in der die am wenigsten bildungsfähigen Schwachsinnigen untergebracht sind, sind jedoch nur Pfleger tätig, mithin hat die Anstalt den Charakter einer *reinen Pflegeanstalt*. ... (Sämtliche Bewohner sind laut Gesundheitsamt Mosbach völlig dienstuntauglich und brauchen nicht zur Musterung, d.V.) Aus dieser Tatsache, die jederzeit bei den Erfassungsunterlagen nachgeprüft werden kann, geht einwandfrei hervor, dass es sich bei den hiesigen Insassen um nicht mehr bildungsfähige Idioten handelt, *die man nicht mehr erziehen, sondern nur noch pflegen kann*."[12]

Wenn hier in der Argumentation des Briefes nur auf Informationen der Verwaltung zurückgegriffen wird, so zeigt dies, daß nicht einmal der Bürgermeister von Unterschwarzach die Arbeit am Schwarzacher Hof persönlich gesehen hat. Die Ablehnung und Isolierung vor Ort war aber nur Spiegel und Endpunkt der Aussonderung von Menschen mit schwerer Behinderung aus der Gesellschaft. Sie begann mit der Herausnahme aus Familie und Heimatort durch die Heimaufnahme und setzte sich fort durch die Ausgliederung aus Einrichtungen für sogenannte „Erbgesunde". Die Unterbringung im abgelegenen Schwarzacher Hof zeigt, daß die Selektion nicht einmal innerhalb einer Anstalt für Geistesschwache Halt machte. Die Konzentration vieler Menschen mit schwerer Behinderung an einem Ort erhöhte deren gesellschaftliche Ablehnung und erleichterte den staatlichen Zugriff auf ihre Lebensverhältnisse. Nicht nur durch Zwangssterilisationen, sondern auch durch zahlreiche staatliche Sparmaßnahmen konnte so das propagierte „langsame Aussterben der Erbkranken" bewirkt werden. In der Öffentlichkeit wurde die steigende Zahl der Todesfälle als natürliche Folge der schweren Behinderung der Heimbewohner angesehen und nicht mit den sich ständig verschlechternden Lebensbedingungen in Zusammenhang gebracht.

1939 entfachte der NS-Staat den Zweiten Weltkrieg. Die Kriegswirtschaft sah keinen Sinn mehr in der „Pflege bildungsunfähiger Idioten". Im „Blitzkrieg" begnügte man sich nicht mehr mit dem „langsamen Aussterben der Erbkranken". Unter dem Tarnnamen „Aktion T4" wurde der staatlich organisierte Massenmord vorbereitet. Als die Mosbacher Anstaltsleitung Ende 1939 Meldebögen für alle Heimbewohner nach Berlin schickte, wußte sie nicht, daß sie die Daten lieferte zur Erstellung von Todeslisten. Mit Schreiben vom 11. Juni 1940 kündigte das badische Innenministerium in Mosbach die „Verlegung von Anstaltsinsassen im Rahmen planwirtschaftlicher Maßnahmen"[13] an. Dem Schreiben lag eine Transportliste mit 90 männlichen Namen bei, die auf den 28. Juni 1940 datiert war. Die Anstaltsleitung protestierte mit einer wirtschaftlichen Begründung und wies auf die Feierlichkeiten zum 60jährigen Jubiläum der Anstalt Mosbach am 7.7.1940 hin. Der angekündigte Transport fand nicht statt. Spätestens im Juli 1940 war auch in Mosbach bekannt, daß das Ziel der Transporte der Massenmord war.

Ohne vorherige Ankündigung traf am 12. September 1940 Transportleiter Seibl von Grafeneck in Mosbach ein. Er verwies auf die alte

Pfarrer Robert Wilckens 1937 (Privatbesitz Maria Lehmann, geb. Lauer)

Heimbewohner des Schwarzacher Hofs (mit seiner Mutter), ermordet in Grafeneck 1940 (Privatbesitz Martha Kübler, geb. Weis)

Liste, überbrachte zwei weitere mit 138 und 103 Namen und verlangte die Herausgabe der Heimbewohner. Direktor Wilckens leugnete die Kenntnis der alten Liste und verweigerte die Herausgabe unter Hinweis auf das Badische Irrenfürsorgegesetz. Erst als sich ein Herr als Reichsleiter Bouhler aus Berlin am Telefon meldete und einen Befehl erteilte, gab er seinen Widerstand auf und wirkte selbst mit bei der Auswahl der Todeskandidaten. Am Morgen des 13.9.1940 wurden dann 75 männliche Heimbewohner in die Busse verladen. Es handelte sich ausschließlich um Bewohner des Schwarzacher Hofes, darunter drei Juden.

Am Sonntag 15.9.1940 hielt Pfarrer Wilckens Gottesdienst zum Tag der Inneren Mission im nahen Helmstadt. Die Todestransporte hat er nicht erwähnt. Auf den Listen befand sich auch der Name einer Frau aus einer in Helmstadt lebenden Familie.

Am Montag 16.9.1940 fuhr Wilckens nach Karlsruhe und verhandelte ohne Erfolg mit Regierungsdirektor Dr. Sprauer vom badischen Innenministerium über die Zukunft der Anstalt. Nach eigener Aussage hat er dabei nicht über die Frage der Euthanasie gesprochen, da er das Schicksal der Abtransportierten nicht kannte.[14]

Am 17.9.1940 wurden 90 Heimbewohner aus Mosbach und vom Schwarzacher Hof abgeholt, darunter auch die Frau aus Helmstadt. Am 18.9.1940 tagte in Mosbach der Verwaltungsrat der Anstalt. Eines seiner Mitglieder schrieb am nächsten Tag an seine Eltern:

„Gestern nachmittag hatten wir Sitzung in der Anstalt draußen. Da augenblicklich die Verlegung von Zöglingen in ‚andere Anstalten' mächtig im Gange ist, so sollen morgen wieder gegen 90 Kinder abtransportiert werden, so zählt die Anstalt von insgesamt 430 Zöglingen nurmehr noch ganze 180. Das ist ein radikaler Eingriff in das Leben der Anstalt und bedeutet einen wöchentlichen Ausfall von täglich 4-600 RM an eingenommenen Verpflegungsgeldern. Da wir außerdem erst im vergangenen Jahr noch den Schwarzacherhof dazu angekauft haben und in diesen im Vertrauen, daß die uns gemachten seinerzeitigen Zusagen gehalten würden, auch bereits gegen 50 000 RM hineingesteckt haben, so sind wir im Verwaltungsrat in ernstlicher Sorge, zumal wir befürchten müssen, daß uns die restlichen Zöglinge auch noch geholt werden. Zuzug steht nicht zu erwarten. Eine der beiden Anstalten, die hiesige oder der Schwarzacherhof, ist bereits heute überflüssig. Doch weit mehr noch als das Geschäftliche an der Sache greift einem das andere an das Herz. Ich stand gestern abend mit Direktor Wilckens nach der Sitzung noch etwas außen auf der Treppe, als gerade die größeren Burschen vom gemeinsamen

Essen in ihre Säle gingen. Unauffällig bedeutete mir Wilckens, wer von den Jungens morgen an die Reihe kommen würde. Was muß doch das für Wilckens heißen, der wirklich wie ein Vater seine Zöglinge in´s Herz geschlossen hat. Und dabei nichts sich anmerken lassen dürfen, sondern noch den Kindern usw. eine gute ‚Neckartalfahrt' wünschen müssen, das geht fast über das menschenmögliche hinaus. Die Eltern werden für gewöhnlich erst von Grafeneck aus verständigt, da die Anstalt in dieser Sache nichts tun darf. Und dann kommen die Anfragen, was denn geschehen sei, oft mit recht bitteren Randbemerkungen: ‚Heißt das christliches Handeln?' Ich bin dann noch bis gegen 10 Uhr draußen in der Anstalt bei Wilckens geblieben. Und als ich heimkam, konnte ich lange nicht einschlafen."[15]

Am nächsten Tag kam Dr. Hennecke aus der Vernichtungsanstalt Grafeneck nach Mosbach. In gemeinsamen Untersuchungen mit ihm betrieb Wilckens die Auslese der Arbeitsfähigen. So wurden am 20.9.1940 nur 53 statt 90 Heimbewohner abgeholt.

Die Reaktionen der Heimbewohner reichten von willigem Einsteigen in den Bus bis hin zu körperlicher Abwehr mit lautem Schreien. Schon am ersten Tag wehrten einige die Lüge vom Busausflug ab mit der Äußerung: „Wir sehen heute noch den lieben Heiland."[16] In der Woche danach zogen Schaffbuben mit Hacken bewaffnet in den Wald und erklärten, sie würden jeden totschlagen, der sie holen will.[17]

Die Mitarbeiter haben die Heimbewohner ohne Diskussionen zum Bus gebracht, teilweise sogar hineingetragen. Einer fragte den Fahrer wohin die Kinder verlegt würden und erhielt die Antwort: „Nach Ewigheim!"[18] Der Hausvater brachte es kaum fertig, den Kindern in die Augen zu sehen.[19] Stattdessen nahm er die Busse in Augenschein: „Da die Fenster der Autobusse gestrichen waren, wollte ich mich von dem Innern der Wagen überzeugen. es waren ganz normale Autobusse."[20] Nach Abfahrt der Busse haben alle geweint:

„Die ganzen Mitarbeiter sind im Lutherbau unter der Tür gestanden und haben geweint. Was hätten wir machen sollen? Die haben so eine Macht ausgeübt."[21]

Anstaltsleiter Wilckens sagte später aus:

„Dass die Pfleglinge getötet werden würden, wusste ich damals nicht. Manche Leute äusserten zwar schon damals entsprechende Befürchtungen, ich teilte sie jedoch nicht und traute dem Staat solche verbrecherischen Handlungen nicht zu."[22]

Über die Reaktion der Angehörigen ist wenig bekannt. Erhalten sind nur Briefe der Angehörigen von einem Viertel der Ermordeten (53) an die Anstalt. Von Mord wird in keinem der Briefe gesprochen, aber offenbar ahnten die meisten, was geschehen ist. Nicht alle bringen eine eindeutige Ablehnung des Verbrechens zum Ausdruck. Viele greifen den Begriff „Erlösung" aus der Todesmeldung von Grafeneck auf.

Ein Junge von Unterschwarzach stand am Bus und schaute zu:
> „Wir Kinder kannten die Busse mit den schwarzen Fenstern und jedes Kind hatte Angst davor. Eigentlich jeder wußte, daß es Totenbusse sind."[23]

In Unterschwarzach hielten die Busse vor der Bäckerei:
> „Da draußen haben sie gehalten und es hat geheißen: Heute kommen die Kinder fort! Sie kommen fort in ein Heim, wo sie vernichtet werden. Sie würden vergast werden haben die Leute erzählt. Aber wir haben doch nichts sagen dürfen oder sagen sollen. Sonst ist man ja fortgekommen."[24]

Zum evangelischen Pfarrer in Aglasterhausen kam der katholische Kollege und sagte: „Die Spatzen pfeifen es von den Dächern: die Kinder werden geholt auf dem Schwarzacher Hof."[25] Proteste von Seiten der Ortskirchen gab es nicht.

Insgesamt wurden im September 1940 218 Heimbewohner aus Mosbach und Unterschwarzach abtransportiert. Eine 21jährige Heimbewohnerin vom Schwarzacher Hof war darunter, deren Name auf keiner Liste stand. Das Zentrum der Todestransporte war der Schwarzacher Hof: 167 abtransportierte Heimbewohner und damit 75% aller Betroffenen hatten hier gelebt. 51 Ermordete waren Heimbewohner der Anstalt in Mosbach gewesen. Wahrscheinlich war nur ein einziger von ihnen Schüler der Anstaltsschule, die damals etwa 80 Schüler hatte. 129 Heimbewohner und damit fast 60% der Gesamtzahl waren erst seit 1933 in die Anstalt aufgenommen worden, davon die überwiegende Mehrzahl durch die Fürsorgerechtsreform des badischen Innenministeriums 1936-38. Mindestens 57 Bewohner der Anstalt waren seit 1934 zwangssterilisiert worden, davon wurden mindestens 31 in den Listen genannt.[26] Sie waren durchweg arbeitsfähig und hatten so eine größere Überlebenschance. Von diesem Personenkreis wurden nur fünf (16% von 31) tatsächlich abgeholt. Unter den Ermordeten waren alle erwachsenen Juden (3) und Jüdinnen (2), die in der Anstalt gelebt hatten. Die Heimbewohnerin, deren Name nicht auf den Listen stand, hat Grafeneck überlebt und starb erst 1942 in der staatlichen Anstalt Zwiefalten.[27]

Im Oktober 1941 trafen wieder Meldebögen aus Berlin in Mosbach ein. Der Anstaltsleiter füllte den Kopf der Bögen aus. Kurz darauf kam dann eine Ärztekommission und durch die Anstalt ging der Schreckensruf: „Die Ärzte sind wieder da!" Pfarrer Wilckens beruhigte die sprach- und arbeitsfähigen Heimbewohner in Mosbach:

> „Die Ärzte sind freundliche Herren. Sie sind geschickt, um zu prüfen, ob ihr Idioten seid. Ihr seid doch alle bildungsfähig. Deshalb habt keine Angst. Gebt gute Antworten. Wir sind dabei und helfen Euch."[28]

Nach Abschluß der Untersuchungen, bei denen er selbst mitgewirkt hatte, zog der Anstaltsleiter Bilanz:

> „Ich erfuhr die Namen der zu Verlegenden nicht. Jedenfalls gehören zu ihnen sämtliche Blöde, – etwa 20 wurden im letzten Jahr eingewiesen – sittlich Belastete und Ältere, welche ganz unbegabt sind und keine wichtige Arbeit leisten. Sie machten hier wenige Kreuze, ziemlich viel auf dem Hof. ... Wenn ich die Pfleglinge durchgehe, so werden es wohl 40-50 sein, welche geholt werden, vor allem die Kinder, welche sehr schwach sind, keine Eltern mehr haben oder Eltern, welche sich nicht um sie kümmern. ... Ich erklärte, daß das Wegholen gegen meine Zustimmung geschieht. Das Leben ist etwas Heiliges und Göttliches. Wir haben kein Recht, den armen Pfleglingen das Leben zu nehmen. Viele Eltern sind gegen die Euthanasie.
> Vor ihrem Weggang kam ein Erlaß des Führers, daß die Verlegung der Kinder in andere Anstalten vorerst eingestellt ist. Ich bin dankbar, wenn die Aktion verschoben und hoffentlich ganz aufgehoben wird, weil die Aufregung und Angst unserer Kinder jedesmal sehr groß ist."[29]

Einer der beteiligten Ärzte versicherte später:

> Die „umfassende Art der Untersuchungen bestärkte mich ... in meiner Überzeugung, dass es sich wirklich nur um eine statistische Maßnahme handle."[30]

1940/41 war der Schwarzacher Hof beschlagnahmt von der Volksdeutschen Mittelstelle für ein Umsiedlerlager. Da die Anstaltsleitung das Anwesen in Mosbach an die Wehrmacht verkaufte, wurde die Beschlagnahmung wieder aufgehoben. Nach der Räumung von Mosbach Ende 1941 wurde daraufhin der Schwarzacher Hof zum alleinigen Sitz der Erziehungs- und Pflegeanstalt. Durch die Einnahme des

Kaufpreises für Mosbach war die finanzielle Situation der Anstalt auf Jahre hinaus gesichert. Der Anstaltsleiter ließ sich vom Direktor der Deutschen Bank in Karlsruhe bei der Anlage des Kapitals beraten.[31] Als er im Dezember 1941 selbst in die „primitiven Verhältnisse" auf dem Schwarzacher Hof ziehen mußte, erkannte er die Notwendigkeit umfangreicher Investitionen:

> „Es waren anfangs recht primitive Verhältnisse. Etliche Gebäude standen seit 1932 leer und bedurften einer dringenden Überholung. Wasserleitung und Heizungsrohre waren teilweise zerfressen und mußten erneuert werden. ... Auch mit Lebensmitteln waren wir nicht gut eingedeckt, besonders fehlte es uns im Frühjahr an Kartoffeln. ... Wir trösteten uns mit den vielen Soldaten an der Ostfront, welche noch viel schwerere Entbehrungen über sich ergehen lassen mußten."[32]

Aus Sicht eines Heimbewohners klingt es anders:

> „Zum Mittagessen gab es meist Kohlrabi oder Weißrüben, aber ich habe immer Hunger gehabt. Da waren Kerle dabei, die haben geschrien vor Hunger. Die haben Leintücher verrissen und sind nachts zum Fenster runter und haben beim Bauer nebendran was zu Essen geklaut."[33]

Die Frau des Pfarrers von Aglasterhausen berichtet als Gast vom Jahresfest 1943:

> „Das werde ich nie vergessen. Die Tochter des Direktors sehe ich heut noch mit ihrem Dekolté da rumlaufen und dann seh ich da die armen Kerle mit ihren dreiviertellangen Hosen mehr oder weniger angezogen. Da habe ich gedacht: Ach nein, das paßt nicht zusammen! Und uns Gästen sind dicke Torten aufgetischt worden, daß ich mich fast geschämt habe ...".[34]

Die „ärmsten Kerle" des Schwarzacher Hofes hat die Frau des Pfarrers garnicht gesehen. Sie lagen hinter verschlossener Tür im Schlafsaal der „Idiotenstation" im Haus Hindenburg. Dort waren sie mit schweren Riemen an die Eisenbetten gebunden. Sie waren teils nackt, teils hatten sie Zwangsjacken an. Manche lagen längere Zeit im eigenen Dreck.[35] Es waren Menschen mit besonders schweren Behinderungen, die hier lagen. Obwohl bekannt war, daß vor allem diese Menschen in Vernichtungsanstalten verlegt wurden, fanden sie weiterhin Aufnahme am Schwarzacher Hof. Ein Brief des Geschäftsführers der Inneren Mission Baden, der den Anstaltsleiter um Aufnahme eines Mädchens mit schwerer Behinderung bat, zeigt unter welchen Vorzeichen das geschah:

„Gib uns bitte Bescheid, wir sind gern bereit, dem Ehepaar Deine Antwort zu vermitteln. Gleichzeitig würden wir dann hinzufügen: ‚Die Anstalt Mosbach ist bereit, Barbara aufzunehmen und sie treulich zu versorgen und zu pflegen. Wir müssen Sie aber darauf aufmerksam machen, dass, wenn durch eine staatliche Anordnung im Rahmen gesundheitlicher Massnahmen einmal eine Verbringung in eine andere staatliche Anstalt angeordnet würde, die Anstalt Mosbach selbstverständlich der staatlichen Weisung zufolge das Kind an die benannte stattliche [sic!] Anstalt abgeben würde.'"[36]

Auch am Schwarzacher Hof selbst gab es immer wieder Todesfälle. Vom Oktober 1940 bis April 1944 starben 21 Heimbewohner, überwiegend Kinder mit schweren Behinderungen.

Im Juli 1942 besuchte eine Planungskommission der T4 unter Leitung von Dr. Becker die Anstalt. Wilckens berichtet über Äußerungen während dieses Besuchs:

„Die Lage der Anstalt ist wunderbar, ganz geschaffen für diese Pfleglinge. ... Sie lobten die Ordnung und gute Rechnungsführung. ... Nach 2stündigem Aufenthalt fuhren sie nach Mosbach und sahen sich die ehemalige Anstalt dort an, welche immer noch leer steht. Sie waren begeistert von der herrlichen Lage der Anstalt, bedauerten ihren Verkauf und forderten mich auf dieselbe doch wieder zu kaufen. Ich lehnte es ab. ... Auf die Frage ob wieder Kinder verlegt werden sollen oder die Anstalt für andere Zwecke verwendet werden soll, antworteten sie: Das kommt nicht in Frage, da Baden viel zu wenig Anstalten besitzt. Wir stehen für Sie ein, damit nicht jemand anders kommt und nimmt die Anstalt weg und macht eine Fabrik oder etwas anderes daraus."[37]

Die Zusage, sich für den Erhalt der Anstalt einzusetzen, entspricht genau der Tendenz im internen Planungspapier der T4, wo 1943 für den Schwarzacher Hof festgelegt wurde: „Bleibt Schule und Ausbildungsstätte für schwachsinnige Kinder und Jugendliche".[38] Daß zu dieser Zeit auch Heimbewohner am Schwarzacher Hof lebten, die keine Schule besuchten und zu keiner Arbeit fähig waren, wurde im Gespräch mit dem Anstaltsleiter offenbar ebenso übergangen wie im Planungspapier. In Wahrheit freilich galt diesem Personenkreis das besondere Interesse der T4. Ein von der T4 finanziertes Forschungsprojekt in Heidelberg sollte die Frage der „Euthanasie" von Menschen mit schweren Behinderungen wissenschaftlich abklären. Nitsche von der T4-Zentrale sichtete die in Berlin vorliegenden Meldebögen und verwies Professor Schneider u.a. an den Schwarzacher

Hof.[39] Anstaltsleiter Wilckens schilderte später seine Erfahrung mit der Heidelberger Forschung:

> „Etwa Anfang 1944 erschien auf dem Schwarzacher Hof Herr Dr. Deussen und stellte sich vor. Er erklärte mir, daß er wissenschaftliche Forschungen durchführe und daß er gerne einige Pfleglinge mit nach Heidelberg in die Psychiatrische Klinik nehmen wolle für die Dauer von 2-3 Wochen. Er hat mir die Versicherung gegeben, daß ich die nach Heidelberg abgegebenen Kinder wieder prompt zurückerhalten werde, und dies ist auch jedes Mal der Fall gewesen. Dr. Deussen kam immer selbst mit einem Kraftwagen und einer Schwester und nahm etwa 3-4 Pfleglinge mit. Nach Ablauf der vereinbarten Zeit brachte er selbst die Pfleglinge wieder zurück mit einem wissenschaftlichen Gutachten über jeden einzelnen von ihm behandelten Pflegling. Die Akten nahm Dr. Deussen jedesmal mit und brachte sie gleichfalls wieder zurück. Etwa 3-4 mal hat Dr. Deussen solche Pfleglinge – es waren in der Regel nicht bildungsfähige Kinder – abgeholt. Er holte gerade solche, weil solche die meisten Abnormitäten zeigten ... Von Dr. Deussen habe ich den Eindruck eines wissenschaftlich sehr hoch stehenden Menschen gewonnen. Von einer evtl. Euthanasierung ist von Seiten Dr. Deussen auch nie ein Wort gefallen."[40]

Ein Mädchen mit schwerer Behinderung hatte eine andere Einstellung zu den Forschungsaktivitäten. Dr. Deussen notierte in ihrer Akte:

> „Untersuchung wegen aktiven, nicht korrigierbaren Widerstrebens des Kindes nicht möglich. Schläge hilft nichts; muss narkotisiert werden. Wird dann über 2 Stunden in die Ecke gesetzt, wo es ohne Mimik von unten den Ref ansieht und bei dessen Annäherung schreit und kratzt."[41]

Im Zuge der Forschungen wurden auch die Angehörigen der Heimbewohner nach Heidelberg einbestellt. Über eine Mutter notierte Dr. Deussen sich, sie sei „keineswegs ohne mütterl. Gefühl, ... aber man hat doch den Eindruck, daß sie nichts gegen seinen baldigen Tod einwenden würde."[42] Als Ergebnis des Gespräches mit einem Vater, der ohne seine Ehefrau kam, wurde festgehalten: „Vater kann von sich aus nicht Zustimmung zur Euthanasie geben."[43] Die Mutter einer Heimbewohnerin hatte schon 1942 an den Schwarzacher Hof geschrieben: „Doris wird so lange sie lebt uns und anderen, die sie pflegen immer eine Last und Sorge sein. Eine baldige Erlösung von dem Leiden wäre für das Kind wohl das Beste."[44] 1944 war der Vater in Heidelberg und die Mutter erhielt danach von Dr. Deussen folgenden Brief:

> „Nach unserer eingehenden Untersuchung hier leidet Ihr Kind Doris an hochgradigem Schwachsinn, bei dem eine wesentliche Besserung

Dr. Julius Deussen, medizinischer Wissenschaftler in der Forschungsabteilung der Psychiatrischen Universitätsklinik Heidelberg 1943-1945 (MF Julius Deussen, Bundesarchiv Berlin, ehemals BDC)

leider nicht zu erwarten ist. Unter Bezugnahme auf unser Gespräch mit Ihrem Gatten bitten wir Sie, an die Leitung der Heilanstalt Schwarzacherhof und die Direktion der Heilanstalt Eichberg/Rheingau über Eltville zu schreiben, daß Ihr Kind auf Ihren Wunsch nach der Anstalt Eichberg verlegt werden soll. Uns wollen Sie dann mit einem Durchschlag Ihrer Schreiben in Kenntnis setzen. Die Verlegung Ihres Kindes wird dann veranlasst werden."[45]

Die Durchschläge der gewünschten Briefe liegen vor, doch hat sich Anfang Juli 1944 die Verlegung der Heimbewohnerin „aus technischen Gründen"[46] verzögert. Sie wurde dann Ende des Monats zusammen mit den anderen „Forschungskindern" nach Eichberg gebracht. Es war einer der beiden letzten Todestransporte vom Schwarzacher Hof.

Das Jahr 1944 brachte noch einmal einen tiefen Einschnitt in die Geschichte des Schwarzacher Hofes. Die Rüstungsfirma Daimler-Benz benötigte ein Betriebskrankenhaus für ihr in die Nähe verlagertes Flugzeugmotorenwerk. Mitte Juni 1944 notierte sich der Betriebsführer von Daimler-Benz:

„Schwarzacher Hof: Seitens der SS-Sonderinspektion und des Herrn Kreisleiters wird bestimmt zugesagt, daß diese Anstalt ebenfalls ganz zur Verfügung gestellt wird; sie soll als Krankenhaus dienen und dementsprechend eingerichtet werden. ... Herr Kreisleiter leitet die Räumung sofort in die Wege."[47]

Die Anstaltsleitung suchte Unterstützung bei der Inneren Mission. Dort beschäftigte man sich nicht vorrangig mit der Zukunft der Heimbewohner, sondern mit der Sicherung des Verfügungsrechtes der Inneren Mission über ihr Eigentum und setzte erfolgreich durch, „dass die Regie des neuen Betriebes in der Hand der Anstaltsleitung bleibt"[48]. Das badische Innenministerium wehrte sich anfänglich gegen die Räumung des Schwarzacher Hofes, da es in Baden keinen anderen Platz für die Heimbewohner gab. Daraufhin bot die T4 die Verlegung in außerbadische Anstalten an. Die Forschungsabteilung kämpfte für den Fortbestand der Anstalt. Carl Schneider forderte „dass man die von uns noch zu untersuchenden 10 Idioten solange bis wir fertig sind, in Aglasterhausen belässt."[49] Bei den Verhandlungen der Anstaltsleitung mit dem Innenministerium wurde dann schließlich die Räumung der drei großen Gebäude des Schwarzacher Hofes vereinbart. Diese erfolgte in zwei Etappen. Die erste Phase bildete die Abholung von 65 Heimbewohnern.

Die Anstaltsleitung verschickte am 11.7.1944 folgende Mitteilung an die Angehörigen der Heimbewohner:
„Auf Anordnung des Reichsministeriums des Innern muß die Anstalt Schwarzacherhof geräumt werden. Holen Sie sofort Ihr Kind oder es wird in eine andere Anstalt verlegt."[50]
Die Reaktion der Angehörigen war sehr verschieden. Innerhalb von zwei Wochen wurden tatsächlich 65 Heimbewohner abgeholt. Bald schon gab es allerdings Rückmeldungen folgender Art:
„Sie werden sich vorstellen können, daß wir den Kleinen nicht immer hierbehalten können, denn so ein Junge muß spielen können und Beschäftigung haben und bei uns kann er nicht einmal auf die Straße, da die benachbarten Kinder ihn immer zum Gespött machen."[51]
Der überwiegende Teil der Angehörigen reagierte garnicht, andere lehnten eine Rückholung aus verschiedenen Gründen ab. Eine Frau schrieb, daß sie Rheumatismus habe, drei Kinder und einen kranken Mann:
„Sie können vielleicht verstehen, daß wir in diesen Verhältnissen H. nicht auch noch brauchen können. Unser Herz würde es ja gerne tun, aber der Verstand muß uns halt auch sagen, daß es einfach nicht geht."[52]
Einige nahmen den drohenden Tod der Heimbewohner bewußt in Kauf:
„Ich kann doch nicht vom Geschäft wegbleiben, um den Jungen den ganzen Tag zu hüten. Ich bin daher zu dem oben angeführten Entschluß gekommen so leid es mir ist. Ich bin daher auf alle Vorkommnisse gefaßt und überlasse die Angelegenheit Ihren bewährten Händen.[53]
Einzelne forderten zur Tötung ihrer Kinder auf:
„Es wurde mir bekannt, daß E. in eine andere Anstalt verlegt werden soll. Was das heißt, weiß ich. Mein heißer Wunsch wäre, das arme Kind möchte seine Ruhe haben, daß es aber für eine Mutter sehr hart ist zu wissen auf welche Art es geschieht dürfen Sie mir glauben. Könnte man das Kind nicht dort einschlafen lassen, wo seine zweite Heimat war u. ich mir das Kind dann heimholen könnte. Muß es so sein, daß das Kind dort weggeholt wird u. mir einfach die Asche zugeschickt wird? ... Könnten Sie das Kind nicht nach Heidelberg in die Klinik holen u. es dort einschlafen lassen? Selbstverständlich würde ich keine Kosten scheuen."[54]
So blieben auch nach der Abholaktion immer noch zuviel Heimbewohner zurück. Für eine Zwangsverlegung in staatliche Anstalten wählte die Anstaltsleitung deshalb die „Nichtbildungsfähigen" aus

*Werbung von Mercedes Benz im Zweiten Weltkrieg
(Archiv Helmuth Bauer, Berlin)*

und stellte ihre Namen auf Transportlisten zusammen. Dies führte zum *Transport von 49 Heimbewohnern in staatliche Anstalten.*
Auch die Transporte von 1944 waren Todestransporte. Sie wurden von der T4 und der Anstaltsleitung gemeinsam organisiert. Die T4 stellte einen Transportleiter und übernahm die Kosten der Bahnfahrt, die Anstalt stellte das Begleitpersonal zur Verfügung. Der Anstaltsleiter schilderte später ein Gespräch mit dem Transportleiter:
> „Bei einem Rundgang durch die Anstalt sagte ich zu Herrn Roloff, dass es doch mit diesem zweiten Transport hoffentlich nicht so gehe wie mit dem ersten, dass nämlich die Pfleglinge getötet würden. Hierauf erwiderte Herr Roloff fast wörtlich folgendes: ‚Sagen Sie so etwas nicht, Sie müssen den Beweis antreten. Sie würden sich auch bedanken, wenn Kinder von anderen Anstalten zu Ihnen verlegt würden und jemand behauptete, sie würden bei Ihnen umgebracht. Sie werden dort genauso gut verpflegt, wie bei Ihnen.'"[55]

Am 28.7.1944 gab es zwei Transporte, deren Zielorte der Transportleiter der Anstaltsleitung mitteilte. 17 Heimbewohner, davon 13 Forschungskinder, kamen in die „Landesheilanstalt Eichberg", 28 Heimbewohner wurden in die „Landesheilanstalt Uchtspringe" gebracht. Wegen Fliegergefahr endete der eine Transport auf dem Bahnhof in Mainz. Dort wurden die Kinder von Mitarbeitern der Anstalt Eichberg abgeholt. Eine Diakonisse berichtet:
> „Bis zu dem Zeitpunkt, wo ich den Schwestern und Männern gegenüberstand, war ich der Ansicht, dass es sich tatsächlich um eine Verlegung in eine andere Anstalt handele, weil unsere Anstalt rücksichtslos von dem Betriebskrankenhaus Daimler-Benz beschlagnahmt wurde, und die Kinder eben in andere gute Hände kämen. Aber als ich diese Schwestern und Männer sah, und sie dann in dieser fürchterlichen Art sprechen und höhnen und Andeutungen machen hörte und mir die weitere Begleitung der Kinder bis nach Eichberg abgelehnt wurde, da erkannte ich plötzlich was mit diesen Kindern geschehen würde."[56]

Diese Diakonisse machte sich schwere Vorwürfe, daß sie an einem „Totentransport"[57] beteiligt war.

Von den 28 ehemaligen Heimbewohnern des Schwarzacher Hofes in Uchtspringe lebten im Mai 1945 nur noch drei. Von den 21 Heimbewohnern in Eichberg lebten zu diesem Zeitpunkt nur noch zwei.

In den Reaktionen der Eltern auf die Mitteilung vom Tod ihrer Kinder ist immer wieder von „Erlösung" die Rede. Eine Mutter schrieb:
> „Endlich holte Sie der lb. Gott zu sich u. erlöste Sie von ihrem langen schweren Leiden."[58]

Ein Vater fand folgende Worte:
„So schmerzlich es uns trifft muß ich doch sagen, daß es Gott der Herr doch gut mit Ihr gemeint und sie erlöst hat von Ihren schweren körperlichen Gebrechen, denn ein solches Leben hat ja keinen Wert. Sie fühlte es zwar nicht Sie war überall daheim nun ist Sie heimgegangen für immer Sie ruht jetzt im Frieden."[59]

Der Anstaltsleiter des Schwarzacher Hofes sagte im Jahr 1948:
„Was mit den Pfleglingen des zweiten Transportes geschehen ist, dass nämlich die übergrosse Mehrzahl angeblich verstorben sein soll, erfahre ich erst jetzt durch diese Vernehmung. Ich habe wohl früher noch vor dem endgültigen Zusammenbruch in einem oder 2 Fällen erfahren, dass die Pfleglinge gestorben seien. Diese Tatsache war mir aber nicht weiter auffällig zumal unter den Pfleglingen, die nach Eichberg kamen, einige waren, die in sehr elendem Zustand waren."[60]

Während so in fernen staatlichen Anstalten die ehemaligen Heimbewohner starben, richtete die Firma Daimler-Benz in den Häusern Luther, Hindenburg und Dürer ein Betriebskrankenhaus ein.

„Unter den Angestellten im Krankenhaus machte man sich Gedanken, was mit den Kindern geschehen sei, die früher am Schwarzacher Hof wohnten. Man hat sich gewundert: vorher war das alles belegt und jetzt sind die Leute alle zusammengeschoben worden und das kann man ja nicht mit so vielen machen. Also irgendwo müssen sie geblieben sein. Man hat sich erkundigt: ‚Ja, die sind woanders hingekommen!' Man munkelte, daß es sich um schwere Fälle gehandelt habe, die anderswo umgebracht wurden."[61]

In der Rest-Anstalt lebten noch knapp 100 Schüler und arbeitsfähige Jugendliche. Durch die Entlassung der „Nichtbildungsfähigen" war so genau das 1943 entwickelte Konzept der T4 für den Schwarzacher Hof verwirklicht worden: „Bleibt Schule und Ausbildungsstätte für schwachsinnige Kinder und Jugendliche." Der Anstaltsleiter arrangierte sich mit der Situation unter dem Motto: „Wir sehen die Umstellung als Opfer fürs Vaterland und können es tragen."[62]

In der Praxis war das Opfer mit vielfältigem Nutzen für die Anstalt verbunden: Daimler-Benz zahlte vollen Ausgleich für die durch die Entlassungen (Abholungen plus Abtransporte) entgangenen Pflegegelder und eine großzügige Miete. Trotz Kriegszeit war der Schwarzacher Hof mit Medikamenten und Nahrungsmitteln immer gut versorgt, da er den Teil eines kriegswichtigen Rüstungsbetriebs beherbergte. Der Anstaltsleiter nutzte die guten Beziehungen zur Rüstungs-

industrie, um die Rückstellung männlicher Mitarbeiter von der Einberufung zum Volkssturm zu bewirken.[63] Bei schweren Krankheiten nahm man die Hilfe der Krankenhausärzte in Anspruch.[64]
Diese waren im übrigen gegenüber dem NS-Regime durchaus kritisch eingestellt. Chefarzt Dr. Bergemann war Sohn eines Berliner Pfarrers, der als Mitglied der Bekennenden Kirche zeitweise im Gefängnis saß. Wegen kritischer Äußerungen auf der Straße wurde auch Dr. Bergemann einmal in Mosbach festgenommen und auf der Polizeiwache geschlagen, daß er eine blutende Kopfwunde davontrug.[65] Ein anderer Arzt soll sich in Dachau geweigert haben, Kinder umzubringen und wurde deshalb zu Daimler-Benz strafversetzt.[66] Anstaltsleiter Wilckens dagegen hatte am 20. Juli 1944 die Transportlisten für die Todestransporte erstellt. Als eine Mitarbeiterin das Mißlingen des Attentats auf Hitler bedauerte, warf er ihr einen entsetzten und strafenden Blick zu.[67] Noch im Oktober 1944 schrieb er:

> „Trotz allem glaube ich immer noch an den Sieg unserer guten Sache. Ein Volk welches an der Front wie in der Heimat sich so glänzend bewährt, wird nicht untergehen."[68]

Obwohl die Räumung für das Betriebskrankenhaus letztlich 44 Heimbewohnern das Leben gekostet hat, war es in den 10 Monaten seines Bestehens praktisch nur zur Hälfte belegt. Die Patienten waren überwiegend ausländische Zwangsarbeiter, häufig Tuberkulose-Kranke. Mit 1,50 RM wurde für ihre Verköstigung mehr als doppelt so viel aufgebracht als für die Heimbewohner (0,60 RM). Die unterschiedlichen Ansprüche wurden deutlich, nachdem am 1. April 1945 der Schwarzacher Hof von den Amerikanern besetzt wurde. Der Anstaltsleiter notierte im Protokollbuch:

> „Nun machten uns 20 holländische Patienten das Leben schwer (Fresser), wollen viel Wurst, Butter, Eier, Käse, Fleisch, aber kein Kraut, Meerrettig, Kohlraben, keinen Eintopf."[69]

Wem der Nachlaß der Herren der Rüstungsindustrie zugute kam, ist nicht überliefert:

> „Da kam mal eines Tages eine ganze Ladung Schnaps für die Herren von Daimler-Benz – nicht für uns! Und die wurden also Kisten über Kisten im Keller gelagert. Der war ja ziemlich weitläufig im Gebäude da. Und da war Sekt und alles, was eben dazugehört zur Direktion. Das wurde auch verlagert, damit es nicht in die unrichtigen Hände kam."[70]

Der Kriegsgewinn wurde rechtzeitig in Sicherheit gebracht:

„Ich weiß noch, der Dr. Reinhard kam abends mal an und sagte: ‚So, jetzt habe ich Schluß gemacht und ich habe noch den Rest Geld mitgebracht.' Da hat er so eine Kassette aufgemacht. Da war eine Million drin. Da habe ich gesagt: ‚Laß mich auch einmal im Leben eine Million sehen, wieviel das ist.'"[71]

Die Anstalt bekam insgesamt etwa 100 000 Mark aus der Firmenkasse. Im Vergleich zum Kriegsgewinn war es wenig, aber der Anstalt brachte es Nutzen. Im Juli 1946 notierte der Anstaltsleiter im Protokollbuch: „Wir zehren 1946 von den Mehreinnahmen 1945 (20 000 M) durch die Firma Goldfisch."[72] „Goldfisch" war der Tarnname für das verlagerte Rüstungsprojekt von Daimler-Benz gewesen.

Nach der Räumung des Krankenhauses am 30.6.1945 beschlagnahmte Ende August 1945 die amerikanische Militärregierung die Anstalt. Das Anwesen wurde der „United Nations Relief and Rehabilitation Administration" (UNRRA) übergeben zur Einrichtung eines Heims für ausländische Kinder, die sich aus Kriegsfolgegründen in Deutschland befanden. Die Anstalt mußte daraufhin am 3./4.10.1945 den gesamten Schwarzacher Hof räumen und zog in zwei Gasthäuser in Waldkatzenbach.

Ich fasse zusammen:

Die Anstalt Schwarzacher Hof ist über 100 Jahre alt und hat eine langjährige, wechselvolle Geschichte mit Sparmaßnahmen. 1934 als Erziehungsheim geschlossen, wurde der Schwarzacher Hof 1936 im Zuge der „systematischen Differenzierung" als Sonderanstalt für „Blöde" wiedereröffnet.

Den Höhepunkt der Sparmaßnahmen bildete die Vernichtung von 166 Heimbewohnern des Schwarzacher Hofes im Jahr 1940.

Der Anstaltsleiter hat nach vergeblichem Hinhalten selbst bei der Auswahl der Todeskandidaten mitgewirkt. Er sprach damals nicht von Mord, sondern von „planwirtschaftlichen Verlegungen" und „Busausflug". Unter den Mitarbeitern gab es keinen Widerstand. In der regionalen Öffentlichkeit gab es keinerlei Widerspruch. Viele Heimbewohner spürten die Bedrohung und wehrten sich dagegen, in die Busse einzusteigen. Angehörige, die sich schriftlich äußerten, sprachen mehrheitlich von „Erlösung".

Bei Neuaufnahmen nach 1940 wurden die Eltern darauf hingewiesen, daß man staatlich angeordneten Verlegungen „selbstverständlich" Folge leisten werde.

Die T4 legte für den Schwarzacher Hof fest: „Bleibt Schule und Ausbildungsstätte für schwachsinnige Kinder und Jugendliche."
1943/44 holten Mitarbeiter des Heidelberger Forschungsprojektes in regelmäßigen Abständen Menschen mit schweren Behinderungen vom Schwarzacher Hof und brachten sie nach erfolgter Untersuchung wieder zurück. Mit den Eltern der betroffenen Heimbewohner wurden Gespräche über die „Euthanasie" geführt. Eine Ablehnung der Angehörigen ist nirgendwo dokumentiert. Einige haben anscheinend ausdrücklich zugestimmt und von sich aus die Verlegung nach Eichberg gefordert. Diese Verlegungen wurden vorläufig nicht durchgeführt, zu Tötungen kam es vor Juli 1944 nicht.

Ursache für Verlegung und Tod von 44 Heimbewohnern im Jahr 1944 war die Räumung des Schwarzacher Hofes für ein Betriebskrankenhaus der Rüstungsfirma Daimler-Benz. Die Forschungsabteilung setzte sich für einen Fortbestand der Anstalt ein – zumindest bis alle Heimbewohner mit schweren Behinderungen untersucht wären. Die Anstaltsleitung forderte die Angehörigen zum Abholen der Heimbewohner auf, andernfalls müßten sie in eine staatliche Anstalt verlegt werden. 65 wurden abgeholt, etwa 150 aber nicht. In den meisten Fällen war eine Rückholung nicht möglich. Einige Eltern nahmen den Tod ihrer Kinder bewußt in Kauf, einzelne forderten zur Tötung ihrer Kinder auf.

Die Anstaltsleitung wählte daraufhin 49 Heimbewohner mit schweren Behinderungen zum Abtransport aus. Ein Transportleiter der T4 organisierte und Mitarbeiter des Schwarzacher Hofes begleiteten im Zug die Fahrt von 21 Heimbewohnern in die Anstalt Eichberg und von 28 Heimbewohnern in die Anstalt Uchtspringe. Nur fünf von diesen Menschen überlebten das Kriegsende.

Angehörige, die sich schriftlich äußerten, sprachen von „Erlösung". Der Anstaltsleiter wunderte sich nicht über eingehende Todesmeldungen, da die Heimbewohner schon am Schwarzacher Hof „in sehr elendem Zustand waren". Über kurz oder lang wären diese Kinder wohl auch dort verstorben.

Der durch die Verlegungen freigewordene Raum wurde für das Betriebskrankenhaus nur zur Hälfte benötigt. In den beengten Verhältnissen der Rest-Anstalt wurde das Konzept der T4 verwirklicht: es lebten nur noch Schüler und arbeitsfähige Jugendliche dort.

Die Anstalt und ihre bildungs- und arbeitsfähigen Heimbewohner haben das Dritte Reich überlebt, Bewohner mit schweren Behinderungen jedoch nicht.

Anmerkungen

[1] Evang. Gemeindebote für die Gemeinden Aglasterhausen u. Unterschwarzach, Februar 1934.
[2] Kersten, Otto (1934): „Planwirtschaft" der Erziehungsanstalten, S. 257.
[3] Badisches Ministerium des Innern: Rund-Erlaß vom 25.4.1936, § 1, in: Ministerial-Blatt für die Badische innere Verwaltung, Karlsruhe 1936, Sp. 343f..
[4] Protokoll der Sitzung des Verwaltungsrates vom 10.2.1936, Archiv der Johannes-Anstalten Mosbach, Protokollbuch des Verwaltungs- und Aufsichtsrats der Idiotenanstalt Mosbach (1902-1946).
[5] Siehe Anmerkung 3.
[6] Protokoll der Sitzung des Vorstandes des Badischen Landesvereins für Innere Mission vom 31.10.1938 (145 Zöglinge + 20 „in nächster Zeit"), Archiv des Badischen Landesvereins für Innere Mission Karlsruhe.
[7] Gespräch des Autors mit Herrn Dressel am 25.11.1994.
[8] Protokoll der Sitzung des Verwaltungsrates vom 18.10.1939, Archiv der Johannes-Anstalten Mosbach, Protokollbuch des Verwaltungs- und Aufsichtsrats der Idiotenanstalt Mosbach (1902-1946).
[9] Gespräch des Autors mit Herrn Diakon Kuhn am 27.3.1993.
[10] Gespräch des Autors mit ehemaliger Küchenmitarbeiterin am 5.7.1993.
[11] Veranstaltungsbericht in: Volksgemeinschaft (ohne Datum, November 1937?), Gemeindearchiv Schwarzach Ortsteil Unterschwarzach, A 342.
[12] Schreiben des Bürgermeisters von Unterschwarzach an den Landrat vom 16.5.1940, Gemeindearchiv Schwarzach Ortsteil Unterschwarzach, A 471.
[13] Schreiben des Ministers des Innern Karlsruhe an Anstalt Mosbach vom 11.6.1940, Archiv der Johannes-Anstalten Mosbach, Akte „Erlasse des Ministeriums über planwirtschaftliche Verlegungen von Pfleglingen (1939-1944)".
[14] Aussage von Wilckens am 10. 4. 1948, Staatsarchiv Freiburg, 1 KS 5/48 Nr. 57, S. 17.
[15] Brief von Herrmann an seine Eltern vom 19.9.1940, Nachlaß Herrmann.
[16] Gespräch des Autors mit Frau Siffling am 18.6.1992.
[17] Gespräch des Autors mit Frau Häusler am 1.6.1992.
[18] Aussage von Herrn Bauer am 5. 10. 1947, Generallandesarchiv Karlsruhe, 309/6074, S. 26.
[19] Gespräch des Autors mit Frau Schleier am 19.10.1993.
[20] Aussage von Hausvater Kuhs am 6. 10. 1947, Generallandesarchiv Karlsruhe, 309/6074, S. 39.

21 Gespräch des Autors mit Frau Kübler am 9.7.1993.
22 Aussage von Wilckens am 14. 6. 1948, Generallandesarchiv Karlsruhe, 309/ 6074, S.163
23 Gespräch des Autors mit Herrn Wittmann am 2.7.1993.
24 Gespräch des Autors mit Frau Eiermann am 14.1.1993.
25 Gespräch des Autors mit Frau Gnirs am 23.10.1992.
26 Vgl. Scheuing, Hans-Werner (1997): „... als Menschenleben gegen Sachwerte gewogen wurden", S. 227 und 331.
27 Vgl. a.a.O., S. 483-494.
28 Bericht von Wilckens an Innere Mission ohne Datum (Oktober 1941), Archiv der Johannes-Anstalten Mosbach, Akte „Erlasse ...", S. 31f...
29 A.a.O..
30 Aussage von Gustav Schneider am 14. 7. 1947, Bundesarchiv/Zwischenarchiv Dahlwitz-Hoppegarten, EVZ-I/1 Akte 3.
31 Schreiben des Direktors der Deutschen Bank an Wilckens vom 17.11.1941, Archiv der Johannes-Anstalten Mosbach, 310/1.
32 62. Jahresbericht der Erziehungs- und Pflegeanstalt für Geistesschwache Schwarzacherhof (früher Mosbach) 1942, S. 5, Archiv der Johannes-Anstalten Mosbach.
33 Gespräch des Autors mit einem ehemaligen Heimbewohner am 11.09.1992.
34 Gespräch des Autors mit Frau Gnirs am 23.10.1992.
35 Gespräch des Autors mit einem ehemaligen Heimbewohner am 23.8.1992.
36 Schreiben des Geschäftsführers der Inneren Mission Karlsruhe Pfarrer Ziegler an Wilckens vom 19.3.1941, Archiv der Psychiatrischen Universitätsklinik Heidelberg, Akte F 43.
37 Bericht von Wilckens an Innere Mission vom 15. 7. 1942, Archiv der Johannes-Anstalten Mosbach, Akte „Erlasse ...", S. 32.
38 Abschlußbericht „Baden" von R. Müller vom 15. 3. 1943, Bundesarchiv Koblenz, 96 I / 16, S. 2.
39 Schreiben Nitsches an C. Schneider vom 2. 7. 1943, Heidelberger Dokument 128 030, Bundesarchiv Koblenz/Berlin, All. Proz. 7 / FC 1807.
40 Aussage von Wilckens am 27.12.1947, Generallandesarchiv Karlsruhe, 309/4.
41 Handschriftliche Notiz von Deussen vom 31.5.1944, Archiv der Psychiatrischen Universitätsklinik Heidelberg, Akte F 36.
42 Handschriftliche Notiz von Deussen vom 17.12.1943, Archiv der Psychiatrischen Universitätsklinik Heidelberg, Akte F 11.
43 Handschriftliche Notiz von Deussen vom 13.6.1944, Archiv der Psychiatrischen Universitätsklinik Heidelberg, Akte F 38.
44 Schreiben der Mutter an Wilckens vom 27.1.1942, Archiv der Psychiatrischen Universitätsklinik Heidelberg, Akte F 21.
45 Schreiben von Deussen an Mutter vom 2.6.1944, Archiv der Psychiatrischen Universitätsklinik Heidelberg, Akte F 21.
46 Schreiben von Deussen an Eltern vom 3.7.1944, Archiv der Psychiatrischen Universitätsklinik Heidelberg, Akte F 21.

47 Aktennotiz über die Besprechung von Unterkunfts- und Personen-Transport-Fragen beim SS-Führungsstab in Goldfisch am 17.6.1944, Imperial War Museum London, FD 2228/45.
48 Nachtrag zum Schreiben von Ziegler an Central-Ausschuss für Innere Mission vom 22.6.1944, Archiv der Johannes-Anstalten Mosbach, Akte „Erlasse...".
49 Schreiben von Schneider an Nitsche vom 18.7.1944, Heidelberger Dokument 127 933, Bundesarchiv Koblenz, All. Proz 7/ FC 1807.
50 Rundschreiben der Anstaltsleitung vom 11.7.1944, Archiv der Johannes-Anstalten Mosbach, Akte „Erlasse...", S. 36.
51 Brief von einer Schwester an den Anstaltsleiter vom 24.7.1944, Nr. 102, Archiv der Johannes-Anstalten Mosbach, Akte „Briefe von Eltern der in staatliche Anstalten verlegten Kinder (1940-1944)".
52 Brief von einer Mutter an den Anstaltsleiter vom 13.7.1944, Nr. 124, Archiv der Johannes-Anstalten Mosbach, Akte „Briefe von Eltern ...".
53 Brief von einem Vater an den Anstaltsleiter vom 17.7.1944, Nr. 129, Archiv der Johannes-Anstalten Mosbach, Akte „Briefe von Eltern...".
54 Schreiben von einer Mutter an Deussen vom 15.7.1944, Archiv der Psychiatrischen Universitätsklinik Heidelberg, Akte F 36.
55 Aussage von Wilckens am 14.6.1948, Generallandesarchiv Karlsruhe, 309/6074, S. 167f..
56 Aussage von Diakonisse Barbara Kempf am 24.11.1947, Generallandesarchiv Karlsruhe, 309/6074, S. 129f..
57 Hinweis auf ein Schreiben von B. Kempf an das Mutterhaus, Generallandesarchiv Karlsruhe, 309/6074, S. 123.
58 Brief von einer Mutter an den Anstaltsleiter vom 27.8.1944, Nr. 104, Archiv der Johannes-Anstalten Mosbach, Akte „Briefe von Eltern...".
59 Brief von einem Vater an den Anstaltsleiter vom 1.8.1944, Nr. 112, Archiv der Johannes-Anstalten Mosbach, Akte „Briefe von Eltern...".
60 Aussage von Wilckens am 14.6.1948, Generallandesarchiv Karlsruhe, 309/6074, S. 166.
61 Gespräch des Autors mit Frau Rahm am 23.11.1994.
62 Schreiben von Wilckens an Evangelische Diakonissenanstalt Karlsruhe-Rüppurr vom 16.8.1944, Archiv der Evangelischen Diakonissenanstalt Karlsruhe-Rüppurr, Station Mosbach.
63 Schreiben der Anstaltsleitung an Firma Goldfisch vom 17.11.1944, Archiv der Johannes-Anstalten Mosbach, Akte „Hilfskrankenhaus".
64 Gespräch des Autors mit einem ehemaligen Heimbewohner am 16.1.1994.
65 Aussage von Schwester Lydia Strüwer am 17.10.1947, Generallandesarchiv Karlsruhe, 465a 62/70/133 Eberbach.
66 Gespräch des Autors mit Frau Wolf am 18.7.1992.
67 Gespräch des Autors mit Frau Kretzschmann am 4.12.1993.
68 Schreiben von Wilckens an Deussen vom 18.10.1944, Archiv der Psychiatrischen Universitätsklinik Heidelberg, Akte F 38.
69 Bericht von Wilckens vom 10.7.1945, Archiv der Johannes-Anstalten Mos-

bach, Protokollbuch des Verwaltungs- und Aufsichtsrats der Idiotenanstalt Mosbach (1902-1946).
[70] Gespräch des Autors mit Dr. Martin am 7.3.1993.
[71] A.a.O..
[72] Bericht Wilckens vom 10.7.1946, Archiv der Johannes-Anstalten Mosbach, Protokollbuch des Verwaltungsrates der Johannesanstalten Mosbach 9.10.1946-15.8.1957, Sitzung vom 10.7.1946.

Literaturverzeichnis

Kersten, Otto (1934): „PLanwirtschaft" der Erziehungsanstalten, Zentralblatt für Jugendrecht und Jugendwohlfahrt, Heft 12/1934, S. 257.

Scheuing, Hans-Werner (1997): „...als Menschenleben gegen Sachwerte gewogen wurden" – die Geschichte der Erziehungs- und Pflegeanstalt Mosbach/ Schwarzacher Hof und ihrer Besucher 1933-1945 (=Veröffentlichungen des Vereins für Kirchengeschichte in der Evangelischen Landeskirche in Baden Bd. 54), Heidelberg: C. Winter/Heidelberger Verlagsanstalt.

Das Heidelberger Verfahren gegen Rauch u.a. – Versuch einer rechtlichen Beurteilung

WILLI DRESSEN

In dem sogenannten Rauch-Verfahren[1] waren der Heidelberger Neuropathologe und spätere Professor für Psychiatrie Dr. Hans Joachim Rauch sowie Prof. Dr. Friedrich Schmieder und Prof. Dr. Carl Friedrich Wendt, Assistenzärzte unter Prof. Carl Schneider und Mitarbeiter der Heidelberg-Wieslocher Forschungsabteilung der Psychiatrisch-Neurologischen Klinik der Universität Heidelberg, beschuldigt, an Euthanasiemaßnahmen beteiligt gewesen zu sein.

Ihnen wurde vorgeworfen, in den Jahren 1942 bis 1944 als Mitarbeiter der Euthanasieeinrichtung „Reichsarbeitsgemeinschaft Heil- und Pflegeanstalten" (RAG) in deren Forschungsabteilung Heidelberg-Wiesloch an der Psychiatrisch-Neurologischen Klinik Heidelberg und an der Heil- und Pflegeanstalt Wiesloch an der Tötung von Geisteskranken mitgewirkt zu haben.

Für ihre Tätigkeit im Rahmen der Euthanasieeinrichtung erhielten die Beschuldigten von der Reichsarbeitsgemeinschaft Heil- und Pflegeanstalten eine monatliche Entschädigung von je 150 Reichsmark.

Im einzelnen wurde Prof. Rauch beschuldigt, die Aufgabe gehabt zu haben, die Gehirne der getöteten Patienten histopathologisch zu untersuchen, während Prof. Schmieder mit der Konstitutionsmorphologie betraut war und Prof. Wendt biochemische Untersuchungen durchzuführen hatte. Im Rahmen des Forschungsauftrages führte er Stoffwechseluntersuchungen an Kindern durch.

Alle drei Beschuldigten haben bestritten, von Euthanasiemaßnahmen an der Psychiatrisch-Neurologischen Klinik Heidelberg und in der Heil- und Pflegeanstalt Wiesloch gewußt zu haben.

Schmieder behauptete, die zusätzlichen 150 Reichsmark bei der Forschungsabteilung als Ersatz für andere ausgefallene Nebeneinnahmen erhalten zu haben. Carl Schneiders Verbindung zur Euthanasie sei ihm erst nach dem Krieg bekannt geworden.

Hans Joachim Rauch hat darauf hingewiesen, nicht Mitglied der NSDAP gewesen zu sein und behauptet, er habe die 150 Reichsmark aus Schneiders Privathonoraren erhalten. Von einer Forschungsabteilung sei ihm überhaupt nichts bekannt gewesen. Ihm gegenüber habe Prof. Schneider 1940 bestritten, daß es eine Euthanasieaktion gegeben habe. Von den Forschungsstellen in Wiesloch und Görden habe er nichts gewußt. Seine bekannte Reise zur Tötungsanstalt Eichberg, wo er über die Übersendung von Gehirnen verhandelte, habe nichts mit Euthanasie zu tun gehabt. Das sei ein normaler, zwischen Kliniken üblicher Vorgang gewesen. Dagegen hat Prof. Rauch in einer Stellungnahme an die Militärregierung vom 26. Juni 1945 ausdrücklich die „Gemeinnützige Stiftung für Anstaltspflege" in Berlin, Tiergartenstr. 4, als Geldgeberin für den Forschungsauftrag genannt.

Carl Friedrich Wendt hat behauptet, über die Euthanasie nicht mehr als Gerüchte gehört zu haben. Die 150 Reichsmark habe er seiner Meinung nach für Stoffwechseluntersuchungen an Schwachsinnigen erhalten. Die Bezeichnung „Reichsarbeitsgemeinschaft für Heil- und Pflegeanstalten" sage ihm nichts, auch der Name Eichberg sei ihm nicht bekannt gewesen.

Es ging nun darum festzustellen, ob es sich bei der Tätigkeit in der Forschungsabteilung in Heidelberg-Wiesloch um Beihilfe zur Euthanasie an später in Eichberg oder an anderen Orten getöteten Kranken gehandelt hat und darum, den Beschuldigten nachzuweisen, daß ihre entschuldigenden Einlassungen nicht der Wahrheit entsprachen.

Zur Frage der Beihilfe ist es allerdings nicht notwendig, daß diese eine sogenannte conditio sine qua non für die Haupttat gewesen sein muß, d.h. daß nicht verlangt wird, daß sie ursächlich für die Haupttat war, sondern es reicht aus, wenn die Beihilfehandlung die Tat gefördert oder erleichtert hat, wobei nach einer Entscheidung des Bundesgerichtshofes aus dem Jahre 1982 bereits die Hilfe bei Vorbereitungshandlungen zur Tat genügt.

Nun, objektiv haben die Untersuchungen der Kranken durch die Beschuldigten ganz offensichtlich ihre spätere Tötung im Rahmen der Euthanasie unterstützt, da gerade die kranken Kinder, die von den Beschuldigten bei ihren Untersuchungen als „interessante Fälle" klassifiziert wurden, zur Verlegung auf den Eichberg oder in andere Anstalten zum Zweck der Tötung vorgesehen waren, um an den Leichen der kleinen Patienten weiter forschen zu können. Objektiv haben damit die Untersuchungen, die Rauch, Schmieder und Wendt an den Kranken durchführten, die spätere Tötung der Kinder und Geisteskranken im Rahmen der Euthanasie gefördert. Unbeachtlich ist in diesem Zusammenhang, ob das Forschungsvorhaben, wie die Staatsanwaltschaft Heidelberg meint, als solches wissenschaftlich qualifiziert war. Auch wissenschaftlich qualifizierte Handlungen, die zwar nicht unmittelbar aber mittelbar zum Tod eines Menschen führen, können als Mord bzw. Beihilfe zum Mord beurteilt werden.

Der Schluß, „auch wenn die Beschuldigten erkannt hätten, wer letztlich hinter den Forschungsvorhaben stand und welche Ziele Prof. Schneider über die eigentliche Erforschung des Schwachsinns hinaus verfolgte" – nämlich die Ermordung der Patienten – könne in ihrer Mitarbeit kein strafbares Verhalten, sondern nur ein moralischer Vorwurf erblickt werden, ist in keiner Weise haltbar. Soll es wirklich straflos sein, wenn z.B. Assistenzärzte ihrem Chef zuarbeiten, auch wenn sie wissen, daß der anschließend den Patienten ermordet, um die Leiche zu weiteren wissenschaftlichen Experimenten zu nutzen? Kann dann ihre Strafbarkeit von der wissenschaftlichen Qualifikation ihrer Mitarbeit abhängen? Eine absurde Vorstellung!

Was das Bestreiten der Beschuldigten angeht, ist nach der Rechtsprechung eine absolute Sicherheit bei der Beweisführung im Sinne einer naturwissenschaftlichen Sicherheit kaum je zu erreichen und wird daher auch nicht verlangt. Es genügt zum Beweis nach der Rechtsprechung, wenn ein solcher Grad von Wahrscheinlichkeit vorliegt, daß vernünftige Zweifel an der Wahrheit der behaupteten oder bestrittenen Tatsache nicht mehr ernsthaft vorliegen können.

Nach Zeugenaussagen haben die Angehörigen der Forschungsabteilung gewußt, daß ihre Patienten auf dem Eichberg getötet würden. Die Staatsanwaltschaft geht davon aus, es habe sich dabei um kein Wissen, sondern nur um Gerüchte gehandelt. Immerhin haben Ärzte und Pfleger schon während des Krieges davon gesprochen, daß die Forschungsabteilung für die Euthanasie arbeite. Schwer verständlich, daß unter diesen Umständen den drei Ärzten entgangen sein soll, worum es bei ihrer Arbeit in der Forschungsabteilung ging. Völlig unglaubhaft, daß die drei Beschuldigten unter diesen Umständen als einzige nichts von der Euthanasie, z.B. auf dem Eichberg, gehört haben sollten. Hans Joachim Rauchs Einlassung, er habe die zusätzlichen 150 Reichsmark aus den Privathonoraren Carl Schneiders erhalten, ist ohnehin durch seine Angaben bei der Militärregierung im Juni 1945, die „Gemeinnützige Stiftung für Anstaltspflege" in Berlin, Tiergartenstr. 4, sei Geldgeber für die Forschungsarbeit gewesen, entwertet.

Daß Schmieder und Wendt ihre Tätigkeit bei der Forschungsabteilung im Spruchkammerverfahren mit keinem Wort erwähnten, ist ebenfalls verdächtig. Ebenso, daß Rauch und Schmieder 1945 in ihren Berichten an die Militärregierung eine Beziehung des Forschungsauftrages zur Euthanasie verneint haben. Wenn die Staatsanwaltschaft Heidelberg dazu meint, daß beide nicht mit der damals behaupteten Tötung von Geisteskranken in Verbindung gebracht werden wollten, wird auf der anderen Seite klar, daß sie nach Ansicht der Staatsanwaltschaft bei ihren Aussagen von der tatsächlichen Situation, also der Tötung, gewußt haben müssen. Wenn sie das gesagt hätten, hätte das allerdings damals, wie die Staatsanwaltschaft meint, sicher zu „Unannehmlichkeiten" geführt, eine Verurteilung zum Tode und die anschließende Hinrichtung, die nach einer solchen Aussage für sie bevorstand, wäre ihnen sicher mehr als nur „unangenehm" gewesen.

Zudem handelte es sich bei den Behauptungen der Beschuldigten, sie hätten praktisch als einzige den Schneiderschen Forschungsauftrag nicht mit Euthanasie in Verbindung gebracht, während doch alle in der Psychiatrischen-Neurologischen Klinik Heidelberg darüber sprachen und ihnen das nicht entgangen sein konnte, um eine ziemlich durchsichtige Schutzbehauptung. Nach der gebotenen vernünftigen Betrachtungsweise sind keine ernsthaften Zweifel daran möglich, daß alle drei Beschuldigten insoweit die Unwahrheit gesagt haben und ihre Einlassungen mit der erforderlichen, an Sicherheit grenzenden Wahrscheinlichkeit widerlegt und nicht nur unglaubhaft sind.

Immerhin erscheinen die Namen der drei Beschuldigten in den Krankenakten über sogenannte „Forschungspatienten" – meist Kinder -, die von der Psychiatrisch-Neurologischen Klinik in Heidelberg veranlaßt in die Anstalt Eichberg gebracht und dort getötet wurden. Nun meint die Staatsanwaltschaft zwar, die allgemeine Tatsache, daß sie in eine Organisation verstrickt waren, die sich die Tötung von Geisteskranken zum Ziel gesetzt hatte, reiche nicht für einen hinreichenden Tatverdacht aus. Aber wenn in den eben erwähnten konkreten

Fällen sie auch nur in der Weise mitgewirkt haben sollten, daß ihnen bei ihrer Arbeit in der Forschungsabteilung vor Augen stand, was im Einzelfall mit ihrem Patienten geschehen konnte, und sie ihre Tätigkeit trotz der drohenden Tötung der Kranken fortgesetzt haben, läge zwar kein direkter Vorsatz vor, aber ein für Beihilfe ausreichend bedingter Vorsatz. Nach einer Entscheidung des Bundesgerichtshofes aus dem Jahre 1966 braucht der Gehilfe dabei von den Einzelheiten der Haupttat keine bestimmte Vorstellung zu haben. Es ist nach einer weiteren Entscheidung des Bundesgerichtshofes aus dem Jahre 1981 sogar gleichgültig, wenn er die Handlungen an sich mißbilligt. Das Vorliegen eines solchen „dolus eventualis" hätte daher in diesem Zusammenhang näher untersucht werden müssen, was jedoch nicht geschehen ist.

In diesem Fall würden auch die Zweifel darüber, ob einer der Beschuldigten die Verlegung von Patienten in die Tötungsanstalt Eichberg oder in andere Anstalten unmittelbar, d.h. persönlich angeordnet hat, oder die Frage, ob die Beschuldigten über die Verlegung nach dem Eichberg nicht unterrichtet wurden – was zwar unwahrscheinlich, aber nach Ansicht der Staatsanwaltschaft nicht auszuschließen ist –, in einem anderen Licht erscheinen, zumal bei drei Patienten feststeht, daß sie jeweils nach der üblichen wöchentlichen Forschungsbesprechung zum Eichberg gebracht und dort getötet wurden. Die Staatsanwaltschaft weist allerdings zutreffend darauf hin, daß sich aus den Akten nichts über den Inhalt der Forschungsbesprechungen ergibt. Sie folgert, danach müsse davon ausgegangen werden, daß es sich bei ihnen um seriöse und wissenschaftliche Besprechungen gehandelt habe, bei denen der eigentliche Zweck des Forschungsauftrages nicht zur Sprache kam. Wenn man allerdings die ganze Geheimniskrämerei, die um diese doch rein routinemäßigen Besprechungen gemacht wurde, in Betracht zieht, ist diese Folgerung alles andere als stichhaltig.

Nicht zu beanstanden ist meiner Meinung nach die Ansicht, daß man aus dem Besuch Prof. Rauchs in der Heilanstalt Eichberg nicht zwingend den Schluß ziehen dürfe, daß er dort Gehirne von vorher in Heidelberg begutachteten Patienten anforderte, obwohl der Verdacht dafür natürlich naheliegt.

Dagegen erscheint die Meinung der Staatsanwaltschaft, selbst wenn die Beschuldigten einen Zusammenhang des Forschungsauftrages mit den Euthanasiebestrebungen des Dritten Reiches geahnt oder gar gesehen haben sollten, bestehe kein hinreichender Tatverdacht, da nicht mit letzter Sicherheit ausgeschlossen werden könne, daß sie über das Schicksal der von ihnen im Rahmen der Forschungsabteilung untersuchten Patienten im unklaren waren oder gelassen wurden, und auch keinen Anlaß hatten, sich weiter um das Schicksal der Patienten zu kümmern, völlig unverständlich. Sie offenbart zudem eine Auffassung von den Sorgfaltspflichten des Arztes gegenüber seinen Patienten, die der Berufsauffassung, wie sie in der Medizin herrscht, und in der das Vertrauensverhältnis zwischen Arzt und gerade auch geistig und körperlich behinderten Patienten eine wichtige Rolle spielt, in geradezu erschreckendem Maße widersprechen dürfte.

Anmerkung

[1] Staatsanwaltschaft Heidelberg 10 Js 32/83, vgl. Zentrale Stelle der Landesjustizverwaltungen Ludwigsburg 439 Ar-Z 40/83.

NS-Gesellschaft und „Euthanasie":
die Reaktionen der Eltern ermordeter Kinder

PETRA LUTZ

Wieviele Kinder und Jugendliche in nationalsozialistischen Anstalten ermordet wurden, ist nicht bekannt. Mindestens 5.000 aber starben im Rahmen eines besonderen Tötungsprogrammes. Es wurde vom „Reichsausschuß zur wissenschaftlichen Erfassung von erb- und anlagebedingten schweren Leiden" (Reichsausschuß) organisiert. Die Opfer wurden durch die Gesundheitsverwaltung erfaßt, sie wurden begutachtet und in sogenannte „Kinderfachabteilungen" – die Tötungsabteilungen des Reichsausschusses – eingewiesen. Dort wurden viele dieser Kinder durch Pfleger, Schwestern und Ärzte vergiftet oder man ließ sie verhungern. Teilweise gingen dem umfangreiche Untersuchungen voraus. Nach der ursprünglichen Planung richtete sich diese „Aktion" gegen Säuglinge und Kleinkinder bis zum Alter von drei Jahren. Im Verlauf des Krieges wurden aber auch ältere Kinder und Jugendliche einbezogen. Ein großer Teil der Opfer kam direkt von zu Hause in „Kinderfachabteilungen". Daher war die Verbindung zu den Angehörigen oft enger als bei Anstaltspatienten, die den anderen Mordaktionen zum Opfer fielen.

Anders als über die „Reichsausschußkinder" ist über die „Reichsausschußeltern" bisher nur wenig geschrieben worden. Dabei kamen die Autoren zu unterschiedlichen Ergebnissen. Fanden Götz Aly und Michael Burleigh viele Eltern, welche die Tötung ihrer Kinder billigten,[1] so verwiesen hingegen Henry Friedlander und Kurt Nowak auf eine ablehnende Haltung der meisten Eltern, die oft getäuscht worden seien.[2] Im folgenden will ich der Frage nach der Haltung der Eltern am Beispiel der „Kinderfachabteilungen" Eglfing-Haar, Ansbach und Eichberg nachgehen. Ich werde zuerst einen Blick auf die ideologische Vorgeschichte dieser Kindermorde werfen und anschließend etwas zu den Täterstrategien sagen. Beides bildet den Hintergrund für die Reaktionen verschiedener Eltern, die hier exemplarisch dargestellt werden sollen.

Die Ärztin Alice Platen-Hallermund, Beobachterin des Nürnberger Ärzteprozesses, verwies 1948 auf eine gesellschaftliche Akzeptanz der Kindertötungen, die offenbar auch noch nach Kriegsende festzustellen war:

„Die Tötung solcher Kinder stößt auch auf viel weniger Widerstand von seiten der Angehörigen als die Beseitigung erwachsener Geisteskranker, die schon ein Leben, wenn auch oft ein kurzes, hinter sich haben und durch vielerlei Bande mit Familie und Umgebung zusammenhängen, die sich nicht gewaltsam lösen lassen. Interessant ist in diesem Zusammenhang das Gutachten eines namhaften Juristen, das dem amerikanischen Militärgerichtshof vorgelegt wurde, welches besagt, daß die Tötung von Mißgeburten im Mittelalter straffrei war. Das Volksempfinden scheint weitgehend auf dieser mittelalterlichen Stufe stehengeblieben zu sein".[3]

Anders als die Ermordung Erwachsener wurde die Tötung von Säuglingen und Kleinkindern schon im 19. Jahrhundert mit rassenhygienischen Argumenten legitimiert.[4] Als die Debatte über die „Vernichtung lebensunwerten Lebens" nach dem Ende des Ersten Weltkriegs an Gewicht gewann, wurde der Kindermord mit denselben Begründungen gerechtfertigt, wie die Vernichtung erwachsener kranker oder behinderter Menschen. Hinzu traten aber Argumente, mit denen auch dort für die Tötung von Kindern votiert wurde, wo dies für Erwachsene abgelehnt wurde. Solche Argumente waren z.B. die Feststellung, viele Eltern wünschten selbst eine „Erlösung" ihrer Kinder, der Verweis auf eine besondere Belastung der Eltern und der gesunden Geschwister durch die Pflege der kranken oder behinderten Kinder und schließlich die Behauptung, den Betroffenen fehle von Beginn an der „Persönlichkeitswert", auch persönliche Bindungen seien zunächst noch nicht gegeben.[5]

Die Autoren der zwanziger und dreißiger Jahre nahmen bereits alles vorweg, was später in den Ausführungen der Reichsausschuß-Verantwortlichen wieder auftauchte und zur Argumentation gegenüber den Eltern betroffener Kinder genutzt werden konnte.

Stellvertretend sei der Jurist Erich Bötel zitiert:

„Weniger aus wirtschaftlichen Erwägungen soll der Beseitigung dieser armseligen Geschöpfe das Wort geredet werden, als vielmehr im Hinblick auf die Eltern, für die es immer ein deprimierender

Gedanke sein muß, daß dieses Kind nie ein selbständiger Mensch werden kann. Vielleicht muß die Pflege ihrer gesunden Kinder zwangsläufig darunter leiden." Auch unter rassenhygienischen Gesichtspunkten sei „die Beseitigung dieser Armen von Vorteil. Ohne sich für ihre Vernichtung einzusetzen, meint Lenz [gemeint ist der Rassenhygieniker Fritz Lenz, d. Verf.], daß infolge des Vorhandenseins eines derartigen unglücklichen Kindes häufig die Geburt eines oder mehrerer weiterer Kinder, die sehr wohl gesund sein könnten, ausbleibt. Mit Recht befürchtet er auch eine erhebliche Beeinträchtigung der Berufs- und Heiratsaussichten der schon vorhandenen Geschwister."[6]

Die Debatte über die Ermordung von Kindern bot offenbar ein besonders geeignetes Einfallstor für Vernichtungsgedanken und -wünsche. Geringere gesellschaftliche Widerstände gab es vielleicht auch deswegen, weil hier niemand Sorge haben mußte, einmal selbst „erlöst" zu werden.

Auch die Täter haben sich immer wieder mit der Behauptung verteidigt, ihr Handeln sei gesellschaftlich breit akzeptiert gewesen. Dabei beriefen sie sich vor allem auf die von ihnen behauptete Zustimmung vieler Eltern. Schon am Anfang der Kindertötungen stand nach der Darstellung der Täter der elterliche Wille. Der Vater des schwerbehinderten sogenannten Kindes Knauer soll mit einem Tötungsgesuch an Hitler das Mordprogramm des Reichsausschusses in Gang gesetzt haben.[7]

Der Überprüfung anhand anderer Quellen – Patientenakten und Aussagen von Eltern in Nachkriegsprozessen – hält dieses Bild nur partiell stand. Immerhin zeigt die Untersuchung von Einzelfällen, daß viele Eltern von „Reichsausschußkindern" das Geschehen und damit die Entscheidung über Leben und Tod ihrer Kinder beeinflussen konnten, auch wenn ihnen dies nicht immer bewußt war. Ich möchte die Strategie des Reichsausschusses gegenüber den Eltern mit einem Zitat von Prof. Hans Heinze beleuchten. Heinze war Direktor der Heil- und Pflegeanstalt Brandenburg-Görden. In seiner Anstalt wurde die erste Tötungsabteilung des Reichsausschusses eingerichtet, in der die Leiter vieler anderer „Kinderfachabteilungen" in ihre Aufgabe eingeführt wurden, intern wurde Heinzes Abteilung daher als „Reichsschulstation" bezeichnet. Über diese Abteilung und als einer der drei Reichsausschuß-Gutachter war er führend an Planung und Konzeption der Kindermorde beteiligt. Heinzes Darstellung verweist auf ein Spezifikum der Reichsausschuß-Strategie gegenüber den Eltern:

„Ich möchte […] hinzufügen, daß die Angehörigen der Kinder, für die eine Ermächtigung vorlag, auf den Ernst der Lage hingewiesen worden sind, daß ihnen ausdrücklich gesagt worden ist, daß mit der bisher angewandten herkömmlichen Therapie bei ihrem Kinde nichts mehr erreicht werden könne und daß daher zu sonst nicht üblichen therapeutischen Maßnahmen gegriffen werden müßte, wenn sie damit einverstanden wären. […] Uns Ärzten war dabei klar, daß eine solche Überdosierung der Beruhigungsmittel, […] als Folgeerscheinung eine […] (Lungenentzündung) herbeiführen könne und daß diese praktisch irreparabel ist. Wir haben hierauf die Eltern hingewiesen und, wenn sie mit den angedeuteten Maßnahmen einverstanden waren und die Ermächtigung des Reichsausschusses vorlag, hiernach verfahren […]. Wenn Eltern mit diesen Maßnahmen nicht einverstanden waren, konnte ihr Kind jederzeit aus der Anstalt und unserer Behandlung nach Hause entlassen werden. Ein Zwang zum Verbleiben bestand nicht. Der Reichsausschuß wurde dann lediglich von der Entlassung in Kenntnis gesetzt."[8]

Was über die Reichsausschuß-Morde bekannt ist, ist vornehmlich über die Täter überliefert. Vieles davon über die Reichsausschuß-Gutachter Prof. Hans Heinze und Prof. Werner Catel. Ihre Auslassungen über den Umgang mit den Eltern sind so ausführlich, daß schon dadurch deutlich wird, daß sie immer auch als Teil einer Verteidigungsstrategie interpretiert werden müssen. Nach Darstellung der Täter unterschied sich der Umgang der Reichsausschuß-Ärzte und der einweisenden Stellen mit den Eltern in vielen Punkten von dem, wie im Rahmen der „Aktion T4" mit den Angehörigen erwachsener Patienten umgegangen wurde. Vor allem unterstellten sie eine elterliche Entscheidungsfreiheit. Freiwillig war für die Eltern nach diesen Aussagen zum einen die Zustimmung zur Einweisung der Kinder. Auch Entlassungen nach Hause sollen jederzeit möglich gewesen sein. Eine Art Zustimmung soll aber auch Voraussetzung für die Ermordung der Kinder gewesen sein. Allerdings sei das Votum der Eltern nur „in indirekter Form"[9] eingeholt worden, z.B. über die Frage nach der Einwilligung in eine potentiell tödliche Therapie.

Weitere Punkte, durch die sich die Morde des Reichsausschusses von denen der „T4" unterschieden, waren, so die Darstellung der Täter, ein hohes pflegerisches und diagnostisches Niveau der „Kinderfachabteilungen", individuelle ärztliche „Beratung" der Angehörigen – während ansonsten die Tötungsanstalten und damit auch deren Ärzte gegenüber den Angehörigen abgeschottet waren –, das Recht der Eltern, ihre Kinder zu besuchen, sowie scheinbar individuelle Benachrichtigungen über Untersuchungen, „Erkrankung" und Tod – im Gegensatz zu den bald allgemein bekannten schematischen Schreiben der „Aktion T4".

Dieses von den Haupttätern immer wieder ausführlich ausgemalte Bild fügt sich genau in die Darstellung Götz Alys. In seiner Sicht war der Reichsausschuß eng an wissenschaftlichen Kriterien orientiert.[10] Hier arbeiteten sozusagen die professionelleren Mörder. Es wäre eine plausible Ergänzung dieses Bildes, wenn nachgewiesen werden könnte, daß gegenüber den Angehörigen spezifische Strategien eingesetzt wurden, um Unruhe zu vermeiden und Akzeptanz zu schaffen.

Auch jenseits der Täteraussagen spricht einiges dafür, daß die Morde an Säuglingen und Kleinkindern bei den Angehörigen auf mehr Zustimmung trafen als die Tötung Erwachsener[11]:

– Die Reichsausschußtötungen erregten keinerlei nachweisbare öffentliche Unruhe.

– In Patientenakten und sogar in Nachkriegsaussagen ist hier weit mehr Zustimmung dokumentiert als in Zusammenhang mit den anderen Mordaktionen.

– In etlichen Fällen gibt es Hinweise auf eine tätsächlich und nicht nur formal freiwillige Einwilligung der Eltern in die Einweisung ihrer Kinder – und dies in einer Zeit, als in vielen Regionen die Anstaltsmorde allgemein bekannt waren.

Trotzdem ist die Darstellung der Reichsausschuß-Angeklagten unvollständig. Schon Götz Aly verwies auf die Existenz von Widerstand aus traditions- und konfessionsverhafteten Milieus.[12] Dies gilt auch für die Eltern von ermordeten Kindern. Einzelfallanalysen zeigen, daß solche Proteste und Rettungsversuche der Familien durchaus nicht immer erfolgreich waren. Die Darstellung der Täter weist also erhebliche Lücken auf: Auf manche Eltern wurde Druck ausgeübt, auf manchen „Kinderfachabteilungen" wurden Entlassungen verweigert und

Kinder gegen den erklärten Willen ihrer Eltern ermordet.[13] Die Haltung der Eltern muß differenziert betrachtet werden, v.a. sind entscheidende regionale und konfessionelle Unterschiede zu konstatieren.

Am häufigsten war Druck auf Eltern, die ihre Kinder nicht in eine „Kinderfachabteilung" geben wollten. Mütter wurden von Arbeitsämtern auf Anregung des Reichsausschusses dienstverpflichtet, so daß sie ihre Kinder nicht mehr selbst versorgen konnten. Anderen Eltern wurde mit der Entziehung des Sorgerechtes gedroht. So heißt es in einem Brief des Gesundheitsamtes Esslingen (Württemberg) an die Mutter der Barbara B., die sich weigerte, ihr Kind in die „Kinderfachabteilung" Eichberg einweisen zu lassen:

„Die Feststellung, dass ihr Kind Barbara an einem körperlichen und geistigen angeborenen Leiden krank ist, erfolgte durch das staatl. Gesundheitsamt. Es handelt sich um einen Zustand, der die körperliche und geistige Entwicklung in einer Weise hemmt, dass das Kind unfähig bleibt, sein Leben selbst zu gestalten. Es wird immer Pflege und Wartung notwendig haben. – Sie müssen aus diesem Grunde dafür dankbar sein, dass Stellen geschaffen wurden, in denen die Möglichkeiten der besten und erfolgreichsten Behandlungen vorhanden sind, um den Zustand solcher vom Schicksal getroffener Kinder zu bessern. Es ist von Ihnen im Interesse Ihres Kindes unklug, sich gegen die Einweisungsmassnahmen zu sträuben.

Eine Verzögerung der Einweisung bzw. deren Aufhebung kann nicht erfolgen. Es werden weitere Massnahmen, z.B. Entziehung des Sorgerechts veranlasst werden müssen, wenn Sie sich der Verbringung des Kindes in die Landesheilanstalt Eichberg weiterhin entgegenstellen.

Ich bitte deshalb, sich innerhalb einer Woche zu entscheiden."[14]

Noch einmal versuchte die Mutter, sich zu wehren, und wandte ein, Untersuchungen durch zwei Ärzte hätten ergeben, daß ihr Kind zwar etwas zurückgeblieben, aber geistig und körperlich gesund sei.[15] Auch dies blieb ergebnislos. Soweit festzustellen ist, gab Frau B. damit auf. Am 20. Oktober 1941 meldete das Esslinger Gesundheitsamt dem Reichsausschuß die Überführung der Barbara B. in die Landesheilanstalt Eichberg. Formal gesehen, hatte sich die Mutter freiwillig entschieden.

Allerdings war es nur eine Minderheit von Eltern, die ihre Kinder auf durch den Reichsausschuß veranlassten Druck in die „Kinderfachabteilungen" gaben. Andere Eltern, darunter viele ledige Mütter, gaben ihre Kinder in Anstalten, weil es ihnen aus ökonomischen Gründen nicht möglich war, sie selbst zu versorgen. Der größte Teil der Eltern gab aber die Kinder nicht nur formal, sondern tatsächlich freiwillig in eine „Kinderfachabteilung". Das hieß keineswegs immer, daß sie die Ermordung ihrer Kinder billigten. Manche Eltern ließen sich von den therapeutischen Versprechungen überzeugen. Auf manchen „Kinderfachabteilungen" wurde nach der Einweisung der elterliche Wille mißachtet: Entlassungen wurden verhindert, obwohl sie formal nicht verweigert werden konnten; Kinder wurden ermordet, obwohl ihre Eltern deutlich zu erkennen gegeben hatten, daß sie das nicht wollten.

So war es zum Beispiel im Fall des Alfons T., der 1939 als Kind von Bauern auf der Schwäbischen Alb geboren wurde.[16] Alfons war gelähmt und mußte immer im Bett liegen. Er konnte nicht sprechen, aber lachen und er erkannte seine Eltern. So beschrieb ihn seine Mutter 20 Jahre, nachdem er ermordet worden war.

Alfons kam zur Beobachtung in die Tübinger Universitätsklinik. Dort konnte man ihm aber nicht helfen, und er kam wieder nach Hause. Wenig später bekamen die Eltern die Aufforderung, sie sollten Alfons in die „Kinderfachabteilung" Eglfing-Haar bei München geben. Die Begründung war, so sagte die Mutter nach dem Krieg aus, daß dort „die beste Heilanstalt in Deutschland" sei. Aus Eglfing-Haar waren über 2.000 Menschen im Rahmen der „Aktion T4" verlegt worden[17], ab 1943 wurden dort auch außerhalb der „Kinderfachabteilung" Menschen ermordet: Hunderte starben bis zum Kriegsende in den „Hungerhäusern".[18]

Die Eltern des Alfons T. hatten eigentlich schon nach dessen Aufenthalt in der Tübinger Universitätsklinik beschlossen, ihr Kind nicht mehr fortzugeben, und entschieden sich erst nach langem Überlegen, der Einweisung nach Eglfing-Haar zuzustimmen – offenbar aufgrund der versprochenen Heilungsmöglichkeiten. In Eglfing-Haar fanden sie ihr Kind dann gut untergebracht, die Schwestern machten auf sie einen freundlichen Eindruck – die versprochenen Fortschritte aber blieben aus. Der vom Reichsausschuß propagierte verständnisvolle ärztliche Rat blieb ebenfalls aus: Der für die „Kinderfachabteilung" zuständige Arzt ließ sich offenbar verleugnen, der Leiter der Anstalt war auch nach stundenlangem Warten nicht zu sprechen – bis die Eltern ihrer Unruhe deutlichen Ausdruck gaben. Die Mutter des Alfons T. berichtete in ihrer Aussage 1963:

„Schliesslich wurde mein Mann aber nervös und ging aufs Ganze. Er sagte in der Anstalt, er wolle endlich einmal wissen, was los sei mit dem Kind und er wolle jedenfalls einen Arzt sprechen. Nun erschien ein Arzt. Er sagte, er möchte noch etwas mit dem Kinde probieren und wir möchten ihn deshalb noch ein paar Wochen dalassen. Wir sind schliesslich darauf eingegangen und liessen das Kind noch dort. Wir sind dann vor dem Tode noch einmal zum Besuch des Kindes gefahren und hatten den Eindruck, daß es nichts mit ihm wurde. Wir erklärten daraufhin in der Anstalt, wir würden das Kind bei nächster Gelegenheit nach Hause holen. Damit war die Anstalt einverstanden.

Ein paar Tage darauf kam ein Telegramm mit der Nachricht, Alfons sei schwer erkrankt an Lungenentzündung und wenn wir ihn noch einmal sehen wollten, müßten wir sofort kommen. Bevor wir zu der Fahrt kamen, kam ein Telegramm mit der Todesnachricht."[19]

Für den Vater des Alfons T. war durch diesen Ablauf klar, daß sein Sohn ermordet worden war, auch wenn er es nicht nachweisen konnte.

Gerade in Eglfing-Haar mit seinem vorwiegend agrarischen und katholischen Einzugsbereich konnten viele Kinder nur getötet werden, weil ihre Eltern getäuscht und unter Druck gesetzt wurden. Die Elternreaktionen auf die Reichsausschußmorde sind konfessionsspezifisch, wobei die Unterschiede wohl in erster Linie in den unterschiedlichen Milieus begründet sind. Eltern aus katholisch und agrarisch geprägten Gegenden reagierten am ehesten ablehnend. Das deckt sich mit den allgemeineren Befunden über die NS-Akzeptanz in verschiedenen Milieus.[20]

Entsprechend der regionalen Prägung der „Reichsausschußeltern" war auch das Vorgehen gegenüber den Eltern regionalspezifisch. In der protestantischen Großstadt Hamburg ging man auf den „Kinderfachabteilungen" offenbar so vor, wie es die Reichsausschuß-Verantwortlichen nach dem Krieg darstellten, und es war tatsächlich in vielen Fällen der elterliche Wille maßgeblich.[21] Im bayerischen Eglfing-Haar behauptete dagegen nicht einmal der Anstaltsdirektor, der Wille der Eltern habe irgendeine Rolle gespielt.[22] Zudem gibt es über die dortige Abteilung Elternschilderungen, die gegen eine sehr vertrauenerweckende Situation sprechen, was Pflege und Ernährung betrifft. Auch die vergleichsweise seltenen Fälle, in denen dokumentiert ist, daß Eltern ihre Kinder auf Druck der Gesundheitsämter einliefern ließen, stammen meist aus dem stärker konfessionell geprägten Süden.

Weit mehr elterliche Zustimmung und Billigung der Tötungen als in Eglfing-Haar gab es in der „Kinderfachabteilung" Ansbach im protestantisch geprägten Mittelfranken. Dies wurde sogar in Nachkriegsprozessen noch relativ offen geäußert. Einweisungen in die „Kinderfachabteilung" Ansbach waren offenbar tatsächlich freiwillig, auch scheinen Entlassungen problemlos genehmigt worden zu sein, jedenfalls gibt es keine Zeugenaussagen über gescheiterte Rettungsversuche. Die Kinder kamen meist aus der umliegenden Region. Das ist wichtig, denn dort mußte bekannt sein, daß der Aufenthalt in der Ansbacher Anstalt gefährlich war: Im Rahmen der „Aktion T4" wurden aus Ansbach fast 900 Patienten „verlegt", zwischen 1943 und 1945 starben dort fast 1.400 weitere Menschen. 154 Kinder starben zwischen 1941 und 1945.[23]

Im Ermittlungsverfahren gegen Personal der Ansbacher „Kinderfachabteilung" wurden die Eltern routinemäßig gefragt, ob sie ihr Einverständnis zur Tötung ihrer Kinder gegeben hätten. Nicht selten sind hier Antworten zu finden wie die der ledigen Knopfarbeiterin Katharina K., deren 1939 geborener Sohn Willibald in Ansbach ermordet wurde. Auf Anraten von Ärzten hatte sie ihn in die „Kinderfachabteilung" Ansbach gegeben, da er linksseitig gelähmt war und Anfälle bekam. Über zwanzig Jahre später sagte sie aus:

„Ich habe nicht zu erkennen gegeben, daß ich etwa einer Einschläferung des Kindes zustimmen würde. Ich wollte das Kind nicht hergeben zum Umbringen. Da ich aber von den verschiedensten Seiten aufmerksam gemacht wurde, daß es mit dem Kind nichts mehr wird, hätte ich vielleicht damals nichts gegen eine schmerzlose Einschläferung gehabt. Es war wirklich sehr arg mit dem Kind. Ich habe direkt darum gebetet, daß der Herrgott das Kind bald zu sich nimmt."[24]

Einige Wochen nach seiner Einlieferung in Ansbach war Willibald K. tot.

Noch mehr Zustimmung und Billigung finden sich in den Patientenakten der „Kinderfachabteilung" der hessischen Landesheilanstalt

Eichberg, allerdings waren dort kaum Kinder aus der katholischen Umgebung. Über den Eichberg gibt es kaum Aussagen von Eltern, dafür aber Patientenakten mit Korrespondenzen zwischen Eltern und der Anstalt. Die Korrespondenz über Heinz F. zeigt einen Verlauf dieser Kommunikation im Vorfeld der Morde, wie er sehr häufig war.[25] Heinz F. wurde am 25. Oktober 1939 als erster Sohn des Lageristen Albert F. und seiner Frau Anna in Stuttgart-Echterdingen geboren. Knapp zwei Jahre später, Anfang August 1941, brachten ihn die Eltern in die „Kinderfachabteilung" Eichberg. Heinz F. konnte nicht gehen, nicht sprechen und nicht alleine sitzen. Der Aufnahmebefund enthielt im Grunde bereits das Todesurteil: „Vollkommen idiotisches Kind. Macht negroiden Eindruck."

Die Eltern zeigten großes Interesse am Ergehen ihres Kindes – und großes Vertrauen in die angekündigten Untersuchungen. Immer wieder erkundigte sich Albert F. nach dem „Wohlbefinden" des Kindes und dem Ergebnis der ärztlichen „Bemühungen".[26] Immer wieder wurde er vertröstet: Die „eingehenden Beobachtungen und Untersuchungen" seien noch nicht abgeschlossen, nach dem „bisherigen Ergebnis" gebe es allerdings „wenig Hoffnung auf wesentliche Besserung". Schließlich monierte Albert F. die fehlende „Klarheit" und schrieb: „Schreiben Sie uns nur bitte die volle Wahrheit, wir *sind auf alles gefasst*".[27]

Der Antwortbrief hatte das Ziel jede Hoffnung zu nehmen:

„Wir müssen Ihnen heute mitteilen, daß es sich bei Ihrem Söhnchen Heinz F. um einen schweren Gehirndefekt handelt, der nach unserer Ansicht bei der Geburt entstanden sein müsste. Die Schädigungen und die Auswirkungen der Schädigungen sind derart, dass an eine wesentliche Besserung nach bisherigen ärztlichen Erfahrungen nicht mehr gedacht werden kann. Zur Zeit leidet das Kind an einer katarrhalischen Erkältung der oberen Luftwege, die hartnäckig besteht und jeder Therapie trotzt. Wir haben sorgfältigste Behandlung eingeleitet und hoffen, dass sich keine Komplikationen einstellen."[28]

Albert F. hatte die Botschaft verstanden. Am 25. Oktober wandte er sich erneut an die Anstalt:

„Heute am 25.10.1941 ist unserem lieben kleinen Söhnchen Heinz sein 2. Geburtstag. Wir gratulieren Ihm im Geist in unsern Herzen zu seinem Wiegenfeste, wenngleich er es auch nicht verstehen kann. Leider und traurig für uns Eltern, dass er nicht in unserer Mitte weilen kann, als gesunder, munterer Knabe.

Es ist fürwahr für uns eine schwere Aufgabe, ein Kind noch lebend zu wissen, u[nd]. keine Rettung mehr in Aussicht. Was Ihm [!] noch bleibt vom Leben, das ist sein Leiden, ein Leiden womöglich ohne Ende. Nach Ihrem letzten Schreiben zu urteilen, ist nach den bisherigen ärztlichen Erfahrungen an eine Besserung *nicht mehr zu denken*. So haben wir nur noch eine Bitte an Sie, wenn schon gar keine Rettung und Besserung, oder mit der Zeit eine Heilung vorhanden ist; so lasst den kleinen, lieben Jungen nicht mehr allzulange *sein schweres Leiden ertragen*.

Ein Gehirn zu operieren, wird wohl so wenig gehen, als das Herz. Wir sind gefasst auf Alles, auf sein Sterben als auf seinen Tod.

Ein solch unschuldiges Kindchen wird noch einen warmen Engel geben im Himmel droben; und über den Sternen werden wir uns einst wiedersehen.

Wie steht es nur zurzeit mit ihm?

Was macht sein Katarr[!] der oberen Luftwege?

Kann er wohl noch nicht gehen [...] oder eventuell ein Wort sprechen, der arme, kleine, liebe Junge?

Mit der Bezahlung steht es nun so, dass ich pro Tag 1 Mark bezahlen muss, das würde man ja noch gern tun, wenn auch nur [...] Heilung und Besserung vorhanden wäre."[29]

Die „Erlösung" kam wie bestellt. Am 30. Oktober 1941, also fünf Tage, nachdem Albert F. den Brief geschrieben hatte, teilte Dr. Schmidt der Familie „mit dem Ausdruck unseres Beileides" mit, Heinz sei an einer „Lungenentzündung" verstorben.[30] Postwendend schrieb der Vater:

„Die traurige Nachricht von dem Tode unseres lieben, kleinen Söhnchen[s] Heinz haben wir erhalten. Sie erfüllt uns mit tiefem Schmerz, aber nun darf er ausruhen und schlafen und eingehen in ein herrliches Reich der Ewigkeit! Ich möchte Ihnen nur noch mitteilen, dass wir zur Beerdigung kommen, und vor allen Dingen unser liebes Kind Heinz nochmal sehen möchten."[31]

Nach dem Tod ihrer Kinder nahmen viele Eltern das unausgesprochene Angebot an, nichts wissen zu müssen, denn es gab bei den Reichsausschuß-Morden weit mehr als bei denen der „T4" immer auch die Möglichkeit eines natürliche Todes. Wer konnte wissen, ob nicht wirklich eine Lungenentzündung eingetreten war? Eindeutige Hinweise, wie die immer gleichen, in der Bevölkerung bekannten Benachrichtigungen im Rahmen der „Aktion T4", gab es hier nicht.

Die Reichsausschußärzte argumentierten von vielen Seiten, um den Eltern die Freigabe ihrer Kinder zur Ermordung zu erleichtern: Sie führten die Interessen der gesunden Kinder an und das Interesse der „Volksgemeinschaft" an leistungsstarkem Nachwuchs, sie redeten den Kindermord mit therapeutischen Begriffen schön – am erfolgversprechendsten war offenbar, die Eltern in möglichst niederschmetternder Weise mit „Unheilbarkeit" und völliger Aussichtslosigkeit zu konfrontieren. Der Reichsausschußgutachter Catel empfahl noch 1964 in einem „Spiegel"-Gespräch diesen Weg, um eine Einwilligung der Eltern in die Tötung ihrer Kinder zu gewinnen.[32] Der Arzt müsse den Eltern „die Wahrheit sagen, nämlich, daß diesem Wesen nicht mehr zu helfen ist, daß es nie ein Mensch werden wird. Die Eltern haben zu entscheiden." Über seine Reichsausschuß-Erfahrungen hatte Catel ausgesagt:

„Stets wurde zuvor mit den Eltern oder Angehörigen des Kindes die Aussichtslosigkeit des Zustands besprochen, wobei die Eltern vielfach von sich aus antworteten, es wäre doch das beste, wenn ihr Kind von seinem hoffnungslosen Vegetieren befreit würde."[33]

Der Ermordung dieser Kinder standen allenfalls christlich-traditionelle Werte entgegen. Hier unterscheidet sich die Ermordung von Säuglingen und Kleinkindern von der Ermordung von Erwachsenen. Waren Erwachsene oder Jugendliche bedroht, so war weit eher die Tragfähigkeit zwischenmenschlicher Beziehungen dafür ausschlaggebend, ob es zu Rettungsversuchen oder Protesten von Angehörigen kam. Werthaltungen, wie konfessionelle Bindungen, waren dafür zweitrangig.

Bei den Säuglingen und Kleinkindern, auf deren Ermordung der Reichsausschuß zunächst abzielte, bestanden solche Beziehungen oft noch gar nicht. Und es gehörte zur Strategie des Reichsausschusses, möglichst schnell zu handeln, damit eine elterliche Bindung gar nicht erst entstehen sollte. Eine solche persönliche Bindung an ein schwerbehindertes Kind entstand also nur dann, wenn die Eltern sich den Kindern dennoch zuwandten, um einer traditionellen Verpflichtung gerecht zu werden – gegen alle „*Vernunft*". Den Tätern war dies un-

verständlich. Gerhard Kloos, dem die „Kinderfachabteilung" Stadtroda unterstand, teilte die Eltern in drei Kategorien ein:
„Manche Eltern, insbesondere Mütter, hingen mit einer für einen Mann kaum verständlichen Affenliebe an ihren idiotischen oder mißgestalteten Kindern, andere dagegen mochten sie nicht sehen und fühlten sich durch ihren Anblick oder ihr tierisches Schreien seelisch belastet, und wieder andere hatten eine kühl sachliche Einstellung dazu, waren sich ihrer Elternpflicht bewußt, streubten[!] sich nicht geradezu dagegen, hatten es aber auch nicht besonders eilig mit der vereinbarten Abholung ihrer mißglückten Sprößlinge."[34]

Wie viele „*unvernünftige*" Eltern ihre Kinder zu Hause behielten, ist nicht festzustellen. Die Mehrheit der Eltern, deren Kinder in Reichsausschußabteilungen waren, zeigte sich jedenfalls nicht „*unvernünftig*", sondern nutzte die vom Reichsausschuß gebotenen Bewältigungs- und Verdrängungsstrategien. Dies gilt für die Eltern von Säuglingen und Kleinkindern, die in den „Kinderfachabteilungen" Ansbach, Hamburg und Eichberg ermordet wurden, während etliche Eltern, deren Kinder in Eglfing-Haar ermordet wurden, die Tötungen offenbar entschieden ablehnten.

Der Reichsausschuß-Gutachter Heinze empfahl 1944 dem medizinischen Leiter der „T4", Prof. Hermann Paul Nitsche, die „Reichausschuß-Erfahrungen" als Vorbild zu nehmen, um „die Dinge in richtige Bahnen zu lenken".[35] Dies wohl nicht zuletzt in Hinblick auf die Angehörigenreaktionen, denn gerade in diesem Bereich hatte es im Rahmen der „Aktion T4" „Fehler" gegeben. Die Strategien des Reichsausschusses hatten sich hingegen bewährt. Die ablehnenden Eltern konnten getäuscht oder unter Druck gesetzt werden, war dies nicht möglich, ließ man ihnen ihre Kinder. Sie waren zu wenige, um zum politischen Problem zu werden. Gesellschaftlichen Rückhalt hatten sie noch weit weniger zu erwarten als Angehörige von Patienten, die im Rahmen der „Aktion T4" ermordet wurden.

Anmerkungen

1 Vgl. Aly, Götz (1984): Der Mord an behinderten Hamburger Kindern zwischen 1939 und 1945, S. 151, und Burleigh, Michael (1994): Death and Deliverance, S. 102.
2 Vgl. Friedlander, Henry (1995): The Origins of Nazi Genocide, S. 59-61, und Nowak, Kurt (1991): Widerstand, Zustimmung, Hinnahme – Das Verhalten der Bevölkerung zur „Euthanasie", S. 247f..
3 Platen-Hallermund, Alice (1948): Die Tötung Geisteskranker in Deutschland, S. 45.
4 Haeckel, Ernst (1868): Natürliche Schöpfungsgeschichte, S. 116f..
5 Siehe u.a. die entsprechenden Textauszüge bei Kaiser, Jochen-Christoph; Nowak, Kurt; Schwartz, Michael (Hg.) (1992): Eugenik, Sterilisation, „Euthanasie", S. 202-205.
6 Bötel, Erich (1934): Die Rechtmäßigkeit der Euthanasie, S. 41-43.
7 Ein in jüngerer Zeit veröffentlichter Artikel legt nahe, daß es ein entsprechendes Tötungsgesuch und in der Folge eine „von Hitler inoffiziell legitimierte Tötung" tatsächlich gegeben hat, vgl. Benzenhöfer, Udo (1998): Der Fall „Kind Knauer".
8 Aussage Hans Heinze vom 27.-29.9.1961, Zentrale Stelle der Landesjustizverwaltungen Ludwigsburg (ZSL), Aussagensammlung „Euthanasie".
9 Vgl. Aly, Götz (1984): Der Mord an behinderten Hamburger Kindern zwischen 1939 und 1945, S. 151.
10 Vgl. Aly, Götz (1985): Der saubere und der schmutzige Fortschritt, S. 33-40.
11 Die folgenden Feststellungen fassen Ergebnisse meiner Dissertation zusammen, die sich mit den Reaktionen der Angehörigen von Opfern der unterschiedlichen „Euthanasieaktionen" befaßt und kurz vor ihrem Abschluß steht. Ihr liegen für den Bereich der „Kinderfachabteilungen" folgende Quellen zugrunde: Aussagen von Eltern ermordeter Kinder im Rahmen der Ermittlungen gegen Personal der Heil- und Pflegeanstalt Ansbach und im Rahmen des Verfahrens gegen Personal der Heil- und Pflegeanstalt Eglfing-Haar, die in der Zentralen Stelle der Landesjustizverwaltungen Ludwigsburg (ZSL) gesammelt sind (Aussagensammlung „Euthanasie"), sowie eine Stichprobe aus den Akten von Opfern der „Kinderfachabteilung" Eichberg (Hessisches Hauptstaatsarchiv Wiesbaden, Abt. 430/1, Nr. 11243, 10977, 10957, 10942, 10908, 11033, 11060, 11074, 11117, 11125, 11143, 11231, 11250, 12089, 11063, 11170, 11845, 12278, 12335, 11963, 12258, 12038, 12082) und die Akten des sogenannten Eichberg-Prozesses (Hessisches Hauptstaatsarchiv Wiesbaden, Abt. 461, Nr. 32442). Zur Stichprobe der Krankengeschichten: Über die alphabetischen Findbücher im Hessischen Hauptstaatsarchiv Wiesbaden konnten 41 Akten von „Euthanasie"-Opfern der Geburtsjahrgänge 1933-1945 ermittelt werden. Dabei handelt es sich jedoch bei weitem nicht um alle Opfer der „Kinderfachabteilung". Zwischen 1941 und 1945 starben auf dem Eichberg 430 Kinder unter 10 Jahren. Der Anstaltsleiter Walter Schmidt vernichtete vor Kriegsende noch einen Groß-

teil der Patientenakten (vgl. Dickel, Horst (1988): „Die sind ja doch alle unheilbar." – Zwangssterilisation und Tötung der „Minderwertigen" im Rheingau, 1933-1945, S. 23-57). Der Zusammenhang des in Wiesbaden verfügbaren Restaktenbestandes kann kaum als repräsentativ gelten, da nicht nachzuvollziehen ist, nach welchen Kriterien die vernichteten Akten ausgewählt wurden. 23 Akten wurden ausführlich analysiert. Ihre Auswahl folgte dem Prinzip, daß, wo dies möglich war, die Akten von zwei Opfern jedes Geburtsjahrganges untersucht werden sollten. Die Reaktionen auf den Tod von älteren Jugendlichen, die ebenfalls auf den „Kinderfachabteilungen" ermordet worden sind, wurden nicht in die Untersuchung einbezogen.

[12] Vgl. Aly, Götz (1985): Medizin gegen Unbrauchbare, S. 14-17.

[13] Einige Beispiele folgen. In der in Fußnote 11 genannten Dissertation wird dies an einer Reihe von Einzelfällen nachgewiesen.

[14] Gesundheitsamt Esslingen an Frau B., 30.7.1941. Der gesamte Fall ist in der Anklageschrift gegen Heyde u.a. dargestellt, ZSL, 439 AR-Z 340/59 A – Anklage – Nr. 50, S. 110-112.

[15] Frau B. an Gesundheitsamt Esslingen, 7.8.1941, a.a.O..

[16] Die Geschichte des Alfons T. wurde anhand der Aussagen seiner Eltern rekonstruiert: Zeugenaussagen Kreszentia und Alfons T., 18.12.1963, ZSL, Aussagensammlung „Euthanasie".

[17] Richarz, Bernhard (1987): Heilen, Pflegen, Töten – Zur Alltagsgeschichte einer Heil- und Pflegeanstalt bis zum Ende des Nationalsozialismus, S. 154f..

[18] Richarz, Bernhard (1987): Heilen, Pflegen, Töten, S. 174-177.

[19] Aussage Kreszentia T., a.a.O.: siehe Fußnote 16.

[20] Vgl. Rauh-Kühne, Cornelia (1996): Katholisches Sozialmilieu, Region und Nationalsozialismus, passim.

[21] Vgl. Aly, Götz (1984): Der Mord an behinderten Hamburger Kindern, S. 151f..

[22] Vgl. Aussage Viktor Brack, 15.5.1947, Nürnberger Ärzteprozeß, deutsche Fassung des Protokolls und Dokumente des Nürnberger Ärzteprozesses, Bl. 7717, u.a. im Institut für Antisemitismusforschung der Technischen Universität Berlin.

[23] Vgl. Weisenseel, Reiner (1990): „Euthanasie" im NS-Staat – Die Beteiligung der Heil- und Pflegeanstalt Ansbach an den „Euthanasiemaßnahmen" des NS-Staates, S. 14-29.

[24] Zeugenaussage Katharina K., 29.11.1965, ZSL, Aussagensammlung „Euthanasie"..

[25] Alles folgende ist der Krankenakte des Heinz F. entnommen, Hessisches Hauptstaatsarchiv Wiesbaden, Abt. 430/1, Nr. 11074.

[26] Albert F. mit Frau Anna an Dr. Walter Schmidt, 17.8.1941, a.a.O..

[27] Albert F. an Dr. Schmidt, 5.10.1941, a.a.O.. Diese wie die beiden folgenden Unterstreichungen (im Brief vom 25.10.1941) wurden auf dem Eichberg vorgenommen. Hier wird deutlich, wie aufmerksam solche elterlichen Äußerungen registriert wurden.

[28] Direktion Landesheilanstalt Eichberg an Albert F., 7.10.1941, a.a.O..

[29] Albert F. an Direktion Eichberg, 25.10.1941, a.a.O..
[30] Direktion Eichberg an Albert F., 30.10.1941, a.a.O..
[31] Albert F. an Direktion Eichberg, 31.10.1941, a.a.O..
[32] „Aus Menschlichkeit töten?", Der Spiegel, Heft 8, 1964, S. 42.
[33] Aussage Werner Catel, 14.-16.5.1962, ZSL, Aussagensammlung „Euthanasie".
[34] Zeugenaussage Dr. Gerhard Kloos, 27.11.1961, ZSL, Aussagensammlung „Euthanasie".
[35] Vgl. Aly, Götz (1985): Der saubere und der schmutzige Fortschritt, S. 33.

Literaturverzeichnis

Aly, Götz (1984): Der Mord an behinderten Hamburger Kindern zwischen 1939 und 1945, in: Ebbinghaus, Angelika; Kaupen-Haas, Heidrun; Roth, Karl Heinz (Hg.) (1984): Heilen und Vernichten im Mustergau Hamburg – Bevölkerungs- und Gesundheitspolitik im Dritten Reich, Hamburg: Konkret Literatur Verlag, S. 147-155

Aly, Götz (1985): Medizin gegen Unbrauchbare, in: Aly, Götz u.a. (Hg.) (1985): Aussonderung und Tod – Die klinische Hinrichtung der Unbrauchbaren (Beiträge zur nationalsozialistischen Gesundheits- und Sozialpolitik, Bd. 1), 2. Aufl. Berlin 1987: Rotbuch Verlag, S. 9-74

Aly, Götz (1985): Der saubere und der schmutzige Fortschritt, in: Aly, Götz u.a. (Hg.) (1985): Reform und Gewissen – „Euthanasie" im Dienst des Fortschritts (Beiträge zur nationalsozialistischen Gesundheits- und Sozialpolitik, Bd. 2), 2. Aufl. Berlin 1989: Rotbuch Verlag, S. 9-78

Aly, Götz; Aly, Monika; Tumler, Morlind (1991): Kopfkorrektur oder der Zwang gesund zu sein – Ein behindertes Kind zwischen Therapie und Alltag – Mit einem Beitrag von Helmut Müller, überarb. Neuausgabe Berlin: Rotbuch Verlag

Benzenhöfer, Udo (1998): Der Fall „Kind Knauer", Deutsches Ärzteblatt 95, 1998, S. B-954-955

Bötel, Erich (1934): Die Rechtmäßigkeit der Euthanasie – Ihr Umfang und ihre Grenzen, Dissertation, Braunschweig: Appelhans

Burleigh, Michael (1994): Death and Deliverance. ‚Euthanasia' in Germany 1900-1945, Cambridge: Cambridge University Press

Dickel, Horst (1988): „Die sind ja doch alle unheilbar". – Zwangssterilisation und Tötung der „Minderwertigen" im Rheingau, 1934-1945, Materialien zum Unterricht, Sek. I, Heft 77, Wiesbaden: Hessisches Institut für Bildungsplanung und Schulentwicklung

Catel, Werner (1964): „Aus Menschlichkeit töten?" (Spiegelgespräch), Der Spiegel, Heft 8 (1964), S. 41-47

Friedlander, Henry (1995): The Origins of Nazi Genocide – From Euthanasia to the Final Solution, Chapel Hill/London: The University of North

Carolina Press
Haeckel, Ernst (1868): Natürliche Schöpfungs-Geschichte, Berlin, Leipzig 12. verbesserte Aufl. 1920: Vereinigung wissenschaftlicher Verleger
Kaiser, Jochen-Christoph; Nowak, Kurt; Schwartz, Michael (Hg.) (1992): Eugenik, Sterilisation, „Euthanasie" – Politische Biologie in Deutschland 1895-1945 – Eine Dokumentation, Berlin: Buchverlag Union
Nowak, Kurt (1991): Widerstand, Zustimmung, Hinnahme – Das Verhalten der Bevölkerung zur „Euthanasie", in: Frei, Norbert (Hg.) (1991): Medizin und Gesundheitspolitik in der NS-Zeit, München: R. Oldenbourg Verlag, S. 235-252
Platen-Hallermund, Alice (1948): Die Tötung Geisteskranker in Deutschland, Reprint Bonn 1993: Psychiatrie-Verlag
Rauh-Kühne, Cornelia (1996): Katholisches Sozialmilieu, Region und Nationalsozialismus, in: Möller, Horst; Wirsching, Andreas; Ziegler, Walter (Hg.) (1996): Nationalsozialismus in der Region – Beiträge zur regionalen und lokalen Forschung und zum internationalen Vergleich, Schriftenreihe der Vierteljahrshefte für Zeitgeschichte, Sondernummer, München: R. Oldenbourg Verlag, S. 213-236
Richarz, Bernhard (1987): Heilen, Pflegen, Töten – Zur Alltagsgeschichte einer Heil- und Pflegeanstalt bis zum Ende des Nationalsozialismus, Göttingen: Vandenhoeck und Ruprecht
Roer, Dorothee (1997): „Lebens- unwert" – Kinder und Jugendliche in der NS-Psychiatrie, in: Hamann, Matthias; Asbeck, Hans (Hg.) (1997): Halbierte Vernunft und totale Medizin – Zu Grundlagen, Realgeschichte und Fortwirkungen der Psychiatrie im Nationalsozialismus (Beiträge zur nationalsozialistischen Gesundheits- und Sozialpolitik, Band 13), Berlin, Göttingen: Verlag der Buchläden Schwarze Risse/Rote Straße
Weisenseel, Reiner (1990): „Euthanasie" im NS-Staat – Die Beteiligung der Heil- und Pflegeanstalt Ansbach an den „Euthanasiemaßnahmen" des NS-Staates, Dissertation, Erlangen-Nürnberg: Universitätsdruck

Mahnmalsenthüllung

Dokumentenlesung mit Auszügen aus den
Krankengeschichten der ermordeten Kinder[1]
im Anschluß an die Mahnmalsenthüllung durch den
Ärztlichen Direktor Prof. Dr. Mundt

Den Opfern zum Gedenken – Uns zur Mahnung

Wir beklagen diese 21 Kinder, Patienten der Psychiatrischen Universitätsklinik Heidelberg, die 1944 im Namen einer verbrecherischen medizinischen Forschung getötet wurden.

In den Stein sind die Vornamen und das Alter der 21 ermordeten Kinder eingraviert.

Künstlerische Gestaltung: Rolf Schneider, Heidelberg

Im Anschluß an die Mahnmalsenthüllung folgte eine Dokumentenlesung aus den Krankengeschichten der ermordeten Kinder im Wechsel mit Musikfragmenten von Else Blankenhorn für Violine und Klavier.

Christian, 4 Jahre
Pflegebericht vom 3. Dezember 1943:
„Patient war den ganzen Tag gut aufgelegt. Er sitzt in seinem Bettchen, fixiert seine Hände, bewegt die einzelnen Fingerchen sehr graziös, wackelt mit dem Däumchen, macht die Hände auf und zu, als ob er etwas knetet oder schüttelt – mit beiden Händen, hüpft dann mit dem Oberkörper auf und nieder und quieckt vor Vergnügen. Oder er legt sich auf den Rücken, hebt die Füße in die Höhe und spielt an den Zehenspitzen und haut mit den Füßchen gegen das Bettchen und freut sich, wenns rasselt. Oft steckt er den Daumen in den Mund und schnullt daran. Sein Gesichtsausdruck ist immer, sehr lebhaft, mal kneift er das linke Auge zu, hält den Kopf etwas schief und blinzelt. Oder er bläst beide Backen auf, als ob er Trompete bläst. – Sitzt er aufrecht auf einem Stuhl, kann er sich stundenlang damit beschäfti-

gen, immer den Hinterkopf gegen die Rückenlehne zu schlagen, natürlich nicht so heftig, daß er sich weh tut. – Patient ist nicht wasserscheu, er läßt sich gerne baden, hüpft und spritzt im Wasser herum, nimmt das Seifendöschen in den Mund. Oft macht er ein richtiges Schelmengesicht, stützt den Kopf in beide Hände, schmollt mit dem Mund, kneift ein Auge zu und lacht herzhaft dazu. Man kann ihn kräftig schütteln, er kreischt dazu und freut sich."

Diagnose des Dr. Deussen vom 7. Dezember 1943:

„Sehr in der Entwicklung retardiertes, mit Ausnahme des Kopfes schwer rachitisches, idiotisches Kind mit Lungen-TBC".

Christian wurde am 29. Juli 1944 in der Heil- und Pflegeanstalt Eichberg ermordet.

Marliese, 12 Jahre
Handschriftliche Notiz des Dr. Deussen vom 2. Juni 1944:

„Will Baukasten haben oder Zucker, aber macht nur stumme, flehend wirkende Hinweise und unbestimmte Gesten in Richtung des Zuckers. Obwohl sie laufen kann, bewegt sie sich sonst nicht von der Stelle. Rhythmische Bewegungen des Oberkörpers. Man hat – wie oft bei Idioten – den Eindruck, daß der Körper wohl „mechanisch" imstande wäre, die zweckdienliche Bewegung auszuführen, daß aber die Seele nicht in diesem großen Gehäuse recht „zu Haus" ist, daß der Bewegungsentwurf fehlt oder die Koordination und daß Willensimpulse zur Bewegung nicht zustande kommen."

Marliese wurde am 24. August 1944 in der Heil- und Pflegeanstalt Eichberg ermordet.

Else, 13 Jahre
Bericht über das Verhalten von Else auf der Station aus dem Jahre 1944:

„Im Anfang konnte sie nicht allein essen, jetzt tut sie das sehr schön, wickelt Binden, Situationen des Erstaunens werden mit einem Laut apostrophiert, spielt nicht, kommt auch nicht zu Erwachsenen, nur wenn sie das Bedürfnis anmeldet, sitzt viel am Tisch, schaukelt gern mit dem Oberkörper hin und her, hört sicher. Keine Anfälle, fällt nicht auf, ruhig."

Diagnose des Dr. Deussen vom 14. Februar 1944:
„Körperlich entwicklungsgehemmtes, mehrfach stigmatisiertes idiotisches Kind, auf der Intelligenzstufe eines eineinhalbjährigen, dabei Charakterstruktur gestört, insbesondere Antriebsschwäche und rasche psychische Sättigung. Vorläufige Diagnose: Idiotie exogener Genese."

Else wurde am 5. Oktober 1944 in der Heil- und Pflegeanstalt Eichberg ermordet.

Schreiben des Anstaltsleiters an den Vater vom 5. Oktober 1944:
„Im Anschluß an unser heutiges Telegramm teilen wir Ihnen mit, daß Ihr Kind Elsbeth am 5. Oktober 1944, 2.00 Uhr von seinem schweren Leiden durch einen sanften Tod erlöst worden ist. Die Beerdigung ist auf Montag, den 9. Oktober 1944 festgesetzt und findet um 11.30 Uhr auf dem hiesigen Anstaltsfriedhof statt. Sollte eine kirchliche Bestattung gewünscht werden, so steht es Ihnen frei, sich dieserhalb mit dem zuständigen Geistlichen in Verbindung zu setzen. Falls Sie amtliche Sterbeurkunden benötigen, bitten wir Sie, diese unmittelbar beim Bürgermeisteramt anzufordern."

Dieter, 9 Jahre
Aus einem Brief an Dieters Eltern vom 15. Januar 1944:
„Wir erlauben uns mitzuteilen, daß wir gestern Ihren Sohn Dieter aus der Anstalt zur Untersuchung und Behandlung für etwa vier Wochen in unsere Klinik, die für schwachsinnige Kinder eine besondere Untersuchungsstation besitzt, aufgenommen haben. Ihrem Sohn geht es im übrigen gesundheitlich gut, und wir hoffen, daß er sich bald hier einlebt. Vor allem bitten wir Sie, uns nähere Angaben über Ihren Sohn Dieter zu machen. Besonders interessiert uns, ob die Geburt glatt verlaufen ist, welche Krankheiten, beziehungsweise Unfälle er bis jetzt durchmachte und welche Charaktereigentümlichkeiten Sie bei ihm beobachteten. Ferner wären wir Ihnen sehr dankbar, wenn Sie uns eingehende Angaben über sich selbst, beziehungsweise über Ihre Gattin und Ihre Vorfahren machen würden. Vielleicht würden Sie uns kurzfristig eine Stammtafel oder etwas ähnliches überlassen können. Wir brauchen diese Angaben mit zur Diagnosestellung und werden bemüht sein, die Krankheit Ihres Sohnes durch unsere Untersuchung und Behandlung zu bessern."

Antwort des Vaters vom 31. Januar 1944:
„[Ich] bringe mein Befremden darüber zum Ausdruck, daß Sie ohne meine Einwilligung meinen Sohn aus der Anstalt genommen haben. Grundsätzlich bin ich gern bereit, einer Untersuchung nichts in den Weg zu legen, Sie werden aber auch verstehen, daß ich im Hinblick auf die Vorfälle im Jahre 1940 mißtrauisch geworden bin."
Antwort von Professor Carl Schneider vom 8. Februar 1944:
„Ich kann Ihre Unruhe über das Ergehen Ihres Sohnes Dieter durchaus verstehen, Sie aber deshalb völlig beruhigen. Der kleine Dieter ist lediglich in seinem und schließlich auch in Ihrem Interesse hier zur Untersuchung aufgenommen worden."
Dieter wurde am 7. September 1944 in der Heil- und Pflegeanstalt Eichberg ermordet.

Aus der Stellungnahme eines Mitarbeiters der Heidelberger Forschungsabteilung an die amerikanische Militärregierung vom 26. Juni 1945:

„In der Tat stehe ich auch heute noch nach nochmaliger gewissenhafter Prüfung der mir zur Verfügung stehenden Unterlagen auf dem Standpunkt, daß innerhalb des Forschungsauftrages weder eine Euthanasie beabsichtigt, noch vorgenommen worden ist. Wenn man mich heute fragte, ob ich unter denselben Bedingungen wie damals mich an demselben Auftrag beteiligen würde, so könnte ich das, soweit es sich das auf den sachlichen Inhalt des Forschungsauftrages bezieht, bejahen. Ich habe bis jetzt keinerlei Grund zu bezweifeln, dass es sich um rein wissenschaftliche Absichten gehandelt hat."

Musikfragmente von Else Blankenhorn in einem Arrangement für Violine und Klavier[2]
(kompositorische Gestaltung: Philipp-Damian Siefert)

„Und in den Myrthengärten ..."

Und in den Myrthengärten
ruht sich die Unschuld aus
in Erwartung der Liebe.

„Blüte"

(Nach einem wehklagenden Aufschrei
öffnet sich über einem zerreißenden Klang
unverhofft eine Blüte.
Dieser enflieht ein Seufzer,
der, bedroht vom hämmernden Grundton,
sich mit diesem in eine ewige Quinte ergießt.)

„Bläulich"

(Ein kleiner Ton tastet sich vorsichtig suchend
in den leeren Raum vor.
Er hebt behutsam zu einem zarten Motiv an.
Ein sanfter, blauer Schmerz,
fade, öd und leer.
Beruhigende Worte ohne Widerhall.
So ist das eben.
Es könnte so schön sein, sagt die Melodie.
Sie spaltet sich und hört einfach auf zu sein.)

„Endlose Freude"

Und endlose Freude ist mir beschieden,
da all die Träume des innigen Glaubens begraben,
und alle hoffenden Seelen
in seinem kleinen Herzen
überschwenglich geheiligt sind und vollendet.

Lassen die Kräfte nach,
geht er in die Wälder.

"Schatten"

(Schattentöne begleiten das einsame Leben.
Überall ist Sonne!, ist Sein!
Doch mein Herz friert.
– Ich harre seiner.
Und in den Gedanken ist mein Herz,
wenn auch kalt,
so doch erfüllt von seiner Liebe.
– Verspielt tanzen die Gedanken den kindlichen Reigen.
Sie besingen die ewige Liebe
nicht ohne Wehmut,
nicht ohne ein verlegenes Lächeln.
– Schicksalsdonner.
– Ich warte.)

„Hauch"

(Unerbittlich
klingt das Schlagen der Schicksalsstempel.
Ein letztes Ringen mit den Mächten des Dunkels.
Der kleine Ton versinkt im schwarzen Loch.)

Anmerkungen

[1] Quellennachweis: Historisches Archiv der Psychiatrischen Universitätsklinik Heidelberg. Forschungsakten F 11, F 37, F 20 und Generallandesarchiv Karlsruhe Zug 1992/34 Abt. 309 No.4. Der letzte Text wurde einer nach Kriegsende verfaßten Stellungnahme eines der Mitarbeiter der Forschungsabteilung entnommen. Die Dokumente wurden im Sinne besserer Lesbarkeit geringfügig orthographisch korrigiert.

[2] Die Musikfragmente entstammen dem Tagebuch von Else Blankenhorn (1873-1921), einer schizophrenen Patientin, die seit ihrem 25. Lebensjahr in einer Anstalt lebte. Die musikalischen Fragmente gehören heute zur Prinzhornsammlung, einer Sammlung von künstlerischen Produktionen psychisch kranker Menschen, die der Heidelberger Psychiater und Kunsthistoriker Hans Prinzhorn zwischen 1919 und 1921 begründete. Die musikalische Überarbeitung erfolgte durch den Komponisten Philipp-Damian Siefert in einer eigens für die Mahnmalenthüllung zusammengestellten Form. Wir dokumentieren hier die zu den Musikfragmenten gehörenden Texte von Else Blankenhorn, die vom Komponisten aus dem Französischen übertragen wurden. Die in Klammern stehenden Texte stammen von ihm selbst und sind der Musik nachempfunden.

Das Mahnmal als künstlerische Herausforderung

CHRISTOPH ZUSCHLAG

Seit rund zehn Jahren wird um das Holocaust-Denkmal für die ermordeten Juden Europas in der Mitte Berlins gerungen: Zwei Wettbewerbe, Hunderte von Entwürfen und mehrere wissenschaftliche Symposien waren von heftigen öffentlichen Kontroversen und einem gewaltigen Medieninteresse begleitet. Im Januar 1998 deutete sich unter den Auslobern des Vorhabens – dem Bund, dem Land Berlin und einem privaten Förderverein – eine Einigung auf einen der zuletzt zur Debatte stehenden vier Entwürfe an, da forderte Anfang Februar eine Gruppe von Intellektuellen, Publizisten und Künstlern nachdrücklich den Verzicht auf die Realisierung des Mahnmals. Und dies, denke ich, mit guten Gründen. Doch haben nicht die Künstler versagt, sondern war das Scheitern in den Vorgaben, dem Anspruch des Mahnmals und den Bedingungen des Wettbewerbs bereits vorprogrammiert. Ein „nationales" Mahnmal sollte es werden, eine Kollektivgedenkstätte auf einem künstlichen riesigen Platz von nahezu 20 000 Quadratmetern. Das verleitete die Künstler, allen voran die am Ende favorisierten Peter Eisenmann und Richard Serra, zu gigantischen Entwürfen, zu kolossalen Inszenierungen des Schreckens. Wenn die zentralen Fragen lauten: Kann das bis heute Unvorstellbare, Unfaßbare Form annehmen? Ist der Holocaust denkmalfähig? Welche künstlerischen Möglichkeiten des Gedenkens gibt es?, so hat Berlin doch vor allem eines gezeigt: „... dem Schrecken aller Schrecken ist durch monumentale Entsprechung auf artistischem Feld nicht beizukommen".[1]

Glücklicherweise war die Ausgangssituation in Heidelberg eine ganz andere. In über zweijähriger Vorbereitungszeit, in intensiven Gesprächen und enger Zusammenarbeit zwischen den Ärzten und Mitarbeitern der Klinik, den Mitarbeiterinnen der Prinzhorn-Sammlung und Rolf Schneider reiften die Pläne für das Mahnmal, wurden verschiedene Varianten der Lokalisierung, Gestaltung und Textfassung erörtert. Grundlage war die wissenschaftliche Aufarbeitung der sogenannten „Euthanasie" und der Beteiligung der Forschungsabteilung unter Carl Schneider durch den Arbeitskreis „Medizin im Nationalsozialismus" an der Psychiatrischen Klinik Heidelberg.[2] Das Ergebnis – Entwurf und Gestaltung: Rolf Schneider, technische Ausführung: Matthias Lehr und Bernhard Glowitz – ist gerade in seiner formalen Reduziertheit, in seiner ebenso lapidaren wie schlichten Formensprache überzeugend: Eine massive Scheibe aus im Maintal gebrochenem roten Sandstein mit einem Durchmesser von 140 cm, einer Stärke von 37 cm und einem Gewicht von über einer Tonne lagert auf zwei rostigen Stahlrollen unterschiedlicher Länge und Breite (167 x 24 und 159 x 32 cm). Auf der Oberseite des Sandsteins befindet sich die Gedenkinschrift, seitlich in drei umlaufenden Bändern stehen die Vornamen sowie die Altersangaben der 21 getöteten Kinder. Das Mahnmal ist, leicht aus der Symmetrieachse verschoben, im Halbrund der Auffahrt zum Klinikhauptgebäude plaziert und sowohl in der Neigung der Scheibe als auch in der Leserichtung der Schrift auf dessen Hauptportal ausgerichtet – es richtet sich also an die Menschen, welche die Klinik verlassen. Wird der Platz im Norden durch das Klinikgebäude und im Süden durch eine Bepflanzung sowie die Voßstraße begrenzt, so öffnet er sich im Osten und Westen zu Vorgärten. Diese Vorgärten bezieht Rolf Schneider in seine Gestaltung mit ein, indem er dort einmal vier (im Westen) und einmal drei (im Osten) Würfel aus demselben roten Sandstein aufgestellt hat.

Bei der Betrachtung des Mahnmals stellen sich Assoziationen an eine Grabplatte oder einen Opferstein ein. Natürlich ist es durch Metallstege fest und sicher im Boden verankert, doch optisch wirken die beiden Walzen und die leichte Neigung der Scheibe dem Eindruck von Starrheit und Unbeweglichkeit entgegen, ja, sie verleihen dem schweren Stein fast eine gewisse Leichtigkeit. Es ist eben diese Ambivalenz in der ästhetischen Wirkung, die der Funktion des Mahnmals meines Erachtens genau entspricht: Das Ereignis, dessen gedacht wird, die Ermordung der Kinder, ist Geschichte und als solche abgeschlossen. Aber die Erinnerung daran, die Mahnung, die von diesem Geschehen für uns heute ausgeht und welche die Inschrift ja einfordert, muß wachgehalten werden, sie muß in Bewegung, im Fluß bleiben. Das freilich verlangt von uns Energie und Aktivität. Deshalb ist es nur folgerichtig, wenn es in der Inschrift heißt: „Wir beklagen diese 21 Kinder", denn das spricht *uns* an und macht es für *uns* unbequem und schmerzhaft. „Nur, was nicht aufhört, weh zu tun, bleibt in Erinnerung", schreibt Nietzsche.[3] Wichtig scheint mir dabei die Nennung der Vornamen und des Alters, durch welche die Kinder der Anonymität entrissen und wieder zu Individuen werden. Zugleich stehen diese Namen stellvertretend für alle Patientinnen und Patienten der Heidelberger Klinik, die im Rahmen der nationalsozialistischen sogenannten „Euthanasie" getötet wurden, deren Namen jedoch nicht oder noch nicht bekannt sind. Diese Öffnung des Mahnmals für einen möglichen weiteren Opferkreis wird durch die Sandsteinwürfel in den Vorgärten sinnfällig.

Ich halte es für richtig und angemessen, an *den* Orten des Grauens zu gedenken, an denen dieses Grauen auch passiert ist – zumal dann, wenn sich diese Orte abseits der großen Zentren befinden und keine Gefahr besteht, daß die Mahnmale für routinemäßige Kranzniederlegungen herhalten müssen. Ich erinnere an die eingangs gestellten Fragen: Kann das bis heute Unvorstellbare, Unfaßbare Form annehmen? Ist der Holocaust denkmalfähig? Welche künstlerischen Möglichkeiten des Gedenkens gibt es? Zu diesen Fragen bezieht Rolf Schneiders Mahnmal Stellung, indem es sich jeglicher Monumentalität, jeglicher mehr oder weniger realistischen Inszenierung des Schreckens, aber auch jeglicher komplizierten Symbolik oder Metaphorik verweigert. Es nimmt sich als künstlerische Schöpfung entschieden zurück, bedient sich einer abstrakten, elementaren Formensprache.

Das Gedenken muß in unseren Köpfen stattfinden, das Beklagen in unseren Herzen.

Nachtrag (Januar 2000):
Das Manuskript des vorliegenden Beitrages wurde am 3. August 1998 abgeschlossen. Am 25. Juni 1999 beschloß der Deutsche Bundestag mit großer Mehrheit, daß das „Denkmal für die ermordeten Juden Europas" nach dem Entwurf des amerikanischen Architekten Peter Eisenmann aus voraussichtlich 2.700 Stelen („Eisenmann II") errichtet und durch ein „Haus des Erinnerns" ergänzt werden soll. Zur Verwirklichung des Projekts wurde im Herbst 1999 eine öffentlich-rechtliche Stiftung gegründet und die Grundsteinlegung des Denk-

Mahnmal, erschaffen von dem Heidelberger Künstler Rolf Schneider
(Rolf Schneider)

mals für den 27. Januar 2000, den Jahrestag der Befreiung des Konzentrationslagers Auschwitz durch die Rote Armee, vorgesehen. Nach letzten Meldungen[4] soll der Baubeginn jedoch auf das Jahr 2001 verschoben werden, da sich die Planungen verzögert haben und viele Details der Ausführung noch immer unklar sind.

Anmerkungen

[1] Jens, Walter (1998): In letzter Minute – Mein Widerruf zum Holocaust-Mahnmal.
[2] Vgl. Hohendorf, Gerrit; Roelcke, Volker; Rotzoll, Maike (1996): Innovation und Vernichtung, siehe auch Zuschlag, Christoph (1995): „Entartete Kunst" – Ausstellungsstrategien im Nazi-Deutschland, S. 381f. und passim.
[3] Zitiert nach Young, James E. (Hg.) (1994): Mahnmale des Holocausts – Motive, Rituale und Stätten des Gedenkens, S. 9.
[4] Frankfurter Allgemeine Zeitung, 18.12.1999.

Literaturverzeichnis

Cullen, Michael S. (Hg.) (1999): Das Holocaust-Mahnmal – Dokumentation einer Debatte, Zürich, München: Pendo Verlag

Heimrod, Ute; Schlusche, Günter; Seferens, Horst (Hg.) (1999): Der Denkmalstreit – Das Denkmal? Die Debatte um das „Denkmal für die ermordeten Juden Europas" – Eine Dokumentation, Berlin: Philo Verlagsgesellschaft

Hohendorf, Gerrit; Roelcke, Volker; Rotzoll, Maike (1996): Innovation und Vernichtung – Psychiatrische Forschung und „Euthanasie" an der Heidelberger Psychiatrischen Klinik 1939-1945, Der Nervenarzt 67, 1996, S. 935-946

Jeismann, Michael (Hg.) (1999): Mahnmal Mitte – Eine Kontroverse, Köln: DuMont Buchverlag

Jens, Walter (1998): In letzter Minute – Mein Widerruf zum Holocaust-Mahnmal, Frankfurter Allgemeine Zeitung, 7. Februar 1998

Neue Gesellschaft für Bildende Kunst Berlin (Hg.) (1999): Der Wettbewerb für das „Denkmal für die ermordeten Juden Europas" – Eine Streitschrift, Dresden: Verlag der Kunst

Reichel, Peter (1999): Politik mit der Erinnerung – Gedächtnisorte im Streit um die nationalsozialistische Vergangenheit, Frankfurt/M. überarbeitete Aufl.: Fischer Taschenbuch Verlag

Young, James E. (Hg.) (1994): Mahnmale des Holocaust – Motive, Rituale und Stätten des Gedenkens, München: Prestel Verlag

Zuschlag, Christoph (1995): „Entartete Kunst" – Ausstellungsstrategien im Nazi-Deutschland, Heidelberger Kunstgeschichtliche Abhandlungen Neue Folge, Bd. 21, Worms: Wernersche Verlagsgesellschaft

Wissenschaftliches Symposium

"Kindereuthanasie" im Nationalsozialismus

EDUARD SEIDLER

Wir würden es uns allzu einfach machen, wären wir heute zusammen gekommen, um ein Denkmal zur Mahnung an ein längst vergangenes Ereignis einzuweihen.

Ich meine vielmehr, daß ein solches Erinnerungszeichen an die Opfer hier begangenen Unrechts weit mehr anmahnt als das Wachhalten der Erinnerung. Im gegenwärtigen Augenblick, in dem Behinderte, psychisch Kranke und alte Menschen erneut erleben, daß ihr Lebensrecht diskutiert wird, angesichts der erfolgreichen Bemühungen der Medizin, beschädigtes Leben früh zu erkennen und gar nicht erst zur Welt kommen zu lassen, und in einem Moment, in dem Ausländerfeindlichkeit und Rassendiskriminierung das Wahlverhalten bestimmen, müssen wir tiefer fragen. Ich will daher den Anruf dieses Mahnzeichens auf dreierlei Weise verstehen:

1. Als Hinweis auf das eigentliche Faktum, auf die gezielte Vernichtung von Menschen, die aus ideologischen Gründen als nicht lebenswürdig betrachtet wurden,

2. als Erinnerung an die oft vergessene Tatsache, daß eben dieses Faktum eine im sozialen und wissenschaftlichen Denken lange vorbereitete Maßnahme war,

3. als Mahnung, daß es sich um kein Geschehen handelt, das man als historisch abtun kann, sondern daß wir es hier mit einem Menschheitsproblem zu tun haben, mit dem wir nach wie vor konfrontiert sind.

Lassen Sie mich zu allen drei Facetten des Problems einige Anmerkungen machen.

Zunächst das Faktum der sogenannten Kindereuthanasie; es ist zwar viel beschrieben, kann aber nicht oft genug in Erinnerung gerufen werden, zumal es bereits wieder Leute gibt, die es als Lüge abtun wollen und damit Politik betreiben. Die wißbaren Fakten sind von Ernst Klee,

Hans-Walter Schmuhl, Götz Aly und einigen anderen zusammengetragen; die Akten dieser Aktion sind am Kriegsende gezielt vernichtet worden. Neuere Aufschlüsse gibt es durch – bisher wenige – Regionalstudien über einzelne sogenannte „Kinderfachabteilungen", wie z. B. eine neuere Dissertation über die Wiener Kinderfachabteilung „Am Spiegelgrund".[1]

Die Eckdaten der Aktion sind folgende:

Als Ausgangspunkt für die Planung der Kindertötung wird im allgemeinen der sogenannte „Fall Knauer" angesehen, ein geistig und körperlich schwer behindertes Kleinkind, das Anfang 1939 dem Direktor der Leipziger Universitäts-Kinderklinik, Prof. Werner Catel, vorgestellt wurde. Dieser erklärte den Eltern, daß das Kind niemals normal sein werde und besser nicht leben sollte. Daraufhin richtete die Familie ein Gesuch an Hitler, um die Tötung dieses Kindes zu erwirken. Nach einem Besuch von Hitlers Begleitarzt Karl Brandt bei der Familie und bei Catel wurde diesem Wunsch entsprochen und über Martin Bormann beim Justizminister Gürtner vorgesorgt, daß die Ärzte nicht juristisch belangt werden.[2] Ferner soll Hitler Brandt und den Reichsleiter Bouhler mündlich ermächtigt haben, in ähnlichen Fällen ebenso zu verfahren – er hat dies dann nach Kriegsbeginn mit dem Ihnen bekannten Schreiben auf Privatpapier wiederholt.[3]

Die Aktion sollte von Anfang an geheimgehalten werden. Mit der Durchführung beauftragt wurde die Kanzlei des Führers; auch diese durfte jedoch nach außen hin nicht in Erscheinung treten. Das Unternehmen bekam daher einen Tarnnamen, der unverfänglich und wissenschaftlich klingen sollte: „Reichsausschuß zur wissenschaftlichen Erfassung von erb- und anlagebedingten schweren Leiden". Einzig bekannte Adresse war die Berliner Postschließfachnummer „Berlin W 9, Postfach 101".

In einem streng vertraulichen Runderlaß des Reichsministers des Innern vom 18. 8. 1939 wurden alle Hebammen und leitenden Ärzte von Entbindungsabteilungen verpflichtet, „mißgestaltete usw." Neugeborene und Kleinkinder bis zum vollendeten dritten Lebensjahr an die zuständigen Gesundheitsämter zu melden. Aufgelistet waren Idiotie, Mongolismus, Mikrozephalie, Hydrocephalus, Mißbildungen jeder Art, wie z. B. Spaltbildungen und Lähmungen einschließlich Little'scher Erkrankung. Begründet wurde die Meldepflicht mit der

ADOLF HITLER

BERLIN, 1. Sept. 1939.

Reichsleiter B o u h l e r und
Dr. med. B r a n d t

sind unter Verantwortung beauftragt, die Befugnisse namentlich zu bestimmender Ärzte so zu erweitern, dass nach menschlichem Ermessen unheilbar Kranken bei kritischster Beurteilung ihres Krankheitszustandes der Gnadentod gewährt werden kann.

Hitlers Auftragsschreiben datiert auf den 1.9.1939 (Nürnberger Dokument PS-630, abgedruckt in: Trus, Armin (1995): „...vom Leid erlösen", S. 99, Mabuse-Verlag, Frankfurt/M.

angeblichen „Klärung wissenschaftlicher Fragen auf dem Gebiete der angeborenen Mißbildung und der geistigen Unterentwicklung".[4]

Der Erlaß zielte – dies ist wichtig – auf die Erfassung von Kindern, die nicht in Heimen oder Heil- und Pflegeanstalten, sondern zu Hause von ihren Eltern versorgt wurden; man nannte sie im Verlauf der Aktion „Reichsausschußkinder". Die in Anstalten untergebrachten Kinder wurden zeitlich später bei der sogenannten „Aktion T 4", der Tötung erwachsener Geisteskranker, miterfaßt und zusammen mit ihnen getötet. Bei der Aktion T 4 starben wesentlich mehr Kinder als bei dem Unternehmen „Kindereuthanasie".

Der Bearbeitungsweg der Fälle zeigt die ganze Scheinlegalität der NS-Tötungsbürokratie. Die Meldebögen wurden von den Gesundheitsämtern an die Postadresse des Reichsausschusses geschickt, von dort brachte sie ein Kurier in die Kanzlei des Führers, wo der Amtsvorsteher Dr. Hefelmann, ein Agrarwissenschaftler, im engsten Kreis eine Vorsortierung vornahm. Die kritischen Fälle gingen im Umlaufverfahren an drei Gutachter, die Kinderärzte Prof. Werner Catel in Leipzig und Ernst Wentzler in Berlin-Frohnau, sowie den Jugendpsychiater Hans Heinze in Brandenburg. Diese urteilten nach Aktenlage und zeichneten mit einem „plus" oder einem „minus"; die geforderte Einstimmigkeit ergab sich leicht aus dem Umlaufverfahren. Der letzte Gutachter schickte den Meldebogen an den Reichsausschuß zurück; Hefelmann ließ in den positiv beurteilten Fällen eine Tötungsermächtigung durch den Reichsleiter Bouhler unterschreiben. Danach wurde der zuständige Amtsarzt über die zur Tötung vorgesehene Anstalt unterrichtet, sowie dessen Leiter über die bevorstehende Einweisung des Kindes in Kenntnis gesetzt. Er erhielt die Anweisung, daß das Kind „behandelt", d. h. getötet werden dürfe, und daß über das Ergebnis zu berichten sei.

Zur Durchführung der Aktion wurden in bestimmten Heil- und Pflegeanstalten, Universitätskliniken und Kinderkrankenhäusern sogenannten „Kinderfachabteilungen" eingerichtet, deren Leiter und deren Personal als politisch zuverlässig galten und die über die Aufgaben des Reichsausschusses vollständig informiert waren. Es muß betont werden, daß – im Gegensatz zur Sterilisationsaktion nach 1933, bei der die zur Durchführung vorgesehenen Kliniken und Ärzte namentlich bestimmt wurden – keine Institution gezwungen wurde, eine

Fachabteilung einzurichten. Allerdings mußte z. B. der Freiburger Kinderkliniker Noeggerath persönlich in der Kanzlei des Führers vorsprechen, um mit einem Hinweis auf die Unmöglichkeit der Geheimhaltung im katholischen Freiburg die Aktion abzuwenden.[5]

Es war in der Tat absolutes Stillschweigen angeordnet. Um eine Abgabe der Kinder zu beschleunigen, sollten den Eltern Hoffnungen auf Heilerfolge gemacht werden. Die Kinder sollten möglichst unauffällig beseitigt und die Angehörigen über die wahre Funktion der Kinderfachabteilungen getäuscht werden. Die Kinder wurden in den meisten Fällen mit Luminal und/oder durch sogenannte „E-Kost" (Entzugskost) derart geschwächt, daß sie an Infektionen erkrankten und wenige Tage später verstarben. Ausführliche Befundberichte der Ärzte an den Reichsausschuß, sowie eine in ihrem Zynismus kaum zu überbietende, weil eine normale Behandlung vorspiegelnde Korrespondenz mit den Eltern verschleierten den Vorgang. Auch durften den Angehörigen die Tötungen nicht zugegeben werden, selbst dann nicht, wenn – wie es in einzelnen Fällen vorkam – die Eltern selbst eine Tötung ihres Kindes forderten.

Die genaue Anzahl der Kinderfachabteilungen ist bis heute unklar geblieben. Aus der Literatur konnten bisher Hinweise auf insgesamt 38 Abteilungen gewonnen werden:

Ansbach
Berlin Kinderklinik Frohnau (Wentzler)
Berlin Städtische Klinik Wiesengrund
Blankenburg/Harz
Brandenburg-Görden
Bremen
Breslau
Dortmund-Aplerbeck
Eger
Eglfing-Haar bei München
Eichberg bei Eltville
Feldhof bei Graz
Großschweidnitz bei Löbau
Hamburg
Kalmenhof bei Idstein
Kaufbeuren
Klagenfurt
Königsberg
Langenhorn

Leipzig Universitätskinderklinik
Leipzig Dösen
Loben (Oberschlesien)
Lüneburg
Meseritz-Obrawalde
Niedermarsberg
Plagwitz (Niederschlesien)
Posen
Sachsenberg bei Schwerin
Schleswig-Stadtfeld
Stadtroda (Thüringen)
Stuttgart
Tiegenhof bei Danzig
Uchtspringe bei Stendal
Ueckermünde bei Stettin
Waldniel bei Andernach
Wien, Am Spiegelgrund
Wiesloch bei Heidelberg
Ziegenort bei Stettin

Der Anstalt Brandenburg-Görden kam als „Reichsschulstation" eine Vorbildfunktion für die übrigen Fachabteilungen zu. Ihr Direktor war der genannte Reichsausschußgutachter Dr. Hans Heinze, der als Kapazität auf dem Gebiet der Jugendpsychiatrie galt.

Nochmals: die Aktion diente der Abgabe behinderter Kinder von zu Hause, um – wie es hieß – die vermutete Vernachlässigung gesunder Geschwister zu verhindern. Außerdem versprach man eine Klärung der Erblichkeit des Leidens. Den Eltern sollte je nach Ergebnis der Untersuchung von weiterem Nachwuchs abgeraten oder aber zur Zeugung weiterer Kinder zugeraten werden.

Nach vorsichtigen Schätzungen kamen bei dieser Aktion mindestens 5.000 behinderte Kinder ums Leben.

Soviel zur Erinnerung an das faktische Geschehen, lassen Sie mich zur zweiten Ebene übergehen.

Wie konnte dies geschehen? Was mußte hierzu gedacht, was mußte vorbereitet sein?

Die Zeit erlaubt mir nicht, das Grundsätzliche in der Auseinandersetzung des Menschen mit seiner körperlichen oder geistigen Beschädigung aufzuzeigen. Es würde uns bis zu den antiken Philosophen, bis zu den christlichen Kirchenvätern zurückführen, die der Meinung waren, mißgestaltet zur Welt gekommenes oder beschädigtes Leben gesellschaftlich nicht annehmen zu müssen. Diese Leitlinie beginnt tragfähig zu werden, als in den achtziger Jahren des 19. Jahrhunderts Biologie und Erblehre die wissenschaftlichen Voraussetzungen schufen, bestimmte Menschengruppen von der Fortpflanzung möglichst auszuschließen. Den gesunden, starken und Ich-bewußten Menschen und Mitmenschen – ihn wünschten sich sowohl Medizin und Gesundheitswesen als auch die Philosophie, aber auch der Wehrwille und der Nationalstolz. Der vielzitierte Leipziger Strafrechtler Karl Binding und der Freiburger Psychiater Alfred Hoche haben mit ihrer Schrift „Die Freigabe der Vernichtung lebensunwerten Lebens" aus dem Jahre 1920 diese Forderung nicht erfunden, wie vielfach herausgestellt wird, sondern sie repräsentierten einen bereits lange gewachsenen Zeitgeist, der durch den Schock des Ersten Weltkrieges noch vertieft wurde. Binding hatte sein Manuskript bereits 1913 abgeschlossen; die ungeheuren Verluste des Ersten Weltkrieges gaben dem eugenischen Denken eine neue Tönung. Die Besten seien gefallen; man sprach vom „Rassenselbstmord" und vom „Volkstod" und bekräftigte das Postulat, daß es jetzt nur noch den Besten gestattet sein solle, sich fortzupflanzen. Hierzu gehörte auch der Verzicht auf die Existenz „nutzloser Lebensträger", um den Staat und die Allgemeinheit zu entlasten.[164]

In den zwanziger Jahren wurden diese Thesen von medizinischer, juristischer, philosophischer und nationalökonomischer Seite zustimmend, ablehnend, modifizierend und erweiternd fortgesponnen. Gesetzesvorlagen wurden entworfen, Umfragen durchgeführt, Gutachten und Dissertationen angefertigt. Der Effekt hiervon war zunächst weniger substantiell zu fassen, mit Sicherheit ist jedoch daraus, sowie aus der parallel dazu laufenden Abtreibungs- und Sterilisationsdiskussion die breite gesellschaftliche Internalisierung des Problems abzuleiten. Während der ganzen Zeit der Weimarer Republik wurde quer durch die Parteien diskutiert, ob nicht Krieg, Revolution und wirtschaftliche Misere zur Überprüfung bisheriger Lebensanschauungen zwängen; die Aufwendungen für den Unterhalt „lebensunwerter und unnützer Individuen" stünden im Widerspruch zur wirtschaftlichen Notlage und zur „Aufbesserungsbedürftigkeit der Rasse". Nur wenige bezweifelten z. B. die Vorstellung von der höheren Fruchtbarkeit der Erbkranken und von der Erbreinheit der oberen Schichten; im

Anlage 1

Meldung[1]

eines Falles von   Idiotie + spastisch. Lähmungen (Tetraparese)
(Bezeichnung gem. Ziffer 1 bis 5 der Fußnote)
   nach cerebr. Kinderlähmung bei angebor. Schwachsinn.
bei dem Kinde   R u d i ▬▬▬▬▬

3. Zt. der Meldung befindet sich das Kind in   L.H.A. Eichberg i/Rheingau

Zwilling — Ja[2] — Nein — Gleich- — Andersgeschlechtlich — ehelich — unehelich —;

1   tes Kind der Eltern von insgesamt   ?(4) Kindern; davon totgeboren — , noch lebend —4—.

Name und Vorname	wohnhaft in (g. F. Kreis und Straßenangabe)	geboren am	Religion
a) des Vaters Vater ist unbekannt.	unehelich.(Vater	liess sich	nicht ermitteln)
b) der Mutter Adelheit ▬▬▬	Zigeunerlager Frankfurt-Main, ▬▬	▬▬ 10.	kathol.

Beruf des Vaters
der Mutter Zigeunerin, Hilfsarbeiterin.

1. **Angaben über das Leiden bzw. den Krankheitszustand**

   a) Auffallendste Erscheinungen des Krankheitszustandes bzw. des Leidens (Bei Schädelanomalien Umfang (Stirn-Hinterhaupt) — in cm angeben!) niedrige, flache Stirne, flache Schädelcalotte. Mikrocephaler Idiot.
   Die Haut rauh und schilfrig.Beine pds.in gebeugter Haltung spast. gelähmt. Kann nicht gehen und nicht stehen.
   Spast. Lähmung der Arme. Zeitweise choreiforme Bewegungen i.r. Schulter ,Arm u. Bein.

   b) Ist der Krankheitszustand gleichbleibend oder fortschreitend?   Kann nichts sprechen.
   gleichbleibend.

2. **Angaben über die Geburt des Kindes**

   a) Wieviel wog das Kind unmittelbar nach der Geburt?   War sehr schwächliches Kind.

   b) Erfolgte die Geburt rechtzeitig, verfrüht oder verspätet? (Schwangerschaftsmonat 9.)
   rechtzeitig.

   c) War die Geburtsdauer regelrecht, verkürzt (»Sturzgeburt«) oder verlängert? (Stundenangabe)
   regelrecht.

   d) Bestand nach der Geburt Asphyxie (Scheintod)?   nein

   e) Welche Wiederbelebungsmaßnahmen wurden durchgeführt?   —

3. **Angaben über Familiengeschichte**

   a) Sind bereits gleiche oder ähnliche Krankheitszustände bzw. Leiden in der engeren Familie oder weiteren Verwandtschaft beobachtet worden? g. F. bei wem (Name und Anschrift) und welche Krankheiten bzw. Leiden?
   Mutter ist eine imbezille verkommene Zigeunerin! Sonst ist nichts bekannt.

---

[1] Die Meldung ist an das für den Aufenthaltsort des Kindes zuständige Gesundheitsamt zu richten. Meldepflichtig sind gem. RdErl. d. RMdJ. v. 18. 8. 1939 — IV b 3088/39—1079 Mi — Kinder mit folgenden schweren Leiden bzw. Krankheitszuständen:
1. Idiotie sowie Mongolismus (besonders Fälle, die mit Blindheit und Taubheit verbunden sind),
2. Mikrocephalie (abnorme Kleinheit des Kopfes, besonders des Hirnschädels),
3. Hydrocephalus (Wasserkopf) schweren bzw. fortschreitenden Grades,
4. Mißbildungen schwerer Art, besonders Fehlen von ganzen Gliedmaßen, schwere Spaltbildungen des Kopfes und der Wirbelsäule usw.
5. Lähmungen einschl. Littlescher Erkrankung.

[2] Das Nichtzutreffende ist jeweils zu durchstreichen.

Reichsdruckerei, Berlin   Din 476 A 4

Meldebogen für den Reichsausschuß (Hessisches Hauptstaatsarchiv Wiesbaden ASt. 430/1 Nr. 10860, Heil- und Pflegeanstalt Eichberg, Krankengeschichte)

b) Sind in der engeren Familie oder weiteren Verwandtschaft auffallende Krankheiten anderer Art vorgekommen (insbesondere Nerven- oder Gemütsleiden, Anfallserkrankungen, übermäßiger Alkohol- oder Nikotinmißbrauch u. ä.), g. F. bei wem (Name und Anschrift) und welche Krankheiten bzw. Leiden?

>Der Vater blieb unbekannt!
>Mutter haltlose, verkommene Zigeunerin, Vater un d Mu
>der Mutter beide vorbestrafte Zigeuner. Zogen im Wohn
>umher. 3 Geschw. unter Fürsorge Erz. Verbringung der M
>in ein Konzentrationslager erwogen.

Die folgenden Fragen sind im Falle der Meldung durch den behandelnden Arzt von diesem auszufüllen. Bei der Meldung durch Hebammen sind sie durch den Amtsarzt — soweit möglich — zu ergänzen.

a) Ist nach ärztlicher Ansicht eine Besserung oder Heilung zu erwarten? __vollk. ausgeschlossen.__

b) Wird die Lebensdauer des Kindes durch den Zustand voraussichtlich beschränkt? __ja__

c) Ist das Kind — ganz gleich aus welchem Anlaß — bereits in ärztlicher oder Anstaltsbegutachtung oder Behandlung gewesen, g. F. Angabe des Arztes bzw. der Anstalt und Dauer der Beobachtung bzw. der Behandlung?
Zwei mal in Psych. u.Nerv. Klini Frankfurt-Main.
Kinder-Klinik der Univers. Frankfurt.
Vom 14. 12.36 - 28.12.36 in Nervenkl.Pfm.
15.I.-103.41 wegen schwerer Brandwunden in chir.Kl.Unive
(Kind verkam vollkommen zu Hause,unmenschli
lo5 3.41-31.3.41 Nervenklinik Frankfurt-Main.

d) War die körperliche und geistige Entwicklung bisher regelrecht?
Entwicklung von Geburt an zurückgeblieben

e) 1. das Kind hat im ___ Monat gesessen — sitzt — noch nicht — nicht selbständig
2. » » » » ___ » sprechen gelernt — spricht noch nicht
3. » » » » ___ » laufen gelernt — läuft — heute noch nicht — nicht selbständig
4. » » ist » ___ » sauber geworden — ist heute noch nicht sauber

f) War das Kind dauernd oder zeitweise auffallend ruhig oder unruhig?
Das Kind kann nur lallen. Kein Wort sprechen .

g) Entspricht die körperliche Entwicklung dem Alter des Kindes — inwiefern nicht? __nein__
Sehr mageres, rachitisches, verkümmertes Kind.

h) Entspricht die geistige Entwicklung dem Alter des Kindes — inwiefern nicht? __nein__
Kann weder gehen, noch stehen noch sprechen. Apathisch, reaktio

i) Sind anfallartige Erscheinungen, insbesondere Krampfanfälle beobachtet worden? (Angaben über Häufigkeit des Auftretens, Art (Bewußtlosigkeit), Zeitabstände zwischen den einzelnen Erscheinungen, Dauer dieser usw.)
nein

Eichberg _____, den 4. V. 194

(Unterschrift der Hebamme)   (Unterschrift des Arztes)

Weitere Meldevordrucke sind bei den Gesundheitsämtern anzufordern.

Jahre 1932 sah ein preußischer Gesetzentwurf die Möglichkeit zur freiwilligen Sterilisation bei bestimmten Erbkrankheiten vor.

Die Nationalsozialisten brauchten nach ihrer Machtergreifung nur zuzugreifen, um die Begriffe und deren Inhalte zur Hand zu haben. Rassenhygiene und staatlicher Wille konnten zu einem politischen Programm verschmelzen, das die Erzeugung nur noch gesunden und „wertvollen", sowie die Vermeidung oder Eliminierung schwachen, beschädigten oder „wertlosen" Lebens zum Ziel hatte.

Aber auch für viele Zeitgenossen schien es ein im wesentlichen nur folgerichtiger Vollzug, als die neue Reichsregierung am 14. Juli 1933 das „Gesetz zur Verhütung erbkranken Nachwuchses" erließ, auf dessen Einzelheiten und Folgen ich aus Zeitgründen nicht eingehen kann. Wichtig für mein Thema ist jedoch, daß eine massive Propagandaflut in Zeitungen, im Film, auf dem Theater und bis in die Schulen hinein für die Erb- und Rassenpflege zu werben begann, um das rassische, physische und psychische Minderwertigkeitsdenken im Volk zu verankern. Neuere zeithistorische Untersuchungen haben dabei die auffällige Tatsache hervorgehoben, daß sich der öffentlichen Propaganda zum Erbgesundheitsgesetz nie ein Hinweis auf die Tötung sogenannten „lebensunwerten Lebens" findet. Es sei sogar durch einen Ministererlaß ausdrücklich verboten gewesen, dieses Thema zur Sprache zu bringen. Dennoch wurde mit kaum verschleierter Taktik versucht, die Bevölkerung propagandistisch auf die „Euthanasie" einzustimmen. Lassen Sie mich dies aus meiner eigenen Biographie aufzeigen.

Ich bin seit 1929 in Mannheim, einer Stadt mit einer sehr starken jüdischen intellektuellen und wirtschaftlichen Oberschicht aufgewachsen. Viele Freunde meiner Eltern waren Juden, ihre Kinder waren mir vertraut. Mit 6 Jahren kam ich in die Schule, mit 10 Jahren in das Deutsche Jungvolk, eine Untergliederung der Hitlerjugend, deren Aufgabe es war, neben Elternhaus und Schule „die deutsche Jugend körperlich, geistig und sittlich rein im Geiste des Nationalsozialismus zum Dienst am Volk und zur Volksgemeinschaft" zu erziehen. Sowohl in der Schule als auch in der Hitlerjugend wurde ich von Anfang an belehrt, daß unser Volk der „Aufartung" bedarf. Unter diesem Begriff wurden drei Aufgaben verstanden:

„1. Es muß dafür gesorgt werden, daß es in unserem Volke recht viele gesunde und erbgesunde Menschen und möglichst wenige oder

noch besser gar keine ungesunden, vor allem keine erbkranken Menschen mehr gibt.
2. Es muß dafür gesorgt werden, daß es in unserem Volke genug Menschen gibt, die Kinder wünschen und aufziehen, denn der Bestand unseres Volkes hängt davon ab, ob genug Kinder aufgezogen werden, die an die Stelle der durch Tod abberufenen Volksgenossen treten.
3. Es muß dafür gesorgt werden, daß unser Volk nicht durch artfremde Einflüsse verdorben, daß es vielmehr von solchen Einflüssen völlig frei wird."
Diese Zitate entstammen einer sogenannten „Rassenhygienischen Fibel", bereits im Jahre 1933 wohlvorbereitet in die pädagogische Szene eingebracht.[7] Wir sollten daran lernen – so das Vorwort der Fibel aus Hitlers „Mein Kampf" –, daß „kein Knabe und kein Mädchen die Schule verlassen soll, ohne zu letzter Erkenntnis über die Notwendigkeit und das Wesen der Blutreinheit geführt worden zu sein". Dazu diente in kindgemäßer Form diese Fibel mit Hinweisen auf Märchen und Sagen von großen Königen, tapferen Rittern und deutschen Helden, und auf die „Gelehrten, die sich mit diesen Fragen beschäftigen, [und die] ihre Wissenschaft und ihr Streben Rassenhygiene [nennen]". Wir lernten Dornröschen, Schneeweißchen und Rosenrot, Siegfried, Kriemhild und Gudrun als hellhäutige, hellhaarige, hochgewachsene, schmalgesichtige Vorbilder kennen mit blitzenden, blauen Augen und kühnem, edlem, zielbewußtem und wagemutigen Charakter.
Dazu gehörte aber auch, daß man mir als Kind auf dem Schulhof und später auf dem HJ-Appellplatz beibrachte, an äußeren Merkmalen die jeweilige Zugehörigkeit zur Rasse zu erkennen. Wir lernten dies, indem wir an unseren Mitschülern und Kameraden die Scheitellinie zu messen hatten sowie auf Hautfarbe, Haar- und Augenfarbe achten mußten. Dies schuf ein eigentümliches Muster der gegenseitigen Einschätzung – und wie bei Kindern besonders drastisch – der gegenseitigen Bewertung. Wir mußten schließlich auch lernen, jüdische, „negerische" oder sonstige „fremdrassige" Zeichen zu erkennen; noch heute kann ich angebliche jüdische „Rassemerkmale" so heruntersagen, wie ich sie damals gelernt habe. Ich erinnere mich auch an die bösen Demütigungen, wenn zu Anfang noch gelegentlich jüdi-

sche Kinder dazu herhalten mußten, uns solche Merkmale vorzuweisen. In unserer Fibel stand: „Du mußt schon in Deinem kindlichen Tun den Grund legen für Deinen Stolz auf Deine rassische Zugehörigkeit zum Deutschen Volk!"

Ich möchte dies nicht weiter kommentieren, sondern drittens und abschließend die Frage stellen, ob es sich bei der Menschenvernichtung der Nationalsozialisten nicht um die schreckliche Konkretisierung einer im übrigen dem Menschen eingeborenen Utopie handelt, nämlich der Utopie vom „besseren Menschen".

Es gibt so etwas wie eine anthropologische Grundfigur im Umgang mit schwerem psychischem Kranksein, mit geistiger, auch mit körperlicher Behinderung. Immer hat es sich aus der Sicht der Gesunden um Menschen gehandelt, die primär als „anders" erscheinen als die anderen. Solange die Andersartigkeit als etwas Gegebenes und Unbeeinflußbares angesehen wurde, wurde sie als „untauglich", „angsterregend", „böse" oder bestensfalls „bemitleidenswert" der Randgruppe menschlichen Elends zugeordnet. Die Abwehr gegenüber beschädigtem Leben läßt sich bis zu Plato und Aristoteles, Augustinus und Thomas zurückverfolgen; eine Fülle von Zeugungslehren, die großen Staatsutopien eines Morus und Campanella und schließlich die Aufklärer zielen auf die Verbesserung des Menschengeschlechts.[8] Die Vervollkommnung des Menschen, der Natur und der Welt, das eigene Glück und die Wohlfahrt aller war spätestens seit dem 18. Jahrhundert zur moralischen Pflicht geworden.

Die Medizin und die Biologie, die kompetenten Naturwissenschaften fühlten sich – dies wiederhole ich bewußt – am Ausgang des 19. Jahrhunderts in der Lage, diese Herausforderung anzunehmen. Die Breite der Diskussion, die ab 1890 nicht nur die Wissenschaften, sondern alle Bevölkerungsschichten erfaßte, kann nicht plastisch genug gedacht werden. Eine Skala von Hoch- und Minderwertigkeiten wurde öffentlich diskutiert mit dem Ziel, die schlechten Anlagen einer Rasse, eines Volkes, eines Individuums zu erkennen, zu vermeiden oder zu vernichten. Eine in langen Jahrhunderten gewachsene Vollkommenheitsstimmung bereitete vor, was in den dreißiger Jahren in Deutschland vollzogen wurde.

Wir stehen erneut an einem Jahrhundertende; einige Jahrzehnte der Diskussionsscheu in unserem Lande haben uns scheinbar vergessen

Geburts-Urkunde

Landes- Heilanstalt E 1
Eing. 21. JULI 1941

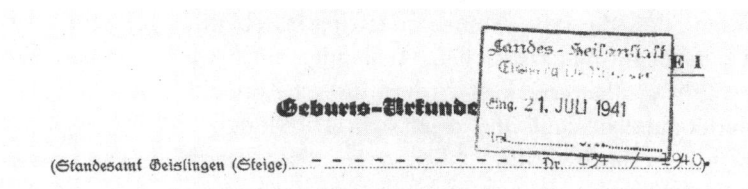

(Standesamt Geislingen (Steige)) — — — — — — — — — — — Nr. 19 / 1940.

Reichsausschuß
wissenschaftlichen Erfassung
erb- und anlagebedingten
schweren Leiden

VH/S/26/36

Berlin W 9, den 17. Juli 1941
Postschließfach 101

Herrn
Direktor Dr. Mennecke
Landes-Heilanstalt Eichberg

Post Hattenheim/Rheinland

Betrifft: Kind Helmuth ▆▆▆▆▆, geb. ▆▆▆ 1940.

Unter Bezugnahme auf Ihren Bericht vom 7.7.1941 über obengenanntes Kind teile ich Ihnen nunmehr mit, daß eine Behandlung des Kindes erfolgen kann, sofern die klinische Beobachtung den geschilderten Befund bestätigt.

Zu gegebener Zeit bitte ich um Mitteilung über das Ergebnis der Behandlung.

Heil Hitler!

Sogenannte Behandlungsermächtigung des „Reichsausschusses" (Hessisches Hauptstaatsarchiv Wiesbaden ASt. 430/1 Nr. 11170 Heil- und Pflegeanstalt Eichberg, Krankengeschichte) lassen, daß das alte Menschheitsthema lebendig geblieben ist. „Deutschland den Deutschen, Ausländer raus" wird skandiert und gewählt. „Juda verrecke" wird an jüdische Friedhöfe gesprüht. Die Kinder auf den Schulhöfen rufen sich „Du Mongo" oder „Du Spasti" nach. Die erhofften Möglichkeiten, genetisch auserlesenes und besseres Leben herzustellen, rücken näher, es gehört inzwischen zum Alltag, ungewolltes, überzähliges und mißgestaltetes Leben nicht auf die Welt kommen zu lassen. Die Medien reden uns eine leidlose und glückliche Gesundheitsgesellschaft ein, und das alte Gefälle zwischen den Vielen und den Anderen, den Wohlgeborenen und Fehlgebildeten steht auf neue Weise zur Disposition.

Wie anfällig, so müssen wir nach wie vor fragen, ist unsere Kultur für die Abwehr gegenüber beschädigtem oder nur störendem Leben?

Haben diejenigen recht, für die nur derjenige ein Mensch ist, dessen Synapsen im Gehirn in rechter Weise verschaltet und zur Intelligenz und zur Kommunikation fähig sind?

Ist es an diesem Jahrhundertende keine Utopie mehr, sondern der Gegenstand einer konkreten Entscheidung, ob es die Aufgabe der Medizin, der Gemeinschaft des Staates ist, den Menschen zu verbessern?

Das heute enthüllte Mahnmal soll uns erinnern, so hatte ich eingangs gesagt, an diejenigen, die man zur Vernichtung selektiert hat, nach den Kriterien des Unmenschen. Es soll uns aber auch erinnern, auf welchem Boden solches gewachsen war und unreflektiert immer wieder wachsen kann und wie schwer und wie unaufgearbeitet die historische Bürde ist, die sich der Mensch mit Abwehr und Angst vor dem Andersartigen geschaffen hat. Und es soll uns eigentlich täglich vor Augen führen, wie sehr Wissenschaft und Sozialmoral von den Menschen abhängen, die sie betreiben.

Anmerkungen

[1] Vgl. Dahl, Michael (1996): Endstation Spiegelgrund, vgl. auch den Beitrag von Petra Lutz in diesem Band.

[2] Die Identität des Kindes „Knauer" (Pseudonym) aus der Gemeinde Pomßen in Sachsen ist inzwischen geklärt, vgl. Benzenhöfer, Udo (1998): Der Fall „Kind Knauer".

³ Das sogenannte Ermächtigungsschreiben ist z.b. abgedruckt bei Trus, Armin (1995): „... vom Leid erlösen", S. 99.
⁴ Der Erlaß ist abgedruckt z.b. bei Klee, Ernst (1983): „Euthanasie" im NS-Staat, S. 80f..
⁵ Noeggerath, Carl T. (1951): Lebenserinnerungen eines Freiburger Kinderklinikers aus dem deutschen Trümmerfeld.
⁶ Vgl. Seidler, Eduard (1986): Alfred Erich Hoche (1865-1943) – Versuch einer Standortbestimmung.
⁷ Jörns, Emil; Schwab, Julius (1933): Rassenhygienische Fibel.
⁸ Vgl. Seidler, Eduard (1985): Der neue Mensch – Sozialutopien der menschlichen Fortpflanzung.

Literaturverzeichnis

Aly, Götz (1984): Der Mord an behinderten Hamburger Kindern zwischen 1939 und 1945, in: Ebbinghaus, Angelika; Kaupen-Haas, Heidrun; Roth, Karl Heinz (Hg.) (1984): Heilen und Vernichten im Mustergau Hamburg – Bevölkerungs- und Gesundheitspolitik im Dritten Reich; Hamburg: Konkret Literatur Verlag, S. 147-155

Berg, Birgit (1999): Was ist eine Kinderfachabteilung? – Vortrag auf der 51. Jahrestagung der Deutschen Gesellschaft für Sozialpädiatrie und Jugendmedizin, München 9.-12.9.1999, Manuskript

Benzenhöfer, Udo (1998): Der Fall „Kind Knauer", Deutsches Ärzteblatt 95, 1998, S. B-954f.

Dahl, Michael (1996): Endstation Spiegelgrund – Die Tötung behinderter Kinder während des Nationalsozialismus am Beispiel der Kinderfachabteilung in Wien 1940 bis 1945, Göttingen: Medizinische Dissertation

Jörns, Emil; [Dr. med.] Julius Schwab, Medizinalrat (1933): Rassenhygienische Fibel – Der Deutschen Jugend zuliebe geschrieben, Berlin: Alfred Metzner Verlag

Klee, Ernst (1983): „Euthanasie" im NS-Staat – Die „Vernichtung lebensunwerten Lebens", Frankfurt/M.: S. Fischer Taschenbuch 1985

Noeggerath, Carl T. (1951): Lebenserinnerungen eines Freiburger Kinderklinikers aus dem deutschen Trümmerfeld, Freiburg/Br.: Manuskript Institut für Geschichte der Medizin der Universität Freiburg/Br.

Schmuhl, Hans-Walter (1987): Rassenhygiene, Nationalsozialismus, Euthanasie – Von der Verhütung zur Vernichtung ‚lebensunwerten Lebens', 1890-1945, Kritische Studien zur Geschichtswissenschaft 75, Göttingen: Vandenhoeck & Ruprecht

Seidler, Eduard (1985): Der neue Mensch – Sozialutopien der menschlichen Fortpflanzung, in: Petersen, Peter (Hg.) (1985): Retortenbefruchtung und Verantwortung – Anthropologische, ethische und medizinische Aspekte neuerer

Fruchtbarkeitstechnologien, Stuttgart: Urachhaus, S. 113-123

Seidler, Eduard (1986): Alfred Erich Hoche (1865-1943) – Versuch einer Standortbestimmung, Freiburger Universitätsblätter 25, 1986, Heft 94, S. 65-75

Trus, Armin (1995): „... vom Leid erlösen" – Zur Geschichte der nationalsozialistischen „Euthanasie"-Verbrechen – Texte und Materialien für Unterricht und Studium, Frankfurt/M: Mabuse-Verlag

Die Entwicklung der Kinder- und Jugendpsychiatrie im Nationalsozialismus

MANFRED MÜLLER-KÜPPERS

Eine Geschichte der deutschen Kinder- und Jugendpsychiatrie von 1933 bis 1945 ist bisher nicht im Ansatz verfaßt. Gesamtdarstellungen der Geschichte unseres Fachgebietes – wenn auch nicht als Monographien – wurden von Kramer, Stutte, Nissen, Neumärker und anderen vorgelegt.

Bei der Durchsicht dieser Darstellungen fällt auf, daß die Zeit der nationalsozialistischen Gewaltherrschaft eher kursorisch und allgemein abgehandelt wird. Die Gründung der „Deutschen Gesellschaft für Kinderpsychiatrie und Heilpädagogik" im Jahre 1940 in Wien pflegt rühmend herausgestellt zu werden. Paul Schröder – selbst Gründer einer Kinderabteilung und Ordinarius für Psychiatrie in Leipzig – wird als unermüdlicher Vorkämpfer für kinderpsychiatrische Kliniken und Lehrstühle gleichsam als Übervater herausgestellt, Werner Villinger, Oberarzt und Leiter des 1922 in Tübingen gegründeten klinischen Jugendheims und Jugenpsychiater der Hamburger Jugendbehörde, gelegentlich erwähnt.

Der Terminus „Kinderfachabteilung" findet sich – ebenso wie die Stichworte Zwangssterilisierung oder „Kindereuthanasie" – in keiner kinderpsychiatrischen Zeitschrift oder Darstellung unseres Fachgebietes bis Ende der achtziger Jahre.

K. Stenzel beschreibt 1964 anläßlich des 100. Geburtstages von August Homburger – einer der europäischen Gründerväter und mit dem Pädiater Moro Initiator der ersten heilpädagogischen Beratungsstelle 1917 in Heidelberg – den Niedergang der kinderpsychiatrischen Ambulanz nach 1933 und beklagt die Zwangseliminierung des Dozenten und Facharztes für Psychiatrie Alfred Strauß, der die Nachfolge Homburgers angetreten hatte. Er war Jude und stand den erbbiologischen Strömungen der Zeit kritisch gegenüber.

Nur H. J. Neumärker, Leiter der traditionsreichen Abteilung für Kinderneuropsychiatrie der Berliner Charité – 1921 von Karl Bonhoeffer gegründet – mahnt anläßlich des 60jährigen Bestehens der Klinik, sich Aufklärung über die Politik der „Vernichtung lebensunwerten Lebens" zu verschaffen, und fragt nach dem Schicksal von 14.000 Patienten, die in Berlin und Brandenburg zwischen 1938 und 1945 mutmaßlich getötet worden seien.

Die wissenschaftliche Aufarbeitung dieses düsteren Kapitels der Psychiatriegeschichte hat aber in einem erstaunlich intensiven Maße inzwischen Frucht getragen, so daß Beck schon 1992 eine Bibliographie mit 365 Seiten zu diesem Thema vorlegen konnte.

Aus der Sicht der Opfer begannen Ende der siebziger Jahre Lempp und Keilson über Extrembelastungen und sequentielle Traumatisierungen zu berichten.

In gebotener Kürze seien einige Stichworte zu der Entwicklung unseres Fachgebietes genannt:

Wenn man mit der Wiege der Kinderpsychiatrie die Gründung stationärer klinischer Einrichtungen gleichsetzt, dann heißen die Standorte Genf (1830), Paris (1850) und Frankfurt (1864). Die Frankfurter Klinik ist durch den bekannten Arzt und Autor des „Struwwelpeters" Heinrich Hoffmann, mit seiner klassischen Darstellung der „Kinderfehler" weltweit bekannt, gegründet worden. „Kinderfehler" hieß auch die von dem Jenaer Pädagogen Trümper gegründete Publikation, die 1923 in die „Zeitschrift für Kinderforschung" umbenannt wurde.

Außeruniversitäre Heil- und Erziehungsinstitute, Heime für schwer Erziehbare, Anstalten für geistesschwache, geistesgestörte und epileptische Kinder, die überwiegend unter pädagogischer oder theologischer Direktion standen, gab es ungleich früher und zahlreicher. Von 226 Anstalten wurden um die Jahrhundertwende aber nur 34 durch Ärzte geleitet.

Auch in der Folgezeit werden in unserem heutigen Verständnis kinder- und jugendpsychiatrisch behandlungsbedürftige Patienten von Erziehern und Heilpädagogen betreut, bis sich in den zwanziger Jahren die Idee von ärztlich geleiteten Spezialkliniken auch an deutschen Universitäten durchsetzt. Die erste Gründung erfolgt – wie dargestellt – 1921 durch Bonhoeffer in Berlin, 1922 in Tübingen, 1926 in Leipzig und Heidelberg durch Schröder und Homburger. Eine ähnlich lange Tradition hat auch Bonn mit der Gründung durch Löwenstein.

Die Monographie von H. Emminghaus (Freiburg) „Die psychischen Störungen des Kindesalters" enthält bereits eine umfassende Darstellung der kindlichen Psychosen. Das Erscheinungsjahr 1891 ist auch das Geburtsjahr von Carl Schneider und Werner Villinger. Zum Zeitpunkt der Machtübernahme durch den Nationalsozialismus 1933 ist die Zahl der Ärzte in Deutschland, die sich mit autochton-kinderpsychiatrischen Problemen beschäftigen – wie auch im übrigen europäischen Ausland – eine kleine Gruppe, die ein „europäisches Traditionsbewußtsein" entwickelt.

Der Schweizer Kinderpsychiater Tramer hatte 1934 – nicht ohne Widerstände – versucht, den Begriff Kinderpsychiatrie einzuführen, und die erste Fachzeitschrift gleichen Namens gegründet.

Pionier und Promoter einer europäischen Kinderpsychiatrie war der Franzose Heuyer, der 1937 den ersten internationalen Kongreß veranstaltete. Einer der wenigen deutschen Teilnehmer war Paul Schröder, Ordinarius für Psychiatrie und Neurologie in Leipzig, wissenschaftlich ausgewiesen in beiden Sektoren seines Fachgebietes. Er hatte in seiner Klinik eine Kinderabteilung und später einen Arbeitskreis etabliert, der 1940 in Wien zur Gründung der „Deutschen Gesellschaft für Kinderpsychiatrie und Heilpädagogik" führte. Die Verbindung mit Vertretern der Behinderten- Sonderschul-, Sozial- und Heilpädagogik ist im deutschen Sprachraum geistesgeschichtlich begründet. Der „Deutsche Verein zur Fürsorge für jugendliche Psychopathen" war Repräsentant dieser Gruppe, die die „Zeitschrift für Kinderforschung" zu ihrem Publikationsorgan machte. Sie hatte noch Ende der zwanziger Jahre August Homburger, er war Jude, in das Herausgebergremium gewählt. Homburger ist allerdings schon 1930 verstorben.

Das international angesehene Publikationsorgan ist im Springer Verlag in 50 Bänden erschienen und blieb wissenschaftlicher Mittelpunkt für Ärzte, Psychologen, Heilpädagogen und der weiteren Berufsgruppen, die sich dem psychisch kranken Kind zuwandten. Die letzte Ausgabe erfolgte am 19.4.1944.

1934 wurde die Herausgeberschaft um den Schweizer Heilpädagogen Hanselmann und den ersten Inhaber eines kinderpsychiatrischen Lehrstuhls in Paris, Heuyer, erweitert. 1936 wurden Werner Villinger, Erika Hofmann und Jörg Zutt als Herausgeber geführt. Ab 1939 erfolgte eine Kontrolle durch die Nationalsozialisten, indem der Präsident des Reichsgesundheitsamtes, Prof. Dr. H. Reiter, als Herausgeber fungierte. Der letzte personelle Wandel vollzog sich 1944 mit Bürger-Prinz, dem Ordinarius für Psychiatrie in Hamburg, der in den Mitarbeiterstab aufgenommen wurde. In den Jahren von 1923 bis 1944 stieg der wissenschaftliche Anspruch, und eine Verschiebung von der Pädagogik und Heilpädagogik in Richtung auf die Psychiatrie, Psychologie und Psychopathologie ist unverkennbar. In der Schriftleitung wurden verstärkt Ärzte (Isserlin, Kramer, Gregor und Villinger) tätig.

Die interne Zensur tendierte dazu, Aufsätze mit nationalsozialistischer Intention zu publizieren und Arbeiten jüdischer oder halbjüdischer Autoren nicht mehr anzunehmen. So wurde eine Arbeit von Hildegard Hetzer über Schädelvermessungen polnischer Schulkinder abgelehnt. Villinger soll ihr geraten haben, die Arbeit überhaupt keinesfalls zu publizieren.

Die Zeit zwischen 1933 und 1945 ist aus der Sicht der Herausgeber – nach Angaben von Erika Hofmann aus den achtziger Jahren – mit dem Satz Villingers gekennzeichnet: „Man schlängelt sich hindurch wie eine Schlange." Man habe behutsam versucht, weder links noch rechts anzuecken. Hofmann: „Wir saßen wie Hasen mit angelegten Ohren im Kornfeld – nur nicht auffallen."[1]

Wenn man die Geschichte und den Einfluß einer Fachgesellschaft und den Zeitgeist einzufangen und zu beschreiben versuchen will, dann liegt es nahe, die Publikationen dieser Epoche, insbesondere im internationalen Kontext, zu vergleichen.

Mit dem Kenntnisstand der Flut der Publikationen des letzten Jahrzehnts wird die Diskrepanz, die zwischen unserem heutigen Wissen und den vorgelegten wissenschaftlichen Ergebnissen jener Jahre liegt, besonders deutlich.

Die Autoren der Zeitschrift sind die international führenden Vertreter ihrer Fachgebiete der Psychiatrie, Psychologie und Heilpädagogik, Jugendfürsorge, Jugendrechtspflege, Jugendkriminologie, aber auch der Konstitutions- und Vererbungslehre und schon vor 1933 der Rassenkunde und Eugenik.

Die Schweizer Kinderpsychiater sind die am stärksten vertretene ausländische Gruppe mit Kramer, Zulliger, Mohr, Lutz, Hanselmann.

Aber auch Oseretzky/Leningrad, Szcondy/Ungarn, Lauretta Bender/ USA, französische, niederländische, skandinavische und japanische Autoren wurden gedruckt oder deren Schriften in ausführlichen Referaten besprochen. Die englischen Autoren fehlen nach Kriegsbeginn, während amerikanische Arbeiten im letzten Band noch referiert werden. Hanselmann/Zürich und Heuyer/Paris werden bis zum letzten Band auf der ersten Seite als Mitarbeiter der Zeitschrift ausgedruckt.

Die Autoren der Zeitschrift für Kinderforschung sind identisch mit den international führenden Wissenschaftlern unseres Fachgebietes der zwanziger und dreißiger Jahre, und sie bleiben es für die Nachkriegszeit bis weit in die sechziger und siebziger Jahre.

Man kann inhaltlich – unter Zentrierung auf die deutschen Autoren – bei dem Beitrag von Karl Tornow über „Bildungsunfähige Hilfsschulkinder. Was wird aus ihnen?" kritisch feststellen – das Ergebnis ist unzweideutig: Diese Gruppe, so der Autor, sei bisher nicht zureichend versorgt. Der Versuch einer Einrichtung von Sonder- und Tageshorten sei geboten und wird durch die Empfehlung ergänzt, diese Personengruppe auf keinen Fall nur sich selbst zu überlassen.

Oder es wird in dem Referat zu dem Aufsatz von Hans Goebbels: „Kann das Fehlen der Einwilligung der Sorgeberechtigten in die Vornahme eines dringenden ärztlichen Eingriffs übergangen werden?", erschienen in der Monatszeitschrift für Kriminalbiologie und referiert von von Kuenburg, die hier gestellte Frage verneint.[2] Die vormundschaftsgerichtliche Lösung dauere zu lange. Die Hinzuziehung der Polizei störe das Vertrauensverhältnis zum Arzt, und ein Vorgehen gegen die Sorgeberechtigten sei bedenklich. Gesetzliche Regelungen werden daher für wünschenswert erachtet.

Auch die Beiträge der beiden führenden Kinderpsychiater des Dritten Reiches, Villinger und Heinze, sind – wenn man davon absieht, daß Heinze in seinem letzten Beitrag von der „Erblichkeit der Asozialen" faselt, und wenn man vom zeitweilig etwas völkischen Sprachduktus absieht, der aber auch andere Beiträge kennzeichnet – kaum zu beanstanden. Hermann Stutte, der führende deutsche Kinder- und Jugendpsychiater nach dem Tode Villingers 1961, – in die nationalsozialistischen Machenschaften, wie auch Paul Schröder, in keiner Weise involviert –, beschreibt nach 30 Jahren in seinem Festvortrag vor den deutschen Kinderpsychiatern in Regensburg die Gründungsver-

sammlung 1940 in Wien: „die Beiträge hatten ein beachtliches wissenschaftliches Niveau, und für mich, den Novizen dieses Faches, waren die hier empfangenen Eindrücke von berufsentscheidender Evidenz". Die nächsten beiden Sätze lauten:
"Paul Schröder starb nach Gründung der Gesellschaft. Werner Villinger, Schriftführer und noch von Schröder nominierter Nachfolger im Amt des Vorsitzenden, wurde in der Wahrnehmung dieser Funktion dadurch behindert, daß von Regierungsseite ein anderer zum Vorsitzenden ernannt wurde. Auch in die Geschichte unserer Gesellschaft projizieren sich die turbulenten Zeitumstände."[3]

In seinem richtungsweisenden Vortrag anläßlich der Gründungsversammlung der Deutschen Gesellschaft für Kinderpsychiatrie und Heilpädagogik 1940 in Wien formulierte Paul Schröder:
„Kinderpsychiatrie ist keine Psychopathen-Fürsorge. Die wenigen wirklich Kranken unter ihnen gehören dem Arzt. Unser Ziel ist vielmehr viel weiter. Wir wollen schwierige, außerdurchschnittliche Kinder in den Besonderheiten ihres seelischen Gefüges verstehen und erkennen, richtig bewerten und leiten, zielbewußt erziehen und eingliedern lernen. Das vermögen wir nur aufgrund sorgfältiger charakterlicher Differenzierung aller Einzelnen. Dann aber weitet sich aber auch unser Blick: Gerade die schwierigen Kinder, welche letzten Endes nichts anderes sind als außergewöhnliche menschliche Charakterspielarten, entlohnen uns die Beschäftigung mit ihnen dadurch, daß sie uns ein ausgezeichnetes Lern- und Lehrmaterial abgeben, für die Grundlegung einer praktischen Charakterkunde, einer Kenntnis, wie sie der Pädagoge überall braucht, sowohl der Erzieher von Durchschnittskindern wie der Heilpädagoge auf allen Gebieten."[4]

Wir finden in dem Kongreßband 1941 eine Studie von Hans Asperger, dem Erstbeschreiber des Autismus, mit dem Beitrag „Erlebnis und Persönlichkeit". Hinter dem etwas romanhaft klingenden Titel steht die ernste Problematik delinquenter Jugendlicher, die er mit der ihm eigenen Sprachkraft beschreibt.

Eine dialogische Auseinandersetzung über die tiefenpsychologische Behandlung von Kinderneurosen und ihr Verhältnis zur Heilerziehung von Adolf von Weizsäcker, einem Mitarbeiter des sogenannten Göring-Instituts – der Nachfolgeinstitution der Berliner Psychoanalyse – ist heute noch lesenswert. Es finden sich zwei Arbeiten zum Thema

Mißhandlung: „Das mißhandelte Kind in der Reihe gut behandelter Geschwister" von Ursula Karbut und eine Studie: „Zur Prognose der Lebensbewährung verwahrloster und mißhandelter Kinder". Während die erste Arbeit frei von ideologischen Deformierungen ist, findet man in der zweiten Arbeit Hinweise auf „charakterlich grob abartige" Kinder. Hinter diesem Terminus verbergen sich Arbeitsscheue, Prostituierte und Personen, die ihren Unterhalt durch das Wohlfahrtsamt erhalten. In dieser Arbeit wird die Empfehlung gegeben, diesen Personenkreis in die Sterilisationsgesetze mit aufzunehmen.[5] Seit dem 14.7.1933 existierte das „Gesetz zur Verhütung erbkranken Nachwuchses". Insofern erstaunt der folgende Beitrag:

Von Kleinert wird eine Ehevermittlung für Erbkranke, Unfruchtbare und Geschädigte vorgestellt. Sie untersteht dem rassenpolitischen Amt der NSDAP, Gauleitung Sachsen, in Dresden. Tenor und Zitat des Aufsatzes lauten:

„Auch die Erbkranken sollen im Hinblick auf eine Ehe nicht benachteiligt sein, denn es ist durchaus nicht gleichgültig für das Leben eines Volkes, ob eine gewisse Gruppe von Menschen, die in unserem Falle nicht nur die Erbkranken, sondern auch ihre Angehörigen umfaßt, sich in ihren Rechten geschmälert und für ein Opfer gestraft fühlt."[6]

Ein peinlicher Beitrag über völkische Sonderpädagogik von Tornow ist in dieser Form einmalig:

„Eine Deutung der Heilpädagogik, die neuerdings den Begriff ‚Heil' im Sinne von ‚zum Heil gereichen' ausgelegt wissen will, muß abgelehnt werden, zumal das ‚Heil' in diesem Sinne als Gruß für den Führer für uns alle von einzigartiger und einmaliger Bedeutung ist."[7]

Das Studium des Kongreßbandes hinterläßt hochambivalente Gefühle: Der Leser ist verwirrt, kann es fast nicht glauben. Da entwickelt sich das eigene Fachgebiet wie in anderen europäischen Ländern. Die deutsche Kinder- und Jugendpsychiatrie ist führend, wegweisend und auf dem Prüfstand internationaler kollegialer Zusammenarbeit fast untadelig. So ist auch bisher nicht bekannt geworden, daß ein nicht deutscher Fachkollege an der Kinderpsychiatrie so wie sie sich damals darstellte, Anstoß genommen oder gar Widerspruch angemeldet hätte.

Auch die Gesetzgebung wurde in der Zeitschrift für Kinderforschung auf den neuesten Stand gebracht:

Durch die Verordnung des Ministerrats für Reichsverteidigung vom 9. März 1943 wird die Straffälligkeit pflichtvergessener Erzieher erweitert:

„Wer das körperliche oder sittliche Wohl eines Kindes dadurch gefährdet, daß er in gewissenloser Weise seine Fürsorge- oder Erziehungspflichten gröblich vernachlässigt, insbesondere das Kind ohne Nahrung und Leitung läßt, wird mit Gefängnis bestraft."

Und die Wirklichkeit?

Kinder werden ihren Eltern entzogen und fremd bestimmt. Man belügt und betrügt Eltern wie Kinder. Man mißhandelt und quält Kinder auf vielfältige Art. Man läßt sie verhungern und verwahrlosen, man spritzt sie ab und vergiftet sie. Man experimentiert mit ihnen und benutzt sie als Versuchskaninchen. Man bringt sie auf jedwede Art vom Leben zum Tode. Insgesamt etwa 5.000. Eher ist diese Zahl zu niedrig angesetzt.

Wie konnte das geschehen? Und wer ist man?

Ausgehend von der Unterordnung des Individuums unter die „Volksgemeinschaft", überzeugt von der „ungeheuren Wichtigkeit" der „Verhinderung der Fortpflanzung Untüchtiger", erfüllt von den Vorstellungen des 19. Jahrhunderts, das den Sozialdarwinismus auf seine Fahnen geschrieben hatte, gingen die Euthanasieplaner ans Werk – im wesentlichen Hermann Paul Nitsche und Carl Schneider – mit einem Biologiebegriff, der nach ihrer Vorstellung eine „kopernikanische Wende" der gesamten Psychiatrie versprach und ein „ganzheitliches Denken" zur Überwindung des therapeutischen Nihilismus erforderte:

Die Psychiatrie sollte sich in Zukunft auf die Behandlung von durch Umweltschäden bedingten und bestimmten endogenen – durch spontane genetische Mutationen hervorgerufenen – Erkrankungen beschränken.

In einer Übergangszeit – bis die Ausmerzung „der nicht therapierbaren und nicht arbeitsfähigen Patienten" griff – wollte man die Arbeitskraft der Patienten – nach ihrer Sterilisation – ausschöpfen. Die Anstalten sollten auf ca. 1.200 Patienten reduziert, verstaatlicht, modernisiert und in der Nähe städtischer Kultur- und Universitätszentren angesiedelt und mit modernsten technischen Apparaturen ausgestattet werden.[8]

Ein Austausch von Anstalts- und Universitätspsychiatern sollte Qualitätssicherung – so würden wir heute sagen – garantieren. Görden war z. B. eine derartige „Reichsschulstation". Aber auch hier in Heidelberg wurden junge Ärzte auf die Euthanasie-Programme eingestellt und entsprechend unterwiesen.

Der Personenkreis, der sich mit Kinderpsychiatrie und „Kinderforschung" zwischen 1933 und 1945 beschäftigte, muß differenziert werden:

– Erwachsenen-Psychiater, die Kinder zum Forschungsgegenstand machten und dies als Schreibtischtäter auch durchführten (z. B. Nitsche, C. Schneider, Heyde),

– genuine Kinderpsychiater, die an dem Forschungs- und Tötungsprogramm und als Gutachter beteiligt waren (z. B. Heinze) oder sich als Gutachter beteiligten (z.b. Villinger),

– Ärzte, die an Kinderfachabteilungen tätig waren, nachdem sie in das Euthanasie-Programm eingeweiht waren, sich dazu bereit erklärten und auch an den Tötungsaktionen teilhatten, z. B. Hefter in Berlin-Wiesengrund,

– genuine Kinderpsychiater an universitären oder außeruniversitären Einrichtungen, die sich nicht beteiligten (z. B. Stutte, von Stokkert),

– Ärzte, über deren kinderpsychiatrische Ausbildung und Identität keine Klarheit besteht, die an Kinderabteilungen der psychiatrischen Heil- und Pflegeanstalten tätig waren.

Voraussetzung für die Kindertötungen war ein Gutachterverfahren, an dem von kinderpsychiatrischer Seite sicher Villinger und Heinze beteiligt waren. Heinze war mit Abstand in der Kindereuthanasie und ihren Forschungsaktivitäten der aktivste und – wie Carl Schneider – von der Ideologie des Nationalsozialismus am stärksten überzeugt. Seine Abteilung galt mit 60-80 Betten als Prunkstück der Forschung. Heinze wird allenfalls von Werner Catel übertroffen, der als Pädiater einer Kinderfachabteilung in Leipzig vorstand und später als Ordinarius in Kiel sogar nach dem Krieg die Thesen von der Vernichtung lebensunwerten Lebens weiter in Wort und Schrift vertrat.

Ziel der Forschung waren langfristig angelegte Untersuchungsreihen über die Nosologie des Schwachsinns, pathophysiologische Untersuchungen, Materialsammlungen zur Idiotie mit dem Planziel 3.000

Immunisierungsversuche zur Tuberkulose, Versuche mit Scharlachimpfstoff, Versuche mit Medikamenten im Auftrag der IG Farben und Forschung an behinderten, sogenannten Lebensborn-Kindern.

Für einen Zeitraum von 15 Jahren hatte Carl Schneider 15 Millionen Reichsmark beantragt. Die finale pathologisch-anatomische Untersuchung der Gehirne war in das Forschungsprogramm fest einbezogen. Dazu hatten sich 14 von 30 anatomischen Instituten im Reichsgebiet bereit erklärt.

Die Arbeiten der Forschungsabteilung in Wiesloch – sie bestand nur einige wenige Monate 1942/43 – sind von dem Arbeitskreis Medizin im Nationalsozialismus im Nervenarzt 1996 ausführlich vorgestellt worden und können hier nachgelesen werden.[9] Die eingehende Auswertung der Gördener Unterlagen steht noch aus.[10]

Die Gründung von 38 Kinder-Fachabteilungen war darauf ausgerichtet, diesen Personenkreis zu erfassen und zu töten. Sie reichen von A wie Ansbach bis Z wie, Ziegenhain.[11]

Die Kindereuthanasie wurde entwickelt für Kinder und Säuglinge, die nicht in Anstaltspflege waren. Die Mehrzahl der getöteten Kinder fiel aber der T4-Aktion zum Opfer: Die Kinder wurden aus den Anstalten verschleppt und in Gaskammern der „Erwachseneneuthanasie" ermordet.

Die Namen der Tötungsanstalten (sie sollten sich aber für uns einbrennen wie Auschwitz und Bergen-Belsen) sind:

– Grafeneck/Württemberg auf der Alb,
– Brandenburg an der Havel,
– Hartheim bei Linz,
– Sonnenstein bei Pirna,
– Bernburg an der Saale,
– Hadamar bei Limburg.

Wir sollten aber auch nicht vergessen, daß 1943/44 Forschungen an der hiesigen Klinik mit 52 Patienten zwischen 2 und 22 Jahren betrieben wurden, die als sogenannte „Forschungskinder" für sechs Wochen auf die verschiedenen Stationen verteilt waren und dann wieder zurück z.B. in den Schwarzacher Hof gebracht wurden.[12]

In der Geschichte des Schwarzacher Hofes kann man Einzelheiten über die hier dokumentierten Transporte nachlesen, die von einem

Arzt der Heidelberger Klinik (Dr. Deussen) durchgeführt wurden, der den schon durch Wilmanns, den Vorgänger Carl Schneiders, bestehenden guten Kontakt zwischen den Johannes-Anstalten und der Universität wieder reaktivierte.[13]

Die Mehrzahl der Kinder wurde am 28. Juli 1944 nach der endgültigen Räumung des Schwarzacher Hofs auf den Eichberg verlegt und dort mit Überdosen von Luminal getötet. Auf der Liste der in unserer Klinik von Dr. Rauch untersuchten Gehirne finden sich drei Namen wieder. Die Geschichte dieser Kinder ist bewegend von Scheuing aus der Sicht ihrer Betreuer und der Bewohner des Schwarzacher Hofes dargestellt worden.

Ich habe versucht, das Janus-Bild der Kinderpsychiatrie zwischen 1933 und 1945 im Ansatz darzustellen. Ich möchte mit dem Wort von Alexander Mitscherlich schließen, dem das Verdienst zukommt, als erster auf die „Medizin ohne Menschlichkeit" hingewiesen zu haben: „Bewältigung der Schuld kann nichts anderes heißen, als der Wahrheit ins Auge sehen."[14]

Getatten Sie mir ein persönliches Nachwort: Als Angehöriger des Jahrgangs 1925 bin ich in etwa altersgleich mit einer Reihe von Opfern, die wir heute ehren.

Ich fühle mich daher mit ihnen in besonderer Weise verbunden.

Ich wäre aber unaufrichtig, wenn ich nicht bekennen würde, daß ich selbst bis zum bitteren Ende 1945 verblendet war, an Reich und Volk und Führer glaubte.

Wenn man mit Hermann Lübbe die Ideologie als den Betrug ansieht, an den man selbst glaubt, dann fühle ich mich, der ich glaubte, an einen nationalen Sozialismus glauben zu können, betrogen.

Ich war Fähnleinführer und wurde als Soldat darüber in Kenntnis gesetzt, daß ich mit meinem 18. Lebensjahr Parteigenosse geworden sei. Ich habe nie etwas von „Euthanasie" und „Sterilisation" gehört, von ihrer Anwendung nichts gewußt und fühle mich wegen der inneren Zugehörigkeit doch nicht frei und unbefangen.

Wenn man mit Gustav Heinemann Deutschland als ein schwieriges Vaterland bezeichnet, dann kann man den 8. Mai auch als einen schwierigen Gedenktag beschreiben, denn er war ja auch der Tag der Kapitulation. Für mich war dieser 8. Mai 1945 vor 53 Jahren der Tag der Befreiung, denn ich bin nach zehntägiger russischer Gefangenschaft – im Schein der aufleuchtenden Freudenschüsse – geflohen und habe mich selbst befreit.

Vier Wochen später war ich Krankenpfleger in dem Krankenhaus einer märkischen Kleinstadt und bei der zweiten Visite in hohem Grade erstaunt, daß das Bett eines 29jährigen Soldaten, um den wir am Vortage versammelt waren, leer war. Auf meine erstaunte Frage, wo der Patient geblieben sei, der doch noch so gut aussah und „nur eine Tuberkulose" hatte, erhielt ich die Antwort: „So ist das in der Medizin, da stirbt es sich manchmal schnell." Mein Erstaunen war grenzenlos. Heute weiß ich, daß die Oberschwester – eine ehemalige sogenannte „braune Schwester" – den Patienten aus Angst vor einer Infektion „euthanasiert" hat.

Eine weitere Begegnung mit Relikten aus der NS-Zeit – Stichwort „Schimpansengarten" – erfolgte während meines Studiums an der Humboldt-Universität in Berlin. Kurt Gottschaldt hatte mit einer Arbeit über den „Aufbau des kindlichen Handelns" die Menschen-affenversuche von Wolfgang Köhler mit Kindern wiederholt und sich damit 1932 in Bonn bei Rothacker habilitiert.[15] Der damals von ihm entwickelte sogenannte „Glöckchenkasten" wurde zur Intelligenzprüfung verwandt, und die Versuchsperson hatte die hinter einer Glasscheibe verdeckten Glöckchen – unter anderem mit im System verborgenen Werkzeugen – zum Klingen zu bringen. Vorformen dieser Versuche sind wohl mit dem „Schimpansengarten" gemeint.

Ich bin in Berlin im Kindersanatorium Wiesengrund zum Kinderpsychiater ausgebildet worden und habe erst in den letzten Jahren erfahren, daß diese Abteilung der damaligen Berlin-Wittenauer Heilstätten eine der drei Kinderfachabteilungen der damaligen Reichshauptstadt war. Ich bin seit 1960 Mitglied der hiesigen Heidelberger Klinik und habe erst in den achtziger Jahren von den Forschungsvorhaben Carl Schneiders im Detail erfahren. Ich habe 20 Jahre gebraucht, bis ich Herrn Prof. Rauch persönlich angesprochen habe und von ihm die Einstellungserklärung der Staatsanwaltschaft – wegen Mangels an Beweisen – lesen konnte.[16]

Ende der achtziger Jahre hatte ich eine Begegnung mit einem Kollegen, der mir als Großvater seinen Enkel vorstellte. Es stellte sich heraus, daß er in unserer Klinik bei Carl Schneider Assistent war und gedrängt wurde, auch Sterilisierungsgutachten zu machen. Er habe sich damals dieser Verpflichtung entziehen können.

Gleichzeitig hatte ich eine Begegnung mit J. E. Meyer/Göttingen, der mir die Frage stellte: „Wann wird sich die deutsche Kinder- und Jugendpsychiatrie zu dem Thema ihrer Vergangenheit äußern?"

So habe ich begonnen, mich für die dunkle Seite der Kinder- und Jugendpsychiatrie zu interessieren, von der keiner sprach und niemand etwas zu wissen vorgab. So bin ich Zeitzeuge und erlebe die Verdrängung und die verspätete Aufarbeitung über einen Zeitraum einer Generation als eine weitere demütigende und schmähliche Tatsache, die den Umgang mit unserer Vergangenheit kennzeichnet.

Anmerkungen

1. Wörtliche Zitate aus Zeitschrift für Kinderforschung Bd. 49, 1943, erschienen im Springer-Verlag.
2. Zeitschrift für Kinderforschung Bd. 49, 1943.
3. Stutte, Hermann (1970): 30 Jahre Vereinigung für Jugendpsychiatrie, Rückblicke und Ausblicke, S. 314.
4. Schröder, Paul (1943): Zeitschrift für Kinderforschung 49, 1943.
5. Littmann, Irmgard (1943): Zur Prognose der Lebensbewältigung verwahrloster und mißhandelter Kinder, Zeitschrift für Kinderforschung 49, 1943.
6. Kleinert, Herbert (1943): Ehevermittlung für Erbkranke, Unfruchtbare und Geschädigte, Zeitschrift für Kinderforschung 49, 1943.
7. Tornow, Karl (1943): Völkische Sonderpädagogik und Kinderpsychiatrie, Zeitschrift für Kinderforschung 49, 1943.
8. Vgl. hierzu Gedanken und Anregungen betr. die künftige Entwicklung der Psychiatrie: Heidelberger Dokument 126 420 – 427 National Archives Washington T 1021 Roll 10-12 File 707, Mikrofilmkopie Bundesarchiv Berlin.
9. Hohendorf, Gerrit; Roelcke, Volker; Rotzoll, Maike (1996): Innovation und Vernichtung – Psychiatrische Forschung und „Euthanasie" an der Heidelberger Psychiatrischen Klinik 1939-1945.
10. Vgl. jedoch als vorläufige Mitteilung Knaape, Hans-Hinrich (1989): Die medizinische Forschung an geistig behinderten Kindern in Brandenburg-Görden in der Zeit des Faschismus.
11. Vgl. den Beitrag von Eduard Seidler in diesem Band.
12. Vgl. den Beitrag von Volker Roelcke, Gerrit Hohendorf und Maike Rotzoll sowie den Beitrag von Hans-Werner Scheuing in den diesem Band.
13. Vgl. Scheuing, Hans-Werner (1997): „... als Menschenleben gegen Sachwerte gewogen wurden", S. 416ff..

[14] Mitscherlich, Alexander; Mielke, Fred (1960): Medizin ohne Menschlichkeit, S. 8.
[15] Vgl. Gottschaldt, Kurt (1933): Der Aufbau des kindlichen Handelns.
[16] Vgl. den Beitrag von Willi Dreßen in diesem Band.

Literaturverzeichnis

Aly, Götz (1987): „Reichsausschußkinder" – Eine Dokumentation, in: Aly, Götz (Hg.) (1987): Aktion T-4 1939-1945 – Die „Euthanasie"-Zentrale in der Tiergartenstraße 4 (=Stätten der Geschichte Berlins Bd. 26), Berlin: Edition Hentrich, S. 121-135

Aly, Götz (1984): Der Mord an behinderten Hamburger Kindern zwischen 1939 und 1945, in: Ebbinghaus, Angelika; Kaupen-Haas, Heidrun; Roth, Karl Heinz (Hg.) (1984): Heilen und Vernichten im Mustergau Hamburg, Hamburg: Konkret Literatur Verlag, S. 147-155

Asperger, Hans (1943): Erlebnis und Persönlichkeit, Zeitschrift für Kinderforschung 49, 1943

Baader, Gerhard (1988): Rassenhygiene und Eugenik, Deutsches Ärzteblatt 85, Heft 27, 1988, S. 1357-1360

Baader, Gerhard (1989): Menschenversuche in Konzentrationslagern, Deutsches Ärzteblatt 86, 1989, Heft 13, S. 652-857

Baumann, Ruth; Köttgen, Charlotte; Grolle, Inge; Kretzer, Dieter (1994): Arbeitsfähig oder unbrauchbar? Die Geschichte der Kinder- und Jugendpsychiatrie seit 1933 am Beispiel Hamburgs, Frankfurt/M.: Mabuse

Beck, Christoph (1992): Sozialdarwinismus -Rassenhygiene, Zwangssterilisation und Vernichtung „lebensunwerten Lebens" – Eine Bibliographie zum Umgang mit behinderten Menschen im „Dritten Reich" – und heute, Bonn 2. Aufl. 1995: Psychiatrie-Verlag

Berger, Andreas; Oelschläger, Thomas (1988): „Ich habe sie eines natürlichen Todes sterben lassen" – Das Krankenhaus im Kalmenhof und die Praxis der nationalsozialistischen Vernichtungsprogramme, in: Schrapper, Christian; Sengling, Dieter (Hg.) (1988): Die Idee der Bildbarkeit – 100 Jahre sozialpädagogische Praxis in der Heilerziehungsanstalt Kalmenhof, Weinheim, München: Juventa, S. 269-336

Berger, Ernst; Michel, Barbara (1997): Zwangssterilisation bei geistiger Behinderung, Wiener klinische Wochenschrift 109,1997, Heft 23, S. 925-931

Bernhardt, Heike (1993): „ Niemals auch nur zu den primitivsten Arbeitsleistungen zu gebrauchen" – Die Tötung behinderter und kranker Kinder 1939 bis 1945 in der Landesheilanstalt Ueckermünde, Praxis der Kinderpsychologie und Kinderpsychiatrie 42, 1993, S. 240-248

Bernhardt, Heike (1994): Anstaltspsychiatrie und „Euthanasie" in Pommern 1933 bis 1945 – Die Krankenmorde an Kindern und Erwachsenen am Beispiel der Landesheilanstalt Ueckermünde, Frankfurt/M.: Mabuse

Cranach, Michael v.; Siemen, Hans-Ludwig (Hg.) (1999): Psychiatrie im Nationalsozialismus – Die Bayerischen Heil- und Pflegeanstalten zwischen 1933 und 1945, München: R. Oldenbourg

Daub, Ute (1993): Die Rassenforscher Dr. Dr. Robert Ritter und Eva Justin als Kinder- und Jugendpsychiater, unveröffentlichter Vortrag Frühjahrstagung des Arbeitskreises zur Erforschung der nationalsozialistischen „Euthanasie" und Zwangssterilisation Bremen März 1993

Edlinger, Herbert (1988): Das Forschen an „Euthanasie"-Opfern und Anstaltsinsassen, Behinderte in Familie, Schule und Gesellschaft 11, 1988, Heft 5, S. 19-34

Egger, Gernot (1988): Vernichtung „lebensunwerten Lebens" in Vorarlberg, Behinderte in Familie, Schule und Gesellschaft 11, 1988, Heft 5, S. 53-57

Emminghaus, Hermann (1887): Die psychischen Störungen im Kindesalter, in: Gerhardt, Carl (Hg.) (1887): Handbuch der Kinderkrankheiten, Nachtragsband II, Tübingen 1887, S. 1-293

Grewe, Annette (1997): 216 verstorbene Kinder der Kinderfachabteilung Schleswig – Tötung, Verwahrlosung oder ‚natürlicher Tod'?, in: Landesarchiv Schleswig-Holstein (Hg.): Der Hesterberg – 125 Jahre Kinder- und Jugendpsychiatrie und Heilpädagogik in Schleswig (=Veröffentlichungen des Schleswig-Holsteinischen Landesarchivs 56), Schleswig 1997: Selbstverlag des Landesarchivs, S. 57-73

Gottschaldt, Kurt (1933): Der Aufbau des kindlichen Handelns – Vergleichende Untersuchungen an gesunden und psychisch abnormen Kindern (=Zeitschrift für angewandte Psychologie Bd. 68), Leipzig: J. A. Barth

Hagelskamp, J. (1988): Pädagogische Entwicklungen im Spiegel der „Zeitschrift für Kinderforschung" (1896-1944), Diplomarbeit Westfälische Universität Münster 1988

Heinze, Hans (1955): Erziehungsberatung – eine unentbehrliche Einrichtung vorbeugender Jugendhilfe, Zeitschrift für das Fürsorgewesen 7, 1955, S. 98-102

Hennermann, H. (1985): Werner Heyde und seine Würzburger Zeit, in: Nissen, Gerhart; Keil, G. (Hg.) (1985): Psychiatrie auf dem Wege zur Wissenschaft, Stuttgart, New York: Georg Thieme

Herzka, Stephan, Schuhmacher, A. v.; Tyrangiel , A. (1989): Die Kinder der Verfolgten, Göttingen: Vandenhoeck & Ruprecht

Hinterhuber, Herrmann (1995): Ermordet und vergessen – Nationalsozialistische Verbrechen an psychisch Kranken und Behinderten, Innsbruck, Wien: Verlag Integrative Psychiatrie

Hohendorf, Gerrit; Roelcke, Volker; Rotzoll, Maike (1996): Innovation und Vernichtung – Psychiatrische Forschung und „Euthanasie" an der Heidelberger Psychiatrischen Klinik 1939-1945, Der Nervenarzt 67, 1996, S. 935-946

Jäckle, Renate (1988): Die Ärzte und die Politik – 1930 bis heute, München: C. H. Beck

Kaminsky, Uwe (1995): Zwangssterilisation und „Euthanasie" am Beispiel von Einrichtungen der Erziehungsfürsorge sowie Heil- und Pflegeanstalten der Inneren Mission im Rheinland 1933 bis 1945, Köln: Rheinland-Verlag

Kaul, Friedrich Karl (1979): Die Psychiatrie im Strudel der „Euthanasie" – Ein

Bericht über die erste industriemäßig durchgeführte Mordaktion des Naziregimes, Frankfurt/M.: Europäische Verlagsanstalt
Keilson, Hans (1979): Sequentielle Traumatisierung bei Kindern, Stuttgart: Enke
Klee, Ernst (1983): „Euthanasie" im NS-Staat, Frankfurt/M.: Fischer Taschenbuch 1985
Klee, Ernst (1985): Dokumente zur „Euthanasie", Frankfurt/M.: Fischer Taschenbuch
Klee, Ernst (1986): Was sie taten – Was sie wurden – Ärzte, Juristen und andere Beteiligte am Kranken- oder Judenmord, Frankfurt/M.: Fischer Taschenbuch
Kleinert, Herbert (1943): Ehevermittlung für Erbkranke, Unfruchtbare und Geschädigte, Zeitschrift für Kinderforschung 49, 1943
Knaape, Hans-Hinrich (1989): Die medizinische Forschung an geistig behinderten Kindern in Brandenburg-Görden in der Zeit des Faschismus, in: Rapoport, Samuel Mitja; Thom, Achim (Hg.) (1989): Das Schicksal der Medizin im Faschismus – Auftrag und Verpflichtung zur Bewahrung von Humanismus und Frieden – Internationales wissenschaftliches Symposium europäischer Sektionen der IPPNW 17.-20. November 1988 Erfurt/Weimar – DDR, Berlin/DDR: Volk und Gesundheit, S. 224-230
Köhler, Susanne (1986): Festvortrag zum 100jährigen Jubiläum der Kinderneuropsychiatrischen Abteilung des Bezirksfachkrankenhauses für Psychiatrie und Neurologie Stadtroda, o. O. (Stadtroda), o. J. (1986)
Krüger, Martina (1988): Kinderfachabteilung Wiesengrund – Die Tötung behinderter Kinder in Wittenau, in: Arbeitsgruppe zur Erforschung der Geschichte der Karl-Bonhoeffer-Nervenklinik (Hg.) (1988): totgeschwiegen 1933-1945 – Die Geschichte der Karl-Bonhoeffer-Nervenklinik, Berlin 2. Aufl. 1992: Edition Hentrich, S. 151-176
Kuhlmann, Carola (1989): Erbkrank oder erziehbar? Jugendliche als Vorsorge und Aussonderung in der Fürsorgeerziehung in Westfalen von 1933-1945, Weinheim, München: Juventa
Laufs, Bernd (1989): Die Psychiatrie zur Zeit des Nationalsozialismus am Beispiel der Heidelberger Universitätsklinik, Medizinische Dissertation Homburg/Saar
Lempp, Reinhart (1979): Extrembelastung im Kindes- und Jugendalter, Bern, Stuttgart, Wien: Huber
Lempp, Reinhart (1991): Die Spätfolgen bei Sinti und Roma nach nationalsozialistischer Verfolgung im Kindes- und Jugendalter, Spektrum der Psychiatrie, Psychotherapie und Nervenheilkunde 20, 1991
Lempp, Reinhart (1991): Neue Erfahrungen über Spätfolgen nationalsozialistischer Verfolgung im frühen Kindes- und Jugendalter, Spektrum der Psychiatrie, Psychotherapie und Nervenheilkunde 20, 1991
Lempp, Reinhart (1992): Seelische Verfolgungsschäden bei Kindern in der ersten und zweiten Generation, in: Hardtmann, Gertrud (Hg.) (1992): Spuren der Verfolgung – Seelische Auswirkungen des Holocaust auf die Opfer und ihre Kinder, Gerlingen: Bleicher-Verlag, S. 93-99
Lempp, Reinhart (1994): Spätfolgen bei Sinti und Roma, in: Wiesse, Jörg; Ol-

brich, Erhard (Hg.) (1994): Ein Ast bei Nacht kein Ast – Seelische Folgen der Menschenvernichtung für Kinder und Kindeskinder, Göttingen, Zürich: Vandenhoeck & Ruprecht, S. 52-60

Lempp, Reinhart (1995): Delayed and long-term effects of persecution suffered in childhood and youth, Echoes of the Holocaust Issue (Jerusalem) 4, 1995, S. 30-45

Lempp, Reinhart (1996): Die Begutachtung der während der Kindheit und Jugend Verfolgten nach dem Bundesentschädigungsgesetz (BEG) – Ein Erfahrungsbericht, in: Kisker, Klaus Peter; Bischof, Hans-Hellmuth (Hg.) (1996): Koblenzer Handbuch des Entschädigungsrechts, Baden-Baden: Nomos Verlagsgesellschaft, S. 198-221

Lempp, Reinhart (1998): Was damals passierte, kann man nicht beschreiben, Forum der Psychoanalyse 14, 1998, S. 52-65

Lifton, Robert Jay (1988): Ärzte im Dritten Reich, Stuttgart: Klett-Cotta

Littmann, Irmgard (1943): Zur Prognose der Lebensbewältigung verwahrloster und mißhandelter Kinder, Zeitschrift für Kinderforschung 49, 1943

Lutzius, Franz (1987): Verschleppt – Der Euthanasiemord an behinderten Kindern im Nazideutschland – Tatsachenroman, Essen: Populär Verlag

Masuhr, Karl Friedrich; Aly, Götz (1985): Der diagnostische Blick des Gerhard Kloos, in: Aly, Götz u.a. (Hg.) (1985): Reform und Gewissen – „Euthanasie" im Dienst des Fortschritts (Beiträge zur nationalsozialistischen Gesundheits- und Sozialpolitik Bd. 2, Berlin 2. Aufl. 1989: Rotbuch-Verlag), S. 81-106

Mausbach, Hans; Mausbach Bromberger, Barbara (1979): Feinde des Lebens – NS-Verbrechen an Kindern, Frankfurt/M.: Röderberg-Verlag

Meyer, Joachim Ernst (1988): „Die Freigabe der Vernichtung lebensunwerten Lebens" von Binding und Hoche im Spiegel der deutschen Psychiatrie vor 1933, Der Nervenarzt 59, 1988, S. 85-91

Mitscherlich, Alexander; Mielke, Fred (1960): Medizin ohne Menschlichkeit – Dokumente des Nürnberger Ärzteprozesses, Frankfurt/M., Hamburg: Fischer

Neumärker, H. J. (1982): Zur Geschichte der Abteilung für Kinderpsychiatrie an der Berliner Charité, Acta paedapsychiatrica 48, 1982, S. 297-305

Nissen, Gerhart (1974): Zur Geschichte der deutschen Kinder- und Jugendpsychiatrie, Zeitschrift für Kinder- und Jugendpsychiatrie 1, Heft 2, 1974, S. 148-162

Orth, Linda (1989): Die Transportkinder aus Bonn – „Kindereuthanasie" (Rheinprovinz Bd. 3), Köln: Rheinland-Verlag

Peschke, Franz (1993): Schreck's Abteilung – Die Wieslocher „Kinderfachabteilung" im Zweiten Weltkrieg, in: Schriftenreihe des Arbeitskreises „Die Heil- und Pflegeanstalt Wiesloch in der Zeit des Nationalsozialismus" Heft 2, Wiesloch 1993, S. 19-41

Pongratz, Ludwig J. (1977): Psychiatrie in Selbstdarstellungen, Bern, Stuttgart, Wien: Huber

Richarz, Bernhard (1987): Heilen, Pflegen, Töten – Zur Alltagsgeschichte einer

Heil- und Pflegeanstalt bis zum Ende des Nationalsozialismus, Göttingen: Vandenhoeck & Ruprecht

Roer, Dorothee (1992): Psychiatrie in Deutschland 1933-1945: Ihr Beitrag zur ‚Endlösung der sozialen Frage', am Beispiel der Heilanstalt Uchtspringe, Psychologie und Gesellschaftskritik 16, 1992, Heft 2, S. 15-38

Rothmaler, Christiane (1987): Zwangssterilisation nach dem „Gesetz zur Verhütung erbkranken Nachwuchses", Deutsches Ärzteblatt 86, 1987, Heft 4, S. 123-126

Schäfer, Wolfram (1991): Bis endlich der langersehnte Umschwung kam ...- Die Karriere des Werner Villinger, in: Uni Marburg Fachschaft Medizin (Hg.) (1991): Bis endlich der langersehnte Umschwung kam ... – Von der Verantwortung der Medizin unter dem Nationalsozialismus, Marburg: Schüren Presseverlag, S. 178-283

Scheuing, Hans-Werner (1997): „... als Menschenleben gegen Sachwerte gewogen wurden" – Die Geschichte der Erziehungs- und Pflegeanstalt für Geistesschwache Mosbach/Schwarzacher Hof und ihrer Bewohner 1933-1945 (Veröffentlichungen des Vereins für Kirchengeschichte in der Evangelischen Landeskirche in Baden Bd. 54), Heidelberg: Universitätsverlag C. Winter/Heidelberger Verlagsanstalt

Schmuhl, Hans-Walter (1987): Rassenhygiene, Nationalsozialismus, Euthanasie (Kritische Studien zur Geschichtswissenschaft Bd. 75), Göttingen: Vandenhoeck & Ruprecht

Schnier, Elke Brigitte (1991): Zur geschichtlichen Entwicklung der psycho-sozialen Versorgung seelisch erkrankter Kinder und Jugendlicher in Lübeck seit 1900. Medizinische Dissertation Lübeck

Schultz, Ulrich (1985): Dichtkunst, Heilkunst, Forschung: Der Kinderarzt Werner Catel, in: Aly, Götz u.a. (Hg.) (1985): Reform und Gewissen – „Euthanasie" im Dienst des Fortschritts (Beiträge zur nationalsozialistischen Gesundheits- und Sozialpolitik Bd. 2, Berlin 2. Aufl. 1989: Rotbuch-Verlag), S. 107-124

Seipolt, Harry (1993): „Reichsausschußkinder" im Kreis Heinsberg 1939-1945, in: Heimatkalender des Kreises Heinsberg 1993, S. 123-135

Smekal, Christian; Hinterhuber, Herrmann; Meise, U. (1997): Wider das Vergessen, psychisch Kranke und Behinderte – Opfer nationalsozialistischer Verbrechen, Universitätsleben Bd. 8, Universität Innsbruck, 1997, S. 43-54

Stenzel, K. (1964): Daten zur Entwicklung der Kinderpsychiatrie in Heidelberg (1917-1964), Jahrbuch für Psychologie und Psychotherapie und medizinische Anthropologie 12, 1964, Heft1/3

Stromberger, Helge (1988): NS-Massenvernichtung am Beispiel Klagenfurt, Behinderte in Familie, Schule und Gesellschaft Bd. 11, 1988, Heft 5, S. 37-51

Stutte, Hermann (1970): 30 Jahre Vereinigung für Jugendpsychiatrie, Rückblicke und Ausblicke, Der Nervenarzt 41, 1970, S. 313ff.

Stutte, Hermann (1980/81): Über die Anfänge der europäischen Kinderpsychiatrie, Acta paedopsychiatrica 46, 1980/81; S. 189-192

Suesse; Thorsten; Meyer, Heinrich (1993): Die „Kinderfachabteilung" in Lüneburg: Tötung behinderter Kinder zwischen 1941 und 1945, Praxis der Kinderpsychologie und Kinderpsychiatrie 7 1993, S. 234-240

Toellner, Richard (1989): Ärzte im Dritten Reich, Deutsches Ärzteblatt 86, 1989, Heft 33, S. 1617-1623

Tornow, Karl (1943): Völkische Sonderpädagogik und Kinderpsychiatrie, Zeitschrift für Kinderforschung 49, 1943

Villinger, Werner (1923): Die Kinder-Abteilung der Universitätsnervenklinik Tübingen – zugleich ein Beitrag zur Kenntnis der Encephalitis epidemica und zur sozialen Psychiatrie, Zeitschrift für Kinderforschung 28, 1923, S. 128-160

Zöhren, Peter (1991): Die „Kinderfachabteilung" Waldniel, in: Seidel, Ralph; Werner, Wolfgang Franz (Hg.) (1991): Psychiatrie im Abgrund – Spurensuche und Standortbestimmung nach den NS-Psychiatrie-Verbrechen (Rheinprovinz Bd. 6), Köln: Rheinlandverlag

Auch in Wien ... Kindertötungen an der Heilpädagogischen Klinik „Am Spiegelgrund"

FRANZ RESCH

Die Psychiatrie nimmt unter den medizinischen Fächern insofern eine Sonderstellung ein, als sie in Theorie und Praxis mit großer Deutlichkeit den herrschenden Zeitgeist und die politischen Strukturen einer Gesellschaft widerspiegelt.[1] Auch in einer Zeit, in der Fragen des „genetic engineering" sowie der Grenzen zwischen Leben und Tod in vielen Bereichen einer „Medizin der Machbarkeit" diskutiert werden, spielt die Auseinandersetzung der Psychiatrie mit ihrem Menschenbild in Forschung und Alltagspraxis eine besondere Rolle. Aus Anlaß einer auch emotional bewegenden Beschäftigung mit dunklen Kapiteln der Geschichte der Psychiatrie in Heidelberg soll auch ein Blick über die Grenze gewagt werden, um den Stand der Auseinandersetzung mit der eigenen Geschichte dort mit zu reflektieren, wo der Autor dieses Beitrags herstammt und die Wurzeln seiner Ausbildung hat. Seit Ende der siebziger Jahre in der Wiener psychopathologischen Schule ausgebildet und seit den achtziger Jahren im Feld der Kinder- und Jugendpsychiatrie tätig, hat der Autor seit 1993 den Lehrstuhl für Kinder- und Jugendpsychiatrie an der Psychiatrischen Klinik Heidelberg inne. Die historische Aufarbeitung der Psychiatrie im Dritten Reich wäre unvollständig, ginge sie nicht auch mit der kritischen Reflexion dunkler Kapitel der Psychiatriegeschichte in anderen deutschsprachigen Ländern einher.

In einem ersten Schritt sollen noch einmal die aus heutiger Sicht entsetzlichen Fakten zusammengefaßt werden. Dabei wird im wesentlichen auf die Doktorarbeit von Susanne Mende (Institut für Geschichte der Medizin der Universität Freiburg, Prof. Seidler) Bezug genommen.[2] Ein zweiter Aufarbeitungsschritt setzt sich mit der so großen Latenz einer intensiven Auseinandersetzung mit der Psychiatrie im Faschismus auseinander. Einige Überlegungen zu der Frage, wie es dazu kam, mögen uns helfen, auch im heutigen gedanklichen Umfeld den Anfängen einer menschenfeindlichen Psychiatrie zu wehren. Wir wollen versuchen, aus der Geschichte zu lernen.

Nach Ernst Klee zeigt sich folgende grausame Bilanz: Zwischen Januar 1940 und August 1941 wurden in sechs Vergasungsanstalten im Rahmen der sogenannten Euthanasie (Aktion T 4) 70.273 Personen ermordet.[3] In dieser Zahl sind alle behinderten Kinder und Jugendlichen, die in sogenannten Kinderfachabteilungen mit Spritzen oder Tabletten getötet wurden, nicht enthalten. Wir müssen davon ausgehen, daß mehrere Hunderttausend Menschen als „lebensunwert" zu Tode kamen.

„Psychisch Kranke, geistig und körperlich Behinderte, Taubstumme, Blinde, Tuberkulöse, Fürsorgezöglinge, Arbeitsinvalide, Altersheimbewohner, durch Bombenangriffe verwirrte Zivilisten, schwerverwundete Soldaten und zuletzt auch gebrechliche Flüchtlinge. Es waren Juden und Arier, Deutsche wie Österreicher, Polen wie Russen – Kriminelle wie Ordensträger."[4]

Die Einleitung der Tötungsmaßnahmen begann 1939 nach einem Präzedenzfall. Ein Elternpaar namens Knauer (Pseudonym) hatte sich an Hitler gewandt, um bei ihrem Kind den Gnadentod zu erbitten, weil es unheilbar krank sei. Das Kind, das in der Universitätsklinik in Leipzig lag, wurde schließlich eingeschläfert. Es wurde beschlossen, in ähnlichen Fällen analog zu verfahren. Bei der Kanzlei des Führers wurde ein „Reichsausschuß zur wissenschaftlichen Erfassung von erb- und anlagebedingten schweren Leiden" gebildet. Per Runderlaß wurden ab 18. August 1939 Hebammen und Ärzte verpflichtet, mißgebildete Kinder zu melden. Diese wurden dann in sogenannte Kinderfachabteilungen verbracht und dort entweder durch Injektionen mit Morphium, Scopolamin oder durch Beibringung von Luminal oder durch Verhungernlassen getötet.[5] Dr. Karl Brandt und Reichsleiter Philipp Bouhler wählten zusammen mit dem im Rahmen der Kindereuthanasie beim Reichsausschuß tätigen Sachbearbeiter für das Irrenwesen im Reichsministerium des Innern Dr. Linden eine Reihe von Ärzten aus, die ihnen nach ihrer Gesinnung und ihrer beruflichen Position als geeignet erschienen, darunter den Obergutachter und Ordinarius für Neurologie und Psychiatrie an der Universität Heidelberg, Prof. Carl Schneider, sowie den Ordinarius für Neurologie und Psychiatrie an der Universität Würzburg, Prof. Werner Heyde.

Bereits am 14.07.1933 hatte die deutsche Reichsregierung das Gesetz zur Verhütung erbkranken Nachwuchses beschlossen, das mit dem 01.01.1934 in Kraft trat. Darin wurde in § 1 festgelegt, daß „wer erbkrank ist" durch chirurgischen Eingriff unfruchtbar gemacht (sterilisiert) werden kann, wenn nach den Erfahrungen der ärztlichen Wissenschaft mit großer Wahrscheinlichkeit zu erwarten ist, daß seine Nachkommen an schweren körperlichen oder geistigen Erbschäden leiden werden. Als erbkrank im Sinne des Gesetzes wurde jemand beschrieben, der an einer der folgenden Krankheiten litt: angeborener Schwachsinn, Schizophrenie, zirkuläres Irresein, erbliche Fallsucht, erblicher Veitstanz, erbliche Blindheit, erbliche Taubheit sowie schwere körperliche Mißbildungen erblicher Art. In einer Ergänzung wurde festgestellt: ferner kann unfruchtbar gemacht werden, wer an schwerem Alkoholismus leidet. In einem § 12 wurde festgelegt, daß die Sterilisation auch gegen den Willen des Betroffenen durchgeführt werden konnte.[5] Während dieses Gesetz im „Altreich" bereits seit sechs Jahren in Kraft war, wurde es am 01.01.1940 in der im März 1938 angegliederten Ostmark (Österreich) eingeführt. Durch den schon erwähnten geheimen Runderlaß des Reichsinnenministeriums vom 18.08.1939 wurden mithin in der Ostmark alle Hebammen und Ärzte verpflichtet, in den Kliniken anfallende Mißgeburten sowie Kinder mit diesen Leiden bis zu 3 Jahren den Gesundheitsämtern zu melden. Später wurde diese Bestimmung auf Kinder und Jugendliche bis zu 16 Jahren ausgeweitet. Zentrale Gutachter entschieden über Leben und Tod der Kinder. Mit Datum vom 01.09.1939 wurde auf einem Briefbogen aus der Privatkanzlei Hitlers mit dem Hoheitszeichen der NSDAP auf der linken oberen Ecke eine Tötungsermächtigung unterzeichnet. Sie lautet:

„Reichsleiter Bouhler und Dr. med. Brandt sind unter Verantwortung beauftragt, die Befugnisse namentlich zu bestimmender Ärzte so zu erweitern, daß nach menschlichem Ermessen unheilbar Kranken bei kritischster Beurteilung ihres Krankheitszustandes der Gnadentod gewährt werden kann. Gez.: Adolf Hitler."[6]

Nach der Tötungsermächtigung lief die Aktion gegen die Insassen der deutschen Heil- und Pflegeanstalten im Oktober 1939 an. Sie erhielt später nach dem Sitz der Zentrale in Berlin, Tiergartenstraße 4, die Tarnbezeichnung Aktion T 4.[7] Insgesamt sechs Euthanasieanstalten gab es, von denen jeweils vier gleichzeitig in Betrieb waren. Neben der Anstalt A (Schloß Grafeneck im Kreis Münsingen/Alb) und B (Brandenburg/Havel) wurde im Schloß Hartheim bei Linz an der Donau die Euthanasieanstalt C eingerichtet, ihr Leiter war Dr. Rudolf Lonauer. Zum Einzugsgebiet der Anstalt C gehörten die in Österreich, in Süddeutschland, teilweise in Sachsen, später auch die in Jugoslawien, in Böhmen und Mähren liegenden Anstalten. Zur Erfassung der für die Euthanasie in Frage kommenden Heil- und Pflegeanstalten und ihrer Patienten und Patientinnen wurde ein Meldebogensystem erarbeitet. In solche Anstalten, die die Formulare nur mangelhaft oder lückenhaft ausfüllten, schickte die Leitung der T 4 Ärztekommissionen, die dort sämtliche Meldebögen für die Anstaltsinsassen ausfüllten. Die entweder von den Angestellten selbst oder von den Ärztekommissionen ausgefüllten Meldebögen wurden der Registratur der Zentrale der T 4 zugeleitet, wo das Original bei der für jeden Kranken angelegten Akte blieb. Drei Kopien des Bogens wurden an verschiedene Gutachter entsandt, die aus einer von der Reichsarbeitsgemeinschaft Heil- und Pflegeanstalten, einer Tarnorganisation der T 4, zusammengestellten Gutachterliste ausgewählt wurden. Auf den Meldebögen wurden die Entscheidungen eingetragen. Die Entscheidung des Obergutachters wurde schießlich mit einem ebensolchen Zeichen auf dem Meldebogen vermerkt. Die „positiven" Meldebögen wurden gesammelt und schließlich ein Abtransport der auf den Bogen angegebenen Kranken aus der jeweiligen Anstalt veranlaßt. Sammeltransporte brachten die Patienten über Zwischenanstalten in die Vernichtungsanstalten. Die Angehörigen erhielten Trost- und Beileidsbriefe, in denen eine fingierte Todesursache angegeben und mitgeteilt wurde, daß man aus seuchenpolizeilichen Gründen die Leiche einäschern mußte.

Im August 1941 wurde nach mehreren öffentlichen Protesten vor allem aus der Reihe der Kirche – so hatte der Bischof von Münster, Clemens August Graf von Galen, am 28. Juli 1941 bei der Staatsanwaltschaft in Münster Strafanzeige gegen Unbekannt wegen Mordes gestellt – die Aktion T 4 gestoppt. Die Kindereuthanasie wurde durch den offiziellen Stopp nicht beeinflußt: bis 1945 wurden in den Kinderfachabteilungen weiterhin Kinder und Jugendliche getötet. Inoffiziell wurde die Aktion im Rahmen der sogenannten „wilden Euthanasie" auch bei Erwachsenen fortgesetzt, wobei die Kranken durch Giftinjektionen, schädliche Medikamente oder durch Verhungernlassen getötet wurden.

Kindereuthanasie in Wien

Gegen Ende des Krieges bei Einmarsch der Roten Armee in Wien wurden nachweislich einige Aktenbestände vernichtet, so z.B. die Unterlagen der Abteilung E 3, Erb- und Rassenpflege im Hauptgesundheitsamt der Stadt Wien, die gesamte Korrespondenz des „Reichsausschusses zur wissenschaftlichen Erfassung von erb-und anlagebedingten schweren Leiden" in Berlin mit der Heilpädagogischen Klinik für Kinder am Spiegelgrund.[8]

Bis 1940 war die Anstalt Steinhof, die über 26 Krankenpavillons verfügte, mit rund 4.000 Patienten eine reine Erwachsenenanstalt. Am 24.07.1940 wurde innerhalb des Anstaltsterritoriums der Erwachsenenanstalt die städtische Jugendfürsorgeanstalt „Am Spiegelgrund" eingerichtet. Mit neun Pavillons und einem Belag von 640 Betten unterstand sie einem eigenen ärztlichen Direktor. In der ersten Hälfte des Jahres 1942 erfolgte eine Aufteilung dieser Jugendfürsorgeanstalt: Sieben der neun Pavillons wurden als Erziehungsheim der Hauptabteilung Jugendwohlfahrt und Jugendpflege abgegeben, die zwei Pavillons Nr. 15 und Nr. 17 wurden „Heilpädagogische Klinik der Stadt Wien Am Spiegelgrund" und später „Nervenklinik für Kinder" genannt. In diesen beiden Pavillons waren Kinder und Jugendliche bis zum 18. Lebensjahr untergebracht, die entweder hirnorganisch erkrankt waren oder körperliche Mißbildungen aufwiesen. Die verantwortlichen Ärzte meldeten die betreffenden Kinder an den „Reichsausschuß zur wissenschaftlichen Erfassung von erb- und anlagebedingten schweren Leiden" nach Berlin. Über Leben und Tod der Patienten wurde endgültig von Gutachtern entschieden, die „die jeweiligen Patienten gar nicht zu Gesicht bekamen, sondern nur aufgrund – manipulierbarer – Meldungen entschieden."[9] Wenn vom Reichsausschuß eine entsprechende schriftliche Ermächtigung zur Behandlung erfolgt war, wurde eine „Todesbeschleunigung" entweder in Tablettenform mit Veronal oder Luminal als Beimischung zu Speisen oder

Getränken durchgeführt, oder es wurden auch Injektionen mit einem Morphiumpräparat gegeben. Die Kinder starben schließlich oft an Magen- und Darmkatarrhen und Lungenentzündung, welche sich bei schlechter Ernährungs- und Abwehrlage der kindlichen Körper im Verlaufe mehrfacher Überdosierungen einstellten. Im Nachhinein sind Zahlen der Tötungen „Am Spiegelgrund" wegen der in diesem Fall besonders gründlichen Spurenverwischung durch Aktenvernichtung schwer zu rekonstruieren. Nach der Analyse von Susanne Mende und Prof. Dr. Eduard Seidler muß man von insgesamt 772 Todesfällen in der gesamten Zeit des Bestehens der Anstalt ausgehen. Nach Aussage eines verantwortlichen Arztes seien durchschnittlich 33 bis 50% der Todesfälle „mit Nachhilfe" gestorben. Daraus ergäbe sich eine Spanne von 254 bis 386 „Euthanasierungen". Am 30.06.1945 wurde die Nervenklinik für Kinder „Am Spiegelgrund" aufgelöst.[10]

Ein beschämendes Faktum ist die lange zeitliche Latenz einer Aufarbeitung der Kindertötungen im Dritten Reich. Systematische Untersuchungen erfolgen seit Jahrzehnten, aber an manchen Orten verzögerte sich die Aufarbeitung. So konnten sich einzelne Psychiater unter dem Schutz geschickter politischer Liaisonen über Jahre einer Strafverfolgung oder Verurteilung entziehen.[11] Ist es die persönliche Scham, die viele trotz bekannter Sachlage so lange wegschauen ließ? Ist es der Versuch, etwas Unfaßbares durch Negieren ungeschehen zu machen. Ist es die Sorge, Psychiatrie durch eine solche Aufarbeitung in Mißkredit zu bringen? Oder ist es zynischer Trotz und ein Dünkel, der die insgeheime Billigung solcher Auswüchse in Kauf nimmt? Aber haben wir nicht als Ärzte eine Pflicht zu historischer Orientierung und akribischer Aufarbeitung dieses dunklen medizinhistorischen Kapitels? Müssen wir nicht Konzepte und Weltbilder dieser unserer Vorfahren durchleuchten, um nicht nur vor den unfaßbaren Tötungen zu erstarren, sondern auch für eine Psychiatrie der Gegenwart und Zukunft daraus zu lernen?

Wie konnte es dazu kommen?

Wie waren solche Greueltaten möglich? Waren sie das Werk einzelner Menschen, die ihre krankhafte Menschenverachtung machtvoll umzusetzen in der Lage waren? Oder waren sie konsequenter Ausdruck einer bestimmten Ideologie, die politische und ökonomische Interessen rücksichtslos verfolgte? Die Fakten sprechen dafür, daß sich Ärzte und Juristen in irrationalem Glauben oder in verbindlicher Hinnahme von Weisungen an diesen Tötungen beteiligten. Die Fakten sprechen für eine systematische Umsetzung ideologischer Voreingenommenheit. Die Tötungen wurzelten somit in einem wissenschaftlich verbrämten Weltbild, das die Psychiatrie zum Handlanger machtpolitischer Interessen des faschistischen Systems machte.

Einige Facetten einer solchen „Medizin ohne Menschlichkeit" (Alexander Mitscherlich) sollen aus der Sicht des Psychiaters dargestellt werden, der versucht, die Durchdringung von Wissenschaft mit Ideologie näher zu beleuchten.

Auffällig ist eine gefährliche Verquickung von Euthanasiegedanken, Eugenik und Sozialdarwinismus. Euthanasie als Sterbehilfe – die die Erleichterung des Endes eines mit Sicherheit und auf qualvolle Weise verlöschenden Menschenlebens bedeutet – wurde mit der Erbgesundheitslehre, die um die Jahrhundertwende in der medizinischen Diskussion auftauchte, in Verbindung gebracht.[12] Begriffe wie Ballastexistenzen, Nebenmenschen, Defektmenschen und leere Menschenhülsen wurden bereits von Binding und Hoche geprägt.[13] Hoche postulierte als Psychiater, „daß die Beseitigung der geistig völlig Toten kein Verbrechen, keine unmoralische Handlung, keine gefühlsmäßige Roheit, sondern einen erlaubten nützlichen Akt darstellt."[14] Unter eugenischen Gesichtspunkten ergab sich die Notwendigkeit, im sozialdarwinistischen Kampf ums Dasein „minderwertige Mitglieder der Gesellschaft" und „biologisch Entartete" durch Sterilisierung an der Fortpflanzung zu hindern und im nächsten Schritt einer „Euthanasie" anheim zu geben. Allein an der Begrifflichkeit kann die Menschenverachtung dieser ideologischen Vorgaben abgelesen werden. Weiterhin gab es falsche Vorstellungen von der affektiven Reaktionsfähigkeit psychisch Kranker; nur in Unkenntnis von Patienten konnte man glauben, daß „geistig Tote" froh sein müßten, von ihren Leiden erlöst zu werden. Nur aus zynischer Distanz waren solche Fehleinschätzungen möglich.

Ein weiteres auffälliges Kriterium ist die wissenschaftliche Reduktion auf einen sozialwissenschaftlichen Biologismus. Fehlende naturwissenschaftliche Erkenntnisse über die biologische Natur des menschlichen Seelenlebens wurden durch ideologische Postulate ersetzt. Schließlich führte der Begriff einer biologischen Entartung, die Idee vom „geborenen Verbrecher" und von der „psychopathischen Minderwertigkeit"[15] in ein geschlossenes System, das eugenisches und sozialdarwinistisches Gedankengut in einer Rassenlehre vereinte. Dieses ideologische Weltbild wurde aber von den Ärzten als wissenschaftliches System betrachtet, aus dem heraus sich die Tötungen folgerichtig zu ergeben schienen.

Weiterhin zeigt sich eine Ökonomisierung des Menschenbildes, das vor allem in Zeiten verknappender Ressourcen die Nützlichkeit des Individuums für die Gesellschaft in den Fokus nimmt. Anhand dieses Maßstabes werden psychisch Leidende rasch als unnütz abgewertet, vor allem wenn sich die Nützlichkeit nur in der Arbeitskraft oder Einsetzbarkeit für Kriegstätigkeiten erweist. Das Individuum verliert seine Bedeutsamkeit und seinen unabdingbaren Wert für die Gemeinschaft, wenn es nur anhand einiger Kriterien grob in seiner „Brauchbarkeit" gemessen wird.

Schließlich kommt es zu einem Verlust bzw. der Enteignung des Grundwertes Leben. In sozialer Perspektive werden Menschen mit Behinderungen zu wirtschaftlichen „Mitessern", da „minderwertiges Leben" nicht erhaltenswürdig sei. Schließlich wird in individueller Perspektive Krankheit nur als unerträgliches Nichtfunktionieren erkannt, was folgerichtig wieder den Euthanasiegedanken nährt.

So zeigt sich eine tiefe Durchdringung von lückenhaftem wissenschaftlichem Wissen mit ideologischen Surrogaten, wobei die Geschlossenheit des Denksystems im Sinne einer „reinen Lehre"[16] eine wesentliche Rolle spielt. So fühlten sich die Ärzte dieser Lehre offenbar mehr verpflichtet als persönlichen moralischen Bedenken. Schließlich mögen Hinweise auf den Führererlaß auch individuelle ethische Bedenken abgeschwächt haben, so daß Weisungen von oben kritiklos hingenommen wurden.

Den Anfängen wehren

Auch wenn wir heute nicht einer ideologisierten medizinischen Wissenschaft als Handlanger dienen, auch wenn wir uns in unseren alltäglichen Entscheidungen von äußerem politischen Druck frei fühlen, müssen wir als handelnde Ärzte uns immer wieder hinsichtlich unseres Menschenbildes hinterfragen. In welcher Form könnte Unmenschlichkeit auch in unserem Alltag auf dem Vormarsch sein? In welchen Tarnungen zeigen sich neue potentiell gefahrvolle Trends? Muß uns eine zunehmende Rechtsradikalität vor allem unter jungen Leuten nicht Sorgen bereiten? Finden wir nicht auch in unserem Alltag wieder Tendenzen zum Biologismus, die in der allgemeinen Begeisterung für biotechnologische Fortschritte und die Möglichkeiten einer genetischen Einflußnahme vielleicht kaum bemerkt das Menschenbild der Psychiatrie wieder umtönen?

Welche sozialpsychiatrische Grundhaltung bewahrt sich in der konsequenten betriebswirtschaftlichen Durchdringung von psychiatrischen Institutionen? Kann eine Dienstleistung für psychisch kranke Menschen unter einer Leitidee geschäftlichen Ertrags menschlich erfolgreich sein? Eine Zeit verknappender Ressourcen benötigt den wirtschaftlich optimalen Einsatz bereit gestellter Mittel, für Vergeudung von Geld ist kein Platz, aber die Grundidee einer optimalen Patientenbetreuung, die humanistische Basisorientierung muß Priorität haben. Wie viele Ressourcen sind einer Gesellschaft kranke Kinder, psychisch kranke Menschen der Bereitstellung wert?

Viele ethische Fragestellungen werden von den modernen medizinischen Möglichkeiten über den ganzen Lebensbogen hinweg berührt: am Beginn steht die pränatale Diagnostik und die sich daraus ergebenden Fragen einer Schwangerschaftsunterbrechung, und am Ende findet sich ein ganzer Fächer von Problemen der Bestimmung des Todes, der Entscheidung einer Beendigung maschinell aufrechterhaltener Vitalfunktionen an der Herz-Lungen-Maschine und der Frage eines würdevollen menschlichen Lebensendes.

Wir kennen die modernen Diskussionen um Euthanasie, um die Gesundheitsökonomie, um den naturwissenschaftlichen Reduktionismus. Es gibt auch wieder moderne Tendenzen einer Eugenik. Trotzdem ist vieles anders, und die Medizin versteht sich nicht als Teil eines ideologisierten Räderwerks. Drei Aspekte erscheinen mir von besonderer Bedeutung in der Erhaltung einer Medizin mit Menschlichkeit:

1. Medizin und im besonderen die Psychiatrie ist nicht nur als Naturwissenschaft, sondern immer auch in ihren sozialen Bezügen und ihrer Praxisorientierung zu betrachten. Dabei gilt, daß die Entscheidungen zum Handeln und Behandeln niemals nur aus wissenschaftlich zwingender Notwendigkeit, sondern immer auch in Abwägung von ethischen Wertvorstellungen erfolgen müssen. Ethische Wert- und Zielkonflikte in der klinischen Psychiatrie auch bei Kindern und Jugendlichen führen nicht selten zu konkreten Entscheidungsproblemen im klinischen Alltag. Wir müssen uns einer Differentialethik befleißigen, die ähnlich hohe Differenzierungsleistungen in Analyse, Bewertung und Interventionsvorbereitung erbringen muß, wie wir das von der modernen Differentialdiagnostik erwarten. Ethische Fragen zielen auf das Menschenbild und konkreter auf die Gültigkeit und Verbindlichkeit bestimmter Wertvorstellungen sowie die Kriterien, die für die Erwägung der Folgen, also die Nutzen-Risiko-Abschätzung bedeutsam sind.[17] Ethik in der Psychiatrie und Psychotherapie bedeutet vor allem die Notwendigkeit der Legitimation von Therapiezielen und unterscheidet sich damit auch von ethischen Fragestellungen in der somatischen Medizin, bei denen es nicht nur, aber vorrangig um die Wiederherstellung eines zuvor vorgelegenen Gesundheitszustandes geht.[18] Das Ziel einer Psychotherapie läßt sich nämlich nicht in erster Linie von einer empirischen bzw. statistischen Norm ableiten, sondern hängt maßgeblich von der Wert- und der Idealnorm ab, die ihrerseits wieder auf Wertentscheidungen hinsichtlich des Menschenbildes beruhen.

2. Die ärztliche Verantwortung ist immer eine gegenüber dem einzelnen Patienten. Wir müssen uns davor hüten, als Ärzte im Dienste der Gesellschaft Entscheidungen gegen das Wohl des Einzelnen zu treffen! Unser Ziel als Psychiater muß es sein, für den Einzelnen Brücken in die Gemeinschaft zu schlagen. Wir müssen uns davor hüten, den Einzelnen am Maßstab eines Gemeinschaftswohls abzuwerten. In der Individualperspektive des ärztlichen Handelns liegt ein wichtiger Wert ärztlicher Tätigkeit.

3. Schließlich kann Psychiatrie als „Sache der psychisch Kranken"[19] sich nur unter dem Schutz und der Kontrolle einer aufmerksamen

Öffentlichkeit positiv entwickeln. „… reine Lehren, geschlossene weltanschauliche Systeme sind nach geschichtlichen Erfahrungen vom Abgleiten in die Unmenschlichkeit bedroht. Der Psychiater muß also im Interesse seiner Kranken, die oft recht unbequeme Öffentlichkeit bejahen, den grandiosen weltanschaulichen Entwürfen aus einem Guß, die die endgültige Lösung der psychiatrischen und anderer Probleme versprechen, muß mißtraut werden. Erfolgversprechend ist nur der mühsame Weg der ständigen pragmatischen Verbesserung."[20]

Wir hoffen, daß wir heute als Psychiater in gutem Sinne „besserwissend" und entscheidungsfreier als unsere Vorgänger im Dritten Reich sind. Aber Bescheidenheit ist angesagt. Wir sollten uns selbst kritisch halten und für Kritik offen bleiben.

Jede ärztliche Entscheidung beruht auf einer Bewertung, ärztlich handeln heißt auch, sich der Verantwortung nicht entschlagen können. Ärztliches Handeln heißt nicht nur Folgerichtigkeit des Wissens, ärztliches Handeln heißt sich deklarieren, Haltung und Standpunkt zu zeigen. Der klinische Standpunkt selbst läßt sich niemals wissenschaftlich endgültig sichern. Er muß vielmehr im Spannungsfeld verschiedenster Wissensgebiete immer wieder neu bestimmt, geortet und verankert werden. Darin liegt die große Verantwortung psychiatrischer Therapeuten. Da ihr Ausgangspunkt dem Wandel der Zeiten unterworfen sein kann, können sie die Legitimation ihrer Arbeit nicht allein aus der wissenschaftlichen Begründung ihrer Hypothesen ableiten, sondern müssen sich auch der ethischen und gesellschaftspolitischen Dimension ihres Tuns immer wieder bewußt werden.[21]

Anmerkungen

[1] Vgl. Heinrich, K. (1985): Öffentlichkeit und „reine Lehre" in der Psychiatriegeschichte.
[2] Vgl. Mende, Susanne (1996): Die Wiener Heil- und Pflegeanstalt „Am Steinhof" zwischen 1938 und 1945.
[3] Vgl. Klee, Ernst (1983): „Euthanasie" im NS-Staat, S. 340f..
[4] Klee, Ernst (1986): Was sie taten – Was sie wurden.
[5] Vgl. Kogon, Eugen; Langbein, Hermann; Rückerl, Adalbert u.a. (Hg.) (1983): Nationalsozialistische Massentötungen durch Giftgas, S. 57 und den Beitrag von Eduard Seidler in diesem Band.

[6] Vgl. Berger, Ernst; Michel, Barbara (1997): Zwangssterilisation bei geistiger Behinderung.
[7] Zitiert nach Klee, Ernst (1983): „Euthanasie" im NS-Staat, S. 100.
[8] Vgl. Kogon; Eugen; Langbein, Hermann; Rückerl, Adalbert u.a. (Hg.) (1983): Nationalsozialistische Massentötungen durch Giftgas, S. 30-32.
[9] Vgl. Mende, Susanne (1996): Die Wiener Heil- und Pflegeanstalt „Am Steinhof" zwischen 1938 und 1945.
[10] A.a.O..
[11] Vgl. Mayr, Walter: Vom Hakenkreuz zum Ehrenkreuz, Der Spiegel 12/2000.
[12] Vgl. Kogon, Eugen; Langbein, Hermann; Rückerl, Adalbert (1983): Nationalsozialistische Massentötungen durch Giftgas, S. 27f..
[13] Vgl. Schmidt, Gerhard (1985): Vom Rassenmythos zu Rassenwahn und Selektion.
[14] Vgl. Binding, Karl; Hoche, Alfred (1920): Die Freigabe der Vernichtung lebensunwerten Lebens., S. 57.
[15] Vgl. Kogon, Eugen; Langbein, Hermann; Rückerl, Adalbert (1983): Nationalsozialistische Massentötungen durch Giftgas, S. 27.
[16] Vgl. Heinrich, K. (1985): Öffentlichkeit und „reine Lehre" in der Psychiatriegeschichte.
[17] Vgl. Helmchen, Hanfried (1986): Ethische Fragen in der Psychiatrie.
[18] Vgl. Brunner, Romuald; Resch, Franz; Parzer, Peter (1997): Ethische Grundsatzfragen in der klinischen Psychotherapie bei Kindern und Jugendlichen.
[19] Vgl. Heinrich, K. (1985): Öffentlichkeit und „reine Lehre" in der Psychiatriegeschichte.
[20] A.a.O., S. 183.
[21] Vgl. Resch, Franz (1996): Entwicklungspsychopathologie des Kindes- und Jugendalters.

Literaturverzeichnis

Berger, Ernst (1988): Psychiatrie im Faschismus, Behinderte in Familie, Schule und Gesellschaft 11, 1988, Heft 5, S. 59-62

Berger Ernst; Michel, Barbara (1997): Zwangssterilisation bei geistiger Behinderung, Wiener Klinische Wochenschrift 109, 1997, Heft 23, S. 925-931

Binding, Karl; Hoche, Alfred (1920): Die Freigabe der Vernichtung lebensunwerten Lebens. Ihr Maß und Ihre Form., Leipzig: Felix Meiner

Brunner, Romuald; Resch, Franz; Parzer, Peter (1997): Ethische Grundsatzfragen in der klinischen Psychotherapie bei Kindern und Jugendlichen, in: Mundt, Christoph; Linden, N.; Barnett, Winfried (Hg.) (1997): Psychotherapie in der Psychiatrie, Wien, New York: Springer Verlag, S. 321-325

Degkwitz, Rudolf (1985): Medizinisches Denken und Handeln im Nationalsozialismus, Fortschritte der Neurologie und Psychiatrie 53, 1985, S. 212-225

Heinrich, K. (1985): Öffentlichkeit und „reine Lehre" in der Psychiatriegeschich-

te, Fortschritte der Neurologie und Psychiatrie 53, 1985, S. 177-184
Helmchen, Hanfried (1986): Ethische Fragen in der Psychiatrie, in: Kisker, K. P.; Lauter, Hans; Meyer, Joachim Ernst; Müller, C.; Strömgren, E. (Hg.) (1986): Psychiatrie der Gegenwart Bd. 2, Berlin, Heidelberg, New York: Springer, S. 309-368
Klee, Ernst (1983): „Euthanasie" im NS-Staat – Die Vernichtung „lebensunwerten Lebens", Frankfurt/M. 1985: Fischer Taschenbuch
Klee, Ernst (1986): Was sie taten – Was sie wurden – Ärzte, Juristen und andere Beteiligte am Kranken- oder Judenmord, Frankfurt/M.: Fischer Taschenbuch
Kogon, Eugen; Langbein Hermann; Rückerl, Adalbert u.a. (Hg.) (1983): Nationalsozialistische Massentötungen durch Giftgas – Eine Dokumentation, Frankfurt/M. 1985: Fischer Taschenbuch
Mende, Susanne (1996): Die Wiener Heil- und Pflegeanstalt „Am Steinhof" zwischen 1938 und 1945, in: Wiener Gespräche zur Sozialgeschichte der Medizin, Wien: Erasmus Verlag für Wissenschaftsgeschichte, S. 143-167
Mitscherlich, Alexander; Mielke, Fred (1960): Medizin ohne Menschlichkeit – Dokumente des Nürnberger Ärzteprozesses, Frankfurt/M., Hamburg: Fischer Bücherei
Resch, Franz (1996): Entwicklungspsychopathologie des Kindes- und Jugendalters – Ein Lehrbuch, Weinheim: Psychologie Verlags Union Beltz
Schmidt, Gerhard (1985): Vom Rassenmythos zu Rassenwahn und Selektion, Der Nervenarzt 56, 1985, S. 337-347

Von der Verhütung zur Vernichtung „lebensunwerten Lebens". – Zur Radikalisierung der Erb- und Rassenpolitik im Nationalsozialismus

HANS-WALTER SCHMUHL

I.

Beginnen möchte ich – wie sollte es anders sein – mit dem *neuen Historikerstreit* um die provokativen Thesen von Daniel Jonah Goldhagen. Diese Kontroverse hat den alten, eigentlich schon überwunden geglaubten Antagonismus von *Intention* und *Struktur* wieder in aller Schärfe hervortreten lassen. Wenn Sie mit den feinen Verästelungen des geschichtswissenschaftlichen Diskurses vertraut sind, dann wissen Sie, daß die Historikerzunft in der Frage nach der Genesis des Holocaust über Jahrzehnte hinweg in zwei feindliche Lager gespalten war. Auf der einen Seite standen die Vertreter des „intentionalistischen" oder „programmatischen" Ansatzes. Diese Intentionalisten interpretierten die „Endlösung der Judenfrage" als das Ergebnis einer planrationalen Politik, die sich unmittelbar aus dem radikalen Antisemitismus Hitlers und der Nationalsozialisten herleitete, die von vornherein – schon seit 1939, seit 1933 oder sogar, wie manche meinten, seit der Niederschrift von „Mein Kampf" – auf die physische Vernichtung der Juden Europas abzielte und die dann den Vernichtungsplan gleichsam Zug um Zug – soweit es die gesellschaftlichen Rahmenbedingungen eben zuließen – in die Praxis umsetzte. Dieser Sichtweise widersprachen die Vertreter des „strukturalistischen" oder „funktionalistischen" Ansatzes. Sie bestritten, daß es vor 1942 so etwas wie einen *Master Plan* zur „Endlösung der Judenfrage" gegeben habe. Statt dessen betonten sie, daß die Judenpolitik seit 1933 von einer Vielzahl improvisierter *ad-hoc*-Maßnahmen geprägt war, die von rivalisierenden Machtapparaten getragen wurden und nicht selten unterschiedlichen, ja gegenläufigen Zielvorgaben folgten. Den Umschlag von der Juden*verfolgung* zur Juden*vernichtung* um die Jahreswende 1941/42 führten die Strukturalisten auf einen systemimmanenten Prozeß der kumulativen Radikalisierung zurück, der zu unhaltbaren Zuständen in den Ghettos und Lagern geführt habe, so daß den braunen Machthabern schließlich keine andere Möglichkeit geblieben sei als die physische Vernichtung der in den Osten deportierten Juden.[1]

In den letzten Jahren hatte die Debatte zwischen Intentionalisten und Strukturalisten deutlich an Schärfe verloren. Zum einen hat die empirische Forschung zur „Endlösung der Judenfrage", die mit der Öffnung der Archive in Osteuropa einen großen Sprung nach vorn gemacht hat, eindeutig bestätigt, daß es *den* „Master Plan" zur Vernichtung der Juden Europas nicht gegeben hat. Zum anderen ist aber auch die Skepsis vor allzu strengen strukturalistischen Interpretationsansätzen gewachsen. Dies ist, wenn ich es richtig sehe, vor allem auch auf die jüngeren Forschungen zu den *anderen* nationalsozialistischen Genoziden – zu den Massenmorden an geistig Behinderten und psychisch Kranken, an Sinti und Roma, an „Gemeinschaftsfremden" und „Fremdvölkischen" – zurückzuführen.[2] Hier zeichnet sich nämlich ein *Zusammenspiel* von ideologischen Vorgaben und strukturellen Rahmenbedingungen ab, das einen Prozeß der Radikalisierung von der Verfolgung hin zur Vernichtung in Gang setzte und vorantrieb. Dieser Prozeß kann nur erklärt werden, wenn man Interpretationsmodelle anwendet, die den ideologischen Impetus *und* die Herrschaftsstruktur des Nationalsozialismus miteinander verbinden und insofern den alten Antagonismus überwinden. Ein solches Interpretationsmodell möchte ich gleich skizzieren. Zuvor aber noch einmal kurz zu Goldhagen.

Seine Thesen bedeuten eine radikale Abkehr von allen strukturalistischen Erklärungsansätzen und die äußerste Zuspitzung des intentionalistischen Interpretationsmodells, indem er ganz auf die bewußte Willensentscheidung der Täter abhebt – und zwar nicht der *Schreibtischtäter*, die für die Planung und Organisation des Genozids verantwortlich waren, sondern der Täter vor Ort, die Auge in Auge mit ihren Opfern standen und mit eigener Hand töteten. Allein entscheidend ist hier die kulturelle Fundierung kollektiven Handelns, also jener *eliminatorische* Antisemitismus, der – so Goldhagens Grundthese – das Projekt *der* Deutschen gewesen sei, die bei ihm zum Kollektivsubjekt des Genozids werden. Den äußeren Umständen, die den Holocaust sozusagen aus der Virtualität in die Aktualität überführen, schenkt Goldhagen überhaupt keine Beachtung. Während in manchen streng funktionalistischen Interpretationen die Menschen als bloße Exekutoren anonymer Prozesse und als Gefangene übermächtiger Strukturen erscheinen, ihr Handeln als mechanisch und blind dargestellt wird, sieht Goldhagen – wie er ausdrücklich betont – die Täter „als bewußt Handelnde" und als „sittliche Wesen".[3] Dahinter verbirgt sich eine recht naive Psychologie des freien Willens: Dem Handeln geht ein bewußtes mentales Kalkül voraus, bei dem Werte und Weltsicht eines Menschen die entscheidende Rolle spielen.

Man kann diesem kognitivistischen Ansatz leicht entgegenhalten, daß er die vielen unbewußten oder halb bewußten emotionalen Faktoren ausblendet, die menschliches Handeln beeinflussen – Angst, Gehorsamsbereitschaft, Gruppendruck usw.[4] Aber abgesehen davon: Liegt Goldhagens Methode nicht ganz auf der Linie des klassischen Historismus, der ja auch die Sinnhaftigkeit menschlichen Handelns zum Ausgangspunkt hat und für den das einfühlende Verstehen das Mittel der Wahl ist, um Intentionen und Motive historischer Akteure zu begreifen? Man kann dies mit guten Gründen entschieden verneinen. Absicht und Ergebnis menschlichen Handelns klaffen häufig weit auseinander. In der Regel trifft in menschlichen Handlungsabläufen gerade *das nicht* ein, was die Akteure gewollt haben, kann das Ergebnis komplexer Handlungsstränge und Ereignisketten *nicht eindeutig* auf eine bestimmte Handlungsabsicht zurückgeführt werden. An diesem Punkt muß man anfangen, historisch zu erklären, muß man die Geschichte erzählen, die darlegt, warum am Ende etwas herausgekommen ist, was so am Anfang von niemandem gewollt war. Weil er die Komplexität historischer Prozesse ignoriert, ist Goldhagens Argumentation im Kern *ahistorisch*.[5]

Lange Rede, kurzer Sinn: Ich plädiere für einen *gemäßigten Strukturalismus*, einen Interpretationsansatz, der sich einerseits gegen die Auffassung der Intentionalisten richtet, daß man die ungeheure, letztlich auf Krieg, Völkermord und Selbstzerstörung hinauslaufende Dynamik des Nationalsozialismus allein aus seiner Ideologie heraus verstehen könne. Mit den Strukturalisten geht mein Ansatz davon aus, daß die Dynamik des NS-Regimes aus den besonderen Herrschaftsformen des Dritten Reiches resultierte. Andererseits halte ich die Position mancher extremer Strukturalisten, die den Faktor Ideologie ganz aus der Interpretation ausklammern, für überzogen. Wenn auch in den Strukturen des Regimes ein singulärer Radikalisierungsprozeß, der schließlich in den Genozid mündete, von vornherein angelegt war, so war es doch die Ideologie, die diesem Prozeß die Richtung und das Ziel wies. Zum vollen Verständnis ist es daher notwendig, das *Ineinandergreifen* von Ideologie und Herrschaftsstruktur zu analysieren.

II.

Wenden wir uns zunächst der Herrschaftsstruktur des Dritten Reiches zu. Seinem *Legitimitätsanspruch* nach kann der Nationalsozialismus dem Weberschen Idealtyp der charismatischen Herrschaft zugeordnet werden. Max Weber verstand charismatische Herrschaft als „revolutionäre Kraft in traditional gebundenen Epochen"[6], hegte aber gleichzeitig die Hoffnung, daß charismatische Herrschaft in der Zukunft jenes „stahlharte Gehäuse"[7] aufsprengen könne, in das der moderne Mensch im Zuge des säkularen Rationalisierungsprozesses gesperrt worden sei und das Weber mit einer Mischung aus Faszination und Skepsis betrachtete.

Charismatische Herrschaft, so Weber, wird stets aus „Not und Begeisterung"[8] geboren. Grundvoraussetzung für die Aufrichtung einer charismatischen Herrschaft ist ein außeralltäglicher Notstand. Das gilt auch für den Nationalsozialismus. Sein Aufstieg hing eng mit der Zusammenballung ökonomischer, sozialer und politischer Krisenphänomene in der Zwischenkriegszeit zusammen. Im Bewußtsein breiter Bevölkerungsschichten verdichteten sich die Erfahrungen wirtschaftlicher Depression, sozialer Anomie und politischer Desintegration zu einer latenten Krisenmentalität, die in dem irrationalen Glauben an das Charisma Hitlers ein Ventil fand. So konnte der Nationalsozialismus die im Erwartungsstau weiter Bevölkerungskreise gebundenen Energien für sich mobilisieren. Freilich setzte er sich damit auch selbst unter Erfolgsdruck.

Aus einem tieferen Grund war das NS-Regime geradezu zum Erfolg verdammt. Denn charismatische Herrschaft ist spezifisch labil: Weil sie auf der Bewährung im Außergewöhnlichen gründet, muß sie den ihr zugrundeliegenden Ausnahmezustand unbedingt beenden. Gelingt es ihr aber, den *Alltags*zustand wiederherzustellen, entzieht sie sich selbst die Legitimationsbasis. In reiner Form existiert charismatische Herrschaft also nur *in statu nascendi*. Sobald sich der Alltagszustand wieder einstellt, beginnt der Prozeß der *Veralltäglichung* des Charismas der – über eine Reihe von Zwischenstufen – zur allmählichen Umwandlung der charismatischen in eine traditionale oder rationale Herrschaft oder aber zu einer Mischform aus den verschiedenen Herrschaftstypen führt.

Der Nationalsozialismus setzte sich zum Ziel, diesen Prozeß der Veralltäglichung aufzuhalten und „der charismatischen Herrschaft in ihrer reinen Form Dauer zu verleihen".[9] Zu diesem Zweck mußte der Ausnahmezustand – zumindest in Teilbereichen der Gesellschaft – ständig erneuert, mußten die Endziele der charismatischen Herrschaft auf so hohem Abstraktionsniveau angesiedelt werden, daß sie in der politischen Praxis nie eingeholt werden konnten. Diese Herrschaftstechnik führte zu einer außerordentlichen Dynamisierung der nationalsozialistischen Politik, zu ständiger Bewegung und Aktion, zur unentwegten Inangriffnahme neuer, spektakulärer Aufgaben. Ein *konstitutives Element* der NS-Herrschaftstechnik bestand darin, immer neue Menschengruppen zu „inneren Feinden"[10] zu erklären, was zur fortschreitenden Verfolgung und Vernichtung randständiger Minderheiten führte.

Dies erklärt sich nicht zuletzt auch aus dem Herrschaftskompromiß, auf dem die „Machtergreifung" beruhte. In der „Kampfzeit" hatten sich die Nationalsozialisten zum Ziel gesetzt, im Falle einer „Machtergreifung" Staat und Gesellschaft nach dem Vorbild der von ihnen in Gang gesetzten Massenbewegung umzugestalten. Die „braune Revolution" blieb jedoch 1933/34 auf halbem Wege stecken. Die „Machtergreifung" war nur möglich durch die Verschmelzung konservativer und totalitärer Kräfte im neu etablierten Machtkartell aus Partei, Bürokratie, Wehrmacht und Wirtschaft. Hier wird nun deutlich, daß die tatsächlichen Herrschaftsverhältnisse im Dritten Reich eine Mischform aus den beiden Idealtypen der charismatischen und rationalen Herrschaft darstellten. Das hat seinen Grund darin, daß der Nationalsozialismus die bestehenden Herrschaftsverhältnisse nicht völlig zerschlug, sondern eher überformte und von innen aushöhlte. Die erste und bis heute gültige Analyse dieser eigentümlichen Struktur hat Ernst Fraenkel in seinem Buch „Der Doppelstaat" geliefert.

Fraenkel beschrieb das Dritte Reich als eine duale Struktur, als einen Doppelstaat, der durch das Ineinandergreifen von Normen- und Maßnahmenstaat gekennzeichnet ist. Der *Normenstaat* – das ist der bürokratische Anstaltsstaat, wie er uns geläufig ist – wurde von innen her durch den *Maßnahmenstaat* – „das Herrschaftssystem der unbeschränkten Willkür und Gewalt, das durch keinerlei rechtliche Garantien eingeschränkt ist"[11] – ausgehöhlt. Dies führte zu einem halbierten Rechtsstaat, und da der Rechtsstaat unteilbar ist, bedeutete das seine Zerstörung. Zwar verblieben weite Gebiete des Rechts und der Verwaltung im Kompetenzbereich des Normenstaates, die politische Sphäre jedoch wurde dem Maßnahmenstaat unterstellt, wobei – im Gegensatz zur Gewaltenteilung im Rechtsstaat – „das Politische" keinen abgegrenzten Sektor der Staatstätigkeit darstellte, sondern potentiell das gesamte öffentliche und private Leben umfaßte.

Der NS-Doppelstaat bildete im Gegensatz zu dem in der Propaganda entworfenen Bild einer unumschränkten Führerdiktatur zusehends eine *polykratische* Herrschaftsstruktur heraus. Der NS-Staat war kein monolithischer Block, sondern ein komplexes Herrschaftsgefüge mit einem Neben- und Gegeneinander relativ autonomer, konkurrierender Machtapparate. Es ist nahezu unmöglich, ein Organogramm zu zeichnen, das die Herrschaftsverhältnisse im Dritten Reich auch nur annähernd wiedergibt.

Unter einer charismatischen Herrschaft gedeiht eine spezifische Form von Ämterdarwinismus. Unterführer aus der Gefolgschaft sind aufgerufen, sich über alle verkrusteten Verwaltungsstrukturen hinwegzusetzen und selbständig originelle Problemlösungsstrategien zu entwickeln, die sich im internen Konkurrenzkampf durchsetzen müssen.

Der hybride Charakter des Dritten Reiches wirkte sich auf die innere Dynamik des Nationalsozialismus teilweise bremsend, teilweise aber auch beschleunigend aus. Der Herrschaftskompromiß, aus dem das Dritte Reich hervorging, wirkte sich wie ein Filter aus. Die Balance konservativer und totalitärer Kräfte in der Konsolidierungsphase des Regimes lenkte die politischen Energien des Nationalsozialismus auf Politikfelder ab, die von den konservativen Partnern geräumt wurden. Dazu gehörte auch die Bekämpfung randständiger Minderheiten. Dies hatte zur Folge, daß die Neuordnungsvorstellungen des Nationalsozialismus nur in Ansätzen verwirklicht wurden, während die restriktive Politik gegen ausgegrenzte Randgruppen zielstrebig in die Praxis umgesetzt wurde. Indem vor allem die negativen Ideologieelemente realisiert wurden, war die Bewegung, die für die charismatische Herrschaft unerläßlich war, nur noch denkbar als stete Verschärfung des Kampfes gegen den inneren Feind. Die Machtapparate sowohl des Maßnahmen- als auch des Normenstaates überboten sich gegenseitig, die Planspiele der Expertenstäbe zur Ausgrenzung von Randgruppen in die Praxis umzusetzen. „In der Diskriminierung konnte es jedoch", wie Martin Broszat treffend festgestellt hat, „keinen unendlichen Progressus geben. Infolgedessen mußte hier die ‚Bewegung' schließlich in der ‚Endlösung' enden."[12]

III.

Die NS-*Ideologie* stellt sich auf den ersten Blick als ein überaus heterogenes Konglomerat höchst unterschiedlicher, ja teilweise sogar widersprüchlicher Ideologieelemente dar. Es gibt daher Historiker, die sich auf den Standpunkt stellen, es habe so etwas wie eine NS-Ideologie gar nicht gegeben. Richtig daran ist, daß die NS-Ideologie extrem eklektizistisch war: Sie brachte keine neuen Inhalte hervor, sondern suchte sich von überallher Versatzstücke zusammen und fügte sie ineinander. Auch setzten die Vordenker des Nationalsozialismus durchaus unterschiedliche Akzente – zwischen Hitler, Himmler, Rosenberg, Darré oder Ley, um nur einige wenige Namen zu nennen, gab es durchaus ideologische Divergenzen. Das alles darf jedoch nicht darüber hinwegtäuschen, daß es in der NS-Ideologie durchaus einige Grundbausteine gab, die nicht beliebig verschoben oder ausgeschieden werden konnten.

Der wichtigste dieser Grundbausteine war der *moderne Rassismus*. Er gehört zu den ganz wenigen Konstanten, die sich wie ein roter Faden durch die NS-Ideologie ziehen, mehr noch: der Rassismus bildete die Matrix, in die alle anderen Ideologieelemente eingefügt wurden. Das Bemerkenswerte dabei ist nun, daß die verschiedenen Spielarten des Rassismus sich schon seit dem Ausgang des 19. Jahrhunderts herausgebildet hatten. Das rassistische Paradigma „war also nichts spezifisch Nationalsozialistisches"[13], sondern „bereits zu Anfang der Weimarer Republik weit verbreitetes Gemeingut".[14] Die

Nationalsozialisten übernahmen es als fertig ausgebildetes Ideologem.

Das rassistische Paradigma brachte alle Voraussetzungen mit, um der aus dem inneren Bewegungsgesetz des NS-Regimes resultierenden Politik Ziel und Richtung zu geben. Damit ist nun nicht gesagt, daß sich der Nationalsozialismus die Inhalte seiner Ideologie in machiavellistischer Manier selber zurechtgelegt hätte. Aber es gab starke Affinitäten, die das Einfließen rassistischen Gedankenguts in die NS-Ideologie und Herrschaftspraxis erleichterten. Denn die zentralen Strukturelemente des Rassismus waren geeignet, den Legitimitätsbedarf eines charismatischen Herrschaftssystems zu decken:

1. Der Rassismus stellte ein biologistisches *Degenerationstheorem* bereit, welches besagte, daß „rassisch hochstehende" und „erbgesunde" Menschen sich erheblich langsamer fortpflanzten als „rassisch tiefstehende" und „erbkranke", so daß es, wenn nicht energisch gegengesteuert würde, binnen weniger Generationen zu einem Versiegen der „wertvollen Erbströme" käme. Auf diese Weise stützte das rassistische Paradigma das weit verbreitete Bewußtsein eines gesellschaftlichen Ausnahmezustands, das einen fruchtbaren Nährboden für charismatische Herrschaftsansprüche abgab, gleichsam naturwissenschaftlich ab. Das Degenerationstheorem unterstrich die Notwendigkeit entschlossenen Handelns und erzeugte auf diese Weise die zum Erhalt einer charismatischen Herrschaft notwendige Bewegung.

2. Gleichzeitig ging das rassistische Paradigma von der Annahme aus, daß in der menschlichen Entwicklung ein *unendlicher Fortschritt*, also die Züchtung eines „Übermenschen", möglich sei, und entwarf damit eine biologistische Utopie, die zum Zielpunkt charismatischer Herrschaft gemacht werden konnte. Das hohe Abstraktionsniveau der Leitmotive dieser Utopie trug zur Verstetigung des charismatischen Legitimitätsanspruchs bei.

3. Das rassistische Paradigma faßte „Rassereinheit" und „Erbgesundheit" als *dynamische* Begriffe auf, was die Ausgrenzung immer breiterer Schichten der Bevölkerung nach sich zog. Es bot daher den Nationalsozialisten die Handhabe, die Verfolgungsmaßnahmen nach und nach auszuweiten.

4. Indem das rassistische Paradigma eine scharfe gesellschaftliche *„Auslese"* und *„Ausmerze"* zur unabdingbaren Voraussetzung für den

Fortschritt des humanen Evolutionsprozesses erklärte, rechtfertigte es potentiell und prinzipiell auch die Anwendung von Zwang. Damit legitimierte es die dem NS-Herrschaftssystem immanente Tendenz zur Eskalation der Gewalt gegen gesellschaftliche Außenseiter.

5. Da das rassistische Paradigma auf einer *biologischen Sozialtheorie* gründete, machte es das Recht des einzelnen Menschen auf Leben und körperliche Unversehrtheit von seinem „Lebenswert" für den „Volkskörper" abhängig. Auf diese Weise konnte die Erb- und Rassenpflege in die NS-Volksgemeinschaftsideologie eingebunden werden.

6. Unter Rückgriff auf die darwinistische Evolutionstheorie erklärte das rassistische Paradigma die Grenzen zwischen Mensch und Tier für fließend. Der degenerierte Mensch, so behaupteten die Rassenhygieniker, könne auf die Stufe des Tieres zurücksinken; fremde Rassen, so die Rassenanthropologen, hätten den Sprung zur Menschwerdung noch nicht vollzogen. Damit gaben sie dem Begriff des „Untermenschen" den Schein der Wissenschaftlichkeit.

7. Da für den Rassismus nicht Klassen, Stände oder Schichten, sondern nur Rassen, Völker und Staaten Subjekte der Geschichte waren, stand er in scharfem Gegensatz zu allen marxistischen Denkansätzen und fügte sich auch von daher nahtlos in die NS-Ideologie ein.

8. Der Rassismus schien dem Nationalsozialismus, der ein merkwürdig ambivalentes Verhältnis zur Moderne hatte, eine moderne, rationale und wissenschaftliche Grundlage zu geben. Unter dem rassischen Vorbehalt war es dem Nationalsozialismus durchaus möglich, sich sozioökonomischen Modernisierungsprozessen zu öffnen.

IV.

Nachdem ich nun lange über die Herrschaftsstruktur und Ideologie des Nationalsozialismus und ihre synergetische Wechselwirkung geredet habe, möchte ich abschließend kurz auf die Menschen zu sprechen kommen, die im Brennpunkt des Radikalisierungsprozesses standen – jene kleine wissenschaftliche Funktionselite aus Psychiatern, Pädiatern, Rassenhygienikern, Anthropologen und Bevölkerungswissenschaftlern, der ja auch Carl Schneider und sein Heidelberger Team zuzurechnen sind. Für sie war das Dritte Reich sozusagen „das Land der unbegrenzten Möglichkeiten". Die braunen Machthaber waren eifrig bemüht, die rechtlichen, politischen, sozialen und kulturellen Hemmnisse zu beseitigen, die in der Weimarer Republik eine Umsetzung des rassistischen Paradigmas in praktische Politik verhindert hatten, und ebneten den Funktionseliten, die sich auf das *social engineering* auf der Grundlage der rassistischen Gesellschaftsbiologie verlegt hatten, den Weg. Niemals zuvor in der deutschen Geschichte und auch seither nicht mehr waren wissenschaftliche Funktionseliten dem Zentrum der Macht so nahe und konnten ihre Vorstellungen so unmittelbar in die Bevölkerungs-, Gesundheits- und Sozialpolitik einbringen. Für diese planende Intelligenz bedeutete das Herrschaftssystem des Nationalsozialismus nicht Zwang und Anpassungsdruck, sondern – ganz im Gegenteil – eine enorme Erweiterung ihrer Handlungsspielräume.

„Im staatgewordenen Rassismus der Nationalsozialisten" wurden „die inhumanen Entwicklungspotentiale der Wissenschaften vom Menschen und der ihnen zugeordneten Professionen" freigesetzt.[15] Jetzt zeigte sich, daß den rassistischen Denkmustern, wie sie der Eugenik und Rassenhygiene eigen waren, schon vom Ansatz her eine Radikalisierungstendenz innewohnte, die nur darauf wartete, entfesselt zu werden. Diese Tendenz hatte sich schon früh in der überschießenden Radikalität der Sprache angedeutet – im Diskurs über Eugenik und Euthanasie war seit jeher ganz unbefangen von „Ballastexistenzen" die Rede gewesen, von „leeren Menschenhülsen"[16], vom „Menschenkehricht der Großstädte", von dem „getrost eine Million beseitegeschaufelt" werden könne (so der Philosoph Ernst Bergmann im Jahre 1933)[17]. In gewisser Weise wurde die eugenische Funktionselite im Dritten Reich zur Gefangenen ihrer eigenen Rhetorik. Sie geriet auf eine schiefe Ebene, auf der es kein Halten mehr gab und die von der massenhaften Zwangssterilisierung über die Abtreibung bis zu den „Euthanasie"-Aktionen führte.

Was kann man aus alldem lernen? Nun, Historiker sind immer vorsichtig, wenn es darum geht, Lehren aus der Geschichte abzuleiten. Mir scheint jedoch, daß sich als Konsequenz aus den vorangegangenen Überlegungen ein Plädoyer für eine *skeptische Politik* ergibt. Eine solche Politik hat – wie Bernard Crick schreibt – „zwei große Feinde ... Gleichgültigkeit gegenüber menschlichem Leid und Leidenschaft für Gewißheit in Dingen, die wesentlich politisch sind

... Die Leidenschaft für Gewißheit verachtet die politischen Qualitäten – Vorsicht, Konzilianz, Kompromiß, Vielfalt, Anpassungsfähigkeit und Lebhaftigkeit – zugunsten einer Pseudo-Wissenschaft des Regierens, einer absolut klingenden Ethik oder Ideologie".[18] Der eugenischen Utopie einer „Endlösung der sozialen Frage", der Schaffung einer biologisch homogenen, gesunden, leistungsfähigen Gesellschaft müssen wir mit Immanuel Kant die Maxime skeptischer Politik entgegenstellen: „Aus so krummen Holze, als woraus der Mensch gemacht ist, kann nichts ganz Gerades gezimmert werden."[19]

Anmerkungen

[1] Vgl. Broszat, Martin (1977): Hitler und die Genesis der „Endlösung", sowie Mommsen, Hans (1983): Die Realisierung des Utopischen.
[2] Vgl. z.B. Schmuhl, Hans-Walter (1987): Rassenhygiene, Nationalsozialismus, Euthanasie; Zimmermann, Michael (1996): Rassenutopie und Genozid – Die nationalsozialistische „Lösung der Zigeunerfrage"; Ayaß, Wolfgang (1995): „Asoziale" im Nationalsozialismus; Hamann, Matthias (1985): Die Morde an polnischen und sowjetischen Zwangsarbeitern in deutschen Anstalten; Rössler, Mechthild; Schleiermacher, Sabine (Hg.) (1995): Der „Generalplan Ost" – Hauptlinien der nationalsozialistischen Planungs- und Vernichtungspolitik.
[3] Goldhagen, Daniel Jonah (1995): Hitlers willige Vollstrecker, S. 459.
[4] Vgl. z.B. Groeben, Norbert (1990): Wie war es möglich? – Zur psychologischen Erklärbarkeit von Menschenversuchen im Dritten Reich.
[5] Vgl. Rüsen, Jörn (1996): Den Holocaust erklären – aber wie?
[6] Weber, Max (1922): Wirtschaft und Gesellschaft, S. 142.
[7] Weber, Max (1904/1905): Die Protestantische Ethik und der Geist des Kapitalismus, S. 203.
[8] Weber, Max (1922) Wirtschaft und Gesellschaft, S. 142.
[9] Sauer, Wolfgang (1960): Die Mobilmachung der Gewalt, S. 17.
[10] Schmitt, Carl (1932): Der Begriff des Politischen.
[11] Fraenkel, Ernst (1941): Der Doppelstaat, S. 21.
[12] Broszat, Martin (1970): Soziale Motivation und Führerbindung des Nationalsozialismus, S. 405.
[13] Herbert, Ulrich (1990): Traditionen des Rassismus, S. 484.
[14] Herbert, Ulrich (1991): Rassismus und rationales Kalkül, S. 29.
[15] Peukert, Detlev J. K. (1989): Die Genesis der Endlösung aus dem Geist der Wissenschaft, S. 111.
[16] Binding, Karl; Hoche, Alfred E. (1920): Die Freigabe der Vernichtung lebensunwerten Lebens., S. 55.

17 Zitiert nach Dörner, Klaus (1975): Nationalsozialismus und Lebensvernichtung, S. 68.
18 Crick, Bernard (1966): Eine Lanze für die Politik, S. 198.
19 Kant, Immanuel (1784): Idee zu einer allgemeinen Geschichte in weltbürgerlicher Absicht, S. 41.

Literaturverzeichnis

Ayaß, Wolfgang (1995): "Asoziale" im Nationalsozialismus, Stuttgart: Klett-Cotta
Binding, Karl; Hoche, Alfred E. (1920): Die Freigabe der Vernichtung lebensunwerten Lebens. Ihr Maß und ihre Form., Leipzig: Verlag Felix Meiner
Broszat, Martin (1970): Soziale Motivation und Führer-Bindung des Nationalsozialismus, Vierteljahrshefte für Zeitgeschichte 18, 1970, S. 392-409
Broszat, Martin (1977): Hitler und die Genesis der "Endlösung", in: Vierteljahrshefte für Zeitgeschichte 25, 1977, S. 739-775
Crick, Bernard (1966): Eine Lanze für die Politik, München: Nymphenburger Verlagshandlung
Dörner, Klaus (1975): Nationalsozialismus und Lebensvernichtung, in: Dörner, Klaus (Hg.) (1975): Diagnosen der Psychiatrie, Frankfurt: Campus, S. 59-95
Fraenkel, Ernst (1941): Der Doppelstaat – Recht und Justiz im „Dritten Reich" (amerikanische Originalausgabe unter dem Titel The Dual State), Frankfurt/M. 1984: Fischer
Goldhagen, Daniel Jonah (1996): Hitlers willige Vollstrecker – Ganz gewöhnliche Deutsche und der Holocaust, Berlin: Siedler
Hamann, Matthias (1985): Die Morde an polnischen und sowjetischen Zwangsarbeitern in deutschen Anstalten, in: Aly, Götz u.a. (Hg.) (1985): Beiträge zur nationalsozialistischen Gesundheits- und Sozialpolitik 1, Berlin: Rotbuch 1985, S. 121-187
Herbert, Ulrich Herbert (1990): Traditionen des Rassismus, in: Niethammer, Lutz u.a. (Hg.) (1990): Bürgerliche Gesellschaft in Deutschland, Frankfurt/M.: Fischer, S. 472-488
Herbert, Ulrich (1991): Rassismus und rationales Kalkül – Zum Stellenwert utilitaristisch verbrämter Legitimationsstrategien in der nationalsozialistischen „Weltanschauung", in: Schneider, Wolfgang (Hg.) (1991): „Vernichtungspolitik" – Eine Debatte über den Zusammenhang von Sozialpolitik und Genozid im nationalsozialistischen Deutschland, Hamburg: Junius, S. 25-35
Kant, Immanuel (1784): Idee zu einer allgemeinen Geschichte in weltbürgerlicher Absicht, in: ders.: Werke in 6 Bänden, hg. v. Wilhelm Weischedel, Darmstadt: Wissenschaftliche Buchgesellschaft 1975, Bd. 6, S. 33-50.
Mommsen, Hans (1983): Die Realisierung des Utopischen – Die „Endlösung der Judenfrage" im „Dritten Reich", Geschichte und Gesellschaft 9, 1983, S. 381-420

Peukert, Detlev J. K. (1989): Die Genesis der „Endlösung" aus dem Geist der Wissenschaft, in: Peukert, Detlev J. K. (Hg.) (1989): Max Webers Diagnose der Moderne, Göttingen: Vandenhoeck & Ruprecht, S. 102-121

Rössler, Mechthild; Schleiermacher, Sabine (Hg.) (1995): Der „Generalplan Ost" – Hauptlinien der nationalsozialistischen Planungs- und Vernichtungspolitik, Berlin: Akademie-Verlag

Rüsen, Jörn (1996): Den Holocaust erklären – aber wie? Überlegungen zu Daniel J. Goldhagens Buch „Hitler's Willing Executioners", Frankfurter Rundschau 25.6.1995

Sauer, Wolfgang (1960): Die Mobilmachung der Gewalt, Frankfurt/M.: Ullstein 1960

Schmitt, Carl (1932): Der Begriff des Politischen, München/Leipzig: Duncker & Humblot 1932

Schmuhl, Hans-Walter (1987): Rassenhygiene, Nationalsozialismus, Euthanasie – Von der Verhütung zur Vernichtung „lebensunwerten Lebens", 1890 – 1945, Kritische Studien zur Geschichtswissenschaft 75, Göttingen 2. Aufl. 1992: Vandenhoeck & Ruprecht

Weber, Max (1922): Wirtschaft und Gesellschaft, hg. v. Johannes Winkelmann, Bd. 1, Tübingen 1980: J.C.B. Mohr

Weber, Max (1904/1905): Die Protestantische Ethik und der Geist des Kapitalismus, in: ders.: Gesammelte Aufsätze zur Religionssoziologie, Bd. 1, Tübingen 1987: J.C.B. Mohr, S. 17-206

Zimmermann, Michael (1996): Rassenutopie und Genozid – Die nationalsozialistische „Lösung der Zigeunerfrage", Hamburg: Christians

# Die „Endlösung" der Sozialen Frage

KLAUS DÖRNER

Wenn wir uns hier und heute versammelt haben, um der 21 Kinder zu gedenken, die, obwohl Patienten der Psychiatrischen Universitätsklinik Heidelberg, 1944 der medizinischen Forschung geopfert und ermordet wurden, dann wissen wir, daß die besondere Schuld an diesem Verbrechen den damaligen Ordinarius Carl Schneider trifft. Es liegt daher nahe, daß wir uns aus diesem Anlaß auch mit der Erklärungshypothese der „Endlösung der Sozialen Frage" beschäftigen; denn deren Inhalt trifft auf kaum einen so sehr zu wie auf Carl Schneider, den strategischen Denker unter den damaligen verantwortlichen NS-Psychiatern.

Mein Konzept der „Endlösung der Sozialen Frage" als eines wesentlichen Ziels der Nationalsozialisten habe ich in „Tödliches Mitleid"[1] und später in der Zeitschrift „Leviathan"[2] ausgearbeitet. Für die Überlegungen dieses Vortrags fasse ich das Konzept in einem Satz zusammen: Es war das subjektive Selbstverständnis der NS-Verantwortlichen, der Welt beweisen zu wollen, daß eine Gesellschaft, die nur ein einziges Mal die Brutalität aufbringt, sich von ihrem ganzen „sozialen Ballast" zu befreien, wirtschaftlich und militärisch unschlagbar sei und den Traum der Aufklärung von der leidensfreien Gesellschaft verwirklichen könne. Als Beleg sei hier nur ein Zitat des Staatssekretärs Gütt des Reichsinnenministeriums angeführt:

„So wünschen wir uns sehnlichst, daß die Zeit bald kommen möge, wo es keine Geisteskranken und Schwachsinnigen mehr in der Welt gibt, weder in Anstalten noch draußen, und es müßte herrlich sein, in einer solchen Welt zu leben, in der dann sicher auch alles andere vollkommen wäre".[3]

Im folgenden möchte ich Ihnen
1. einige Gedanken darüber vortragen, daß das Konzept der „Endlösung der Sozialen Frage" sich u.a. auf die Modernisierungshypothese des Nationalsozialismus stützt und diese zugleich bestärkt,

2. zeigen, daß das Konzept methodisch sich dem Versuch verdankt, die Geschichte einer Gesellschaft als die Beziehung zwischen Stärkeren und Schwächeren darzustellen, und
3. daraus einige Schlußfolgerungen für unsere Gegenwart ziehen.
1. Die Modernisierungshypothese besagt in bezug auf den Nationalsozialismus, daß dieser u.a. einen Rationalisierungsschub in der Gesellschaft mit der Einschränkung darstellt, daß nur einem engen, instrumentellen Realitätsbegriff, einer reinen Zweckrationalität gefolgt wird. Demnach werde alles technisch Machbare auch gemacht, und alles dem Entgegenstehende werde als irrational verworfen – zugunsten des großen Ziels der „magna therapia", der leidensfreien Gesellschaft aus nur noch gesunden, guten, sozialen und glücklichen Menschen, wie dies schon Auguste Forel[4] zu Beginn des Jahrhunderts als erreichbar angesehen hatte. Diese Sichtweise des Nationalsozialismus ist in den letzten Jahren u.a. durch die Bücher von Zygmunt Bauman, insbesondere durch „Dialektik der Ordnung"[5], bestärkt worden, wonach die Moderne seit 1800 aus dem Projekt bestanden habe, alle Ambivalenzen restlos aufzulösen. Deshalb beschreibt Bauman den Nationalsozialismus und auch den Holocaust auch als Symptom dieses Modernisierungsprozesses. Die Bedeutung der Medizin im allgemeinen und der Psychiatrie im besonderen im Kontext der Modernisierung mit dem Ziel einer umfassenden gesellschaftlichen Sanierung besteht darin, die soziale und die medizinische Entwicklung der Gesellschaft fast deckungsgleich zu machen. Bei der Verabsolutierung dieses Zieles wird eine entscheidende Grenze überschritten: Die Aufgabe der Medizin, Krankheiten zu bekämpfen und Gesundheit zu fördern, wird so totalisiert, daß bei unzureichendem Erfolg auch Kranke zu bekämpfen und Gesunde zu züchten sind. Hilfreich war dabei ein Umstand, der bei den heutigen Analysen oft verkannt wird: Der Begriff des „Biologischen" war in den zwanziger und dreißiger Jahren – anders als heute – ganzheitlich, totalisierend-totalitär, die organischen, psychischen und sozialen Aspekte eines Phänomens restlos umfassend. Sie stoßen darauf, wenn Sie etwa die Bücher von Carl Schneider lesen und dabei seinen Begriff „biologisch" durch „soziologisch" ersetzen; zu Ihrer Verblüffung ist das fast immer möglich.[6] Man bekommt dann allmählich zumindest eine Ahnung davon, wie verbreitet eine die Ge-

sundheit der Gesellschaft über die des Individuums stellende, eliminatorische Vernichtungsbereitschaft in der Medizin war – zusätzlich verstärkt durch einen euphorischen Glauben an weitere baldige Fortschritte der Medizin, die in Kürze dazu führen würden, daß es keine Unheilbaren mehr gäbe. Selbst Viktor v. Weizsäcker mußte im Rahmen seines totalisierenden soziologisch-biologischen Denkansatzes logischerweise auch das Konzept einer Vernichtungsmedizin zulassen.[7]

In ähnlicher Weise verknüpft Götz Aly vor allem in den Büchern „Vordenker der Vernichtung" und „Endlösung" das Konzept der „Endlösung der Sozialen Frage" mit der Modernisierungshypothese.[8] Der Leser wird nachgerade von einer Flut empirischer Belege für die Verbreitung und polykratische Verteilung der Vernichtungsmentalität hinsichtlich der „Sozialen Frage" sowohl auf der Ebene der Wissenschaftler als auch auf der Ebene der gesamten staatlichen Verwaltung erschlagen. Diese Vernichtungsmentalität wird erst aufgrund ihrer erfolgreichen Umsetzung in die Praxis (zunächst in Polen, wo man schon im Oktober 1939 vom Erschießen auf das Vergasen als nunmehr industrieller Tötungsmethode überging) später auch auf andere Bevölkerungsgruppen ausgeweitet, wodurch die ebenfalls beabsichtigte „Endlösung der Judenfrage" ihre in den Augen der NS-Verantwortlichen effizienteste oder zumindest unvermeidliche Methode findet. Hätte Daniel Goldhagen[9] seine Analyse des Antisemitismus mit einer Analyse der Voraussetzungen der „Endlösung der Sozialen Frage" verbunden, hätte er deutlich weniger Schwierigkeiten mit dem Finden hinreichender empirischer Beweise gehabt.

2. Doch nicht nur Goldhagen, sondern alle Historiker haben hier methodische Probleme. Die Wahrnehmbarkeit der eben geschilderten Zusammenhänge setzt nämlich die Fähigkeit voraus, die Geschichte einer Gesellschaft auch als die Geschichte der Beziehungen zwischen Stärkeren und Schwächeren zu denken – und zwar nicht so, daß die ca. 10 % Stärksten als Subjekte sich mit den ca. 10 % Schwächsten als Objekte beschäftigen, sondern so, daß sowohl die Stärkeren als auch die Schwächeren als Subjekte ihres Handelns in ihrer sich wechselseitig beeinflussenden Beziehung beschrieben werden, was erst die Lebenswirklichkeit einer Gesellschaft ausmacht. Ich will im folgenden einen Versuch in Richtung dieser Wahrnehmung unternehmen, der

zugleich der Historisierung des Konzeptes der „Endlösung der Sozialen Frage" dienen soll. Ich beschreibe vier historisch bedeutsame Situationen – 1500, 1800, 1900 und die Gegenwart –, in denen jeweils neue Idealbildungen der Stärkeren und neue Selbst- und Fremdwahrnehmungen der Schwächeren wechselseitig in Beziehung treten, was zu jeweils gesellschaftlich prägenden Rationalisierungsschüben führt.

Um 1500 wird das Ideal des Reichtums durch Arbeit signifikant. Im selben Maße werden die Armen als Arme, als Nicht-Reiche wahrnehmbar und zwar als eine die Gesellschaft überflutende und bedrohende Armen-Epidemie, diese zugleich ökonomisch und emotional überfordernd. Der diese panischen Ängste kontrollierende Rationalisierungsschub teilt die Masse der Armen in die guten, weil kranken Armen, woraus sich soziale Institutionen in Richtung auf den Typ Krankenhaus ergeben, von den schlechten, weil gesunden Armen, woraus sich nun soziale Institutionen vom pädagogischen und strafenden Typ des Zucht- und Korrektionshauses entwickeln. Diese erste Welle der Institutionalisierung sozialer Probleme erfolgt ziemlich genau um 1520 synchron und gesamteuropäisch.[10]

Um 1800 wird das Ideal der Vernunft prägend. Im Verhältnis dazu wird das den Fortschritt der Menschheit hemmende Heer der Unvernünftigen durch einen entsprechenden Rationalisierungsschub aufgeteilt: Für die gesunden Unvernünftigen wird als soziale Korrektions-Institution das zunehmend flächendeckende System der Fabriken geschaffen. Für die kranken, behinderten oder störenden Unvernünftigen legen die vernünftigen Gesellschaften sich flächendeckende Systeme nach der Art der Unvernunft bzw. Behinderung spezialisierter sozialer Institutionen zu, wie sie im Prinzip heute noch existieren. Dies war die durchaus zweckrational funktionale Antwort auf die damalige Version der „Sozialen Frage", die nun erstmals auch so benannt wird und die immer wieder lautet: Was machen wir mit denen, die mit der gesellschaftlichen Entwicklung nicht schritthalten können, unbrauchbar und daher überflüssig geworden sind?[11]

Um 1900 wird auf dem Weg der Medizinierung sozialer Gegebenheiten im 19. Jahrhundert das Ideal der Gesundheit dominant. Komplementär dazu entsteht durch Selbst- und Fremdwahrnehmung die Bedrohung der Gesellschaft durch eine ständig wachsende Kranken-Epidemie (damals vor allem Erbkranke), die die Gesellschaft zugleich ökonomisch und emotional überfordert und in den Abgrund treibt. Der entsprechende Rationalisierungsschub, der diese Ängste kontrollieren soll, teilt die Kranken in die Heilbaren und die Unheilbaren, den Ersteren helfend, die Letzteren ausgrenzend – bis zur Phantasie und später der Realität ihrer Freigabe, Erlösung, Vernichtung.

Die Gegenwart kann ich – wegen der eigenen Verwicklung – nur unter Vorbehalt beschreiben. Heute ist unter den Stärkeren, also denen, die die öffentliche Meinung prägen, das Ideal der Jugend besonders wirksam. Entsprechend entsteht die Angst vor der Epidemie der Alten oder der Dementen, die unsere Gesellschaft ökonomisch und emotional überfordern. Der Rationalisierungsschub, der die Kostenfrage und die Mitleidsfrage kontrollieren soll, ist vermutlich erst noch in Entwicklung begriffen. Auf der einen Seite finden wir den Kampf der Wissenschaftler für die Befreiung der Forschung von irrationalen Einschränkungen, da nur eine freie Forschung den gesellschaftlichen Ruin aufhalten könne[12], so etwa auch in der Konvention zur Biomedizin des Europarates.[13] Auf der anderen Seite nimmt eine Form der Kontrolle kollektiver Ängste zu, die – psychologisierend – durch einen allmählichen Wandel von der Fremd- zur Selbstkontrolle wirksam wird: Im Namen des Rechts auf Selbstbestimmung gilt es zunehmend als anständig, wenn Unheilbare, Pflegebedürftige oder Schmerzgeplagte von ihrem Arzt die Erlösung von ihrem Leiden fordern, wobei der Einzelne oft nicht mehr recht unterscheiden kann, ob er damit sich wirklich selbstbestimmt verhält oder ob er damit eher dem gesellschaftlichen Erwartungsdruck entspricht. Hier ist zu fragen, ob die Prognose der NS-Mediziner so verkehrt war, daß die Menschen, wenn sie erst einmal zur zweckrationalen Gesundheitsvernunft erzogen seien, sich freiwillig den Tod geben lassen würden, wenn sie sich nur noch als „Ballast" empfänden. Und eine weitere Frage drängt sich auf: Da im Ideal der Jugend auch der Traum von der ewigen Jugend mitschwingt und da sich dieses Ideal zunehmend mit einer Art Anspruch auf Schmerzfreiheit verknüpft, könnte es sein, daß wir uns in unserer Idealbildung in Richtung auf die Machbarkeit des leidensfreien Menschen bewegen?

3. Nun wissen wir spätestens seit der „Dialektik der Aufklärung" von Horkheimer und Adorno[14], daß jeder Rationalisierungsschub sowohl

Risiken als auch Chancen birgt. Es entstehen jeweils neue Möglichkeiten, sowohl für die schärfere Kontrolle der Schwachen durch die Starken als auch in umgekehrter Richtung auf so etwas wie „Alle Menschen werden Brüder". Bei meiner vorstehenden Analyse habe ich mich auf die Risiken beschränkt, weil uns die jeweiligen Chancen geläufiger sind. Für die Gegenwart ist das anders, weswegen ich Ihnen einen Ausblick auch auf mögliche Chancen der Gegenwart schulde. Ich beginne mit einem merkwürdigen empirischen Befund: Während der gesamten Epoche der Moderne, also von 1800 bis 1950, galt die Ausgrenzung und Institutionalisierung der sozial Schwachen als die zweckrationale, angemessene und daher bewährte Antwort auf die Soziale Frage. Der Versuch der Nazis, diese Ausgrenzung bis zur Eliminierung zu totalisieren, also die Soziale Frage ihrer Endlösung zuzuführen, muß zu einem bis heute wirksamen Erschrecken der Welt darüber geführt haben, daß mit der dauerhaften Institutionalisierung von Menschen auch deren Umwandlung in Sachen betrieben wird, die potentiell in ihrer Tötung enden kann. Jedenfalls ist es kaum anders zu erklären, daß seit etwa 1950, also seit Beendigung der Nazi-Herrschaft, weltweit eine bis heute anhaltende Bewegung fortschreitender De-Institutionalisierung wirksam geworden ist, daß also statt Ausgrenzung immer mehr Integration riskiert wird, obwohl dies für die zweckrationale Reibungslosigkeit gesellschaftlicher Abläufe auch heute eher schädlich ist. Diese Bewegung der De-Institutionalisierung – von England ausgehend – erfolgt weltweit in allen entsprechend entwickelten Gesellschaften und begann in der Regel bei den Körperbehinderten, setzte sich über die dissozialen Jugendlichen, die geistig Behinderten und die Straftäter fort und hat inzwischen überall auch die schwierigste, weil unberechenbarste Bevölkerungsgruppe der psychisch Kranken erreicht. Bei all diesen De-Institutionalisierungsprozessen kam aber regelhaft noch ein weiteres Element hinzu: sie wurden ermöglicht oder zumindest erleichtert dadurch, daß die betroffenen Bevölkerungsgruppen sich zu Selbsthilfeinitiativen zusammenschlossen. Es scheint also eine Art Regel zu geben: In dem Maße, wie eine bisher ausgegrenzte Bevölkerungsgruppe ihre Probleme in die eigenen Hände nimmt und für ihre eigenen Interessen kämpft, wächst die Bereitschaft der Restgesellschaft, diese Gruppe zu integrieren. Für den statistischen Durchschnittsbürger heißt das, daß er Jahr für Jahr mit einer größeren Wahrscheinlichkeit Menschen auf der Straße, in der Kneipe oder in der Nachbarwohnung begegnet, die er vor einigen Jahrzehnten nie kennengelernt hätte. Man kann also sagen, daß dieser Durchschnittsbürger in jedem Jahr ein wenig mehr Nähe zu früher ausgegrenzten Gruppen zuläßt und damit faktisch ein wenig toleranter und integrationsfähiger wird – und dieses in einem Zeitraum, in dem der Durchschnittsbürger in den meisten Gesellschaften durch den Zuzug von Menschen aus anderen Ländern und Kulturen gleichzeitig zu lernen hatte, auch mehr äußere Fremdheit zu akzeptieren.

Zygmunt Bauman hat nun nicht nur – wie schon erwähnt – das Projekt der Moderne als den Versuch der restlosen Auflösung aller Ambivalenzen geschildert; vielmehr hat er darüber hinaus gezeigt, daß dieser Versuch der Moderne gescheitert ist, da bei dem Versuch der Auflösung der Ambivalenzen deren Zahl sich nicht verringert, sondern eher vermehrt hat. Bauman zieht daraus den Schluß, daß wir im Übergang von der Moderne zur Postmoderne nur noch die Möglichkeit haben, die Ambivalenzen, da wir sie nicht auflösen können, lieben zu lernen. Diese so definierte Aufgabe der Postmoderne werde dadurch erleichtert, daß die Menschen es heute zunehmend vorzögen, statt in hierarchisch-vertikalen Beziehungen in eher horizontalen Beziehungen des Nebeneinanders zu leben, so sehr auch der damit einhergehende Verfall der Autorität tradierter Institutionen beklagt wird. Dem entspricht das bisherige Ergebnis meines Versuchs, die Geschichte der Gesellschaft als die Geschichte der Beziehungen zwischen Starken und Schwachen zu denken: Wenn nämlich danach der Beginn der Moderne auch als der Beginn des Versuchs gesehen werden kann, die Unvernünftigen zu institutionalisieren und auszugrenzen, dann ist festzustellen, daß spätestens mit dem Scheitern der Endlösung der Sozialen Frage durch die Nationalsozialisten, also ab Mitte des 20. Jahrhunderts – ähnlich wie der Versuch der Moderne, alle Ambivalenzen aufzulösen –, auch der Versuch gescheitert ist, die Soziale Frage durch Institutionalisierung der Schwachen zu beantworten. Die Chance der damit beginnenden Postmoderne bestünde dann nicht nur darin, Ambivalenzen aushalten und lieben zu lernen, sondern auch darin, mit immer weniger ausgrenzenden Institutionen auszukommen und mehr Nebeneinander von Starken und Schwachen aushalten und vielleicht ebenfalls lieben zu lernen. Damit würde sich die Soziale Frage anders und neu stellen, etwa so: Was können Stärkere und Schwächere dauerhaft voneinander haben? Um tragfähige, in der Breite wirksame und flächendeckende Antworten auf diese Frage müßten wir uns dann – eilbedürftig – bemühen, zumal die Realisierung der Risiken der Gegenwart immer noch wahrscheinlicher ist als die der Chancen.

Anmerkungen

[1] Dörner, Klaus (1988): Tödliches Mitleid.
[2] Dörner, Klaus (1994): Wir verstehen die Geschichte der Moderne nur mit den Behinderten vollständig.
[3] Zit. nach Bastian, Till (1982): Arzt, Helfer, Mörder.
[4] Vgl. Dörner, Klaus (1988): Tödliches Mitleid, S. 32.
[5] Bauman, Zygmunt (1989): Dialektik der Ordnung.
[6] Vgl. Schneider, Carl (1939): Behandlung und Verhütung der Geisteskrankheiten und dazu Dörner, Klaus (1986): Carl Schneider: Genialer Therapeut, moderner ökologischer Systemtheoretiker und Euthanasie-Mörder.
[7] Vgl. Weizsäcker, Viktor v. (1947): „Euthanasie" und Menschenversuche.
[8] Vgl. Aly, Götz; Heim, Susanne (1991): Vordenker der Vernichtung und Aly, Götz (1995): „Endlösung" – Völkerverschiebung und der Mord an den europäischen Juden.
[9] Vgl. Goldhagen, Daniel Jonah (1996): Hitler's Willing Executioners – Ordinary Germans and the Holocaust.
[10] Geremek, Bronislaw (1991): Geschichte der Armut.
[11] Dörner, Klaus (1969): Bürger und Irre.
[12] Vgl. Helmchen, Hanfried; Lauter, Hans (Hg.) (1995): Dürfen Ärzte mit Demenzkranken forschen?.
[13] Entwurf eines Übereinkommens zum Schutz der Menschenrechte und der Menschenwürde im Hinblick auf die Anwendung von Biologie und Medizin: Menschenrechtsübereinkommen zur Biomedizin – Vorläufige Arbeitsübersetzung der deutschen Delegation, Typoskript Europarat Straßburg 1996.
[14] Horkheimer, Max; Adorno, Theodor W. (1947): Dialektik der Aufklärung.

Literaturverzeichnis

Aly, Götz; Heim, Susanne (1991): Vordenker der Vernichtung – Auschwitz und die deutschen Pläne für eine neue europäische Ordnung, Hamburg: Hoffmann und Campe

Aly, Götz (1995): „Endlösung" – Völkerverschiebung und der Mord an den eu-

ropäischen Juden, Frankfurt/M.: S. Fischer
Bastian, Till (1982): Arzt, Helfer, Mörder – Eine Studie über die Bedingungen medizinischer Verbrechen, Paderborn: Junfermann
Bauman, Zygmunt (1989): Dialektik der Ordnung – Die Moderne und der Holocaust, deutsche Ausgabe Hamburg 1992: Europäische Verlagsanstalt
Dörner, Klaus (1969): Bürger und Irre – Zur Sozialgeschichte und Wissenschaftssoziologie der Psychiatrie, Frankfurt/M.: Europäische Verlagsanstalt
Dörner, Klaus (1986): Carl Schneider: Genialer Therapeut, moderner ökologischer Systemtheoretiker und Euthanasie-Mörder – Zu Carl Schneiders „Behandlung und Verhütung der Geisteskrankheiten", Berlin: Springer 1939, Psychiatrische Praxis 13, 1986, S. 112-114
Dörner, Klaus (1988): Tödliches Mitleid – Zur Frage der Unerträglichkeit des Lebens oder: die Soziale Frage: Entstehung, Medizinisierung, NS-Endlösung, heute, morgen, Gütersloh, 3. Auflage 1993: Jakob van Hoddis
Dörner, Klaus (1994): Wir verstehen die Geschichte der Moderne nur mit den Behinderten vollständig, Leviathan 22, Heft 3, 1994, S. 367-390
Gemerek, Bronislaw (1991): Geschichte der Armut, München: dtv
Goldhagen, Daniel Jonah (1996): Hitler's Willing Executioners – Ordinary Germans and the Holocaust, London: Little, Brown and Company
Helmchen, Hanfried; Lauter, Hans (Hg.) (1995): Dürfen Ärzte mit Demenzkranken forschen ? – Analyse des Problemfeldes Forschungsbedarf und Einwilligungsproblematik, Stuttgart, New York: Georg Thieme
Horkheimer, Max; Adorno, Theodor W. (1947): Dialektik der Aufklärung – Philosophische Fragmente, Amsterdam: Querido
Schneider, Carl (1939): Behandlung und Verhütung der Geisteskrankheiten – Allgemeine Erfahrungen Grundsätze Technik Biologie (Monographien aus dem Gesamtgebiete der Neurologie und Psychiatrie Bd. 67), Berlin: Julius Springer
Weizsäcker, Viktor v. (1947): „Euthanasie" und Menschenversuche, Psyche 1, 1947, S. 68-102

Euthanasie und Holocaust

HENRY FRIEDLANDER

Die Tatsachen sind einfach und bekannt. In den Jahren des Zweiten Weltkrieges wurden Hunderttausende von behinderten Menschen im damaligen Großdeutschen Reich brutal ermordet.[1] Adolf Hitler beauftragte die Kanzlei des Führers (KdF) diese Morde auszuführen. Zu diesem Zweck richtete die KdF Mordzentren ein und bildete auch eine Tarnorganisation nach dem Sitz der Mordzentrale in der Berliner Tiergartenstraße 4 einfach T4 genannt. Die Täter verharmlosten diesen Massenmord als „Euthanasie", obwohl er das ja in Wirklichkeit nicht war. Der Begriff „Euthanasie" war im Mund der NS-Täter eine Tarnung, die sie sich zurechtlegten, um Menschen zu ermorden, die sie als „lebensunwertes Leben" abqualifiziert hatten. Sie hatten keineswegs die Absicht, unheilbar Kranke im Endstadium von ihren Leiden zu erlösen, sondern im Gegenteil Menschen zu töten, die sie als minderwertig betrachteten, die aber noch jahrelang hätten leben können. Die Opfer wurden auch als „Geisteskranke" abgestempelt, eine Kennzeichnung, die leider heute noch oft pauschal auf sie angewendet wird. Aber geisteskrank im eigentlichen Sinn waren nur ein Teil der Opfer; viele waren lediglich geistig unterentwickelt oder körperlich mißgebildet, waren blind oder taub, waren Epileptiker, Senile, oder Alkoholiker.

Wirtschaftliche Einsparungen sind ein von vielen für den Mord an den Behinderten angegebenes Motiv. Damals führten die NS-Mörder selbst die Notwendigkeit, Anstaltsbetten zu räumen, als einen Grund für den Massenmord an, und dieses Motiv wird bis heute von manchen Historikern als grundlegend betrachtet. Das Bestreben verschiedener Nachkriegsforscher, diese Schutzbehauptung der Täter als den Beweggrund der Massenmorde zu akzeptieren, kann damit erklärt werden, daß sie ein verhältnismäßig rationales Motiv für den Genozid finden wollen. So geben sie utilitaristische Erwägungen als das

Motiv für den Mord an Behinderten und sogar an Juden an. Sie argumentieren, daß die Behinderten ermordet wurden, um kurzfristig Anstaltsbetten und längerfristig alle Ausgaben zu sparen. Genauso behaupten sie, daß die Juden ermordet wurden, um kurzfristig Wohnungen frei zu machen und längerfristig eine wirtschaftliche Neuordnung zu schaffen.[2]

Statt dessen war aber der Beweggrund der Täter die ideologische Zwangsvorstellung von einem rassisch homogenen und gesunden Volk, in dem „Minderwertige" und „Fremde" aus dem nationalen Erbgut ausgeschlossen werden sollten. Sie hatten die im 19. Jahrhundert populären eugenischen Wertvorstellungen, die die Behinderten als Minderwertige abstempelten, sowie den rassistischen Antisemitismus, der die Juden als Völkerfeind verfemte, übernommen und weiter entwickelt. Unterstützt von den Wissenschaftlern setzten sie diese Ideologie in den dreißiger Jahren in Staatspolitik um. Die Behinderten wurden unter dem schon 1933 erlassenen „Gesetz zur Verhütung erbkranken Nachwuchses" sterilisiert, und die Juden wurden entrechtet und vertrieben. Genauso wurden die Zigeuner – d.h. die Sinti und Roma – aus rassistischen Gründen verfolgt, verhaftet und später ermordet, obwohl die Täter es hier nicht nötig fanden, eine wirtschaftliche Schutzbehauptung vorzubringen.[3]

Natürlich haben die Täter das anders dargestellt. Sie behaupteten, daß der im Krieg besonders große wirtschaftliche Druck sie dazu zwang, die „unnützen Esser" zu beseitigen. Wie gesagt, sie deuteten an, daß man im Krieg die Anstaltsbetten der Behinderten und die Wohnungen der Juden unbedingt brauchte. Obwohl aber das Einsparen von Betten und Wohnungen vermutlich für die Täter ein willkommener Nebeneffekt war – im amerikanischen nennt man das „icing on the cake" – dienten solche Wirtschaftlichkeitserwägungen nur dazu, die Ideologie des Rassismus, welche die Massenmorde hervorbrachte, zu rechtfertigen. Als Schutzbehauptung wurden solche Gründe in schriftlichen sowie mündlichen Berichten und Schilderungen immer hervorgehoben. Zum Beispiel enthielt die in Hartheim entdeckte, bizarre T4-Gesamtstatistik eine exakte Berechnung der durch den Mord an den Behinderten erzielten Einsparungen. Der T4-Statistiker gelangte z.B. zu dem Resultat, daß man durch den Mord von 70.273 Behinderten zukünftige Ersparnisse von 13.492.440 Kilogramm an Fleischwaren errechnen konnte. Aber man baut doch nicht Mordzentren und man ermordet doch nicht Hunderttausende von Menschen – um Wurst zu sparen.

Die Mitschuld der Wissenschaften an den T4-Verbrechen sowie an den Verbrechen der sogenannten Endlösung kann nicht bezweifelt werden. An dem Mord an den Behinderten waren besonders die Psychiater beteiligt. So schrieb z.B. Prof. Dr. Paul Nitsche, ein angesehener Psychiater und Anstaltsdirektor, der die T4-Medizinalabteilung leitete, am 30. August 1941 folgendes an den Euthanasiebeauftragten des Führers Dr. Karl Brandt:

„Der Fernstehende konnte in der Regel nicht erkennen, welchen grundlegenden Verdienst gerade die Psychiatrie hat, insofern ihre wissenschaftlichen Erkenntnisse die Gefahr der Entartung in ihrem ganzen Ernste enthüllt und ein richtiges Verständnis für diese Gefahr und für die notwendigen Gegenmaßnahmen erweckt, damit aber wirksame Gegenmaßnahmen überhaupt erst ermöglicht hat."[4]

Die Zeitbegrenzung erlaubt mir nicht, hier eine detaillierte Analyse der Ideologie oder eine eingehende Darstellung der T4-Morde zu unternehmen, besonders da auch die anderen Referenten diese Themen behandeln. Ich möchte in der mir noch verbleibenden Zeit belegen, daß die sogenannte Euthanasie ein Bestandteil des Holocaust ist. Ich werde zeigen, in welcher Weise die T4-Mordaktion gegen die Behinderten mit dem Mord an den Juden und Zigeunern verbunden ist.

Vorerst muß ich aber noch einmal darauf hinweisen, daß die rassistische und eugenische Ideologie natürlich grundlegend für diesen Zusammenhang war. Diese Ideologie postulierte die Ungleichheit der Menschen und die daraus entstehende Ausgrenzung der sogenannten Minderwertigen. Diese Ausgrenzung richtete sich nicht nur in Deutschland gegen die Behinderten, sondern auch gegen Menschen anderer Völker und Rassen. Die Ausgrenzungs- und Vernichtungspolitik des NS-Regimes war in dieser Hinsicht die Weiterentwicklung und Vollendung einer von Wissenschaftlern postulierten Ungleichheit der Menschen. Genetiker, Anthropologen und Psychiater hatten eine Vererbungslehre verbreitet, die mit der rassistischen Doktrin verschmolz und eine rassisch begründete politische Ideologie hervorbrachte.[5]

Der fabrikmäßige Massenmord stellte ein Bindeglied zwischen der Euthanasie und der Endlösung dar. Für den Mord an den Behinderten errichteten die T4-Techniker Mordzentren für den fabrikmäßigen Massenmord und schufen damit eine Institution, die bislang ohne Beispiel war und die das nationalsozialistische Deutschland sowie das frühe 20. Jahrhundert insgesamt versinnbildlichen sollte. In diesen T4-Einrichtungen – Brandenburg, Grafeneck, Hartheim, Bernburg, Sonnenstein und Hadamar – schleusten die Täter die behinderten Opfer im Eiltempo durch, so daß in ein paar Stunden lebende Menschen zu Asche verarbeitet wurden. Sie wurden empfangen, entkleidet, registriert, fotografiert und dann in die Gaskammer geführt. Die Täter hatten sich entschlossen, den Massenmord mit Gas durchzuführen. Dr. Karl Brandt hat den Gang dieser Entscheidung in Nürnberg geschildert. Er besprach die verschiedenen Tötungsmöglichkeiten mit Adolf Hitler, und als dieser ihn angeblich nach der „humansten Methode" fragte, soll Brandt die Vergasung empfohlen haben. Daraufhin einigten sie sich auf den Einsatz dieses Mittels für die Massenmorde. Nachdem er dies geschildert hatte, sagte Karl Brandt voller Stolz zu seinem verblüfften amerikanischen Vernehmer: „Hier handelt es sich um einen der Fälle in der Geschichte der Medizin, wo ein großer Sprung nach vorn erfolgt."[6] Tatsächlich war das aber die funktionierende moderne Technologie. Zum Beispiel, als der T4-Chemiker Albert Widmann angeblich seinen Chef im Kriminaltechnischen Institut der Sicherheitspolizei, den Dr. Ing. Walter Heess, fragte, wie er denn das Töten von Menschen durch Gas rechtfertigen könne, antwortete Heess: „Was willst Du denn, es geht doch".[7]

Jedenfalls war der Vorgang keineswegs „human". Statt dessen erfüllte er die Voraussetzung der Grausamkeit im Mordparagraphen des deutschen Strafgesetzbuches. In diesem Sinne hat ein T4-Mitarbeiter über den Vorgang einer Vergasung in Hadamar vor Gericht ausgesagt:

„Der Vergasung einmal beigewohnt? Leider Gottes, ja. Und zwar war es Neugierde. Dr. Berner hatte mir verboten, Räume zu betreten, in denen ich nichts zu suchen hatte. Beim zweitenmal, ehe wir Kleider wegtrugen, da merkte ich, daß die Pfleger unten noch nicht alle weg waren, da ging ich mal runter. Unten links ging ein kleiner Gang herein, da sah ich durch die Scheibe. Hinten stand, glaube ich, Dr. Berner und noch ein Pfleger dabei. In dem Raum befanden sich Kranke, nackte Menschen, ein Teil halb zusammengesunken, andere hatten den Mund furchtbar weit auf, die Brust arbeitete. Ich sah das, etwas Grauenhafteres habe ich nie gesehen. Ich bin herum, die Treppe wieder rauf, oben war ein Klosett. Alles was ich gegessen hatte, habe ich gebrochen. Tagelang ist mir das nachgegangen … Wenn man da reinsah, ich konnte mir nicht denken, daß das vollkommen schmerzlos gewesen sein soll. Ich bin natürlich Laie und das ist meine Annahme. Ein paar lagen auf der Erde. Die Rücken standen den nackten Menschen überall heraus. Andere saßen auf der Bank, hatten den Mund weit auf, die Augen weit, die Brust ging."[8]

Dazu kommt noch, daß die Täter manchmal auch sehr viele Menschen in die Gaskammer hereinzwangen. So erzähle ein Mitarbeiter aus Hartheim der österreichischen Kriminalpolizei nach dem Kriege: „Einmal wurden auf einem Schlage 150 Personen vergast. Der Gasraum war derart voll, daß die Leute, die sich darin befanden, kaum umfallen konnten und sich dadurch so verkrampften, daß wir die Leichen kaum auseinanderbringen konnten."[9]

Die T4-Mordzentren folgten dem Beispiel der Konzentrationslager und verbrannten die Leichen in fahrbaren Krematorien. Bevor es nun zur Einäscherung kam, fing eine unglaubliche Leichenfledderei an, indem die Mitarbeiter die Leichen der Opfer plünderten und schändeten, um das Mordprogramm ertragreicher zu machen. Speziell ausgesuchte Leichen, die von den Ärzten vor der Vergasung entsprechend gekennzeichnet worden waren, unterzog man einer Autopsie. Diese diente zwei Zwecken: Sie gab den jungen Ärzten des Mordprogramms die Möglichkeit, ihre Fertigkeiten zu üben und akademische Qualifikationen für ihre fachliche Spezialisierung zu erwerben, und man gewann auf diese Weise Organe, insbesondere Gehirne, für Forschungszwecke an medizinischen Instituten.[10] Die Gehirne und andere Organe wurden an prominente Wissenschaftler geliefert, die sie als Nutznießer der Mordaktion für ihre Forschung verwendeten. Später, als die Vergasungsaktion schon beendet war, und die Morde statt dessen mit tödlichen Spritzen in verschiedenen Anstalten als sogenannte wilde Euthanasie durchgeführt wurden, spürten diese Wissenschaftler ihre behinderten Opfer überall auf, um sie zu verlegen, zu vermessen, zu untersuchen und nachher zu töten, so daß eine ununterbrochene Versorgung mit Gehirnen für diese unmoralische Forschung gesichert blieb. So fügte der Psychiater Carl Schneider, Direktor der Psychiatrischen Klinik der Universität Heidelberg, eine handschriftliche Notiz seinem Briefe an Paul Nitsche am 15 Oktober 1942 wie folgt hinzu: „Viele ‚schöne' Idioten haben wir in der elsässischen Anstalt von Hirth in Strassburg festgestellt. Verlegungsanträge werden folgen."[11]

Organe waren nicht der einzige Erlös der Leichenfledderei. Vor der Einäscherung brachen die Täter den Leichen alle Goldzähne und -brücken aus.[12] Das in dieser Weise gesammelte Gold wurde durch einen Sonderkurier an die Zentraldienststelle von T4 in Berlin geliefert. Eine Hadamar-Sekretärin hat vor Gericht über diese Leichenfledderei ausgesagt:

„Goldzähne? Die wurden uns abgegeben im Büro, wenn jemand dabei war, der Goldzähne hatte. Viele abgegeben? Nein. Die brachte mir einer von den Desinfekteuren in einer Schale. Er hatte ein Buch und ich hatte ein Buch, da haben wir das gegenseitig quittiert und dann ließen wir sie stehen. Wir hatten einen kleinen Karton, darin haben die gelegen, bis da mehr zusammenkam, das haben wir durch Kurier dann nach Berlin geschickt."[13]

Dieses Gold fand schließlich genauso wie jenes, das später auf ähnliche Weise in den Mordzentren für Juden und Zigeuner im Osten gesammelt wurde, den Weg in den Staatsschatz des Deutschen Reiches.

Die Aktion 14f13 war ein anderes Bindeglied zwischen Euthanasie und Endlösung. Der fabrikmäßige Massenmord konnte in den ersten zwei Kriegsjahren nur in den T4-Mordzentren durchgeführt werden. Die KdF war aber nicht die einzige NS-Behörde, die große Massen von Menschen töten wollte. Die SS war seit Kriegsanfang auf der Suche nach einer Methode zur Reduzierung der anschwellenden Zahl der Lagerinsassen in ihren überfüllten Konzentrationslagern.[14] Da die KZ-Lager damals weder die Einrichtungen noch die Technik zum Massenmord besaßen, mußten sie sich an T4 wenden; und die KdF stellte der SS die Mordzentren zur Verfügung.[15] Daraufhin leitete die SS in Verbindung mit der KdF die Mordaktion ein, die unter dem Aktenzeichen 14f13 lief.[16] T4-Ärzte besuchten die KZ-Lager, um dort zusammen mit den SS-Lagerärzten die Opfer für die Aktion 14f13 zu selektieren, die dann in den T4-Mordzentren vergast wurden.[17]

Die Ärzte und Psychiater, die für T4 die KZ-Lager besuchten, um die Opfer der Aktion 14f13 auszusuchen, haben ihre Reisen durch die Lager genossen. Dr. med. Friedrich Mennecke, Direktor der Anstalt Eichberg, hat uns einen Eindruck über diese Reisen in den vielen Briefen an seine Frau hinterlassen. Bei einem Besuch im KZ Sachsenhausen schilderte er in allen Einzelheiten sein „sehr großes und schönes Zimmer" im Hotel Eilers in Oranienburg, seinen Sonntagsausflug, seine Mahlzeiten im Offizierskasino der SS, seinen Kaffee und Kuchen am Spätnachmittag.[18] Die T4-Ärzte selektierten die Häftlingsopfer ohne irgendeinen Versuch, eine Untersuchung durchzuführen, und das Tempo, mit dem sie große Zahlen an Häftlingen inspizierten, schloß jedes ernst zu nehmende ärztliche Urteil aus – in Buchenwald haben einmal zwei dieser Ärzte in fünf Tagen 873 Häftlinge „bearbeitet".[19] So schrieb Mennecke an seine Frau aus dem KZ Ravensbrück:

„Die Arbeit flutscht nur so, weil ja die Köpfe jeweils schon getippt sind und ich nur die Diagnose, Hauptsymptome etc. einschreibe. Über die Zusammensetzung der Pat. möchte ich hier im Brief nicht schreiben, später mündlich mehr. [SS Lagerarzt] Dr. Sonntag sitzt dabei und macht mir Angaben über das Verhalten im Lager, ein Scharführer holt mir die Pat. herein – es klappt tadellos."[20]

Die verhältnismäßig kleine Zahl der in der Aktion 14f13 ermordeten KZ-Häftlinge konnte noch von den T4-Mordzentren im Reich bewältigt werden, aber für die im Sommer 1941 anlaufende sogenannte Endlösung – d.h. den gigantische Massenmord an Juden und Zigeunern – war ihre Aufnahmefähigkeit nicht ausreichend und ihr Standort im Reich politisch nicht wünschenswert. Die Mordaktion wurde in den Osten verlegt, und bald wüteten die Täter in viel größeren Mordzentren außerhalb der Altreichgrenze – in den Vernichtungslagern Belzec, Sobibor und Treblinka. Dort wurde die T4-Mordtechnik in großem Stil angewandt. Und dazu brauchte man die erprobten T4-Leute. Die KdF setzte ihre T4-Leute in den Lubliner Vernichtungslagern ein und leistete damit einen wichtigen Beitrag zu dem gigantischen Massenmord an den Juden und Zigeunern.[21]

In Auschwitz, dem größten aller Mordzentren, kopierte die SS das viel erprobte T4-Verfahren. Dort „selektierten" in der Eugenik ausgebildete SS-Ärzte auf der Rampe die Menschen für die Gaskammer in Birkenau, aber es bedurfte keiner „anthropologischen Kenntnisse", um „Greise und Greisinnen, Mütter und Kinder" für die Gaskammer zu selektieren.[22] Und in Auschwitz kopierten die SS-Ärzte auch die Leichenfledderei der T4-Ärzte, um die Forschung ihrer Wissenschaftler zu unterstützen. So teilte der Anthropologe Otmar Freiherr von Verschuer, Direktor des Kaiser-Wilhelms-Instituts für Anthropologie, menschliche Erblehre und Eugenik, in seinem Forschungsbericht an den Präsidenten des Reichsforschungsrats, Ferdinand Sauerbruch, folgendes mit:

„Als Mitarbeiter in diesen Forschungszweig ist mein Assistent Dr. med. et Dr. phil. Mengele eingetreten. Er ist als Hauptsturmführer und Lagerarzt im Konzentrationslager Auschwitz eingesetzt. Mit Genehmigung des Reichsführers SS werden anthropologische Untersuchungen an den verschiedensten Rassengruppen dieses Konzentrationslagers durchgeführt und die Blutproben zur Bearbeitung an mein Laboratorium geschickt."[23]

Die Konsequenzen der NS-Euthanasie sind unübersehbar. Mit ihr wurde der fabrikmäßige Massenmord eingeführt. Ärzte haben dabei Pate gestanden, mitgeholfen und profitiert. Medizin war es aber nicht. Die T4-Ärzte waren gewöhnliche Mörder – daß sie Medizin studiert hatten, ist so gesehen ohne Bedeutung.

Anmerkungen

[1] Vgl. Friedlander, Henry (1995b): Der Weg zum NS-Genozid – Von der Euthanasie zur Endlösung.

[2] Vgl. z.B. Aly, Götz (1995): „Endlösung" – Völkerverschiebung und der Mord an den europäischen Juden.

[3] Vgl. Gould, Stephen Jay (1981): Der falsch vermessene Mensch; Proctor, Robert (1988): Racial Hygiene: Medicine under the Nazis; Bock, Gisela (1986): Zwangssterilisation im Nationalsozialismus; Dietrich, Uwe Adam (1979): Judenpolitik im Dritten Reich, und Zimmermann, Michael (1996): Rassenutopie und Genozid – Die nationalsozialistische „Lösung der Zigeunerfrage".

[4] Zentrale Stelle der Landesjustizverwaltungen, Ludwigsburg (ZStL): Heidelberger Dokument 126 419: Paul Nitsche an Karl Brandt, 30. August 1941.

[5] Vgl. Kölnische Gesellschaft für Christlich-Jüdische Zusammenarbeit (Hg.) (1988): Hundert Jahre deutscher Rassismus und Mosse, George L. (1978): Toward the Final Solution – A History of European Racism.

[6] National Archives and Records Administration (NARA), RG 238, International Military Tribunal Interrogations, Vernehmung von Dr. Karl Brandt, 1.

Oktober 1945 Nachmittags, S. 7-8.
7 Staatsanwaltschaft (StA) Düsseldorf, 8 Ks 1/61 (8 Js 7212/59), Vernehmung von Albert Widmann, 15. Januar 1960.
8 Hessisches Hauptstaatsarchiv Wiesbaden (HHStA) 461/32061/7: Landgericht (LG) Frankfurt/Main, Verfahren gegen Wahlmann, Gorgaß, Huber, 4a KLs 7/47 (4a Js 3/46), Protokoll der öffentlichen Sitzung der 4. Strafkammer, 3. März 1947, S. 9, Aussage von Maximilian Friedrich Lindner.
9 Dokumentationsarchiv des österreichischen Widerstandes (DÖW), Akte E18370/3: Vernehmung von Vinzenz Nohel, 4. September 1945.
10 Generalstaatsanwalt (GStA) Frankfurt/Main, Eberl Akten, II/210/1-3, 1:1-3: Irmfried Eberl an Paul Nitsche, 16. April 1942; GStA Frankfurt/Main, Anklage gegen Ullrich, Bunke, Borm und Endruweit, [Js 15/61 (GStA)] 15. Januar 1965, S. 111, 187, 204f..
11 ZStL, Heidelberger Dokumente 127 434-127 435.
12 DÖW, Akte E18370/3: Vernehmung von Vinzenz Nohel, 4. September 1945; DÖW, Akte 11440: Staatsanwaltschaft (StA) Linz, Anklage gegen Stangl, Harrer, Lang und Mayrhuber, 3 St 466/46, 24. April 1948, S. 5.
13 HHStA, 461/32061/7: LG Frankfurt/Main, Verfahren gegen Wahlmann, Gorgaß, Huber, 4a Kls 7/47 (4a Js 3/46), Protokoll der öffentlichen Sitzung der 4. Strafkammer, 3. März 1947, S. 32.
14 Breitman, Richard (1991): Architect of Genocide – Himmler and the Final Solution, S. 87f.. Vgl. auch Friedlander, Henry (1995a): Die Entwicklung des NS-Konzentrationslagersystems, S. 161f..
15 LG Frankfurt/Main, Urteil gegen Becker und Lorent, Ks 1/69 (GStA), 27. Mai 1970, S. 49.
16 U.S. Military Tribunal, Official Transcript of the Proceedings in Case 1, United States v. Karl Brandt et al., S. 7534-37 (Aussage von Viktor Brack). Vgl. auch GStA Frankfurt/Main, Anklage gegen Heyde, Bohne und Hefelmann, Ks 2/63 (GStA), Js 17/59 (GStA), 22. Mai 1962, S. 603.
17 GStA Frankfurt/Main, Anklage gegen Renno, Becker und Lorent, Js 18/61 (GStA), Js 7/63 (GStA), Js 5/65 (GStA), 7. November 1967, S. 48. Vgl. auch Grode, Walter (1987): Die Sonderbehandlung 14f13 in den Konzentrationslagern des Dritten Reiches – Ein Beitrag zur Dynamik faschistischer Vernichtungspolitik.
18 Mennecke Briefe, Oranienburg, 4. und 6. April 1941, in: Chroust, Peter (Hg.) (1987): Friedrich Mennecke, Innenansichten eines medizinischen Täters im Nationalsozialismus, S. 184f., 192-94.
19 Vgl. Mennecke Briefe, Weimar, 30. November – 2. Dezember 1941, in: Chroust, Peter (Hg.) (1987): Friedrich Mennecke, S. 258-70.
20 Mennecke Brief, Fürstenberg, 20. November 1941, in: Chroust, Peter (Hg.) (1987): Friedrich Mennecke, S. 205.
21 Vgl. Rückerl, Adalbert (1977): NS-Vernichtungslager im Spiegel deutscher Strafprozesse.
22 Vgl. Müller-Hill, Benno (1991): „Selektion: Die Wissenschaft von der biologischen Auslese des Menschen durch Menschen", S. 151f., vgl. auch Lang-

bein, Hermann (1980): Menschen in Auschwitz.
[23] Bundesarchiv, Koblenz (BAK), R 73/15342.

Literaturverzeichnis

Adam, Uwe Dietrich (1979): Judenpolitik im Dritten Reich, Düsseldorf: Droste
Aly, Götz (1995): „Endlösung" – Völkerverschiebung und der Mord an den europäischen Juden, Frankfurt/M.: Fischer
Bock, Gisela (1986): Zwangssterilisation im Nationalsozialismus – Studien zur Rassenpolitik und Frauenpolitik, Opladen: Westdeutscher Verlag
Breitman, Richard (1991): Architect of Genocide – Himmler and the Final Solution, New York: Knopf
Chroust, Peter (Hg.) (1987): Friedrich Mennecke – Innenansichten eines medizinischen Täters im Nationalsozialismus – Eine Edition seiner Briefe 1935–1947 (Forschungsberichte des Hamburger Instituts für Sozialforschung Bd. 2.1 und 2.2.), Hamburg 2 Bde. 1987/1988
Friedlander, Henry (1995a): Die Entwicklung des NS-Konzentrationslagersystems, Revue d'Allemagne, 27, 1995, S. 151-164
Friedlander, Henry (1995b): Der Weg zum NS-Genozid – Von der Euthanasie zur Endlösung (amerikanisches Original unter dem Titel The Origins of Nazi Genocide – From Euthanasia to the Final Solution), Berlin 1997: Berlin Verlag
Gould, Stephen Jay (1981): Der falsch vermessene Mensch (amerikanisches Original unter dem Titel The Mismeasure of Man), Frankfurt/M.: Suhrkamp 1986
Grode, Walter (1987): Die Sonderbehandlung 14f13 in den Konzentrationslagern des Dritten Reiches – Ein Beitrag zur Dynamik faschistischer Vernichtungspolitik, Frankfurt/M., Bern und New York: Peter Lang
Kölnische Gesellschaft für Christlich-Jüdische Zusammenarbeit (Hg.) (1988): Hundert Jahre deutscher Rassismus: Katalog und Arbeitsbuch, Köln 1988
Langbein, Hermann (1980): Menschen in Auschwitz, Frankfurt/M.: Ullstein
Mosse, George L. (1978): Toward the Final Solution – A History of European Racism, New York: Howard Fertig
Müller-Hill, Benno (1991): „Selektion: Die Wissenschaft von der biologischen Auslese des Menschen durch Menschen", in: Frei, Norbert (Hg.) (1991): Medizin und Gesundheitspolitik in der NS-Zeit, München: R. Oldenbourg, S. 137-155
Proctor, Robert (1988): Racial Hygiene – Medicine under the Nazis, Cambridge (Massachusetts): Harvard Univ. Press
Rückerl, Adalbert (1977): NS-Vernichtungslager im Spiegel deutscher Strafprozesse, München: DTV
Zimmermann, Michael (1996): Rassenutopie und Genozid – Die nationalsozialistische „Lösung der Zigeunerfrage", Hamburg: Christians

„Endlich einmal mit den alten Vorstellungen vom Menschen Schluß machen ..." – Wissenschaft und Lebensvernichtung im Nationalsozialismus

THOMAS FUCHS

Seit 1947 die Dokumentation der Nürnberger Prozesse durch Mitscherlich und Mielke erschien, sind die äußeren Daten der medizinischen Verbrechen im Nationalsozialismus bekannt: die Zwangssterilisierung von Hunderttausenden mit als erbbedingt geltenden Leiden, die Ermordung von über 100.000 geisteskranken, behinderten oder sozial nicht integrierten Menschen in Heilanstalten, unter ihnen über 5.000 Kinder, die medizinischen Versuche an Tausenden von Konzentrationslagerhäftlingen ohne Rücksicht auf Schäden und Leiden der Opfer. Die Ursachen und Motive für diese Verbrechen zu begreifen, bleibt uns jedoch noch heute, nach 50 Jahren, weiter aufgegeben – und dies muß so sein, weil die Geschichtsschreibung niemals Endgültiges zutageförderte, sondern in ihr die Lebenden auf immer neue Weise Fragen an ihre Vergangenheit stellen.

Die These einer bloß ausführenden Rolle der Medizin im Nationalsozialismus kann als überholt gelten. Es waren in hohem Maß genuin medizinische Motive und Bestrebungen, die in der NS-Medizin wirksam waren. Lange hat das etwa von Mengele verkörperte Bild des pervertierten Einzelnen, des Zynikers oder Sadisten die Tatsache verstellt, daß die meisten der ärztlichen Täter renommierte Hochschullehrer, namhafte Forscher und engagierte Ärzte waren. Keiner von ihnen wurde zur Teilnahme an den Verbrechen gezwungen, sondern sie alle machten in der einen oder anderen Weise die Sache auch zu der ihren. Die Sterilisierungen und Ermordungen psychisch Kranker realisierten eugenische Vorhaben, die in weiten Kreisen der Ärzteschaft seit langem diskutiert worden waren. Auch bei den Menschenversuchen handelte es sich weder um sinnlose, pseudomedizinische Versuche noch um die Willkür einzelner, wie später oft behauptet wurde, sondern um planmäßige wissenschaftliche Experimente im Auftrag der nationalsozialistischen militärischen und medizinischen Führung.

Diese Feststellungen sind beunruhigend. Die Vergangenheit beginnt nun ihrerseits Fragen an uns zu stellen. Wie konnten Ärzte so denken und handeln? Was sahen sie in den Menschen, mit denen sie es zu tun hatten, in ihren Patienten? *Sahen* sie sie überhaupt? Sind wir als Ärzte und Psychiater vielleicht selbst in einer verborgenen Gefahr, Menschen verzerrt zu sehen oder für sie blind zu werden? Welches Bild des Menschen vermittelt uns unser Beruf?

Gehen wir, um darauf Antworten zu finden, zunächst in der Geschichte noch etwas weiter zurück. Alle medizinische Tätigkeit geht ursprünglich aus von der Begegnung zwischen Arzt und Patient. Entsprechend trug die abendländische Medizin seit der Antike, besonders aber unter dem Einfluß des Christentums eine ausgesprochen individualethische Ausrichtung und Motivation. Dies änderte sich mit dem Siegeszug der naturwissenschaftlichen Medizin seit der Mitte des 19. Jahrhunderts. Die Medizin mit ihren Subdisziplinen wurde seither zu derjenigen Wissenschaft, die die in der Neuzeit entwickelte naturwissenschaftliche Erkenntnisform auf den Menschen selbst anwendet.

Allerdings entspricht diese Erkenntnisform nicht unbedingt der ursprünglichen ärztlichen Motivation. Naturwissenschaftliches Erkennen bedeutet Beobachten aus der Distanz, planmäßige Verhinderung von Subjektivität, Empathie und Betroffensein. Als Wissenschaftler darf man schon den eigenen Sinnen nicht trauen, erst recht nicht Eindrücken, Empfindungen und Gefühlen. Das Instrument schiebt sich zwischen Natur und Mensch, die eigenen Wahrnehmungen werden zu Daten und Berechnungen objektiviert. Das Experiment als Hauptinstrument des Erkennens bringt den Naturgegenstand – oder den Menschen – sozusagen in eine Zwangssituation, in der er sich nur unter vorher schon festgelegten, verallgemeinerbaren Alternativen zeigen kann. Das Individuelle, das Spontane, das Lebendige kann sich dabei als solches gar nicht mehr zeigen.

Um Lebendes zu erforschen, muß man sich am Leben beteiligen, wie Viktor v. Weizsäcker schreibt.[1] Er benennt damit eine andere, ältere Weise der Erkenntnis, nämlich eine sympathetische, partizipierende. Man erkennt auch durch Vertrautwerden, durch leiblichen und fühlenden Mitvollzug, also indem man das Erkannte *an sich selbst erfährt*. Erkenntnis in diesem Sinn beruht auf einer Verwandtschaft von Erkennendem und Erkanntem: Was der andere Mensch, was Tiere und Pflanzen sind, ist einem im Prinzip nicht fremd, weil man es von innen her kennt oder doch als ähnlich erfahren hat und so verstehen kann. Eine alte, noch um 1800 erhobene Forderung an den Arzt lautete daher, er müsse selbst, und in nicht zu geringem Maße, erfahren haben, was Krankheit und Leiden ist.

Naturwissenschaftliche Erkenntnis aber verlangt Trennung, nicht Mitfühlen und Teilnehmen. Sie beginnt nicht mit dem Vertrauten, sondern mit seiner Destruktion durch Analyse und Reduktion. Erst mit den Einzelteilen oder -daten kann die wissenschaftliche Rekonstruktion des Erkenntnisgegenstandes einsetzen. Dies bedeutet für das Lebendige, seine Einheit aufzulösen, auch wenn es dann nicht mehr lebendig ist. Es ist charakteristisch für die Erziehung zum Arzt in der naturwissenschaftlichen Medizin, daß sich die erste Begegnung des Medizinstudenten mit dem Menschen und seinem Körper an der Leiche vollzieht: Er lernt, daß er vom lebendigen Patienten absehen und stattdessen seinen Körper wahrnehmend in Teile zerlegen muß, um ihn zum Gegenstand seines diagnostischen und therapeutischen Handelns zu machen. Durch die systematische Zerteilung eines fremden Leibes lernt er, sich zu desensibilisieren, empathisches Vermögen zurückzudrängen und stattdessen das technische Handeln zu bevorzugen. Der Präparierkurs trägt so in hohem Maß den Charakter einer Initiation zum Arztberuf, begünstigt aber auch eine Verdinglichung, eine Spaltung der Wahrnehmung zwischen Körper und Person.[2]

Noch eine zweite Komponente der naturwissenschaftlichen Medizin trug zu einer Entindividualisierung des ärztlichen Wahrnehmens und Handelns bei: die Institutionalisierung des medizinischen Fortschritts. Sie schlug sich seit der zweiten Hälfte des 19. Jahrhunderts in der Entstehung eigener Forschungszweige nieder, die sich auf Versuche am Menschen spezialisierten, wie etwa der Klinischen Physiologie, Pharmakologie oder Mikrobiologie. Neben die persönliche Beziehung zum Patienten rückte nun zunehmend der mögliche Erkenntnisgewinn durch Experimente oder neue Verfahren, die an ihm erprobt werden konnten. Der Rollenkonflikt des Arztes als Therapeut und als Forscher begleitet seither die Medizin. Anstelle des Besonderen und Unverwechselbaren des Kranken treten die allgemeinen Gesetzmäßigkeiten in den Vordergrund, die auf ihn Anwendung finden.

Der mögliche kollektive Nutzen für alle gegenwärtig oder künftig Kranken fällt zugunsten des wissenschaftlichen Erkenntnisinteresses in die Waagschale und kann zum Risiko oder Nachteil für den einzelnen werden.[3]

Bereits zur Jahrhundertwende hin gerieten Humanexperimente in der Öffentlichkeit zunehmend ins Zwielicht. Versuche an Sterbenden ohne ihr Wissen, Infizierungen von Versuchspersonen mit Erregern oder riskante Serumtestungen an Kindern waren geradezu an der Tagesordnung.[4] Albert Moll gab in seiner „Ärztlichen Ethik" von 1902 zahlreiche Beispiele für inhumane Forschungsmethoden und rügte vor allem die häufig verdinglichende Sprache der Veröffentlichungen, in denen von Versuchspersonen als „Material" oder von Versuchen am „*corpus vile*", d.h. am „wohlfeilen Körper" von Sterbenden die Rede war.[5] – Eine noch schärfere Debatte entbrannte in der zweiten Hälfte der zwanziger Jahre, in der allgemein von der „Krise der Medizin" die Rede war. Aus allen politischen Lagern erhob sich Kritik am Spezialistentum, an der „Mechanisierung", „Entseelung" der Schulmedizin. Der Vorwurf des „Zynismus" fand reichlich Angriffspunkte in Versuchsberichten wie dem des Berliner Oberarztes Vollmer über Vitamin-D-Substitution:

„Wir unternahmen diese Versuche an einem Material von 100 Ratten und 20 Kindern. Wir haben unsere Versuchskinder unter ungünstigen Diät- und Lichtbedingungen gehalten ...".[6]

Solche Versuche gehörten noch zu den harmloseren: 1929 fanden in Lübeck bei der Erprobung einer Tuberkulose-Impfung ohne Zustimmung der Eltern 68 Kinder den Tod. Damit erreichte die Debatte ihren Höhepunkt und führte schließlich 1931 im Reichstag zum Erlaß der damals fortschrittlichen „Richtlinien für neuartige Heilbehandlungen und wissenschaftliche Versuche am Menschen".[7]

Es fällt nun nicht schwer, die Dehumanisierung des forschenden Blicks auf den Kranken bei vielen namhaften Ärzten der NS-Zeit wiederzuerkennen, selbst wenn sie selbst nicht die Täter waren. Um ein Beispiel herauszugreifen: Die hirnanatomischen psychiatrischen Institute in München und Berlin hatten keine Bedenken, mit Gehirnen der Euthanasie-Opfer zu arbeiten. Im Jahresbericht der Deutschen Forschungsanstalt für Psychiatrie von 1942 heißt es, daß aufgrund der „Steigerung der Zahl der kindlichen Selektionsfälle in der Anstalt

Haar ... viel seltenes und wertvolles Material zur Frage frühkindlicher Hirnschäden bzw. angeborener Mißbildungen gewonnen werden" konnte.[8] – Oder ein krasseres Beispiel: Die Anatomen Voss und Herrlinger – beide gaben später ein bekanntes Lehrbuch heraus – sezierten seit 1941 politische Häftlinge der Posener Gestapo unmittelbar nach ihrer Guillotinierung. In einer späteren Publikation von 1947 hebt Herrlinger hervor, daß die „gesunden Männer" bereits „40-60 Sekunden nach dem Tode zur Blutentnahme und Laparotomie zur Verfügung" standen. Er beschreibt den abgetrennten Hals der Opfer als „Operationsfeld", das die „Entnahme des arteriellen Blutes ... aus den noch pulsierenden Carotiden" erlaubte.[9] Von den Präparierkursen an den Leichen berichtete Voss:

„An den Präparierübungen nahmen ungefähr 60 Studenten und Studentinnen teil. Es wurden 19 Leichen verarbeitet ... fast alle Hingerichtete, die wenige Stunden nach dem Tode mit Formol injiziert worden waren ... Die Organpräparate von den Hingerichteten waren so schön, wie ich sie noch nie auf dem Präpariersaal gesehen habe".[10]

Allerdings wäre es eine Verkürzung, wollte man in der objektivierenden, verdinglichenden Erkenntnismethode naturwissenschaftlicher Medizin die wesentliche Vorbedingung der ärztlichen Verbrechen sehen, wie etwa Mitscherlich oder Viktor v.Weizsäcker es getan haben.[11] Den entscheidenden Antrieb dazu stellte zweifellos die Entwicklung medizinischer Vernichtungsstrategien für „lebensunwertes Leben" dar, wie sie lange vor der Machtergreifung auf eugenischer und rassenhygienischer Grundlage propagiert worden waren. Diese Strategien waren wesentlicher Ausdruck einer radikal veränderten Sicht des Menschen, die seine Sonderstellung in der Welt bestritt und ihn *auf seine reine Naturhaftigkeit reduzierte*. Das naturwissenschaftliche Paradigma hatte seit der zweiten Hälfte des 19. Jahrhunderts nicht nur die Erkenntnisform der Medizin geprägt; das dominierende Bild des Menschen selbst war längst ein *biologistisches* geworden. Das Sein des Menschen wurde mit seinen biologischen Funktionen und Leistungen gleichgesetzt.

Darwins „Entstehung der Arten durch natürliche Zuchtwahl", 1859 erschienen, lehrte nicht nur die historische Entwicklung der Natur; das Werk wurde von Anfang an sozialdarwinistisch interpretiert. Schon 1860 vertrat der britische Physiologe John Draper die Auffassung, auch die zivilisatorische Entwicklung des Menschen sei nicht durch Zufall erfolgt, sondern durch das unveränderliche Naturgesetz von Konkurrenz und Selektion, das für Mensch und Tier gleichermaßen gelte.[12] Die Auslese der Besten im Kampf gegen die Minderwertigen galt nun immer mehr als Prinzip des Fortschritts, in der Natur ebenso wie in der Menschheitsgeschichte. Vor allem bei Ernst Haeckel, dem maßgeblichen Popularisierer Darwins, wurde der Evolutionismus zur Weltanschauung: In seiner „Natürlichen Schöpfungsgeschichte" von 1868 erschien die menschliche Gesellschaft als ein Organismus, in dem gerade der Konkurrenzkampf der Einzelnen den Fortschritt der Zivilisation hervorbringe. Die „natürliche Züchtung" der Besten dauere immer noch an, sie werde allerdings, wie Haeckel bereits kritisierte, durch die kontraselektorische Rolle der Medizin gehemmt, die den Verlauf erblicher Krankheiten hinauszögere und so die Vererbung krankhafter Merkmale ermögliche.[13]

Nur wenig später, 1883, prägte Francis Galton, ein Vetter Darwins, bereits den Begriff der *Eugenik* für die planmäßige Verbesserung der menschlichen Erbeigenschaften.[14] Das utopische Programm einer Veränderung der menschlichen Natur, von Anfang an in der neuzeitlichen Wissenschaft angelegt und von Bacon ebenso wie Descartes bereits angedeutet, nimmt hier erstmals Gestalt an. Das erste Ziel der Eugenik sieht Galton darin, „die Geburtenrate der Ungeeigneten *(the unfit)* zu kontrollieren, anstelle es ihnen zu gestatten, ins Dasein zu treten." Der Mediziner Alfred Ploetz formuliert 1895 das Programm einer „Rassenhygiene" noch deutlicher:

„Die Erzeugung guter Kinder wird nicht irgendeinem Zufall ... überlassen, sondern geregelt nach den Grundsätzen, die die Wissenschaft ... aufgestellt hat. ... Stellt es sich trotz aller Vorsorge heraus, daß das Neugeborene ein schwächliches oder mißgestaltetes Kind ist, so wird ihm vom Ärzte-Kollegium, das über den Bürgerbrief der Gesellschaft entscheidet, ein sanfter Tod bereitet, sagen wir durch eine kleine Dosis Morphium."[15]

Ein allgemeines Prinzip, die Höherentwicklung der Rasse, wird also zum Maßstab, an dem sich der Wert und damit die Berechtigung des Einzellebens bemißt. Die Verknüpfung von Eugenik und Lebensvernichtung wird in der Folgezeit immer deutlicher. Mit Adolf Josts einflußreicher Schrift „Das Recht auf den Tod" (1895) beginnt eine Debatte über die ärztliche Tötung unheilbar Kranker. Die Instrumentalisierung des menschlichen Lebens im biologischen Kampf ums Dasein führt dazu, ihm einen bestimmten *Wert* beizumessen, der sich bei Jost individuell nach dem Maß der zu erwartenden Lust, kollektiv nach dem zu erwartenden Nutzen des Menschen richtet:

„Der erste Factor ist der Werth des Lebens für den betreffenden Menschen selbst, also die Summe von Freude und Schmerz, die er zu erleben hat. Der zweite Factor ist die Summe von Nutzen und Schaden, die das Individuum für seine Mitmenschen darstellt."[16]

Für den Fall des negativen Werts fordert Jost zunächst nur die Tötung auf Verlangen. Dafür wird bald der Begriff der *Euthanasie* gebräuchlich, der bis dahin die ärztliche Hilfe beim Sterben ohne Lebensverkürzung bezeichnete.

Auch die Psychiatrie schloß sich dem herrschenden Biologismus an, allerdings von vorneherein unter einem pessimistischen Aspekt. Mit der Lehre von der Entartung oder Degeneration (Morel 1857) und den „psychopathischen Minderwertigkeiten" (Koch 1893), die sich von Generation zu Generation fortschreitend vererben, wurden Geisteskrankheit, soziale Untauglichkeit, Alkoholismus und Kriminalität letztlich zu Irrwegen der Evolution. Geisteskrankheit und seelische Abnormität galten als eine Fehl- oder Rückentwicklung des Erbguts, die schon während des Lebens naturgemäß zu einem fortschreitenden Niedergang führen müsse, vor allem aber die Rasse insgesamt mit schleichender Entartung bedrohe: „Es führt also", wie Kraepelin 1883 befürchtete, „diese Art von Züchtung von selbst mit Nothwendigkeit den Untergang des degenerierten Geschlechts herbei."[17]

Kraepelin sah daher die „psychiatrische Aufgabe des Staates" in der Kasernierung und Sterilisierung von Psychopathen und „Degenerierten" als Schutz gegen einen drohenden Untergang des Volkes.[18] Die „allerwichtigste Frage, die wir heute in der Psychiatrie zu beantworten haben", so schrieb er 1916 unter dem Eindruck des Ersten Weltkriegs, sei die „nach der Größe der Entartungsvorgänge", nämlich „in welchem Umfange die Vererbung krankhafter Anlagen einerseits, Keimschädigungen andererseits die Leistungs- und Widerstandsfähigkeit auch der zukünftigen Geschlechter ungünstig beeinflussen".[19] Konsequenterweise trat mit Ernst Rüdin ein Psychiater mit an die Spitze der von Alfred Ploetz 1905 gegründeten „Gesellschaft für Rassenhygiene", die sich den Kampf gegen die Degeneration der Kulturvölker durch „Minderwertige, Schwächliche und Krüppel" zur Aufgabe setzte.[20] Die eugenischen Vernichtungsstrategien wurden nun immer deutlicher formuliert.

Die verschiedenen Entwicklungsstränge vereinigten sich 1920 in der bekannten Schrift von Binding und Hoche über die „Freigabe der Vernichtung lebensunwerten Lebens". Der gesunde Staat erscheint darin als ein Organismus, der „im Interesse der Wohlfahrt des Ganzen auch einzelne wertlos gewordene oder schädliche Teile ... preisgibt und abstößt."[21] Daher wird nun auch die „Gnadentötung" von unheilbar Blödsinnigen oder schwerst Hirnverletzten zu „einer reinen Heilhandlung"[22]; und Hoche schreibt, es werde eines Tages die Auffassung heranreifen, daß „die Beseitigung der geistig völlig Toten kein Verbrechen, keine unmoralische Handlung, keine gefühlsmäßige Rohheit, sondern einen erlaubten nützlichen Akt darstellt."[23] Euthanasie bedeutet nunmehr auch die nicht-freiwillige Tötung. Sie ist für die biologistische Weltsicht nur eine Fortsetzung der Evolution mit anderen Mitteln: hergebrachte religiöse oder philosophische Gesichtspunkte haben sich den Gesetzen der Natur unterzuordnen.

Wenig später erhob Ernst Mann in seinem Buch „Die Erlösung der Menschheit vom Elend" (1922) die ärztliche Tötung unheilbar Geisteskranker, Krüppel und Sterbender zur „Forderung der Barmherzigkeit" und schloß daraus: „Wahrhafte Erlöser der Menschheit könnten die Ärzte sein!"[24] Eugenik und Euthanasie, Heilen und Töten hatten sich miteinander verbündet. Nur zwei Jahrzehnte vergingen, bis die nunmehr geistig umfassend vorbereiteten Vernichtungsaktionen realisiert wurden.

Versuchen wir nun eine Bilanz zu ziehen. Als eine Vorbedingung für die Verbrechen der nationalsozialistischen Medizin wurde zunächst der mechanistisch-verdinglichende Zugang benannt, der den naturwissenschaftlich geprägten Arzt von der individuellen Beziehung zum Patienten entfernte. Eine gravierendere Rolle spielte jedoch der dominierende Biologismus, indem er den bisher individuellen Krankheitsbegriff auf die Rasse oder den „Volkskörper" übertrug und dessen Reinigung und Gesundung über das Leben des Einzelnen stellte. Beide Sichtweisen potenzierten sich in ihrer Wirkung: Der naturwissenschaftlich-verdinglichende Blick auf den Menschen sah das pure Objekt, das Forschungsmaterial; der biologistisch-wertende Blick sah das Kranke, Entartete, Minderwertige und Schädliche.[25] Beide Sichtweisen reduzierten den Menschen auf seine Natursubstanz, also auf das, was an ihm physisch, genetisch, biologisch *Bedingtes* ist. Damit aber richteten sie sich gegen die fundamentale Größe der humanen Zivilisation, nämlich die individuelle menschliche Person, die alle ihre äußeren und zufälligen Bedingtheiten übersteigt und insofern wesentlich etwas *Unbedingtes*, Absolutes ist. Die Frage nach dem Wert oder Unwert eines Menschenlebens kann überhaupt nur auftauchen, wenn dieses Leben nur noch unter dem Aspekt biologischer oder sozialer Zweckrationalität gesehen und die personale Kategorie des *Sinns* als nicht rational faßbar ausgeschlossen wird.

Man könnte versucht sein, in den medizinischen Vernichtungsprogrammen nur etwas Zeitbedingtes oder Irrationales zu sehen. Zweifellos trägt die nationalsozialistische Ideologie in hohem Maße irrationale und paranoide Züge. Aber es wäre gefährlich, sich dabei zu beruhigen und zu übersehen, wie gerade im Eugenik- und Euthanasie-Programm wissenschaftliche Rationalität in ihrer äußersten Konsequenz in Irrationalismus umschlug. Wir haben gesehen, daß dieses Programm auf einem biologistischen Menschenbild beruhte, das der modernsten naturwissenschaftlichen Sicht des Menschen entsprach. Naturwissenschaftliche Erkenntnis war aber niemals reines Anschauen und Begreifen, sondern Veränderungswissen, das *per se* auf Analyse, Rekonstruktion und Neukonstruktion des Erkannten zielt. Bereits in der Form der Erkenntnis liegt ein Bestreiten der Ganzheit des ursprünglich Gegebenen, das ja auf seine Ausgangsbedingungen und einzelnen Aufbaumomente zurückgeführt werden soll. Diese Reduktion bestätigt sich in der planmäßigen Rekonstruktion des Forschungsgegenstands aus seinen Bestandteilen und ermöglicht so auch seine Veränderung, Manipulation und Umkonstruktion. Zentrales Motiv der Naturwissenschaften war dabei immer die Beherrschung und Verbesserung der eigenen, körperlichen Natur, wie sie Bacon und Descartes bereits projektiert hatten. Der naturwissenschaftliche Impuls, der seit dem 19. Jahrhundert die Medizin bestimmte, gab sich daher nicht mehr mit dem Heilen, Lindern oder Pflegen des einzelnen Patienten zufrieden; er zielte auf den Sieg über die Krankheit als solche. Denn gerade Krankheit, und zumal Geisteskrankheit, ist für die wissenschaftliche Rationalität der Stein des Anstoßes, bedeutet sie doch schlechthin das Chaotische, Ungeordnete, Auflösende.

In der Evolutionslehre fand sich nun ein Modell für die Überwindung des Krankhaften und Entarteten: ein natürlicher Mechanismus fortschreitender Perfektionierung durch fortwährende Vernichtung. Zugleich erklärte sie die besondere Krankheitsanfälligkeit des Menschen: Eine falsch verstandene Humanität, ja die Erfolge der Medizin selbst haben der natürlichen Auslese der Besten entgegengearbeitet. Das christlich-humanistische Menschenbild erschien aus dieser Sicht selbst als eine Degenerationserscheinung: Es stellte sich gegen die Natur, die auf grausame, aber doch großartige Weise nach Veredelung und Höherentwicklung strebt. Die höhere Humanität lag darin, die Evolution selbst in die Hand zu nehmen, also das Gesunde zu fördern, das Kranke zu heilen, aber das *Unheilbare* zu vernichten, um so am Ende die Krankheit selbst zu besiegen. An der Wurzel der medizinischen Vernichtungsprogramme finden wir also die Vision einer leidensfreien Gesellschaft, der „Erlösung der Menschheit vom Elend". Es ist letztlich das manichäische Motiv einer endgültigen Scheidung von Gesundem und Krankem, Starkem und Schwachem, Heilbarem und Unheilbarem.

Dieses zentrale Motiv begegnet uns gerade bei den psychiatrischen Verantwortlichen des Euthanasieprogramms immer wieder. Durch die Tötung *unheilbar* Kranker und die Auflösung der Pflege- und Verwahranstalten sollten Mittel frei werden, um für die *heilbaren* Patienten Reformen, humane Behandlung und moderne Therapien zu ermöglichen.[26] Ein Planungspapier der Leiter der T-4-Aktion von 1942 projektierte „... für die Zukunft: keine Pflegeanstalten für tiefstehende Fälle, sondern Heilanstalten mit aktivster Therapie und wissenschaftlicher Arbeit und – mit Euthanasiemöglichkeit".[27] Carl Schneider, Ordinarius für Psychiatrie in Heidelberg und einer der Hauptverantwortlichen der Aktion, kann als typischer Repräsentant des naturwissenschaftlichen und therapeutischen Optimismus gelten, der die Vernichtung der Unheilbaren einschloß. Sein humaner Umgang mit Patienten, sein Engagement für die Arbeitstherapie und Rehabilitation Schizophrener entsprang der gleichen Gesinnung wie seine gnadenlose Selektion der Unheilbaren und die konsequente Ausbeutung ihrer Gehirne zu Forschungszwecken.[28]

Diese Forschungen sollten, so Schneider, „endlich einmal mit den alten Vorstellungen vom Menschen Schluß machen", nämlich die religiös begründeten Anschauungen von der menschlichen Seele überwinden, und „den Organismus wirklich als biologische Einheit in der Entwicklung und Entfaltung seiner Funktionen fassen."[29] Körperlich-konstitutionelle Faktoren, seelische Funktionen und soziales Verhalten des Menschen sollten gleichermaßen eingehen in die neue Einheitswissenschaft der *„biologischen Psychiatrie"*. Es sei an der Zeit, daß die Psychiatrie als heilende Wissenschaft „endlich eingreift in den Gang der Ideengeschichte der Menschheit", indem sie den „durch religiöse Vorstellungen und Dogmen noch immer geschützten Aberglauben vom Wesen der Seele" überwinde und damit den Weg freimache „zu einem innigeren und reicheren Leben unseres Volkes nach seinen eigenen Kräften und Gaben"[30]: Psychiatrie also als Vollendung der Aufklärung und Befreiung aus der Unmündigkeit. – Schneiders biologischen Monismus vertraten auch andere führende und für die Euthanasie verantwortliche Psychiater wie etwa Max de Crinis. Er definierte in seiner Antrittsvorlesung von 1938 die Psychiatrie als „naturwissenschaftliches Fach", als „Lehre der Krankheiten des beseelten Körpers und nicht der Seele als eines selbständigen Seins". Während sie in der Vergangenheit eine „Brücke zur Philosophie geschlagen" und sich dabei nur in ethisch-religiösen, moralphilosophischen und metaphysischen Fragen verloren habe, sei die Psychiatrie nun „als Hirnforschungsgebiet abgesteckt."[31]

Der traditionelle Dualismus von Körper und Seele war für die Psychiatrie nicht mehr akzeptabel. Subjektivität wurde zu einer objektivierbaren biologischen Leistung des Organismus. Wird aber menschliche Individualität auf das Biologische reduziert, wird mit dem traditionellen Dualismus von Körper und Seele auch die Sonderstellung bestritten, die der Mensch als personales Wesen gegenüber der Natur hat – dann muß das Sein eines unheilbar kranken Menschen letztlich mit seinem Kranksein, mit seiner Störung identisch werden. Wird er nie wieder funktionstüchtig, so ist seine Existenz biologisch gesehen dysfunktional, also wertlos geworden. Dann kann sie auch dem übergeordneten Ganzen des sozialen Organismus geopfert werden. Schneider und de Crinis dachten also nur konsequent. Wenn der Mensch nicht mehr dualistisch, sondern als leib-seelische Einheit begriffen wird, dann läßt sich diese Konsequenz in der Tat nur dann vermeiden, wenn diese Einheit nicht als eine biologische, sondern als eine *personale* verstanden wird. Der Begriff der menschlichen Person in ihrer Unbedingtheit, in ihrer Unabhängigkeit von allen biologischen oder geistigen Einzelfunktionen – dieser Begriff ist freilich nicht mehr biologisch oder szientistisch, sondern nur religiös oder philosophisch zu begründen. Er setzt den Akt der Anerkennung voraus, daß der Andere, den ich mir gegenüber wahrnehme, mehr ist als die Summe bestimmter Leistungen und Eigenschaften, die an ihm jeweils vorhanden sind oder nicht. Ohne die Verbindung zu ihren anthropologischen Fundamenten aber hatten die Psychiater der Dehumanisierung ihrer Wahrnehmung der Unheilbaren nichts mehr entgegenzusetzen. Sie *sahen* in ihnen nicht mehr kranke Menschen, nicht mehr ihresgleichen, sondern tierähnliche Kreaturen, denen man gewährt, was man leidenden Tieren gewährt.

Wenn von gegenwärtigen Bioethikern Personalität auf bestimmte Kriterien wie Selbstbewußtsein, Autonomie und Rationalität reduziert wird, von denen das Lebensrecht eines Menschen abhängen soll, so führt dies zum gleichen Resultat: Gegenüber mißgebildeten Säuglingen, geistig Behinderten oder dementen Menschen haben wir nicht mehr Verpflichtungen als gegenüber höher entwickelten Tieren. Wir können sie töten, denn für eine ethische Sonderstellung der menschlichen Spezies gibt es dann keinen rationalen Grund mehr. – Allerdings wird dies vielleicht bald nicht mehr notwendig sein. Denn mit der Entwicklung der Humangenetik und der pränatalen Diagnostik hat eine neue, unsichtbare Euthanasie begonnen. Längst sind wir soweit, den „Ungeeigneten" gar nicht mehr „zu gestatten, ins Dasein zu treten", wie Francis Galton es vor hundert Jahren gefordert hatte. Die Diagnose „erbkrank" kommt bereits jetzt vielfach einem präventiven Todesurteil durch Abtreibung gleich. Die künftige, technologische Eugenik wird keiner Rassenideologie mehr bedürfen, keiner offenen Gewaltmaßnahmen mehr wie Zwangssterilisierung, Eheverbote oder Massenmord. Die Verdinglichung des Menschen setzt schon ein, bevor man ihn überhaupt wahrnehmen kann, nämlich in der Abstraktheit des Labors. In Computerausdrucken, Teststreifen und chemischen Formeln wird die menschliche Existenz wiederum auf Krankheitsmerkmale reduziert, aber ohne daß da noch ein leibhaftiger Mensch vor uns stünde, zu dem wir eine Beziehung herstellen, eine Verwandtschaft fühlen könnten. Die Beseitigung des Leidens durch Beseitigung der Leidenden ist nicht nur Vergangenheit, sondern Gegenwart. Wenn wir heute der 21 Kinder, der Opfer einer eugenisch begründeten Euthanasie gedenken, sollten wir auch daran denken, daß wohl einige von ihnen das Licht der Welt heute nicht einmal mehr erblickt hätten.

Anmerkungen

1. Weizsäcker, Viktor v. (1940): Der Gestaltkreis, S. 1.
2. Vgl. Schwaiger, Hannelore; Bollinger, Heinrich (1981): Der Anatomiekurs – Aus dem heimlichen Lehrplan des Medizinstudiums.
3. Vgl. Jonas, Hans (1969): Im Dienste des medizinischen Fortschritts: Über Versuche an menschlichen Subjekten.
4. Vgl. Bean, W. (1977): Walter Reed and the ordeal of human experiments, sowie Elkeles, Barbara (1985): Medizinische Menschenversuche gegen Ende des 19. Jahrhunderts und der Fall Neisser.
5. Moll, Albert (1902): Ärztliche Ethik.
6. Zit. nach Steinmann, R. (1975): Die Debatte über medizinische Versuche am Menschen in der Weimarer Zeit, S. 128.
7. Vgl. Howard-Jones, Norman (1982): Human experimentation in historical and ethical perspectives, S. 1435f..
8. Bericht von Prof. Schleußing in: Deutsche Forschungsanstalt für Psychiatrie (1942): Bericht 1.4.1941 – 31.3.1942, S. 478.
9. Jenaer Anatomischer Anzeiger 1947, zit. nach Ärztekammer Berlin/Bundesärztekammer (Hg.) (1989): Der Wert des Menschen – Medizin in Deutschland 1918-1945, S. 313f..
10. Chronik der Anatomischen Anstalt, zit. a.a.O., S. 315.
11. Weizsäcker, Viktor v. (1947): „Euthanasie" und Menschenversuche.
12. Vgl. Baader, Gerhard (1990): Sozialdarwinismus – Vernichtungsstrategien im Vorfeld des Nationalsozialimus, S. 23.
13. Vgl. Haeckel, Ernst (1868): Natürliche Schöpfungsgeschichte, S. 176f., vgl. auch Schmuhl, Hans-Walter (1987): Rassenhygiene, Euthanasie, Nationalsozialismus, S. 60f..
14. Galton, Francis (1883): Inquiries into human faculty and its development.
15. Ploetz, Alfred J. (1895): Die Tüchtigkeit unserer Rasse und der Schutz der Schwachen, S. 145.
16. Jost, Adolf (1895): Das Recht auf den Tod, S. 13.
17. Kraepelin, Emil (1883): Kompendium der Psychiatrie, S. 63.
18. Kraepelin, Emil (1900): Die psychiatrischen Aufgaben des Staates.
19. Kraepelin, Emil (1916): Ein Forschungsinstitut für Psychiatrie, S. 8f..
20. Gruber, Max v.; Rüdin, Ernst (1911): Fortpflanzung, Vererbung, Rassenhy-

giene, S. 91.
[21] Binding, Karl; Hoche Alfred (1920): Die Freigabe der Vernichtung lebensunwerten Lebens, S. 56.
[22] A.a.O., S. 18.
[23] A.a.O., S. 57.
[24] Mann, Ernst (=Hoffmann, Gerhard) (1922): Die Erlösung der Menschheit vom Elend, S. 66.
[25] Daß eine kritische Haltung zur naturwissenschaftlich orientierten Medizin keineswegs gegen problematische Einstellungen immunisierte, zeigt das Beispiel V. v. Weizsäckers: Er vertrat zwar als erster nach 1945 die Auffassung, „... daß die moralische Anästhesie gegenüber den Leiden der zu Euthanasie und Experimenten Ausgewählten *begünstigt* war durch die Denkweise einer Medizin, welche den Menschen betrachtet wie ein chemisches Molekül oder einen Frosch oder ein Versuchskaninchen." (Weizsäcker, Viktor v. (1947): „Euthanasie" und Menschenversuche, S. 102). Doch der Gefahr einer biologistisch-kollektivistischen Sicht des Menschen ist Weizsäcker selbst erlegen. 1934, in einer Vorlesung über sozialmedizinische Probleme führte er u.a. aus: „Das Gemeinsame dieser Sonderformen (d.h. der Renten-, Versorgungs- und Sozialneurosen, T.F.) ... ist in der Tat der Defekt im Zusammenleben, die organwidrige Nichteingliederung des Einzelnen in die Gesamtheit". – Daher könne Sozialpolitik nicht nur „Erhaltungspolitik" treiben; ein „Erhalten um jeden Preis" sei eine Illusion. „Auch als Ärzte sind wir beteiligt an der Aufopferung des Individuums für die Gesamtheit. Es wäre illusionär ..., wenn der deutsche Arzt seinen verantwortlichen Anteil an der notgeborenen Vernichtungspolitik glaubte nicht beitragen zu müssen. An der Vernichtung unwerten Lebens oder unwerter Zeugungsfähigkeit, an der Ausschaltung des Unwerten durch Internierung, an der staatspolitischen Vernichtungspolitik war er auch früher beteiligt." – „... Es gab (und gibt heute noch) keine vollständige Vernichtungslehre, welche die rein als Erhaltungslehre aufgebaute Heilkunde ergänzt." – „Erst eine volkspolitisch zu Ende gedachte Vernichtungspolitik bewiese sich als nicht nur erhaltend, sondern auch gestaltend." (Weizsäcker, Viktor v. (1934): Ärztliche Fragen, S. 323f.) – Weiter heißt es: „Eheverbot, Sterilisierung, Internierung lassen sich als vernichtungspolitische Maßnahmen in der Regel nur aus biologischen oder vernünftig-ökonomischen Gesichtspunkten, aus Gründen der Sicherung und Erhaltung anderer Personen u. dgl. hinreichend ableiten ... Einer erbbiologisch begründeten Medizin der Auslese und zugleich der Vernichtung fällt daher ein überaus wichtiger, aber schmaler Raum im Gesamtaufbau sozialer Therapie zu. Ein erbbiologisch entstandener Minderwert ist ja erst dann auch ein Minderwert im Volke, wenn er der Idee dieses Volkes widerspricht. Ob dies der Fall ist, kann aber nicht die medizinische Biologie entscheiden, sondern der führende Träger dieser Idee ist es, welcher aus freier Leidenschaft der Verantwortung das letzte Wort hier spricht." (a.a.O., S. 329).
Man könnte zu Weizsäckers Verteidigung sagen, daß in der allgemeinen Stimmung der Jahre 1933/34 viele Reden gehalten wurden, die man später

bereute oder zurücknahm. So verhält es sich jedoch nicht. 1947, in „'Euthanasie' und Menschenversuche", spricht er immer noch vom Prinzip des „Opfers" oder der „Solidarität" als „Motiv einer möglichen ärztlichen Lebensvernichtung": „Die Begründung durch Solidarität lautet zum Beispiel so: wenn das ganze Volk in Lebensgefahr schwebt, und durch Beseitigung einzelner Individuen gerettet werden kann, dann müssen diese Individuen geopfert werden – selbst wenn sie diese Notwendigkeit nicht einsehen. ... Wie kann diese Idee einen ärztlichen Inhalt bekommen? So, daß ‚krank' diesmal nicht nur Individuen, sondern eine solidarische Gemeinschaft, ein Kollektiv, ein Volk oder die Menschheit ist. ... Hier handelt es sich also um eine Erweiterung des Krankheitsbegriffes. So wie die Amputation eines brandigen Fußes den ganzen Organismus rettet, so die Ausmerzung der kranken Volksteile das ganze Volk. Als Opfer betrachtet wären beide Fälle berechtigt und beide als ärztliche Handlung sinnvoll und nötig. Wer diese Betrachtung und ihre Konsequenzen nicht liebt, kann sich ihrer nicht dadurch entledigen, daß er pathetisch oder unter Berufung auf offenbarte Religion ..., oder auf die Idee der Humanität oder die Menschenrechte die ärztliche Aufgabe auf die Heilung des einzelnen Menschen zu beschränken fordert ..." (Weizsäcker, Viktor v. (1947), S. 76).

[26] Vgl. Schmuhl, Hans-Walter (1987): Rassenhygiene, Nationalsozialismus, Euthanasie, S. 263f..

[27] Zit. nach Aly, Götz (Hg.) (1989): Aktion T4 1939-1945, S. 16.

[28] Vgl. Dörner, Klaus (1986): Carl Schneider: Genialer Therapeut, moderner ökologischer Systemtheoretiker und Euthanasie-Mörder; Schmuhl, Hans-Walter (1987): Rassenhygiene, Nationalsozialismus, Euthanasie, S. 281ff; sowie Aly, Götz (1985): Der saubere und der schmutzige Fortschritt, S. 51ff.

[29] Forschungsplan Carl Schneiders vom 12.3.1942, Heidelberger Dokument 127 127-129, zit. nach Hohendorf, Gerrit; Roelcke, Volker; Rotzoll, Maike (1996): Innovation und Vernichtung, S. 941.

[30] Carl Schneider: Schlussbemerkungen. Wissenschaftliche, wirtschaftliche und soziale Bedeutung und Zukunft der psychiatrischen Therapien (1941), Heidelberger Dokument 127 585-591, National Archives Washington T 1021, Roll 12, File 707, Bd. 20, Mikrofilmkopie Bundesarchiv Berlin.

[31] De Crinis, Max (1939): Die deutsche Psychiatrie.

Literaturverzeichnis

Aly, Götz (1985): Der saubere und der schmutzige Fortschritt, in: Aly, Götz u.a. (Hg.) (1985): Reform und Gewissen – „Euthanasie" im Dienst des Fortschritts (Beiträge zur nationalsozialistischen Gesundheits- und Sozialpolitik Bd. 2, Berlin 2. Aufl. 1989: Rotbuch), S. 9-78

Aly, Götz (Hg.) (1989): Aktion T4 1939-1945 – Die „Euthanasie"-Zentrale in der Tiergartenstr. 4 (Stätten der Geschichte Berlins Bd. 26), Berlin: Edition Hentrich

Ärztekammer Berlin/Bundesärztekammer (Hg.) (1989): Der Wert des Menschen – Medizin in Deutschland 1918-1945, Berlin: Edition Hentrich
Baader, Gerhard (1988): Rassenhygiene und Eugenik – Vorbedingungen für die Vernichtungsstrategien gegen sogenannte „Minderwertige" im Nationalsozialismus, Deutsches Ärzteblatt 85, 1988, S. C-1175-1178
Baader, Gerhard (1990): Sozialdarwinismus – Vernichtungsstrategien im Vorfeld des Nationalsozialismus, in: Hohendorf, Gerrit; Magull-Seltenreich, Achim (Hg.) (1990) Von der Heilkunde zur Massentötung – Medizin im Nationalsozialismus, Heidelberg: Wunderhorn, S. 21-35
Bean, W. (1977): Walter Reed and the ordeal of human experiments, Bulletin for the History of Medicine 51, 1977, S. 75-92
Binding, Karl; Hoche, Alfred (1920): Die Freigabe der Vernichtung lebensunwerten Lebens. Ihr Maß und ihre Form, Leipzig: Meiner
de Crinis, Max (1939): Die deutsche Psychiatrie, Psychiatrisch-neurologische Wochenschrift 41, 1939, S. 1-5
Deutsche Forschungsanstalt für Psychiatrie (1942): Bericht 1.4.41-31.3.42, Zeitschrift für die gesamte Neurologie und Psychiatrie 175, 1942, S. 476-484
Dörner, Klaus (1986): Carl Schneider: Genialer Therapeut, moderner ökologischer Systemtheoretiker und Euthanasie-Mörder. Zu Carl Schneiders „Behandlung und Verhütung der Geisteskrankheiten", Berlin: Springer 1939, Psychiatrische Praxis 13, 1986, S. 112-114
Elkeles, Barbara (1985): Medizinische Menschenversuche gegen Ende des 19. Jahrhunderts und der Fall Neisser, Medizinhistorisches Journal 20, 1985, S. 135-148
Galton, Francis (1883): Inquiries into human faculty and its development, London: Macmillan & Co
Gruber, Max v.; Rüdin, Ernst (1911): Fortpflanzung, Vererbung, Rassenhygiene, Katalog der Gruppe Rassenhygiene auf der Internationalen Hygiene-Ausstellung 1911 in Dresden, München: Lehmanns
Haeckel, Ernst (1868): Natürliche Schöpfungsgeschichte 1. Teil, in: Haeckel, Ernst: Gemeinverständliche Werke Bd. 1, hg. v. H. Schmidt, Leipzig, Berlin 1924
Hohendorf, Gerrit; Roelcke, Volker; Rotzoll, Maike (1996): Innovation und Vernichtung – Psychiatrische Forschung und „Euthanasie" an der Heidelberger Psychiatrischen Klinik 1939-1945, Der Nervenarzt 67, 1996, S. 935-946
Howard-Jones, Norman (1982): Human experimentation in historical and ethical perspectives, Social Science and Medicine 16, 1982, S. 1429-1448
Jonas, Hans (1969): Im Dienste des medizinischen Fortschritts: Über Versuche an menschlichen Subjekten, in: Jonas, Hans (1985): Technik, Medizin und Ethik – Zur Praxis des Prinzips Verantwortung, Frankfurt/M.: Insel, S.109-145
Jost, Adolf (1895): Das Recht auf den Tod. Sociale Studie, Göttingen: Dieterich
Kraepelin, Emil (1883): Compendium der Psychiatrie, Leipzig: Abel
Kraepelin, Emil (1900): Die psychiatrischen Aufgaben des Staates, Jena: Fischer
Kraepelin, Emil (1916): Ein Forschungsinstitut für Psychiatrie, Zeitschrift für die gesamte Neurologie und Psychiatrie 32, 1916, S. 1-18

Mann, Ernst (Gerhard Hoffmann) (1922): Die Erlösung der Menschheit vom Elend, Weimar/Leipzig: G. Hoffmanns Verlag/C. F. Fleischer
Moll, Albert (1902): Ärztliche Ethik. Die Pflichten des Arztes in allen Beziehungen seiner Tüchtigkeit, Stuttgart: Enke
Ploetz, Alfred J. (1895): Die Tüchtigkeit unserer Rasse und der Schutz der Schwachen. Ein Versuch über Rassenhygiene und ihr Verhältnis zu den humanen Idealen, besonders zum Socialismus, Berlin: S. Fischer
Schmuhl, Hans-Walter (1987): Rassenhygiene, Nationalsozialismus, Euthanasie (Kritische Studien zur Geschichtswissenschaft 75), Göttingen: Vandenhoeck & Ruprecht
Schwaiger, Hannelore; Bollinger, Heinrich (1981): Der Anatomiekurs – Aus dem heimlichen Lehrplan des Medizinstudiums, in: Bollinger, Heinrich; Brockhaus, Gudrun; Hohl, Joachim; Schwaiger, Hannelore (Hg.) (1981): Medizinerwelten – Die Deformation des Arztes als berufliche Qualifikation, München: Zeitzeichen Verlag, S. 16-49
Steinmann, R. (1975): Die Debatte über medizinische Versuche am Menschen in der Weimarer Zeit, Medizinische Dissertation Tübingen
Weizsäcker, Viktor v. (1934): Ärztliche Fragen. Vorlesungen über allgemeine Therapie, in: Weizsäcker, Viktor v.: Gesammelte Schriften Bd. 5, hg. v. Peter Achilles u.a., Frankfurt/M.: Suhrkamp, S. 249-342
Weizsäcker, Viktor v. (1947): „Euthanasie" und Menschenversuche, Psyche 1, 1947, S. 68-102
Weizsäcker, Viktor v. (1940): Der Gestaltkreis, Stuttgart 5. Aufl.: Thieme

Euthanasie – früher und heute

HANS LAUTER

Nur wenige Jahrzehnte sind vergangen seit der Finsternis einer Zeitepoche, in der Tausende von psychisch Kranken zu Opfern ärztlicher Tötungshandlungen wurden. Und doch ist seither die Frage immer noch nicht verstummt, ob Ärzte unter bestimmten Umständen den Tod eines Patienten aktiv herbeiführen oder hieran mitwirken dürfen. Die Euthanasiediskussion ist heute in Öffentlichkeit und Ärzteschaft lebhafter denn je. Man hat manchmal den Eindruck, „als sei die Verwirklichung der aktiven Sterbehilfe für den Menschen des 20. Jahrhunderts bedeutsamer als alles daran zu setzen, um die Wiederholung der kaum überwundenen Katastrophen gewaltsamen Todes zu verhindern".[1]

Ausgangspunkt für diese neue Akzeptanz des Euthanasiegedankens ist die große Bedeutung, die der Autonomie des Patienten in der medizinischen Ethik der Gegenwart beigemessen wird. Viele Menschen haben das Bedürfnis, dieses Recht angesichts der oft als bedrohlich erlebten intensivmedizinischen Technologie auch bei einer tödlichen Krankheit in Anspruch zu nehmen und damit Zeitpunkt und Art des eigenen Todes bestimmen zu können. Es geht also darum, eine Entkriminalisierung und Legalisierung der Tötung auf Verlangen und des ärztlich assistierten Suizids zu bewirken. In Holland stellen diese beiden Maßnahmen zwar auch heute noch strafrechtliche Tatbestände dar, werden aber von Ärzten seit zehn Jahren ständig praktiziert, wobei der Verzicht auf Strafverfolgung durch rechtliche Regelungen weitgehend abgesichert ist. Entwicklungen ähnlicher Art sind auch in vielen anderen Ländern zu erkennen.

Es versteht sich fast von selbst, daß die Befürworter einer solchen aktiven Sterbehilfe jedwede Analogie dieser ärztlichen Tötungspraktiken mit der mit dem Tarnwort „Euthanasie" bezeichneten Vernichtung lebensunwerten Lebens nachdrücklich zurückweisen. Tatsächlich scheinen solche Parallelen auf den ersten Blick nicht zu bestehen. Die nationalsozialistischen Tötungsaktionen hatten ja ihren Ursprung in einem von vorneherein festgelegten, konsequent durchgeführten ideologischen Programm, das die Ausmerzung geistig oder rassisch minderwertiger Existenzen und volksfremder Elemente zum Ziel hatte. Die ideologische Wurzel der Geisteskrankentötung lag in einer kollektivistischen Staatsauffassung, die dem Volk, der Gesellschaft oder der Rasse ein absolutes Primat gegenüber den Interessen des einzelnen Individuums zuerkannte, während es den heutigen Euthanasiebefürwortern um das individualethische Prinzip der Patientenautonomie geht. Dem unfreiwilligen Getötetwerden von damals steht der freiwillig gewählte Tod im Rahmen einer heute bereits betriebenen oder in naher Zukunft angestrebten Sterbehilfepraxis gegenüber. Die rechtswidrigen, unter strikter Geheimhaltung vollzogenen Mordaktionen von damals sind etwas völlig anderes als die gegenwärtigen Bemühungen um eine eindeutige und von der Mehrheit der Bevölkerung getragene gesetzliche Regelung, durch welche eine ausreichende gesellschaftliche Kontrolle ärztlich legitimierter Tötungshandlungen garantiert und jeglichem Mißbrauch vorgebeugt werden soll.

Die heutige Situation erscheint also einfach zu weit von der Hitlerära entfernt, als daß sich die Tötung Geisteskranker oder anderer sozialer Minderheiten in der damaligen Form unter gleichen oder ähnlichen Vorzeichen wiederholen könnte. Außerdem können geschichtliche Analogien mit den Geschehnissen des Nationalsozialismus leicht auf eine Verharmlosung der damaligen Verbrechen hinauslaufen oder dazu mißbraucht werden, die sittliche Legitimation anderer Meinungen in Mißkredit zu bringen und ohne zureichende Begründung an der moralischen Überlegenheit des Status quo festzuhalten. Der geschichtliche Rückblick kann die gründliche Analyse der vielfältigen und neuartigen medizinischen Probleme der Gegenwart nicht ersetzen.

Dennoch greifen solche Einwände zu kurz und geben keine ausreichende Antwort auf die beängstigende Frage der Wiederholbarkeit gravierender Menschenrechtsverletzungen. Die Erinnerung an die ärztliche Schuldgeschichte, die uns am heutigen Tage beschäftigt, gibt uns zwar keine unmittelbare Antwort auf Fragen der medizinischen Gegenwart. Aber sie ist eine unerläßliche Hilfe, um die in der Vergangenheit liegenden Ursprünge heutiger ärztlicher Gesinnungen und Handlungsweisen zu erkennen und deren Folgen zu bedenken. Ungeachtet der genannten und zweifellos bedeutsamen Unterschiede ihrer Zielsetzung, ihrer ideologischen Begründung und der Art ihrer Durchführung ähneln sich die nationalsozialistischen Tötungsaktionen und die Programme der heutigen Euthanasiebefürworter in vier wesentlichen Punkten: der Abkehr von traditionellen Normen ärztlichen Handelns, dem ökonomischen Nützlichkeitsdenken, der Entwicklung einer sich dammbruchartig ausbreitenden Tötungslawine und deren Entstehung aus zunächst kleinen, unscheinbaren Anfängen.

Verlust traditioneller ethischer Wertmaßstäbe

Von den heutigen Euthanasiebefürwortern werden ethische Prinzipien vertreten, die auch in der Epoche des Nationalsozialismus verfochten worden sind und für die Durchführung des Tötungsprogramms von großer Bedeutung waren. Eine wesentliche Voraussetzung für diese Aktion war ja die Annahme, daß es Kategorien von Menschen gebe, deren Leben weniger wert ist als das anderer, und daß dieser Wert sogar auf Null absinken oder negativ werden könne. Außerdem wurde davon ausgegangen, daß ein solcher Lebensunwert durch Dritte eindeutig feststellbar ist. Dieser Grundgedanke, der den nationalsozialistischen Selektionsmaßnahmen zugrundelag, wird von den heutigen Vertretern der aktiven Sterbehilfe insoweit geteilt, als auch nach ihrer Meinung Ärzte prinzipiell dazu in der Lage sind, ein unanfechtbares Urteil über den Unwert eines bestimmten Lebens abzugeben. Der Maßstab für eine solche Feststellung ist allerdings nicht mehr eine negative Aussage über die soziale Brauchbarkeit eines anderen Menschen, sondern die Selbsteinschätzung eines tödlich erkrankten Patienten, der seinen eigenen Leidenszustand als unerträgliche Belastung ansieht. Indem sich der Arzt dieser Selbsteinschätzung anschließt, gelangt er zu der Feststellung, daß ein Leben, das seinem Träger subjektiv wertlos erscheint, auch objektiv keinen Wert mehr aufweist und besser nicht sein soll. Dabei wird weitgehend übersehen, welchen zeitlichen Schwankungen, Irrtumsmöglichkeiten und Fremdbeeinflussungen die Selbstbeurteilung eines Menschen unterworfen ist und wie stark sie von durchaus behandelbaren körperlichen und seelischen Erkrankungen abhängig ist. Außerdem müssen ja gerade auch unheilbare Leidenszustände, tödlich verlaufende Erkrankungen und schwere Behinderungen zu jenen Bedingungen menschlicher Existenz gerechnet werden, die in besonderem Masse auf mitmenschliche Fürsorge und ärztliche Hilfe Anspruch haben.

Der Arzt fällt aber nicht nur ein solches Urteil über den Unwert unheilbaren Krankseins. Er ist es auch, der dieses Urteil schließlich vollstreckt. Damit wird er gleichzeitig zum Wegbereiter einer veränderten Aufgabenstellung der Medizin. Ihr Verantwortungsbereich soll sich nunmehr nicht mehr ausschließlich auf die Erhaltung und Wiederherstellung der Gesundheit oder die Linderung von Schmerzen und anderen körperlichen Beschwerden erstrecken, sondern sich auch auf die Vernichtung des Unheilbaren durch Tötung des Leidenden ausdehnen und der Utopie einer leidfreien Gesellschaft näherkommen. „Die Beseitigung der Qual ist auch Heilwerk", so heißt es schon in der Schrift von K. Binding und A. Hoche.[2] Dieser Gedanke wird von dem Augenarzt Helmut Unger in seinem Briefroman „Sendung und Gewissen"[3] mit den religiösen und eschatologischen Begriffen von Gnade und Erlösung verbrämt und geht schließlich in den Führererlaß ein, welcher den endgültigen Auftakt zur Ermordung psychisch Kranker darstellt. Ohne diese Leitidee, daß Töten nur eine andere Form ärztlicher Heilkunst sei, hätte das Mordszenarium des Dritten Reichs kaum eine so große Zahl medizinischer Helfer finden, hätten Ärzte nicht zu willfährigen Vollstreckern verbrecherischer Tötungshandlungen werden können.

Diese Idee des heilbringenden ärztlichen Gnadentods, die sich über den grundlegenden moralischen Unterschied von passivem Sterbenlassen und aktivem Töten hinwegsetzt, wurde schon von den Nationalsozialisten mit dem Motiv des Mitleids begründet und zur äußeren Rechtfertigung der Mordaktionen herangezogen. Mit dieser individualethischen Legitimation sollten auch diejenigen Bevölkerungskreise von der Rechtmäßigkeit der damaligen Tötungshandlungen überzeugt werden, die den sozialdarwinistischen Ausmerzungsmotiven der Machthaber aus moralischen Gründen ablehnend gegenüberstanden. In besonders krasser Form begegnet uns die suggestive Verknüpfung von Tötungsaktionen mit dem schon von den Sozialdarwinisten propagierten und von K. Binding beschworenen Mitleidsmotiv in dem Propagandafilm „Ich klage an", in dem die Darstellung des Sterbeverlangens und Tötungswunsches einer körperlich schwerkranken Frau geschickt in den Dienst der bereits in Gang befindlichen Vernichtung lebensunwerten Lebens gestellt wird. Die Mitleidstötung auf Verlangen wurde somit zur „Einstiegsdroge" für die Ausmerzung lebensunwerten Lebens.

Dieses Mitleidsmotiv[4] hat den Nationalsozialismus überlebt und liegt auch dem heutigen Wiederaufleben der Euthanasiediskussion zugrunde. „Die Erlösung vom Leid kann Teil einer guten Medizin sein", heißt es in einer holländischen Publikation[5] über die dortige Euthanasieregelung. Der Beweggrund des Mitleids soll zwar nur dann zum Tragen kommen, wenn bei einem schwerkranken Menschen der dauerhafte Wunsch nach vorzeitiger Lebensbeendigung besteht. Da sich aber der Gedanke der Euthanasie nicht ausschließlich auf Autonomie, sondern auch auf Leidbeseitigung gründet, wird von den Vertretern der aktiven Sterbehilfe die Auffassung vertreten, daß „in Fällen extremen Leidens das Leben berechtigt auch ohne den Wunsch des Patienten beendigt werden kann" und daß die Euthanasieregelung zu einem späteren Zeitpunkt auch schwer geschädigte Neugeborene, geistig Behinderte und Demente einbeziehen soll.[6] Hochrangige niederländische Ärztevertreter machen keinen Hehl daraus, daß die Freiwilligkeit des Tötungsverlangens nur aus taktischen Gründen in die Euthanasiekriterien aufgenommen wurde, da man auf diese Weise zunächst eine allgemeine Akzeptanz des Sterbehilfegedankens habe erreichen wollen.[7] Das sentimentale Motiv einer Mitleidstötung auf freiwilliger Grundlage dient offensichtlich auch heute wieder als populistischer Vorwand, um weitreichendere und moralisch fragwürdigere Euthanasieziele zu verschleiern. „Sentimentalität", sagt der alte Father Smith in Walker Percys einige Jahrzehnte später erschienenen Buch „Thanatossyndrom" „ist die erste Maske des Mörders."[8]

Erst die Infragestellung des Lebenswerts einzelner Menschen und Personengruppen, die Überzeugung von dem Vorhandensein objektiver Lebenswertkriterien, das fehlgeleitete Mitleidsdenken und die Aufhebung des absoluten Tötungstabus haben also die Voraussetzungen dafür geschaffen, daß die ideologisch vorbereitete Tötungslawine endgültig ins Rollen gebracht werden konnte. Daß diese moralischen

Prinzipien ihre Virulenz behalten haben und auch in die heutige Euthanasiediskussion eingegangen sind, hängt sicher damit zusammen, daß diese moralischen Handlungsanweisungen keine unmittelbar nationalsozialistische Signatur tragen und daß es sich hierbei um Gedanken und Vorstellungen handelt, die zwar von den Machthabern des Dritten Reichs propagiert und geschickt benutzt wurden, die aber spätestens seit der Jahrhundertwende schon den Zeitgeist beherrschten, die damaligen Debatten um die Sterbehilfe prägten und in vielen Romanen und Erzählungen der damaligen Zeit ihre literarische Gestaltung fanden. „Ich bin des unheilbar Kranken müde", sagt der am Suizid seines Freundes beteiligte Arzt Dr. Kerkoven in Jakob Wassermanns Roman Etzel Andergast , „das Unheilbare steht uns im Weg".[9]

Ökonomische Motive

Der nationalsozialistische Vernichtungsfeldzug gegen die Geisteskranken und Geistesschwachen beruhte keineswegs ausschließlich auf rassenbiologischen Gesichtspunkten. Der Ausmerzungsideologie lagen vielmehr auch soziale und ökonomische Motive zugrunde. Deutschland befand sich nach dem Ersten Weltkrieg und auch noch zum Zeitpunkt der nationalsozialistischen Machtergreifung in einer tiefen Wirtschaftskrise. Das erforderliche wirtschaftliche Wachstum sollte also dadurch erreicht werden, daß man sich rücksichtslos von dem sozialen Ballast derjenigen befreie, die aufgrund ihrer sozialen Unbrauchbarkeit eine wirtschaftliche Belastung für den „Volkskörper" darstellten. Schon in der Schrift von K. Binding und A. Hoche, erst recht aber in den Zeitungsartikeln, Anschauungskursen und Schulbüchern des Nationalsozialismus wurde ständig der unnötige Aufwand an Personal, Unterhaltskosten und Immobilien angeprangert, der für die Pflege von Geisteskranken erforderlich sei. In diesem Zusammenhang ist besonders der Hinweis von A. Hoche bemerkenswert, daß derartige finanzielle Überlegungen in den verflossenen Zeiten des Wohlstands nicht sinnvoll gewesen seien, während man sich diesen Problemen in der wirtschaftlichen Situation nach dem Ersten Weltkrieg nicht länger entziehen könne. Sicher ist es auch nicht zufällig, daß das nationalsozialistische Tötungsprogramm in einem Augenblick einsetzte, als die beschränkten wirtschaftlichen Ressourcen für militärische Zwecke benötigt wurden.

Die heutige ökonomische Situation in den westlichen Industrienationen ist infolge wachsender Gesundheits- und Sozialkosten erneut kritisch geworden. Die Grenzen des medizinisch Machbaren und Wünschenswerten haben sich enorm erweitert; gleichzeitig ist durch die Veränderungen der Alterspyramide ein zunehmender Bedarf an Gesundheitsleistungen eingetreten, mit dem die ökonomischen Ressourcen nicht Schritt halten können. Es liegt daher sehr nahe, dem ständigen Expansionismus des Medizinbetriebs durch Maßnahmen der Kosteneinsparung entgegenzuwirken. Eine solche Reduktion finanzieller Aufwendungen ist besonders wirksam, wenn sie in der kostenintensiven Phase des letzten Lebensabschnitts einsetzt. Die Möglichkeit einer Verkürzung der Sterbephase kann also leicht dazu führen, daß sich die Forderung nach einer Legalisierung der aktiven Euthanasie mit den materiellen Interessen der Jüngeren und Gesünderen unheilvoll verbindet, sobald die Länge des letzten Lebensabschnittes einmal wählbar geworden ist. Eine derartige Verknüpfung zwischen den individuellen Interessen des Einzelnen und den ökonomischen Interessen der Gesellschaft dürfte zwar in einem wohlhabenden Staatswesen wie Holland keine wesentliche Rolle spielen. Sie ist aber mit Sicherheit zu erwarten, wenn aktive Euthanasie und ärztlich assistierter Suizid auf wirtschaftlich schwächere Länder übergreifen, die schon heute in erheblichem Umfang auf eine Rationierung medizinischer Leistungen im Sinne eines fiskalischen Utilitarismus bedacht sein müssen.

Das Dammbruchargument

Die innere Beziehung zwischen den Anstaltsmorden der Hitlerzeit und den heutigen Euthanasiebestrebungen ist aber nicht nur in den bisher erwähnten Gemeinsamkeiten ihrer ethischen und ökonomischen Grundlagen zu suchen. Sie besteht auch in der Unvermeidbarkeit unerwünschter und gefährlicher Konsequenzen, die sich zwangsläufig immer dann einstellen, wenn das absolute Tötungstabu aufgehoben und bestimmte Formen ärztlicher Tötungshandlungen für ethisch zulässig erklärt werden. Das Ausmerzungsprogramm der nationalsozialistischen Machthaber begann mit der Tötung mißgebildeter oder geistig schwer behinderter Säuglinge, dehnte sich aber in der Folgezeit auch auf leichtere Fälle und höhere Altersgruppen aus, so daß es schließlich auch Kinder und Jugendliche einbezog. Von den Erwachsenentötungen waren zunächst geisteskranke jüdische Mitbürger betroffen. Bald danach wurden aber auch nichtjüdische Anstaltsinsassen erfaßt, bis sich der Genozid schließlich auf die Gruppe psychopathischer Persönlichkeiten, sozial Unbrauchbarer und zuletzt auf Juden, Zigeuner und Nicht-Deutsche in den besetzten Ostgebieten erstreckte.

Auch die Praxis der heutigen aktiven Sterbehilfe ist mit der Gefahr des Abgleitens auf einer schiefen Ebene verbunden. Es ist immer bedenklich, wenn eindeutige rechtliche und sittliche Regelungen durch unscharf definierte Prinzipien ersetzt werden, weil durch die Unbestimmtheit solcher neuartiger Konzepte keine klaren sittlichen Grenzziehungen mehr möglich sind und hieraus zwangsläufig Willkürentscheidungen resultieren. Eine gesetzliche Regel kann zwar Ausnahmen zulassen; wenn aber derartige Ausnahmen von vornherein zur Regel gemacht werden, so ist eine solche Handlungsanweisung nicht mehr eindeutig auslegbar, verliert ihren Sinn und wird ständig übertreten.

Es liegt auf der Hand, daß es sich bei den Kriterien, die zur Rechtfertigung der aktiven Sterbehilfe oder des ärztlich assistierten Suizids in Holland herangezogen werden, also bei Begriffen wie „Freiwilligkeit des Willensentschlusses", „Dauerhaftigkeit des Todesverlangens", „unerträglicher Leidenszustand" oder „Hinzuziehung eines anderen Kollegen" ausnahmslos um äußerst dehnbare Begriffe handelt, die eine willkürliche Auslegung herausfordern. Was beispielsweise das Kriterium der „Freiwilligkeit" betrifft, so zeigt die allgemeine Erfahrung auf vielen Gebieten der Beratungspraxis, daß sich der Wille eines Menschen oft leicht in eine sozial erwünschte Richtung lenken läßt. Es kann daher schwer sein, eine freigewählte Entscheidung zu treffen und aufrechtzuerhalten, wenn diese vom allgemeinen Meinungskonsens abweicht und eine gesellschaftliche Mißbilligung erfährt. Man denke etwa an die Schwierigkeit, im Zeitalter von pränataler Diagnostik und nachfolgender Abtreibung die Existenz eines behinderten

Kindes zu rechtfertigen. Auch der Wert, den wir unserem eigenen Leben beimessen, ist keineswegs unabhängig von fremden Wertsetzungen. Der scheinbar freiwillige Entschluß zur Sterbehilfe kann daher leicht durch einen gesellschaftlichen Erwartungsdruck erzeugt werden. Angesichts eines euthanasiefreundlichen Meinungsklimas muß also befürchtet werden, daß alten, kranken und pflegebedürftigen Menschen die Möglichkeit der aktiven Sterbehilfe oder des ärztlich assistierten Suizids mehr und mehr als eine freiwillig zu übernehmende soziale Pflicht erscheinen wird und daß sie sich daher genötigt fühlen, eine vorzeitige Beendigung ihres Lebens zu beantragen, um ihren Angehörigen und der Gesellschaft vermeidbare finanzielle Belastungen zu ersparen.

Die Schwierigkeit, derart unbestimmte Kriterien in die Praxis der Euthanasie umzusetzen, zeigt sich bei genauerer Betrachtung der bisherigen holländischen Erfahrungen. So vergeht in fast der Hälfte der Fälle weniger als eine Woche Zeit zwischen der ersten Äußerung des Todeswunsches und der aktiven Tötung[10], – ein Zeitraum, der zur Prüfung der Dauerhaftigkeit des Euthanasiewunsches kaum ausreichen dürfte. Nur in 3% der Euthanasieanträge wird ein Psychiater zum Ausschluß einer psychiatrischen Erkrankung oder der Feststellung der Einwilligungsfähigkeit zugezogen.[11] Ein Viertel der Ärzte konsultieren entgegen der gesetzlichen Regelung keinen zweiten Kollegen, und in nahezu 60% von aktiver Euthanasie oder ärztlich assistiertem Suizid wird von seiten der beteiligten Ärzte trotz der geringen Zahl von staatsanwaltschaftlichen Ermittlungsverfahren oder Anklagen auf die vorgeschriebene amtliche Meldung verzichtet.[12]

Die Dammbruchanalogie stützt sich aber nicht allein auf das logische Argument unbestimmter sittlicher Grenzziehungen, sondern beinhaltet darüber hinaus die prädiktive Aussage, daß solche Grenzen im Laufe der Zeit zwangsläufig überschritten werden. Die holländische Euthanasiepraxis bestätigt diese Annahme. Die Zahl von Todesfällen, die durch eine Tötung auf Verlangen zustandekamen, erfuhr innerhalb eines Fünfjahreszeitraums eine Zunahme von fast 40%.[13] Die zunächst für zulässig erachteten Indikationen zur Euthanasie wurden unversehens in den Bereich unerlaubten und ethisch fragwürdigen Tötens ausgedehnt. Zu den 2.700 Todesfällen, die im Jahre 1990 durch freiwillige Euthanasie oder ärztliche Suizidbeihilfe erfolgten, kommen noch einmal 1.000 weitere Fälle einer nicht-freiwilligen Euthanasie.[14] Dies entspricht einem Anteil von 0,7% sämtlicher holländischer Todesfälle im Jahre 1990. In weiteren 1,1% der Todesfälle wurde eine Schmerzbekämpfung und in 3,1% der Fälle ein Behandlungsverzicht oder -abbruch mit ausdrücklicher Tötungsabsicht durchgeführt: auch diese Entscheidungen wurden von den Ärzten überwiegend ohne ausdrückliches Einverständnis des betroffenen Patienten getroffen. Die freiwillige aktive Sterbehilfe hat sich also bereits deutlich auf den Bereich der nicht freiwilligen Sterbehilfe ausgedehnt.[15] Außerdem hat sich die niederländische Sterbehilfepraxis mit der höchstrichterlichen Entscheidung im Fall Chabot[16] auch auf das Gebiet seelischer Erkrankungen erweitert. Die Zahl durchgeführter Suizidbeihilfen ist bei diesen Patienten zwar zunächst noch gering; immerhin ergab aber eine unlängst durchgeführte Umfrage bei etwa der Hälfte der holländischen Psychiater, daß 64% die ärztliche Suizidbeihilfe bei psychischen Störungen für akzeptabel halten und 44% auch selbst hierzu bereit wären.[17] Eine solche Entwicklung ist in höchstem Maße alarmierend. Sie zeigt, in welch starkem Maße sich auch Psychiater in ihren ethischen Anschauungen von politischen Zielvorstellungen leiten lassen und wie leicht psychisch Kranke auch heute wieder in den Sog des Tötungsgeschehens geraten können. Offensichtlich läßt sich auch in einer noch so gut organisierten und gesetzlich abgesicherten Euthanasie nicht einmal bei den beteiligten Ärzten und noch viel weniger im öffentlichen Bewußtsein das Gefühl für die Bedeutung des Lebensschutzes aufrechterhalten. Wenn man sich vor Augen hält, wie sehr die vorgeburtliche Kindstötung heute bereits wieder zum Alltagsgeschäft vieler Ärzte gehört, so muß man sich fragen, ob der hierbei eintretende Verlust von Tötungshemmungen nicht früher oder später auch bei uns vom Beginn menschlichen Lebens auf die Phase des Lebensendes übergreift und damit die Mißbrauchsgefahr des Euthanasiegedankens erheblich anwächst.[18]

Die „kleinen Anfänge"

Lassen Sie mich am Schluß noch einige Worte zu dem Gipfel jener schiefen Ebene sagen, von der aus der Stein der Tötungsaktionen ins

Rollen gerät. Der amerikanische Psychiater Leo Alexander[19], der als Prozeßbeobachter an dem Nürnberger Ärztetribunal teilnahm, hat bekanntlich schon früh darauf hingewiesen, daß sich die nationalsozialistischen Verbrechen ungeachtet ihres späteren Ausmaßes aus kleinen Anfängen entwickelten. Der Anfang dieser Tötungslawine war nach seiner Auffassung bereits damit gemacht, daß das Konzept der medizinischen Betreuung auf das Gebiet der Rehabilitation und Wiederherstellung von Gesundheit, Leistungsvermögen und Arbeitsfähigkeit eingeschränkt wurde und den Bereich des Unheilbaren bewußt aus der ärztlichen Fürsorge ausschloß. Gerade die Geschehnisse der Heidelberger Klinik zeigen ja, daß die therapeutischen und rehabilitativen Erfolge bei Akutkranken einige Psychiater dazu verführten, sich für die Vernichtung der Unheilbaren herzugeben. Im Gegensatz dazu haben sich die holländischen Ärzte nach der Besetzung ihres Landes im Jahre 1940 standhaft dem Befehl widersetzt, ihr berufliches Tätigkeitsfeld auf akute und behandelbare Fälle zu begrenzen.[20] Obwohl von ihnen seinerzeit keineswegs die Tötung anderer Menschen verlangt wurde, erkannten sie offensichtlich, daß sie mit der Befolgung des damaligen Befehls ihren beruflichen Auftrag verraten, zum Instrument einer menschenverachtenden Politik werden und sich auf ärztlich unvertretbare Unrechtshandlungen einlassen müßten.

Solche zunächst unscheinbaren kleinen Anfänge sind aber in der deutschen Psychiatriegeschichte schon lange vor der NS-Zeit zu erkennen. Dies ist unter anderem aus einigen Sätzen ersichtlich, die Karl Bonhoeffer 1920 bei der Hamburger Jahrestagung des Vereins für Psychiatrie gesagt hat und die ich wörtlich zitiere:

„Fast könnte es scheinen, als ob wir in einer Zeit der Wandlung des Humanitätsbegriffs stünden. Ich meine nur das, daß wir unter den schweren Erlebnissen des Krieges das einzelne Menschenleben anders zu bewerten genötigt wurden als vordem, und daß wir in den Hungerjahren des Krieges uns damit abfinden mußten, zuzusehen, daß unsere Kranken in den Anstalten in Massen an Unterernährung hinstarben, und dies fast gutzuheißen in dem Gedanken, daß durch diese Opfer vielleicht Gesunden das Leben erhalten bleiben könnte. In der Betonung dieses Rechts der Gesunden auf Selbsterhaltung, wie sie eine Zeit der Not mit sich bringt, liegt die Gefahr der Überspannung, die Gefahr, daß der Gedanke der opfermütigen Unterordnung der Gesunden unter die Bedürfnisse der Hilflosen und Kranken, wie er der wahren Krankenpflege zugrundeliegt, gegenüber den Lebensansprüchen der Gesunden an lebendiger Kraft verliert."[21]

Mit dieser Äußerung wendet sich Bonhoeffer indirekt gegen Hoche, der seinerseits den Begriff der Überspannung benutzte, ihn aber im Sinne eines überspannten Humanitätsideals zu Ungunsten der Kranken gebrauchte. Demgegenüber betont Bonhoeffer zwar die humanitäre Bedeutung der Krankenpflege, läßt aber das ominöse Recht der Gesunden auf Selbsterhaltung auf sich beruhen. Warum sollte denn dieses Recht, wenn es ein solches gibt, nicht allen Menschen gleichermaßen zugute kommen? Daher erscheint mir diese Stellungnahme zweideutig und halbherzig, weil sie offensichtlich von zweierlei Rechten ausgeht, denen der Gesunden und denen der Kranken und sie lediglich in anderer Weise gegeneinander abwägt als Hoche. Wenn man bedenkt, daß während des Ersten Weltkriegs 70.000 psychiatrische Patienten in Landeskrankenhäusern an Hunger gestorben sind, fast ebensoviele wie durch die Mordaktionen der Nationalsozialisten, so war der Humanitätsbegriff bereits damals auf beunruhigende Weise ins Gleiten geraten. Der Glaube an die Gleichwertigkeit der Menschen hatte der Überzeugung von dem unterschiedlichen Nutzwert der Menschen Platz gemacht.[22] Viele Psychiater hatten sich offenbar schon mit der Entwertung und Entrechtung ihrer Patienten abgefunden. Der Weg bis zur völligen Aberkennung ihres Lebenswerts und Lebensrechts war dann gar nicht mehr so weit. Den Tötungsaktionen des Dritten Reichs gingen über einen langen Zeitraum Prozesse der gesellschaftlichen Entsolidarisierung voraus, die sich in teilweise unmenschlichen Unterbringungsbedingungen für psychisch Kranke, Vernachlässigung der medizinischen und pflegerischen Betreuung Unheilbarer und Schwerbehinderter, in Zwangssterilisation und Halbierungserlaß manifestierten und alles in allem eine gesellschaftliche Ausgrenzung und Benachteiligung bedeuteten.

Vernachlässigungsprozesse dieser Art als Vorbedingung aktiver Tötungshandlungen sind auch heute wieder zu beobachten und wirken sich auf die Personengruppe tödlich erkrankter und sterbender Patienten aus. Der Arzt soll ja den Patienten auf seinem letzten Weg als Helfer und nicht als Henker begleiten. Den Euthanasiebefürwortern der Gegenwart geht es aber gar nicht um Euthanasie in ihrem ursprünglichen Wortsinn, also um die Erleichterung des Sterbens und einen guten Tod. Palliativmedizin und Hospizbewegung bieten ja heute die beste Grundlage dafür, um die Schmerzen eines todkranken Menschen zu lindern, ihm bei der Bewältigung seiner psychologischen Probleme Beistand zu leisten, ihm sinnlose lebensverlängernde Intensivmaßnahmen zu ersparen und ihn das Sterben als einen Teil seines Lebens erfahren zu lassen. Wo diese Möglichkeiten genutzt werden, wird der Wunsch nach ärztlicher Tötung oder Suizidbeihilfe überhaupt nicht oder allenfalls in extremen Ausnahmefällen geäußert. Nur dort, wo man dem Schwerkranken diese Hilfe *beim* Sterben vorenthält oder nicht ausreichend davon Gebrauch macht, wird der Ruf nach einer Hilfe zum Sterben laut und unüberhörbar. Der aktiven Tötung geht also zumindest in vielen Fällen der Ausschluß des Sterbenden aus dem Verantwortungsbereich ärztlicher, psychologischer und sozialer Fürsorge voraus. Eine Euthanasiebewegung, die sich ursprünglich als Protest gegen die Technologie einer lebensverlängernden Intensivmedizin wandte, hat eine neue Technologie des Tötens und der Selbsttötung hervorgebracht, die sich durch ihre Medikalisierung den Anschein des Humanen zu geben versucht.

Es ist wohl nur eine Frage der Zeit, wann diese Neuauflage einer medizinischen Tötungstechnik unter dem Einfluß einer utilitaristischen Bioethik von der Kategorie der Sterbenden auf die der Dementen, der Alterskranken, der geistig und seelisch Behinderten und auf andere Personengruppen mit niedrigem sozialen Nutzwert ausgedehnt wird. Allzu oft in der Geschichte wird ja die Tötung Leidender und sozial Belastender zur Beseitigung von Leid und Belastung herangezogen. Gerade die deutsche Psychiatrie hat aufgrund ihrer historischen Verantwortung gegenüber den Opfern der nationalsozialistischen Verbrechen die Aufgabe, dem Dunkel des Vergessens die Wachheit der Erinnerung gegenüberzustellen und den kleinen, zunächst noch unscheinbaren Anfängen von Ausgrenzungs-, Entrechtungs- und Entwertungsprozessen entgegenzuwirken, aus denen sich so rasch neue Tötungshandlungen entwickeln. „Aus der Geschichte können wir nichts lernen für das nächste Mal", hat der Historiker Carl Jakob Burkhardt gesagt, „aber weise können wir werden für alle Zeit".[23]

Anmerkungen

1. Meyer, Joachim Ernst (1979): Todesangst und das Todesbewußtsein der Gegenwart, S. 107.
2. Binding, Karl; Hoche, Alfred (1920): Die Freigabe der Vernichtung lebensunwerten Lebens. Ihr Maß und ihre Form., S. 18.
3. Unger, Helmut (1936): Sendung und Gewissen.
4. Siehe hierzu Dörner, Klaus (1988): Tödliches Mitleid.
5. Delden, J. J. M. van; Pijnenborg, L.; van der Maas, P. J. (1993): The Remmelink Study two years later.
6. Delden, J. J. M. van; Pijnenborg, L.; van der Maas, P. J. (1993).
7. So die Vorsitzende des holländischen Gesundheitsrats Dr. Borst-Eilers, zitiert nach de Wachter, M. A. M. (1992): Euthanasia in the Netherlands.
8. Percy, W. (1989): Das Thanatos-Syndrom.
9. Wassermann, J. (1988): Etzel Andergast, S. 592.
10. Van der Wal, G.; Eijk, J. T. M. van; Leenen, H. J. J.; Spreeuwenberg, C. (1992): Euthanasia and assisted suicide II. Do Dutch family doctors act prudently?.
11. Groenewoud, J. H.; van der Maas, P. J.; van der Wal, G. et al. (1997): Physician-assisted death in psychiatric practice in the Netherlands.
12. Van der Wal, G.; van der Maas, P. J.; Bosma, J. et al. (1996): Evaluation of the notification procedure for physician-assisted death in the Netherlands.
13. Van der Maas, P. J.; van der Wal, G.; Haverkate, I. et al. (1996): Euthanasia, physician-assisted suicide, and other medical practices involving the end of life in the Netherlands, 1990 – 1995.
14. Van der Maas, P. J.; Delden, J. J. M. van; Pinneborg, L.; Looman, C. W. N. (1991): Euthanasia and other medical decisions concerning the end of life.
15. Weitgehend ähnliche Zahlen ergaben sich bei einer nochmaligen Untersuchung 1995. Siehe hierzu van der Maas, P. J.; van der Wal, G.; Haverkate, I. et al. (1996).
16. Fuchs, Thomas; Lauter, Hans (1997): Der Fall Chabot.
17. Groenewoud, J. H.; van der Maas, P. J.; van der Wal, G. et al. (1997): Physician-assisted death in psychiatric practice in the Netherlands.
18. Siehe zu diesem Absatz auch Spaemann. R.; Fuchs, Thomas (1997): Töten oder sterben lassen?.
19. Alexander, Leo (1949): Medical Science under Dictatorship.
20. Siehe Alexander, Leo (1949): Medical Science under Dictatorship, S. 44f..
21. Zitiert nach Siemen, Hans Ludwig (1987): Menschen blieben auf der Strecke ... Psychiatrie zwischen Reform und Nationalsozialismus, S. 31f..
22. Dörner, Klaus (1989): Anstaltsalltag in der Psychiatrie und NS-Euthanasie.
23. Zitiert nach Schmid-Tannwald, I. (1998): Gestern „lebensunwert" – heute „unzumutbar", S. 6.

Literaturverzeichnis

Alexander, Leo (1949): Medical Science under Dictatorship, New England Journal of Medicine 241, 1949, S. 39-47

Binding, Karl; Hoche Alfred (1920): Die Freigabe der Vernichtung lebensunwerten Lebens. Ihr Maß und ihre Form., Leipzig: Felix Meiner

Delden, J. J. M. van; Pijnenborg, L.; van der Maas, P.J. (1993): The Remmelink Study two years later, Hastings Center Report 23, 1993, S. 24-26

Dörner, Klaus (1988): Tödliches Mitleid – Zur Frage der Unerträglichkeit des Lebens oder : die soziale Frage: Entstehung, Medizinisierung, NS-Endlösung, heute, morgen, Gütersloh: Jakob van Hoddis

Dörner, Klaus (1989): Anstaltsalltag in der Psychiatrie und NS-Euthanasie, in: Jachertz, Norbert; Bleker, Johanna (Hg.) (1989): Medizin im Dritten Reich, Köln 2. Aufl. 1993: Deutscher Ärzteverlag, S. 175-182

Fuchs, Thomas; Lauter, Hans (1997): Der Fall Chabot – Assistierter Suizid aus psychiatrischer Sicht, Der Nervenarzt 68, 1997, S. 878-883

Groenewoud, J. H.; van der Maas, P. J.; van der Wal, G. et al. (1997): Physician-assisted death in psychiatric practice in the Netherlands, New England Journal of Medicine 336, 1997, S. 1795-1801

van der Maas, P. J.; Delden, J. J. M. van; Pinneborg, L.; Looman, C. W. N. (1991): Euthanasia and other medical decisions concerning the end of life, The Lancet, Heft 2, 1991, S. 669-674

van der Maas, P. J.; van der Wal, G.; Haverkate, I. et al. (1996): Euthanasia, physician-assisted suicide, and other medical practices involving the end of life in the Netherlands, 1990 – 1995, New England Journal of Medicine 335, 1996, S. 1699-1705

Meyer, Joachim Ernst (1979): Todesangst und das Todesbewußtsein der Gegenwart, Heidelberg: Springer

Percy, W. (1989): Das Thanatos-Syndrom, Berlin: Hanser

Schmid-Tannwald, I. (1998): Gestern „lebensunwert" – heute „unzumutbar", W. Zuckschwerdt Verlag

Siemen, Hans Ludwig (1987): Menschen blieben auf der Strecke ... Psychiatrie zwischen Reform und Nationalsozialismus, Gütersloh: Jakob van Hoddis

Spaemann, Robert; Fuchs, Thomas (1997): Töten oder sterben lassen?, Freiburg: Herder

Unger, Helmut (1936): Sendung und Gewissen, Berlin

van der Wal, G.; Eijk, J. T. M. van; Leenen, H. J. J.; Spreeuwenberg, C. (1992): Euthanasia and assisted suicide II. Do Dutch family doctors act prudently?, Family Practice 9, 1992, S. 135-140

van der Wal, G.; van der Maas, P. J.; Bosma, J. et al. (1996): Evaluation of the notification procedure for physician-assisted death in the Netherlands, New England Journal of Medicine 335, 1996, S. 1706-1711

de Wachter, M. A. M. (1992): Euthanasia in the Netherlands, Hastings Center Report 22, 1992, S. 23-30

Wassermann, J. (1988): Etzel Andergast, München 3. Aufl. 1995: Deutscher Taschenbuchverlag

Humanexperiment und Probandenrecht in der Medizin des 20. Jahrhunderts[*]

WOLFGANG U. ECKART

Es gibt Themen, denen sich Medizinhistoriker unbefangen nähern zu dürfen glauben, weil sie spontan davon überzeugt sind, ihre historischen Beispiele gleichsam wie in einem üppigen Garten pflücken zu können. Groß ist die Enttäuschung dann, wenn statt des Gartens ein weitgehend braches Feld angetroffen wird. Dies galt – auf den ersten Blick – auch für mich und unsere Fragestellung, weil die eigene Imagination viel zu sehr von dem geprägt war, was wir heute gemeinhin unter einem nichteinwilligungsfähigen Patienten verstehen; ich übersetze den *nichteinwilligungsfähigen* Patienten als einen bewußtlosen oder bewußtseinseingeschränkten Menschen, der nicht mehr verstehen und nicht mehr gut- oder schlechtheißen kann, nicht mehr autonom entscheiden kann, was und wie mit seiner körperlichen Person geschieht. Ich nenne in diesem Zusammenhang nur die herausragenden Beispiele:

Anenzephalie
Schwere Komazustände
Apallisches Syndrom
Demenz
Unzurechnungsfähigkeit (i. weitesten Sinne)
Kindheit und Kindlichkeit
Embryonalzustand

In diesem Spektrum waren die historischen Beispiele zu suchen, aber nur spärlich zu finden. Dies hatte unterschiedlichste Gründe, wie

---

[*] Vortrag, zuerst gehalten anläßlich des Partnerschaftstreffens der Karls-Universitäten Prag und Heidelberg, Juli 1998, unter dem Titel: Klinische Pharmakologie, Therapieforschung und die Ethik des Humanversuchs an ermittlungsfähigen und nicht ermittlungsfähigen Patienten.

ich nur exemplarisch erläutern kann. So sind z.B. unsere hirnelektrischen Diagnose- und die intensivmedizinischen Lebenserhaltungsmöglichkeiten in komatösen oder apallischen Situationen erst so jung, daß wir außerhalb der Zeitgeschichte kaum auf Situationen treffen, wo der wahrscheinlich sichere Hirntod und die lange Bewußtlosigkeit eines Patienten nichttherapeutische Experimentalphantasien anregen konnten. Die Kranken starben schnell. Andererseits gerieten Demenz und Unzurechnungsfähigkeit aufgrund der gesellschaftlichen Marginalisierung solcher Merkmalsträger bis in unser Jahrhundert kaum ins Blickfeld der nichttherapeutisch experimentell forschenden Medizin. Für die Embryonenforschung in unserem modernen Sinne fehlten alle technischen Voraussetzungen und allenfalls das Kind wurde von manchen Syphilisforschern fokussiert, weil man bei ihm von einem nichtinfizierten Grundzustand auszugehen sich berechtigt glaubte.

Die Nichteinwilligungsfähigkeit schied daher bald als – cum grano salis – historisch ungeeignetes Suchkriterium für unseren Zweck aus. Gleichwohl imponierte seit etwa der zweiten Hälfte des 19. Jahrhunderts die Fülle der nicht- oder semitherapeutischen Humanexperimente, für die aus den unterschiedlichsten Gründen keine Einwilligung des Probanden oder Patienten-Probanden vorlag. Der Blick auf das Einwilligungsdefizit in dieser Gruppe zeigte bald, daß Begriff und Sachverhalt der *Nichteinwilligungsfähigkeit* durch den der *Ablehnungsunfähigkeit* zu ergänzen waren. Nun erweiterte sich das Kriterienspektrum für eine historische Kasuistik ganz erheblich. In den Blick fielen z.B. Aspekte der

>sprachlichen Kommunikations- und Verständnisunfähigkeit
>ethno-kulturellen Verständnislosigkeit in sozialer Schwäche
>psycho-sozialen Inferiorisierung
>rassischen und geschlechtlichen Peijorisierung
>politischen Unterwerfung
>Gefangenschaft, Geiselnahme
>Asylierung, Segregation.

Nun war keine Not am historischen Beispiel mehr, es zeigte sich indes auch bald, daß *Einwilligungsunfähigkeit* und mangelnde *Ablehnungskompetenz* im historischen Beispiel kaum voneinander zu trennen waren. Erinnern wir uns in diesem Zusammenhang nur ganz

kurz an literarisch-fiktive Situationen wie in Georg Büchners *Woyzeck* (1837) oder Mary Shelley's *Frankenstein* (1818), auf die aber hier nicht näher eingegangen werden kann.
Ich möchte dies im Folgenden anhand einiger historischer Beispiele vom Ende des 19. Jahrhunderts bis in die achtziger Jahre unseres Jahrhunderts erläutern. Beginnen will ich dabei mit dem Fall des sogenannten „Lübecker Totentanzes", der zu der berühmten Regelung der klinischen Experimentalforschung aus dem Jahre 1931 geführt hat, um von diesem historischen Punkt einerseits ins Kaiserreich zurück, andererseits aber auch nach vorn in die Situation vor und nach 1945 zu blicken.

„Die ärztliche Wissenschaft kann, wenn sie nicht zum Stillstand kommen soll, nicht darauf verzichten, in geeigneten Fällen eine Heilbehandlung mit neuen, noch nicht ausreichend erprobten Mitteln und Heilverfahren einzuleiten. Ebensowenig kann sie wissenschaftliche Versuche am Menschen als solche völlig entbehren, da sonst Fortschritte in der Erkennung, der Heilung und der Verhütung von Erkrankungen gehemmt oder sogar ausgeschlossen würden. Den hiernach dem Arzte einzuräumenden Rechten steht die besondere Pflicht des Arztes gegenüber, sich der großen Verantwortung für Leben und Gesundheit jedes Einzelnen, den er neuartig behandelt oder an dem er einen Versuch unternimmt, stets bewußt zu bleiben."
Wir könnten geneigt sein, das soeben vorgetragene Zitat als einen gemäßigt-kritischen Beitrag etwa der zeitgenössischen medizinethischen Debatte zuzuordnen. Wir würden uns alle um mehr als 60 Jahre irren. Unser Text ist älter. Mit ihm wurde das an alle Ärzte des Reichsgebietes gerichtete Rundschreiben des Reichsinnenministers über die „Richtlinien für neuartige Heilbehandlung und für die Vornahme wissenschaftlicher Versuche am Menschen" vom 28. Februar 1931 eingeleitet.[1] Fortschrittsoptimismus, aber auch ein gerüttelt Maß an Skepsis den Handlungsträgern medizinscher Forschung gegenüber klingen an. Die Entstehung der Richtlinien vollzieht sich vor dem Hintergrund schwerer Zwischen- und Todesfälle im Gefolge wissenschaftlicher Versuche an Menschen, vornehmlich an Kindern, während der letzten Jahre der Republik von Weimar. Eine heftige und polemisch geführte Diskussion zwischen den Vertretern natürlicher Heilweisen und den Repräsentanten der sogenannten Schulmedizin

begleiteten ihre Entstehung. Ein besonders schwerwiegender Fall forcierte die Verabschiedung des Textes. Als am 24.02.1930 der Leiter des Allgemeinen Krankenhauses in Lübeck mit Hilfe des Lübecker Gesundheitsrates eine als Großversuch angelegte BCG-Schutzimpfungsaktion an 250 Kindern durchführte, in deren Folge 72 Kinder erkrankten und starben – die Presse schrieb vom „Lübecker Totentanz"[2] –, rief der aus Freiburg stammende Reichsinnenminister Josef Wirth eine Sondersitzung des Reichsgesundheitsrates ein. Unter dem Vorsitz des Präsidenten des Reichsgesundheitsamtes, Karl Hamel, führte die Diskussion schließlich zur Abfassung jener berühmten Richtlinien, die am 28. Februar 1931 vom Reichsminister des Inneren den Landesregierungen zugestellt wurde. Präziser und umfassender als in allen späteren Deklarationen wurden alle auch noch heute gültigen Gesichtspunkte für die Vorgehensweise bei neuartigen Heilbehandlungen sowie bei wissenschaftlichen Versuchen am Menschen behandelt. Vor allem wurde die Unzulässigkeit medizinischer Versuche beim Vorliegen von Abhängigkeitsverhältnissen oder in einer Notsituation erstmalig klargestellt.

Die Einzelanweisungen der Richtlinien waren klar und präzise formuliert. Kodifiziert wurden die Grundlagen der ärztlichen Ethik und der ärztlichen Kunst in den behandelten Sondersituationen, die dem Humanexperiment vorgeschalteten Versuche am Tier, die unbedingte Pflicht der informierten Einwilligung vor einer neuartigen Heilbehandlung oder einem medizinischen Erkenntnisexperiment – wir sprechen heute vom *informed consent* –, der Kinder- und Jugendschutz, das Verbot des Experimentierens an Sterbenden oder die Unzulässigkeit von Humanexperimenten unter der Voraussetzung, daß sich die gestellte Frage auch im Tierexperiment lösen lasse. Obwohl der Erlaß – ich will am Ende meines Referates nochmals auf ihn zurückkommen – die unterschriftliche Verpflichtung der angesprochenen Ärzte vorsah und die Richtlinien in die Dienstanweisung der Krankenhäuser für das Heilpersonal aufgenommen wurden, blieb doch seine Wirkung in den wenigen verbleibenden Jahren bis zur Machtübernahme der Nationalsozialisten eher gering. Die Anweisungen waren für den Forschungsalltag zu abstrakt, es fehlte ihnen die Vermittlung in der Öffentlichkeit, und es fehlten schließlich institutionalisierte Prüfungsinstanzen.

Bei dem Ministerialerlaß des Jahres 1931 haben wir es übrigens nicht mit dem ersten Versuch eines wohlbegründeten Eingriffs in die zurecht angezweifelte ärztliche Freiheit des auf Therapie und Erkenntnis bedachten Humanexperimentes zu tun. Bereits am 29. Dezember 1900 nämlich hatte sich das Preußische Ministerium der Geistlichen und der Unterrichtsangelegenheiten veranlaßt gesehen, mittels einer dem Ministerialerlaß 1931 vergleichbaren Vorschrift ärztliches Fehlverhalten auf dem Felde des Heil- und Erkenntnisversuches einzudämmen. Vorausgegangen war der sogenannte Fall Neisser[3], den ich Ihnen als zweites historisches Beispiel kurz schildern möchte. Ich referiere zu diesem Zweck Forschungsergebnisse der Medizinhistorikerin Barbara Elkeles. Der berühmte Entdecker des Gonococcus, Albert Neisser, hatte in den Jahren vor 1900 als Direktor der Breslauer Dermatologischen Klinik das Serum syphilitischer Personen nicht erkrankten Prostituierten, z.T. Minderjährigen, injiziert, ohne die Betroffenen darüber zu informieren, geschweige denn ihre Einwilligung einzuholen. Neisser hatte *bona fide* gemeint, im Namen der Menschheit und im Dienste des Erkenntnisfortschrittes seine Experimente durchführen zu können. Vier von acht Probandinnen, eine Zwanzigjährige, an Gonorrhoe erkrankte Hausangestellte sowie drei junge Prostituierte im Alter von 17 und 19 Jahren, erkrankten nach den Injektionen an der Syphilis. Neisser, dem es um die Suche nach einem Immunserum ging, mußte feststellen, daß „eine Immunität durch diese Impfung nicht verliehen"[4] worden sei, er mußte sich aber auch die schwerwiegende Frage stellen: „Ist denn aber nicht die Syphilis vielleicht durch die Infusion selbst erzeugt worden?" Neisser glaubte, dies verneinen zu können, „weil es sich in all diesen Fällen um junge Prostituierte" gehandelt habe, die vor oder nach der Seruminjektion „auf andere, normale Weise inficirt worden sind".

Die Presse war da ganz anderer Meinung, und es setzte eine heftige Kampagne gegen den Dermatologen ein. Schließlich wurde ein Disziplinarverfahren eingeleitet, und der experimentierende Arzt hatte neben einer Geldbuße von 300 Mark einen Verweis hinzunehmen, da er seine Pflichten als Arzt, Direktor einer Klinik und Professor verletzt habe, indem er seine Patienten geimpft hatte, „ohne sich der Zustimmung dieser Personen oder ihrer gesetzlichen Vertreter versichert zu haben." Neisser und seine Schüler haben diese Bestrafung nie verstanden, interpretierten sie sich doch als Teil eines ungeheuren medizinischen Fortschrittzuges, als Teil der jungen, aufstrebenden Bakteriologie und Immunitätsforschung, die der Menschheit insgesamt dienen würde. Schließlich ging es darüberhinaus um die Bekämpfung einer bis zu Paul Ehrlichs Salvarsan absolut therapieresistenten und damit tödlichen Krankheit, der Syphilis. Wichtig war auch das neue, als sakrosankt eingeschätzte Dogma der wissenschaftlichen Methode, wie sie für die Bakteriologie durch Robert Koch entwickelt worden war. Das exakte Befolgen dieser Methode, und Neisser hielt sich an sie, enthob den Forscher jeder weiteren Rechtfertigung seines Verfahrens und seiner Ziele. Damit war die Erprobung von Immunseren am Menschen unter der Voraussetzung, „daß ein anderes Versuchstier fehle", in jeder Hinsicht gerechtfertigt.

Wir müssen zum Verständnis des Vorgetragenen den Blick aber auch über das *natur*-wissenschaftshörige Selbstverständnis der Medizin jener Zeit hinaus lenken und auf die soziale Situation der Krankenhauspatienten um 1900 richten. Die Patienten der öffentlichen Krankenhäuser in jener Zeit, also der hauptsächlichen Schauplätze bakteriologischer Experimente, waren meist arme Leute, Angehörige der Unterschicht, ungebildet, unbemittelt, leidenserfahren und autoritätsgewohnt. Ihre hohe Duldungsbereitschaft wurde durch die strenge Krankenhausdisziplin noch weiter erhöht. Submission und Sanktion standen auf der Tagesordnung. Erwartet wurde schließlich als Gegenleistung für die Aufnahme ins und die Behandlung im Krankenhaus, daß die armen Patienten ihre Körper für die erwiesenen Wohltaten der Therapie, zu Forschungs- und Unterrichtszwecken und nach dem Tod für die Sektion hergaben.

Vor diesem Hintergrund verwundert es nicht, daß die Vertreter der wissenschaftlichen Medizin jener Zeit sich in ihrem Handeln völlig im Recht fühlten und die Kampagne „gegen einen in der Wissenschaft so hoch stehenden Mann" wie Albert Neisser, noch dazu bei so „schwächlicher Begründung" nur als „Allgemeine Hetzjagd gegen die Medizin" interpretieren mochten. Es erstaunt daher kaum, wenn der angesehene Medizinhistoriker Julius Pagel 1900 in der deutschen Medizinalzeitung nicht in erster Linie Neisser, sondern besonders das „Banner der Wissenschaft", d. h. der naturwissenschaftlichen Medizin jener Zeit vehement verteidigt:

„Für Ärzte", so der Medizinhistoriker, „existirt die Vorfrage, ob Neisser vom ethischen Standpunkte aus zu seinen Untersuchungen berechtigt war oder nicht, überhaupt nicht. Für sie ergiebt der Fall Neisser nur die Forderung, sich zusammenzuscharen, um die Forscher in ihren Kreisen, die das Banner der Wissenschaft hochhalten, und diese vor unberechtigten Angriffen intra et extra muros zu schützen, damit das edle Streben unseres Standes, welches zu allen Zeiten unseren Ruhm gebildet hat, Krankheiten vorzubeugen und der leidenden Menschheit zu nützen, nicht erlahme. Das ist für uns die Ethik des Falles Neisser."[5]

Es gab indessen auch andere Stimmen, wie etwa die des Berliner Arztes und Medizinethikers Albert Moll, die den Zynismus der Veröffentlichung Neissers und vor allem dessen planloses Vorgehen im Humanexperiment scharf kritisierten. Spätestens Mitte 1899 war die öffentliche Diskussion um den Fall Neisser so stark entbrannt, daß im für das Krankenhauswesen zuständigen preußischen Ministerium der Geistlichen und der Unterrichtsangelegenheiten Handlungsbedarf erkannt wurde. Besonders war dort das Gutachten des Göttinger Strafrechtlers Ludwig Bar gewichtet worden, der sich auf das Problem der Einsichtsfähigkeit und Unabhängigkeit des Zustimmenden bei medizinischen Experimenten sowie auf das Problemfeld der Kollision von personaler Integrität und wissenschaftlichem Fortschrittsinteresse konzentriert hatte. Für Bar war es „kaum moralisch zu entschuldigen, Patienten zur Vornahme von irgend die Gesundheit störenden oder gefährdenden Versuchen zu veranlassen, am wenigsten aber mittellose Patienten, die in öffentlichen Anstalten untergebracht sind und dann zuweilen der Autorität des Anstaltsarztes ... blindlings" unterworfen. Im Zusammenhang mit dem zweiten Problemkreis hielt Bar dafür, daß zwar „die Förderung der Wissenschaft ... ein hoher, nicht jedoch der unbedingt höchste Wert im Menschenleben" sei. Recht und Moral dürften nicht ins Hintertreffen geraten, „denn Hochhaltung des Rechts und Moral ist für das Wohl der Menschheit gewiß ebenso förderlich wie der Fortschritt der Medizin oder der Naturwissenschaft überhaupt".[6]

Am 29.12.1900 verfügte das Ministerium der Geistlichen und der Unterrichtsangelegenheiten in einer „Anweisung an die Vorsteher der Kliniken, Polikliniken und sonstigen Krankenanstalten", daß medizinische „Eingriffe zu anderen als diagnostischen, Heil- und Immunisirungszwecken ... unter allen Umständen" auszuschließen seien, wenn „1) es sich um eine Person handelt, die noch minderjährig oder aus anderen Gründen nicht vollkommen geschäftsfähig ist, 2) die betreffende Person nicht ihre Zustimmung zu dem Eingriffe in unzweideutiger Weise erklärt hat, 3) dieser Erklärung nicht eine sachgemäße Belehrung über die aus dem Eingriffe möglicherweise hervorgehenden nachtheiligen Folgen vorausgegangen ist." Damit blieb das Ministerium hinter den doch augenfällig wissenschaftsskeptischen Auffassungen des Göttinger Strafrechtlers zurück und reduzierte seine Richtlinien auf die Problembereiche der Zustimmungsfähigkeit, der Einwilligung des Probanden und der vorausgegangenen Information über den geplanten Heil- oder Erkenntnisversuch.[7]

Tatsächlich ist es in den folgenden Jahren bis 1914 im Reich selbst kaum noch zu nennenswerten Zwischenfällen auf dem Gebiet des Heilversuchs und des medizinischen Experiments gekommen. Einige wenige Fälle wurden als belanglos eingestuft und gerichtlich nicht behandelt. Daß die pinzipiellen Probleme in bezug auf den fortschrittsdienenden Charakter der medizinischen Wissenschaft, auf die klare Entscheidung für das Bonum commune gegenüber dem Bonum privatum und in bezug auf die erhöhte Anforderung an die Opferbereitschaft von sozial- oder auch rassisch unterpriviligierten Gruppen weiterhin bestehen blieb, zeigt ein Blick an die koloniale Peripherie des Reiches im ersten Jahrzehnt nach der Jahrhundertwende. So wurden etwa in der kaiserlichen Musterkolonie Togo Humanexperimente zur Erforschung der Schlafkrankeitstherapie u.a. auch deshalb intensiver als in Deutsch-Ostafrika durchgeführt, weil man es in Togo mit einer „relativ geringen Zahl von Kranken, die eine leichte Übersicht gestatte", mit kleinen „räumlichen Entfernungen" und mit einer „gut gezogenen, willigen und in der Hand der Verwaltungsbehörden befindlichen Bevölkerung" zu tun habe, wie ein deutscher Arzt aus dem tropischen Westafrika nach Berlin berichtete. Daß es dann doch zu Fluchten aus den sogenannten „Konzentrationslagern", zur Erfassung und Behandlung von Schlafkranken und Schlafkrankheitsverdächtigen kam, wurde von einem anderen deutschen Regierungsarzt in Togo als „mangelnder Opfersinn für die Gemeinschaft" interpretiert. Den behandelnden und experimentierenden deutschen Kolonialärzten waren die preußischen Verfügungen des Jahres 1900 sicher bekannt; eine rechtliche oder moralische Notwendigkeit, diese an der kolonialen Peripherie des Kaiserreiches anzuwenden, dürften sie indessen kaum empfunden haben.[8]

Weder der Erlaß des preußischen Kultusministers aus dem Jahre 1900, noch das Richtlinien-Rundschreiben des Reichsministeriums des Inneren von 1931 haben zu einer maßgeblichen Erhöhung der öffentlichen und ärztlichen Sensibilität gegen den Versuch am Menschen in der Medizin geführt. Wir alle wissen, unter welch grauenhaften Bedingungen während der Zeit des Nationalsozialismus in deutschen Konzentrationslagern, in deutschen Kriegsgefangenenlagern, aber auch in deutschen Heil- und Pflegeanstalten im Sinne eines vorgegebenen Bonum commune, worunter nach dem deutschen Überfall auf Polen am 1. September 1939 ausschließlich die Kriegswichtigkeit zu verstehen war, am Menschen experimentiert wurde.

Wir alle haben in den letzten Jahren, ja bis in die jüngste Vergangenheit hinein, erfahren, mit welcher Unmittelbarkeit das verbrecherische Forschen jener Zeit unser verantwortliches Handeln erfordert, wenn wir uns daran erinnern, daß zu Forschungs- oder Lehrzwecken angefertigte anatomische Präparate politisch oder rassisch Verfolgter und schließlich ermordeter Gegner des Nationalsozialismus noch vor wenigen Jahren in den Präparatesammlungen wissenschaftlicher Einrichtungen – auch an unserer Universität – als schreckliches Erbe einer in Forschung und Lehre zu bearbeitenden medizinischen Vergangenheit identifiziert werden mußten. Wir sind aufgefordert und verpflichtet, uns dieser Vergangenheit in Lehre und Forschung zu stellen.

In vielen Diskussionen gerade über die verbrecherischen Humanexperimente während der Zeit des Nationalsozialismus konnte man immer wieder das Argument hören, daß es ja doch bei aller Scheußlichkeit des Geschehens hauptsächlich die Taten einzelner, verbrecherischer Naturen gewesen seien, die man nicht verallgemeinern, die man nicht einer ganzen Ärztegeneration als Kainsmal aufbrennen dürfe. Auch habe die Sondersituation der nationalsozialistischen Diktatur mit ihrer Verpflichtung zum unbedingten Gehorsam besonders unter den Zeichen des Krieges gar nicht anders handeln lassen. Argumente solcher Art sind gerade, weil auch ein Funken Wahrheit in ihnen steckt, gefährlich und irreführend. Sie entfernen uns von der eigentlich wichtigen Frage, wie es dazu kommen konnte, daß – wie wir heute wissen – in so bestürzend großer Zahl das „Diktat der Menschenverachtung" in die forschende Medizin Einzug halten konnte. Sie verstellen den Blick auf eine Medizin, die bereits seit den letzten Jahrzehnten des 19. Jahrhunderts einerseits so sehr durch die Obsession eines ausschließlich auf Naturwissenschaftlichkeit ausgerichteten Anspruchs belastet, andererseits aber durch ihr organizistisches Partikulardenken und -sehen so sehr abgelenkt war, daß sie schließlich den Menschen aus dem Blick verlieren mußte. Zu diesen Voraussetzungen gesellten sich bereits vor 1933 allenthalben eine Höherbewertung des Bonum commune gegenüber dem Bonum privatum und eine geradezu fanatische Fortschrittsgläubigkeit. So war bereits vor 1933 eine Medizin in den Grundzügen angelegt, die den Menschen als Objekt betrachtete und ihn, wie es der Heidelberger Internist Viktor von Weizsäcker 1947 formuliert hat, behandelte „wie ein chemisches Molekül oder einen Frosch oder ein Versuchskaninchen" und die Opfer für Gesellschaft und Wissenschaft verlangte.[9] Die experimentierende Medizin im Nationalsozialismus muß auch vor diesem Hintergrund und damit im Sinne einer Kontinuität interpretiert werden.

Der Schock über eine „Medizin ohne Menschlichkeit", um den späteren Titel der von den Heidelbergern Alexander Mitscherlich und Fred Mielke herausgegebenen Dokumenten des Nürnberger Ärzteprozesses 1946/47 zu zitieren[10], der Schock über eine solche Medizin, die von deutschen Ärzten praktiziert, aber auch aus anderen Ländern bekannt geworden war, führte in der Nachkriegszeit zu einer erhöhten Sensibilisierung der Öffentlichkeit gegen das Humanexperiment in der Medizin. Ihren zeittypischen Ausdruck hatte sie bereits im sogenannten „Nürnberger Kodex" des I. Amerikanischen Militärgerichtshofes (1947)[11] und wenig später im sogenannten „Genfer Ärztegelöbnis" (1948)[12] gefunden. Parallel zu dieser erhöhten Sensbilisierung verschärfte aber der gestiegene Anspruch an die wissenschaftliche Qualität und die methodische Sauberkeit der Untersuchungen vor allem zur Arzneimittelprüfung und die quantitative Ausweitung dieser Untersuchungen den Konflikt zwischen Forscher und Arzt. Hinzu trat der in manchen Fällen belegbare Eindruck, daß die pharmazeutische Industrie die klinische Prüfung ihrer Produkte zunehmend mehr an die außeruniversitäre Peripherie verlegte und entweder „zum guten Onkel Doktor auf's Land flüchtete" oder Teile ihrer klinischen Prüfung an die postkoloniale Peripherie, etwa in Afrika, verlegte. Auch vor diesem Hintergrund hat sich schließlich 1964 der Weltärztebund zu seiner Deklaration von Helsinki genötigt gesehen, die jedoch inhaltlich auch in ihrer wenig geänderten Fassung von Tokio (1974)[13] ganz erheblich hinter den deutschen Richtlinien des Reichsinnenministeriums von 1931 zurückblieb. Immerhin, die Deklaration bestimmt als ausschließliches „Ziel der biomedizinischen Forschung am Menschen" die Verbesserung diagnostischer, therapeutischer und prophylaktischer Verfahren sowie des Verständnisses für die Äthiologie und Pathogenese der Krankheit. In ihren allgemeinen Gundsätzen ebenso wie in ihren speziellen Richtlinien für „medizinsche Forschung in Verbindung mit ärztlicher Versorgung" und „nicht-therapeutische biomedizinsche Forschung am Menschen" werden ethische Grundhaltungen des ärztlichen Handelns allgemeinerer Art herausgearbeitet. Zweifellos kann die häufig als „Helsinki-Tokio-Deklaration zur biomedizinischen Forschung" zitierte Empfehlung des Weltärztebundes aus drei Gründen nicht hoch genug bewertet werden. Zum einen ist in ihr die prinzipielle Berechtigung zur biomedizinischen Forschung implizit enthalten. Zum anderen sind in ihr die ethischen Normen biomedizinischer Forschung supranational kodifiziert. Und drittens erinnert sie uns angesichts neuer Gefahren, die dem einmal erreichten hohen Standard des Schutzes Nichteinwilligungsfähiger vor allzu forscher medizinischer Forschung drohen, an eben den längst erreichten Standard, hinter den wir auf keinen Fall zurückfallen sollten.

Ich rede, und gestatten Sie mir diesen knappen Exkurs, von der sogenannten Bioethik-Konvention des Europarates vom 19. November 1996, die die Bundesrepublik Deutschland hoffentlich auch aus weiterhin guten Gründen noch nicht ratefiziert hat. Drei Punkte, um es kurz zu fassen, erregen in dieser Konvention berechtigt Anstoß[14]: der unvollständige Schutz für Embryonen, der ganz offensichtlich erlaubte Eingriff ins menschliche Genom und die Forschung an den Personen, die nicht mehr imstande sind, solchen Versuchen entweder zuzustimmen oder sie abzulehnen. Hier öffnet sich eine humanexperimentelle Büchse der Pandora, die – wenn wir nicht wachsam sind – ganz wesentliche Prinzipen humaner medizinischer Forschung zu vergiften droht.

Es gibt also gute Gründe, immer wieder aufs Neue, auf das bereits Erreichte zurückzuverweisen, um dem Rückfall in die humanexperimentelle Barbarei der europäischen Bioethikkonvention vorzubeugen. So hoch allerdings der Wert der Helsinki-Tokio-Hongkong-Deklaration im Allgemeinen auch einzuschätzen ist, am individuellen ärztlichen Dilemma zwischen Arzt und Forscher änderte sich zunächst nichts. Dieses Dilemma blieb weiterhin als Gewissens- und Pflichtenkonflikt der ethischen Verantwortlichkeit des handelnden Arztes überantwortet. Um Hilfestellungen bei dieser Konfliktsituation zu offerieren sind in der Bundesrepublik Deutschland, maßgeblich auf Drängen des Deutschen Ärztetages, seit den siebziger Jahren an allen medizinischen Fakultäten und medizinischen Hochschulen Ethik-Kommissionen ins Leben gerufen worden, die im konkreten Fall die Planungs- und Durchführungsphase biomedizinischer Forschungsprojekte als unabhängige, neutrale und sachkundige Instanzen begleiten. Die Musterberufsordnung für Ärzte von 1988 verpflichtet den Arzt „vor der Durchführung klinischer Versuche am Menschen oder der Forschung mit vitalen menschlichen Gameten oder lebendem embryonalem Gewebe oder der epidemiologischen Forschung mit personenbezogenen Daten eine bei der Ärztekammer oder einer medizinischen Fakultät gebildete Ethik-Kommission" anzurufen, „um sich über die mit seinem Vorhaben verbundenen berufsethischen und berufsrechtlichen Fragen beraten zu lassen." Die Arbeit der Ethik-Kommission wird in der Öffentlichkeit, bisweilen aber auch von nicht-ärztlichen Ethikern mißverstanden. So ist es nicht Aufgabe der Ethik-Kommissionen, „autonom Normen oder Werte" zu setzen, die die Grundlagen ärztlichen Handelns bilden könnten. Es wäre nachgerade grotesk anzunehmen, daß „Ethos und Norm ... zur Disposition einer Ethik-Kommission" stünden. Ethik und Normen ärztlichen Handelns sind in ihren Grundsätzen im hippokratischen Eid angelegt sowie vor dem Hintergrund nationalsozialistischer Medizinverbrechen im Genfer Ärztegelöbnis von 1948 und in der Verpflichtungsformel für deutsche Ärzte von 1979 für unsere Zeit formuliert.[15] Die Aufgaben der Ethik-Kommission erstrecken sich vielmehr darauf, die Einhaltung solch generell gültiger sittlicher Normen, der Gebote ärztlich-ethischen Verhaltens, rechtlicher Pflichten, gesetzlicher Bestimmungen sowie der Standards wissenschaftlicher Methoden zu überwachen. Es handelt sich bei dieser Aufgabe also nicht etwa nur um die legalistische Reduktion auf die bloße Überprüfung der Rechtskonformität eines biomedizinischen Versuchsvorhabens. Die Umgehung einer Ethik-Kommission oder die Mißachtung ihres Votums kann standesrechtliche Konsequenzen nach sich ziehen; ein strafrechtlicher Automatismus wird durch sie noch nicht ausgelöst. Damit bleibt die letzte ethische und rechtliche Verantwortung für die Durchführung eines biomedizinischen Experimentes beim Forscher. Es ist vor diesem Hintergrund unsinnig, den Ethik-Kommissionen die Erfüllung von Alibi-Aufgaben vorzuwerfen oder ihr die Funktion „vorbeugender Absolution" zuzuweisen. „Geschaffen und geeignet", so hat es 1990 der Münsteraner Medizinhistoriker und Medizinethiker Richard Toellner einmal formuliert, sind „Ethik- Kommissionen [indessen] dazu da, das ärztliche Gewissen zu wecken, zu leiten und zu schärfen, aber auch es zu vergewissern und zu erleichtern."[16] Ich habe Ihnen deshalb so ausführlich über die inzwischen eingeführte und akzeptierte Arbeit der bundesdeutschen Ethik-Kommissionen berichtet, weil sie einen entscheidenden qualitativen Sprung gegenüber den älteren Richtlinien (von 1900 und 1931) darstellen. Sie bilden das unabdingbare Vermittlungsglied zwischen den Normen biomedizinischer Forschung, so wie sie in der Deklaration von Helsinki und Tokio formuliert sind, und der konkreten ärztlichen Forschungstätigkeit im Rahmen biomedizinischer Experimente. Biomedizinische Forschungen sind so komplex geworden, daß der einzelne Forscher häufig mit der sittlich-moralischen Bewertung seines Tuns, wenn es sich nicht schon sehr vordergründig disqualifiziert, völlig überfordert ist und sich auf ein außerordentlich unsicheres Feld begibt. Im Prozeß des biomedizinischen Forschens sind Ethik-Kommissionen drüberhinaus ein bedeutendes, ergänzendes Element ethischer Bewußtseinsbildung oder, wie in jüngster Zeit häufig formuliert wird, „ethischer Kultur".

Wenn ich von einem ergänzenden Element ethischer Bewußtseinsbildung spreche, dann geschieht dies mit Blick auf den primären medizinethischen Sozialisationsprozeß unserer angehenden Ärztinnen und Ärzte, der mit der ersten Stunde des ersten Semesters beginnen und integraler Bestandteil jedes der zahlreichen medizinischen Examina sein sollte. Leider ist dieser Wunsch aber noch fromme Fiktion, denn unsere Medizinstudenten kommen nur unregelmäßig, selten und wenn, dann auch prinzipiell nur eigenem Wunsche, nicht aber curricularer Pflicht folgend im Unterricht mit Fragen ärztlicher Ethik in Berührung. Meist sind es die Medizinhistoriker, bisweilen Theologen oder Philosophen, seltener engagierte und erfahrene Kliniker, die sich des medizinethischen Unterrichts annehmen. Es ist nachgerade grotesk, daß für den Erwerb einer der heißbegehrten universitären AiP-Stellen bisweilen bereits biomedizinische Publikationstätigkeit gewünscht wird, ohne daß die Kandidaten je in ihrem Studium mit Fragen biomedizinischer Forschungsethik in Berührung gekommen wären. Insgesamt ist trotz eines wachsenden öffentlichen Interesses die Zurückhaltung, ja der Rückzug der Ärzte aus der wissenschaftlichen Reflexion ethischer Problemstellungen nicht nur besorgniserregend, sondern auch gefährlich. „Nostra res agitur", sollten wir uns erinnern! Interdisziplinäre Erweiterung des Erkenntnishorizontes im Unterricht, fachfremde Beratung in Ethik-Kommissionen können hilfreich und wünschenswert sein, die individuelle ärztliche Sach- und Entscheidungskompetenz darf indessen durch sie nicht infrage gestellt oder gar kompensiert werden. An ihr orientiert sich nicht nur die Frage der Strafwürdigkeit ärztlichen Fehlverhaltens. Wichtiger noch: Auf ihr beruht das unverzichtbare Vorschußvertrauen des Patienten und des Probanden biomedizinischer Forschung in den Arzt, *bona fide* und *lege artis* behandelt zu werden.

Anmerkungen

[1] Reichsministerium des Innern aufgrund von Vorschlägen des Reichsgesundheitsrates und des Ministeriums der Geistlichen und der Unterrichtsangelegenheiten (März 1931): Richtlinien für neuartige Heilbehandlung und für die Vornahme wissenschaftlicher Versuche am Menschen, Abdruck in: Deutsche Medizinische Wochenschrift 57, 1931, S. 509 sowie Reichsgesundheitsblatt 6,55 (1931), S. 174f..

[2] Vgl. Moses, Julius (1930): Der Totentanz von Lübeck und Schott, Heinz (Hg.) (1993): Chronik der Medizin, S. 411. Zu den Problemen der frühen BCG-Impfungen vgl. u.a. Riehl-Halen, Heidrun (1998): Der deutschsprachige Tuberkulosefilm in der medizinischen Aus- und Weiterbildung sowie in der Volksaufklärung (1913-1973).

[3] Vgl. Elkeles, Barbara (1985): Medizinische Menschenversuche gegen Ende des 19. Jahrhunderts und der Fall Neisser, siehe auch Elkeles, Barbara

(1996): Der moralische Diskurs über das medizinische Menschenexperiment im 19. Jahrhundert.
4   A.a.O., S. 138.
5   Zitiert nach Elkeles, Barbara (1985): Medizinische Menschenversuche, S. 143.
6   Zitiert nach Elkeles, Barbara (1985): Medizinische Menschenversuche, S. 146.
7   Preußisches Ministerium der Geistlichen und der Unterrichtsangelegenheiten (29.12.1900): Anweisung an die Vorsteher der Kliniken, Polikliniken und sonstigen Krankenanstalten, hier zitiert nach Elkeles, Barbara (1985): Medizinische Menschenversuche, S. 146f..
8   Vgl. hierzu Eckart, Wolfgang U. (1997): Medizin und Kolonialimperialismus: Deutschland 1884-1945, S. 161-174, S. 340-349.
9   Weizsäcker, Viktor v. (1947): „Euthanasie" und Menschenversuche, S. 101f.; hier zitiert nach Mitscherlich, Alexander; Mielke, Fred (1960): Medizin ohne Menschlichkeit, S. 262.
10 Vgl. zum Prozeß besonders Mitscherlich, Alexander; Mielke, Fred (1947): Das Diktat der Menschenverachtung; Mitscherlich, Alexander; Mielke, Fred (1949): Wissenschaft ohne Menschlichkeit – Medizinische und eugenische Irrwege unter der Diktatur, Bürokratie und Krieg, mit einem Vorwort der Arbeitsgemeinschaft der westdeutschen Ärztekammern; Mitscherlich, Alexander; Mielke, Fred (1960): Medizin ohne Menschlichkeit – Dokumente des Nürnberger Ärzteprozesses, 2. Aufl. [mit einem neuem Vorwort von A. Mitscherlich] 1978. Aus dieser Auflage wird im folgenden ausschließlich zitiert. Vgl. weiterhin: Peter, Jürgen (1994): Der Nürnberger Ärzteprozeß im Spiegel seiner Aufarbeitung anhand der drei Dokumentensammlungen von Alexander Mitscherlich und Fred Mielke; Klee, Ernst (1997): Auschwitz, die NS-Medizin und ihre Opfer. Zur NS-Medizin insgesamt vgl. Bleker, Johanna; Jachertz, Norbert (Hg.) (1989): Medizin im „Dritten Reich"; Kudlien, Fridolf (Hg.) (1985): Ärzte im Nationalsozialismus; Thom, Achim; Caregorodcev, Genadij Ivanovic (Hg.) (1989): Medizin unterm Hakenkreuz; Ärztekammer Berlin/Bundesärztekammer (Hg.) (1989): Der Wert des Menschen – Medizin in Deutschland 1918-1945.
11 Nürnberger Kodex – Stellungnahme des I. Amerikanischen Militärgerichtshofes über „zulässige medizinische Versuche", in: Mitscherlich, Alexander; Mielke, Fred (1960): Medizin ohne Menschlichkeit, S. 273-274.
12 Genfer Ärztegelöbnis (verabschiedet von der Generalversammlung des Weltärztebundes 1948 in Genf), in: Vademecum für den Schweizer Arzt, Bern 1975. Abdruck in: Sass, Hans-Martin (Hg.) (1989): Medizin und Ethik, Stuttgart 1989, S. 355.
13 Helsinki-Tokio-Deklaration zur biomedizinischen Forschung – Empfehlung für Ärzte, die in der biomedizinischen Forschung am Menschen tätig sind (beschlossen von der 29. Generalversammlung des Weltärztebundes 1975 in Tokio), in: Bundesanzeiger Bd. 152, 1976, S. 3f.; Abdruck in: Sass, Hans-Martin (Hg.) (1989): Medizin und Ethik, S. 366-371.

[14] Vgl. Fritz-Vannahme, Joachim (1997): Warum Deutschland sich weigert, die Europäische Konvention zur Bioethik zu unterschreiben, in: DIE ZEIT, Nr. 15, 4. April 1997.
[15] Eckart, Wolfgang (1990): Ärztliche Gelöbnisse: Noch zeitgemäß? Kritische Bemerkungen zu einigen standesethischen Gelöbnistexten, Wiener Medizinische Wochenschrift Bd. 140, Heft 2, Juli 1990, S. B2.
[16] Vgl. Töllner, Richard; Deutsch, Erwin (Hg.) (1990): Die Ethik-Kommissionen in der Medizin: Problemgeschichte, Aufgabenstellung, Arbeitsweise, Rechtsstellung und Organisationsformen medizinischer Ethik-Kommissionen; Toellner, Richard; Doppelfeld, Elmar (Hg.) (1995): Wissen – Handeln – Ethik: Strukturen ärztlichen Handelns und ihre ethische Relevanz, und Toellner, Richard; Bergmann, Klaus v. (1977): Geschichte und Ethik in der Medizin: von den Schwierigkeiten einer Kooperation (Dokumentation der Jahresversammlung des Arbeitskreises Medizinischer Ethik-Kommissionen in der Bundesrepublik Deutschland).

Literaturverzeichnis

Ärztekammer Berlin/Bundesärztekammer (Hg.) (1989): Der Wert des Menschen – Medizin in Deutschland 1918-1945 (=Reihe Deutsche Vergangenheit Bd. 34), Berlin: Edition Hentrich
Bleker, Johanna; Jachertz, Norbert (Hg.) (1989): Medizin im „Dritten Reich", Köln 2. Aufl 1993: Deutscher Ärzte Verlag
Eckart, Wolfgang (1990): Ärztliche Gelöbnisse: Noch zeitgemäß? Kritische Bemerkungen zu einigen standesethischen Gelöbnistexten, Wiener Medizinische Wochenschrift Bd. 140 Heft 2, Juli 1990, S. B2.
Eckart, Wolfgang U. (1997): Medizin und Kolonialimperialismus: Deutschland 1884-1945, Paderborn: Schönigh
Elkeles, Barbara (1985): Medizinische Menschenversuche gegen Ende des 19. Jahrhunderts und der Fall Neisser – Rechtfertigung und Kritik einer wissenschaftlichen Methode, Medizinhistorisches Journal 20, 1985, S. 135-148
Elkeles, Barbara (1991): Der moralische Diskurs über das medizinische Menschenexperiment zwischen 1835 und dem Ersten Weltkrieg, Habilitationsschrift Medizinische Hochschule Hannover
Elkeles, Barbara (1996): Der moralische Diskurs über das medizinische Menschenexperiment im 19. Jahrhundert (Medizin-Ethik Bd. 7), Stuttgart, Jena, New York: Gustav Fischer
Fritz-Vannahme, Joachim (1997): Warum Deutschland sich weigert, die Europäische Konvention zur Bioethik zu unterschreiben, in: DIE ZEIT, Nr. 15, 4. April 1997
Klee, Ernst (1997): Auschwitz, die NS-Medizin und ihre Opfer, Frankfurt/M.: S. Fischer

Kudlien, Fridolf (Hg.) (1985): Ärzte im Nationalsozialismus, Köln: Kiepenheuer & Witsch

Mitscherlich, Alexander; Mielke, Fred (1947): Das Diktat der Menschenverachtung, Heidelberg: Lambert Schneider

Mitscherlich, Alexander; Mielke, Fred (1949): Wissenschaft ohne Menschlichkeit – Medizinische und eugenische Irrwege unter der Diktatur, Bürokratie und Krieg [Mit einem Vorwort der Arbeitsgemeinschaft der westdeutschen Ärztekammern], Heidelberg: Lambert Schneider

Mitscherlich, Alexander; Mielke, Fred (1960): Medizin ohne Menschlichkeit – Dokumente des Nürnberger Ärzteprozesses, Frankfurt/M., Hamburg 2. Aufl. [mit einem neuem Vorwort von A. Mitscherlich] 1978: Fischer

Moses, Julius (1930): Der Totentanz von Lübeck, Radebeul, Dresden: Madaus

Peter, Jürgen (1994): Der Nürnberger Ärzteprozeß im Spiegel seiner Aufarbeitung anhand der drei Dokumentensammlungen von Alexander Mitscherlich und Fred Mielke (= Schriften aus dem Sigmund-Freud-Institut, Bd. 2), Münster, Hamburg: Lit.-Verlag

Riehl-Halen, Heidrun (1998): Der deutschsprachige Tuberkulosefilm in der medizinischen Aus- und Weiterbildung sowie in der Volksaufklärung (1913-1973), Medizinische Disseration Heidelberg

Sass, Hans-Martin (Hg.) (1989): Medizin und Ethik, Stuttgart: Reclam

Schott, Heinz (Hg.) (1993): Chronik der Medizin, Dortmund: Chronik-Verlag/Harenberg

Thom, Achim; Caregorodcev (Hg.) (1989): Medizin unterm Hakenkreuz, Berlin (DDR): Volk und Gesundheit

Toellner, Richard; Bergmann; Klaus v. (1977): Geschichte und Ethik in der Medizin: von den Schwierigkeiten einer Kooperation; Dokumentation der Jahresversammlung des Arbeitskreises Medizinischer Ethik-Kommissionen in der Bundesrepublik Deutschland, Köln

Toellner, Richard; Deutsch; Erwin (Hg.) (1990): Die Ethik-Kommissionen in der Medizin: Problemgeschichte, Aufgabenstellung, Arbeitsweise, Rechtsstellung und Organisationsformen medizinischer Ethik-Kommissionen, Stuttgart: Fischer

Toellner, Richard; Doppelfeld, Elmar (1995): Wissen – Handeln – Ethik: Strukturen ärztlichen Handelns und ihre ethische Relevanz, Stuttgart: Fischer

Weizsäcker, Viktor v. (1947): „Euthanasie" und Menschenversuche, Psyche 1/1, 1947, S. 68-102

Häßlich, falsch, krank „Irrenkunst" und „irre" Kunst zwischen Wilhelm Weygandt und Carl Schneider

BETTINA BRAND-CLAUSSEN

Im November 1920 schrieb der Kunsthistoriker Wilhelm Valentiner an den Lübecker Museumsdirektor und Herausgeber der Kunstzeitschrift *Genius*, Carl Georg Heise: „Auch ärgert mich, daß man so häufig in den mod. Künstlern das Krankhafte nachzuweisen sucht. Als ob wir in einem Narrenhaus lebten. Alle möglichen Mediziner machen sich jetzt in der Kritik der mod. Kunst breit."[1] Anstoß für Valentiners Unmut war ein Aufsatz im *Genius* über den schwedischen Künstler Ernst Josephson (1851-1906), ein richtungweisender Text, der jedoch unmittelbar Anstößiges nicht enthält. Erstmals deutete hier Gustav Hartlaub, der spätere Mannheimer Museumsdirektor, das Oeuvre des offenbar schizophrenen Schweden neu. Er betonte, das von „Leistungsdefekten" (Kraepelin) verändertes Werk Josephsons sei nicht pathologisch, häßlich oder falsch, sondern nehme die Kühnheiten der Moderne in verblüffender Weise vorweg. Hartlaub sah also das Verschwinden akademischer Bildkonventionen nicht als Mangel, sondern als künstlerische Befreiung und schrieb angesichts der *Erschaffung Adams* (Abb. 1):

„Was die Auflösung in ihm vernichtete, wiegt geringer als das, was sie in ihm frei gemacht hat [...] die Kühnheit in der unperspektivisch – dekorativen Verteilung der Flächen, Striche und Muster [...]. Welch geheimnisvolle Macht in den Köpfen, Gebärden und Haltungen! Wie tief ursprünglich [...], es ist – das Modewort kann nicht vermieden werden – der ‚Expressionismus' in seiner Kunst."[2]

Schreibend hatte der Wissenschaftler 1920 nachvollzogen, was der „Verrückte" um 1890 vorweggenommen und seither vielen Künstlern auf der Suche nach neuen Ausdrucksmöglichkeiten bedeutete.

Zu diesem Zeitpunkt war es längst üblich, moderne Kunst als pathologisch anzuschwärzen. Schon der berühmte Emil Kraepelin, dem als Leiter der Psychiatrischen Universitäts-Klinik in Heidelberg wohl auch die Anfänge der späteren Prinzhorn-Sammlung zuzuschreiben sind, hatte bereits gegen 1895 Diagnosen auf die Blätter bekannter symbolistischer Moderner notiert – Max Klinger und Jan Toorop zählten dazu, ebenso Richard Dehmel und Stéphane Mallarmé mit ihren Dichtungen. Kraepelin legte die Arbeiten der ‚kranken' Künstler vermischt mit Zeichnungen und Schriftstücken internierter „Irrer" seinen Studenten als Studienmaterial vor.[3] Atmosphärisch kaum weniger düster spielte sich fünfzehn Jahre später die Begegnung des Schweizer Nervenarztes Auguste Forel (1848-1931) mit Oskar Kokoschka ab, jenem Künstler, der eine „Josephson-Mappe als das kostbarste Vermächtnis eines Vorläufers"[4] bewahren sollte. Kokoschka bat im Januar 1910 den Psychiater, ihn malen zu dürfen, was dieser unter der Bedingung gestattete, am Schreibtisch arbeiten zu dürfen und das Porträt (Abb. 2) nicht kaufen zu müssen.[5] Das in seiner psychographischen Dichte seither bewunderte Gelehrtenbildnis kreist in kühlen, energetisch hoch dosierten Wirbeln um greise Ungeduld, Verfeinerung und Härte. Der zwischen auratischen Dunstfetzen sich körperlich verflüchtigende Eugeniker, Hypnotiseur und Ameisenforscher mit durchdringendem Blick und gichtig erregten Händen strahlt eine fast bedrohliche geistige Energie ab. Hätte Forel gewußt, daß womöglich die „kranke" Kunst des schizophrenen Malers Josephson die Formwirbel Kokoschkas beschleunigte, so hätte ihn dies nicht erstaunt, sondern bestätigt. Der Kommentar des einstigen Leiters des Burghölzli[6] offenbart das Riskante der künstlerischen Aktion:

„Herr Kokoschka zeigte uns überdies seine sonstigen Phantasieprodukte, die mehr ins Gebiet der Psychiatrie als in das der Kunst gehören, wie überhaupt meines Erachtens die Erzeugnisse vieler Kubisten, Impressionisten und Antiperspektivisten, Antigraphisten, Farbenfälscher und dergleichen mehr."[7]

Angesichts solcher Urteile mutet der Versuch des Kunsthistorikers und Arztes Hans Prinzhorn in den Nachkriegswirren an der Heidelberger Psychiatrischen Klinik, die Irrenkunst endlich als ästhetisches Ereignis zu musealisieren geradezu revolutionär an. Futuristen, Expressionisten, Dadaisten[8] oder Surrealisten, die bisher auf unterschiedliche Weise die Irrenkunst wahrgenommen, adaptiert oder auch Partei für die wahlverwandten Eingesperrten ergriffen hatten, eröffneten sich damit weitere „riskante Quellen" (Grasskamp). „Der Besessenen wahnsinniges Reden ist die höhere Weltweisheit, da sie menschlich ist ..."⁹, hatte der Literat Wieland Herzfelde schon 1914 in der „Aktion" ausgerufen, eine herausfordernde Deutung, die nach dem Krieg vereinzelt gesellschaftskritisch fortgeschrieben wird. So mahnte Dr. med. R. Ko. in der *Frankfurter Zeitung* am 21. Januar 1921, anläßlich der ersten öffentlichen Ausstellung der Heidelberger Bilder – in Frankfurt am Main – und eines Vortrages von Hans Prinzhorn:

"Um uns herum ist es häßlich geworden. Jetzt müssen wir den Schatz der Armen heben. Wenn wir verückt werden, dann sind wir oft kindisch und oft wild. Wir werden krank, armselig und dumm. Damit werden aber unterdrückte Stärken frei. Der Verrückte ist wie ein Verwundeter, Verborgenes, Inneres wird sichtbar. Wir wollen nicht Neger und nicht Kinder werden. Wir wollen unsere Kraft und unseren Verstand behalten. Aber wir wollen ihn nicht verwenden, um immer größere Kanonen und immer schnellere Schiffe, immer schärfere Mikroskope zu machen. [...] Der Sinn moderner Kunst ist die Rettung der Seele. Am Kind, am Wilden, am Narren wird das sichtbar, was wir in Gefahr sind zu verlieren."[10]

Doch diese Mahnung drang kaum in die ärztlichen Diskurse. Was war es also, um nochmal auf den anfangs zitierten Valentiner zurückzukommen, was ihm mißfiel? Was wurmte ihn, als er 1920 von Medizinern schrieb, die sich in der Kunstkritik der Moderne „breit" machten? Wohl kaum jener kulturkritische Mythos von der Kunst der Geisteskranken als Verkörperung von Reinheit, Wahrheit oder Weltabkehr, ein „Schatz der Armen" eben. Und wohl kaum auch die vielfältigen Berührungen der Kunst mit der Anstaltskunst. Valentiner mißtraute einem anderen, zunehmend von Medizinern beherrschten, kunstkritischen Diskurs. Denn zugleich und konträr zur ästhetischen und damit auch gesellschaftlichen Aufwertung der „Irrenkunst" hatten die während des Krieges verstummten medizinischen und erbhygienischen Debatten über die krankhaften Auswüchse der künstlerischen Moderne erneut eingesetzt. Präzisere medizinische Argumente werden zurechtgelegt, weitere Pathographien[11] geschrieben nicht mehr nur über Rousseau, Goethe und Velasquez, Nietzsche, van Gogh oder die ‚krankhaften' Charaktere Ibsens, sondern nun auch über Paul Klee oder Picasso. Klees „stille Schizophrenie" ist, wie in einer medizinischen Dissertation 1923 zu lesen, aufgrund der Differenz von bizarrem Werk und unauffälliger Persönlichkeit zu diagnostizieren.[12] Und bei Picasso fand sogar C. G. Jung 1932 eine Vorliebe für zerstörerische luciferische Kräfte als Zeichen für eine verborgene Schizophrenie.[13] Doch nicht nur Künstler, Kultur insgesamt legte man ins Krankenbett, um sie auf ihre pathologischen oder degenerativen Momente hin zu untersuchen und als *Geistige Epidemien*[14] und *Kulturpsychopathologie*[15] zu durchleuchten. Zugleich stritten die Fachmänner um die diagnostisch ‚richtige' künstlerische Darstellung des psychisch „Abnormen", die der Psychiater Alfred Hoche[16] seit 1907 von modernen Literaten wie Ibsen einforderte. Eine der wenigen um Ausgleich bemühten Gegenstimmen war die des Heidelberger Psychologen Willy Hellpach, der 1910 gegen die ärztlichen Übergriffe einwandte, daß die Gestaltung derartiger Sujets allein Künstlern zustünde und er vor der polemisch verdrehenden Überführung des ‚verrückten' Sujets in eine „pathologische Kunst" warne.[17] Hoche wiederum, Vertreter nervenärztlichen Sachverstands, hatte der Literatur des Naturalismus angesichts der Kraßheit ihrer Seelenkrisen vorgeworfen: „Häßlich *und* falsch – das wäre mehr, als einem zugemutet werden kann."[18]

Eine europäische Kunstgeschichte ist ohne Brüche mit Konventionen nicht vorstellbar, doch „zwischen der bürgerlichen Hochkultur des 19. Jahrhunderts und den Modernisierungen gegen Ende des Jahrhunderts, die sich das Substantiv ‚Moderne' zulegten und ab 1910 die Avantgarden aus sich heraustrieben, kann es nur die Logik des Konflikts geben."[19] In der Folge dieser gesellschaftlichen Kämpfe formierten sich ungerufene Heilkräfte. Mit den Übergriffen der sich einmischenden Ärzte zeichnet sich zugleich ein Paradigmenwechsel in der Bestimmung der ärztlichen Kunst ab. Ärztliches Handeln verändert seine Gestalt hin zu einer therapeutischen Ästhetik.[20] Verflochten in die therapeutische Ästhetik ist die antidemokratische Erfolgsgeschichte Langbehns vom nordischen Künstler als Erzieher und Führer[21] und die ebenso erfolgreiche mythische Figur vom auserwählten Arzt als Retter der Kultur. *Arzt, Priesterarzt und Staatsmann*[22] überschrieb Sanitätsrat und Dr. rer. polit. Alfred Stehr 1933 sein Buch, in dem er Pathologie und Therapie der „kranken Kultur" sondierte, hoffend, mit dem gerade umgeschlagenen „politischen Wind" in die „Gesundung des Kulturlebens" hineinsegeln zu können.[23] Der Ermächtigung von Volksgesundheit und Rassenhygiene hatten sie mehr oder weniger zugearbeitet; auch wenn der Wind manchen selbsternannten Rettern unerwartet kalt entgegen blies, hatten sie doch geholfen, Machtverhältnisse zu verschieben und aufzubauen, mit denen nebenbei auch der Griff nach der Kunst der ‚Moderne' gelang.

Wie die Kunst der „Irren" und die „wahnsinnige" Kunst der Avantgarde in diesem Prozeß durch ärztliches Kalkül verschränkt und instrumentalisiert wurden, möchte ich im folgenden beobachten, kursorisch und unvollständig, als Materialien zu einer „volkshygienischen" Vorgeschichte der „Entarteten Kunst". Es wird um Max Nordaus einflußreichen Haß auf das Andere gehen, um Prinzhorn, der den schöpferischen „Geisteskranken" zu Würde verhalf und wenig später zweifelhafte Projekte mit Kampfbündlern plante, und vor allem um den Kraepelinschüler Weygandt, der als Gegner des frühen Prinzhorn und Vordenker „Entarteter Kunst" eine gewichtige Stimme besaß. Der eigentliche Anlaß für meinen Text, die Frage nach der Heidelberger „Irrenkunst" in der NS-Zeit, verkürzt sich damit zur Nachgeschichte.

Max Nordaus Appell an die Nervenärzte

„In einer Dialektik der Aufklärung ist aus der ursprünglich befreienden Exkulpierung der Krankheit, die nach christlicher Lehre als eine Folge von Sünde und Unmoral gegolten hatte, das Diktat der Volksgesundheit über die ganze Zivilisation, ihre Moral und Künste geworden."[24] So beschreibt der Historiker Christoph Schulte eine Entwicklung, die am Ende des 19. Jahrhunderts mit den gesundheitsdiktatorischen Schriften Max Nordaus (1849-1923) wesentlich vorangetrieben wurde.[25] Nordau (Abb. 3), der eigentlich Südfeld hieß, begründete als Arzt, Kulturkritiker und Publizist mit Theodor Herzl den zionistischen Weltbund, um die heimatlosen Juden der Diaspora zu retten. Damit schwer in Einklang zu bringen ist sein Erfolgswerk *Entartung*[26] (1892/93). In dieser Schrift aus der Perspektive eines Neurologen und sozialdarwinistischen Diagnostikers wird eine unversöhnliche Sprache in Marsch gesetzt, um gesellschaftliche und künstlerische Feindbilder mit psychopathologischen Urteilen zu überblenden

und ihre Vertreter kraft ärztlicher Erkenntnis ins Irrenhaus zu sperren:
„Die Entarteten sind nicht immer Verbrecher, Prostituierte, Anarchisten und erklärte Wahnsinnige [...] Sie sind manchmal Schriftsteller und Künstler [...]".[27]

Impressionisten, Pointillisten, sozialkritische Naturalisten oder Graumaler um Manet erklärt der Arzt für augenkrank und damit degeneriert.[28] Indizien für Krankhaftes seien ferner Ich-Sucht, Zweifel-Wahnsinn, Tatenscheuheit, religiöse Schwärmereien und sexuelle Auschweifungen. Nordau rät den „Daumen auf das gesellschaftsfeindliche Ungeziefer zu drücken"[29], seien es Mystiker, Anarchisten oder Pseudo-Realisten. Zur Be- und Aburteilung von Künstler und Kunstwerk solle eine „Gesellschaft für ethische Kultur" eingesetzt werden.[30] Kunstproduktion wird damit zum Fall von Justiz und Medizin. Allerdings stehen die Doktoren noch nicht ganz auf dem Posten: „Nur die Irrenärzte haben noch nicht ihre Pflicht begriffen. [...] Nur der Psychiater denkt [...] noch nicht an die Hygiene des Geistes."[31]

Nordau widmete sein Werk dem umstrittenen Psychiater und Kriminalanthropologen Cesare Lombroso. Doch fast möchte man jenen dagegen in Schutz nehmen. Wenn Lombroso auch zeitlebens messend und zählend auf der Suche nach dem Abweichenden als den „extremen Polen menschlicher Individualität"[32] war, nach physiologischen Indizien für das Genie oder das Heilige, den Verbrecher oder die Prostituierte, so war er doch kein Eiferer. Zumindest nicht in dem 1864 erschienenen *L'uomo di Genio*[33], in dem er das romantisch verklärte Genie als verschrobenen oder psychotischen Kauz unsanft auf die Füße stellt. Immerhin ist er einer der ersten, den Kunstfertigkeit, Kostbarkeit und Schönheit der in Anstalten entstandenen Kunstwerke begeistern.[34] Das Kranksprechen des Symbolismus, der rebellischen Kunst seiner Zeit, betreibt er noch eher vorsichtig. Die „Vorliebe für das Symbolische, für das Nebensächliche, die sonderbare Verschlingung der Schriften, das übertriebene Vorherrschen der Farbe, [...] die Unfläthigkeit und das ungezügelte Streben nach Originalität [sind] pathologische Fragen der Kunst"[35].

Nordau lehnte die Großzügigkeit des Italieners beim Zuschreiben des Genialen an nur ‚kriminaloide' Verrückte ab, umgekehrt stimmte Lombroso der Schmähschrift des Kollegen nicht zu. Doch das gefährdete die langjährige Freundschaft beider Außenseiter nicht.[36] Und während der spätere Lombroso eine atavistische Hirngrube sucht, findet und für gesellschaftliche Entgleisungen verantwortlich macht, sind es beim Technokraten Nordau ein degenerierter Stirnlappen und eine vermutete Störung des Nervensystems:

„Sehr wahrscheinlich ist die Zelle des Entarteten etwas anders zusammengesetzt wie die des Gesunden, die Theilchen des Protoplasmas sind anders, weniger regelmäßig, weniger geordnet, die Molekular-Bewegungen gehen in Folge dessen weniger frei und rasch, weniger rhythmisch und kräftig von Statten."[37]

Nordaus „Entartung" wird zur Sensation. Bald boomen europaweit ärztliche und nichtärztliche Schriften zu Kultur und Entartung.[38] Gemäß Nordaus Vorgabe konstruierte bald jedermann vernichtende Diagnosen. Wie vernichtend sie waren, erfährt man bei Paul Möbius im Jahr 1900, der bei einem entarteten Menschen „gewöhnlich an etwas recht Abscheuliches"[39] denkt. In der Kunst ist das nicht anders. 1894 veröffentlichte der Maler Martin Feddersen angesichts der „schmutzigen", „gemeinen" und „rohen" Secessionskunst, namentlich von Corinth, Liebermann, Stuck, Munch und Trübner, eine Schrift über die *Entartung der Münchner Kunst*.[40] Sogar Fritz von Uhde (Abb. 4), dem längst mit Ehren überhäuften protestantischen Freilichtmaler und Katholikenschreck, unterschiebt er eine „schwachsinnige und niedrige Darstellung der Heiligen Geschichte".[41]

Entartungsdiagnosen lösten bei Künstlern naturgemäß eine Höllenangst aus. „Von Segantini weiß man", so Beat Wyss, „daß er Nordaus Thesen gekannt hat; er rühmt in Briefen auffällig oft seine Gesundheit."[42] Aber auch der berühmte Böcklin schien die Entartung zu fürchten. Wyss berichtet, daß sich der Künstler von einem befreundeten Augenarzt und Sammler, dem berühmten Professor Haab, regelmäßig die Gesundheit seiner Augen attestieren ließ. Bei Spaziergängen beschrieb er seinen Begleitern gern weit entfernt liegende Gegenstände. „Wer so gut sieht, kann unmöglich entartete Kunst herstellen."[43]

Zugleich aber setzte man immer hemmungsloser die Kunst der Moderne mit der erbbiologisch definierten Geisteskrankheit gleich. Ganz offiziell. Als 1913 das preussische Abgeordnetenhaus über zeitgenössische Kunst debattierte und Kommerzienrat Vorster das Kultusministerium ersuchte, der „krankhaften Kunst keine Förderung angedeihen zu lassen, widersprach keiner der 443 Abgeordneten"⁴⁴. Gegen derartige Zuschreibungen wehrte sich wiederum Franz Marc, Mitbegründer des *Blauen Reiter*, wobei er noch 1910 die üblichen Pathologisierungen nachspricht:

„Man benimmt sich, wie wenn es vereinzelte Auswüchse kranker Gehirne seien, während es schlichte und herbe Anfänge auf einem noch unbebauten Land sind. Weiß man nicht, daß an allen Enden Europas heute der gleiche neuschaffende Geist tätig ist, trotzig und bewußt?"⁴⁵

Erst Marcs Freund Paul Klee, der 1902 noch getrost in eine volkshygienische Zukunft blickte, weil das „Volk gesund"⁴⁶ sei, zeigte keine Angst vor ‚kranken Hirnen'. 1912 notiert er in sein Tagebuch die berühmten Sätze über die „Arbeiten der Geisteskranken", die man ernst nehmen müsse und daß Verrücktheit nicht mehr als Schimpfwort gelten könne, weil hierin die „Uranfänge der Kunst" zu finden seien.⁴⁷

Scharfe Worte findet 1911 im Feuilleton der sozialdemokratischen *Neuen Zeit* der Verteidiger jener Moderne, der Kunstpublizist Wilhelm Hausenstein, für die „Wissenschaft mit dem banalen Lächeln der unentwegten Überlegenheit", die Psychopathologie. Widerwärtige Banausen seien es, die „von organischen wie erworbenen Leibschäden verschont, es „fertig bringen, van Gogh und Kräpelin, van Gogh und Gruber, van Gogh und den Doktor Nordau in Paris in einem Atem zu nennen. [...] Alle Maßstäbe, die aus dem unangenehmen Arsenal der Psychopathologie stammen, zerbricht der Künstler van Gogh – einerlei ob hygienisch-psychiatrische Mißbilligung oder nervenschwaches Entzücken die Maßstäbe handhabt."⁴⁸ Jahre zuvor hatte schon der rebellische Autor Oskar Panizza in der *Gesellschaft* von 1896 vor den ästhetisch rückständigen Irrenärzten gewarnt. Seine einstigen Fachkollegen hinter den Anstaltsmauern vergössen bei der Lektüre der *Gartenlaube* Tränen des Entzückens und klassifizierten die moderne Kunst – der symbolistischen Sezessionisten – als „defekt" oder „krank"; damit liefen sie Gefahr, „als die wissenschaftlichen Henkersknechte für diesen oder jenen strebenden Zeitgenossen zu erscheinen" und später selbst als „verrückt" zu gelten.⁴⁹

Eine mutige Ungehaltenheit wie diejenige Panizzas oder Hausensteins besaß ihre Anhänger bei Künstlern und Intelligenz, hatte aber sonst wenig Raum. Immerhin gab es vereinzelt Vorbehalte betroffener Wissenschaftler – von Willy Hellpach[50] etwa, dem zuvor erwähnten Psychologen, Entdecker des Nervositätssyndroms[51] und späteren badischen Kultusministers, oder Oswald Bumke, der in seiner kulturkritischen Schrift von 1912 *Über nervöse Entartung* die „verwaschenen" und vielfach mißbräuchlichen Verwendungen des erbbiologischen Begriffs „Entartung" ablehnte und ihn als moralisches Konstrukt kritisierte, mit dem die erbbiologische Auslese sozial Mißliebiger verdeckt betrieben werden solle.[52] Bumke, mit seltener Lakonie, fürchtet die Entartung und auch die anstürmenden Mongolen nicht:

„Haben innere Gesetze unserer Rasse das Schicksal bestimmt durch die mongolische dereinst abgelöst zu werden, so wird uns keine Rassenhygiene und keine Änderung des Eherechts zu retten vermögen."[53]

Prinzhorn vermeidet Diskussionen, setzt aber eine Fußnote.

1922 erschien *Bildnerei der Geisteskranken*, Hans Prinzhorns (Abb. 5) epochales Werk zu den „künstlerischen Versuchen notorischer Geisteskranker"[54], wie Hartlaub 1920 im *Genius* angekündigt hatte. In diesem Buch erklärte der kunsthistorisch und medizinisch geschulte Autor die bis dahin kuriosen oder wertlosen Kritzeleien zu ästhetischen Gestaltungen, auf psychologischer Ebene jedem Kunstwerk ohnehin gleichwertig. Prinzhorn folgte einer ästhetischen und zugleich psychologischen Fragestellung und suchte das Produktionsgeheimnis von ursprünglicher, authentischer Kunst, den „Kernvorgang" der Gestaltung. Schon die Vorkriegsmoderne hatte in den Werken von Kindern, Irren, Wilden und Ungeübten das Ursprüngliche entdeckt. Die Sehnsucht nach „inspiriertem Schaffen"[55] trieb den Wissenschaftler in den Nachkriegszeiten folgerichtig zur Kunst der „Geisteskranken". In kulturkritischer Absicht erhob er, wie Thomas Röske herausarbeitete, den Echtheit und Ursprünglichkeit versprechenden ungeübten Schizophrenen zum authentischen Künstler schlechthin.[56]

„Diese Werke sind tatsächlich aus autonomen Persönlichkeiten herausgebrochen, die ganz unabhängig von der Wirklichkeit draußen sich selbst genug, niemandem verpflichtet, das verrichten, wozu eine anonyme Macht sie trieb."[57]

Dabei erkennt Prinzhorn eine Konvergenz von künstlerischen und psychopathologischen Ausdrucksweisen. Übereinstimmend ist die „Abkehr von der schlicht erfaßten Umwelt, ferner eine konsequente Entwertung des äußern Scheins, an dem die gesamte abendländische Kunst bislang gehangen" und die Konzentration auf das eigene Ich.[58] Die Krankheit lieferte damit Begriff und Anschauung für das „Weltgefühl" einer Epoche. Der „Zerfall des traditionellen Weltgefühls" und ein neuer Denkstil, geprägt vom „ambivalenten Verweilen auf dem Spannungszustand vor Entscheidungen", verwischen die Grenzen von Krankheit und Gesundheit.[59]

In Heidelberg wird die existentielle Dimension der Schizophrenie und ihr Niederschlag als soziokulturelles Muster zwar diskutiert und etwa auch von Karl Jaspers[60] vertreten. Letzlich noch brisanter aber war Prinzhorns Modell von der Wahrheit und Schönheit künstlerischer Produktivität der Patienten sogar im „verschrobenen unzugänglichen Endzustand". Dieser *ästhetischen* Wahrheit steht eine sich formierende psychiatrische Front entgegen, die Patienten zu „leeren Menschenhülsen" erklärte, zu „geistig Toten" oder „Ballastexistenzen", für deren Versorgung die Gesellschaft nicht mehr aufkommen könne – so 1920 der Freiburger Psychiater Alfred Hoche in seiner Schrift *Die Freigabe der Vernichtung lebensunwerten Lebens*[61]. Daß ‚geistig tote Menschenhülsen' überraschend lebendige Bilder malen konnten, bemühten sich Sammlung und Buch, aber auch Vorträge und Ausstellungen im Verlauf der Jahre anschaulich zu machen, wobei der Initiator selbst sich von dieser Thematik bald lösen wird.

An den Debatten über Erb- und Rassenhygiene beteiligte sich Prinzhorn nicht. Vermeintlich klug entrückte er die *Bildnerei der Geisteskranken* in die konfliktfreie Sphäre des rein Wissenschaftlichen: „Bei unserer rein psychologisch angelegten Untersuchung glauben wir auf eine Diskussion aller Wertprobleme verzichten zu sollen."[62] Doch in einer Fußnote vermerkt er:

„Ansätze zur Aufstellung eines neuen Normbegriffs des Menschen, in dem schöpferische Gestaltung als wichtigste Eigenschaft gilt, machen sich in letzter Zeit wieder bemerkbar. Vgl. vor allem den strengen klaren Versuch von Kurt Hildebrandt in seinem Buche ‚Norm und Entartung des Menschen', Dresden 1920."[63]

Allerdings ist in diesem erfolgreichen, weit bis in die NS-Zeit hinein immer wieder aufgelegten Werk des Psychiaters, Eugenikers und Philosophen Hildebrandt über die Bedeutung des Schöpferischen wenig, und dieses Wenige nur als Überhöhtes zu finden: Die „ganze lebendige Welt ist Ausdruck, Leibwerdung der schöpferischen Kraft"[64]. Doch kann nur der schöpferische Mensch, der Heros, leibhafte Norm sein:

„Wenn wir uns die Norm anschaulich machen wollen, kann es nur im Heros geschehen, nicht an einem gewiß sehr respektablen *normalen* Staatsbürger."[65]

Um dieser Norm willen handelt der überwiegende Teil des Buches von Entartung durch Zivilisation, von Psychopathie, Rassenpathologie, Rassenhygiene und Ausmerze. Damit entsteht die Frage, wie ernst Prinzhorns begeisterte Fußnote überhaupt zu nehmen ist. Und wenn ja, hat Prinzhorn oberflächlich und selektiv gelesen oder gab es bereits ein unausgesprochenes Einverständnis? Gehörten Hildebrandts Sätze, wie jene folgenden, bereits um 1920 zum psychiatrischen Konsens?

„Gegenüber den pathologisch Entarteten, also den erblich Geisteskranken und den in krankhaftem Grade Minderwertigen, damit einem erheblichen Teil der Gewohnheitsverbrecher, ist die gewaltsame Ausmerze möglich."[66] Der „Staat oder die Nation" hat „Recht und Pflicht", „die Tüchtigkeit der Rasse auch mit harten Mitteln zu fördern. [...] *Menschenrechte* werden nicht durch Geburt erworben, sondern durch biologische Vollwertigkeit"[67].

Prinzhorns revolutionäre Vision vom authentischen in sich versponnenen Irrenkünstler und sein Beifall für Strenge und Klarheit dieses herrischen Textes zur Rassenhygiene scheinen unvereinbar und entsprechen doch ambivalenten[68] Denkmustern, die nicht nur Prinzhorn umtreiben. Noch einmal zum „Gipfelpunkt" Mann, von Hildebrandt abgeschrieben, wie er selbst angibt, bei Paul Möbius *Geschlecht und Charakter* (1907):

„Der Mann spricht weniger, lacht und weint schwer ... Vor allem fängt er Neues an; auf Grund seiner Beobachtungen verändert und erfindet er; es treibt ihn vorwärts zu nützlichen und schönen Künsten. Er liebt große und rasche Bewegungen. [...] Alles Schlaffe, Weiche, Niedrige verachtet er [...]".[69]

Schlaff, weich und niedrig ist auch der verachtete Psychopath, jener seit dem Ende des 19. Jahrhunderts mit Asozialität und Minderwertigkeit hereditär belastete Unmensch.[70] Auch der gern unpolitische Prinzhorn beteiligte sich später an derartigen Definitionen und beschrieb 1930, indem er sich als Psychotherapeut gegen eine liberale Praxis der Krankenkassen und Sozialversicherungen aussprach, den Typus des Versicherungsneurotikers und Leistungserschleichers:

„Scheu vor jeder selbständigen Entscheidung, vor Verantwortung; statt dessen Vorliebe für alles Sich-gehen-lassen [...], Verlust allen Stolzes, aber auch jeder menschlichen Wärme (Familie!), Neigung zu politischer Hetzerei, zum Querulieren um ‚Schuldige‘."[71]

Der Kassenpatient erscheint hier, so der Historiker Hans-Walther Schmuhl, als „minderwertiger Mensch"[72]. Weder steht er den tiefen, Ursprünglichkeit und Reinheit versprechenden Anstaltskünstlern nah, noch dem lebensphilosophisch drängenden Künstler, schöpferischen Helden oder „prometheischen Führerfrevler"[73], jenen männerbündisch ausgedachten Figuren, denen Prinzhorns Hoffnung galt. Bindekräfte pries der Nervenarzt und setzte angesichts des drohenden Einsturzes des „unhaltbar-morschen Weltbild-Gebäudes" (1927)[74] auf den Topos der schöpferischen männlichen Tat. Daß er damit auch bereit war, „die moderne Kunst als klinisches Problem in Erwägung zu ziehen"[75], bezweifle ich sehr. Peter Ulrich Hein und Christian Mürner nehmen dies an und argumentieren mit Prinzhorns Vorliebe für „Gemeinschaft und Führertum"[76], aber auch mit seiner Freundschaft zu dem Verleger Hugo Bruckmann, der Chamberlains Werke entdeckt und verlegt hatte und der mit Adolf Hitler, Paul Schultze-Naumburg und dem Chefideologen für NS-Kultur, Alfred Rosenberg, verkehrte. Tatsächlich hatte Prinzhorn zunächst mit Rosenberg eine „freinationale Zeitschrift zur kulturellen Erneuerung des deutschen Volkes" geplant, doch brach er das Projekt noch 1932 ab.[77] Es wird seine Sehnsucht berührt haben, daß auch der Gründer des „Kampfbundes für deutschen Kultur" (1928) Sinn hatte für einen männerbündischen Ordensstaat[78] und das „Schöpferische" ins Zentrum stellte, doch war ihm vielleicht der Preis einer rassischen „deutschen Gesamtgesittung"[79], wie ihn Rosenberg zumindest für den Kampfbund einforderte, zu hoch. Warum das Projekt scheiterte, wissen wir nicht. Als „konservativer Revolutionär" (Mohler) und Utopist der schöpferischen Tat hoffte Prinzhorn auf innovative Umstürze Hitlers und seiner Mannschaft[80], lebte aber die Monate nach der Machtergreifung abseits auf Italienreisen seinem privaten Glück.[81] Mitte Juli 1933 starb er an der Folge einer Typhuserkrankung.

Prinzhorns Antipode: Wilhelm Weygandt

Einer der Generatoren der Debatte um ‚entartete' Kunst ist in den Nachkriegsjahren Wilhelm Weygandt. Ihn treibt schon 1921 folgende Vorstellung um: „Aber den Kunstwerken neuester Zeit gegenüber erwacht auf den Lippen Tausender die Frage, ob da nicht [...] der Künstler selbst krankhaft beeinflußt erscheint?"[82] Der Leiter der Psychiatrischen Universitätsklinik in Hamburg, Sammler und Poet, mit einer Forschungsvorliebe für „Idiotie" und „Kretinismus"[83] hielt Deutschland für den „seelisch reifsten Teil der Menscheit"[84] gerade im Vergleich zur Siegermacht Frankreich. Er trat gemeinsam mit Hoche 1928 für das Beibehalten der Todesstrafe ein (im Gegensatz zur Mehrheit seiner Kollegen) und übertraf mit seinem ‚Sterilisierungswahn' sogar die Absichten der Nazis. Noch 1985 würdigte man Weygandts verbessernden Einfluß auf forensische Psychiatrie und Strafgesetzgebung und nannte ihn „Reformer und Beweger einer menschlichen und sozialen Psychiatrie"[85]. Bemerkt hat dies Hendrik van den Bussche, der die Schriften Weygandts kritisch gesichtet und festgestellt hat, daß dort zunehmend soziale Verhaltensmuster als Indikatoren für Sterilisierung aufgeführt werden: soziale, kriminelle, auffällige, belastete oder auch nur weibliche Veranlagung gelte es auszumerzen.

„Für diese unverblümte Umsetzung der Gesellschaftsvorstellungen des professoralen Bürgertums, für diesen medikalisierten Klassenhaß erschien das Jahr 1933 als Beginn einer verheißungsvollen Epoche."[86]

Weygandt ist Gegenspieler Prinzhorns. Bereits 1897-99 war er unter Emil Kraepelin – der, wie anfangs erwähnt, Diagnosen auf Werke symbolistischer Moderner notiert hatte – in der Heidelberger Klinik tätig gewesen, ehe er über Würzburg nach Hamburg ging. Weygandt sammelte obsessiv, doch nicht immer erfolgreich. In Heidelberg, wo er, so Prinzhorn, die Sammlung anschaute, sich „ärgerte", und einen „platten Vortrag" hielt[87], weckten die Skulpturen von Karl Genzel sein Begehren. Also bat er die Eickelborner Klinikleitung um Werke „vor allem zu Demonstrationszwecken" und verhehlte nicht, daß man „in einigen Punkten auch zu anderen Resultaten kommen könnte als Kollege Prinzhorn."[88] Aus Eickelborn wollte man indessen keine weiteren Werke hergeben. Vielleicht bemerkte man die fatale Absicht?!

Über die umfangreiche Lehrsammlung (Abb. 6) Weygandts konnte ich bisher wenig in Erfahrung bringen. Wie er 1928 selbst berichtet, präsentierte er sie in fünf Oberlichtsälen. Zu den histologischen Präparaten, Aquarellen, Diapositiven und Wandtafeln gehörten „mehrere hundert makroskopische Hirnpräparate", Tausende von Objekten aus Obduktionen und Versuchen, gegen 300 „pathologische Menschenschädel", ferner zahlreiche „Rasseschädel", darunter Inka, Altägypter, Guanchen, Andamanen, sowie Schädelnachbildungen von prähistorischen oder „von Idiotengehirnen". Die Tierhirnsammlung mit 500 Hirnen von Menschenaffen, Walen, Walroß, Seeelephant etc. galt zusammen mit 600 Tierschädeln offenbar als einzigartig. An eine photographische Abteilung schloß eine Lehrsammlung an mit Zehntausenden von „Patientenbildern" sowie Aquarellen und Photograpien von „interessanten klinischen Fällen". Dem psychologischen Laboratorium beigeordnet, sind die in Konkurrenz zu Prinzhorn eingehandelten „Hunderte von Beispielen pathologischer Kunstausübung, insbesondere Zeichnungen und Malereien, Skulpturen, Stickereien, u.a. zahlreiche Gegenstände aus dem Junkerhaus in Lemgo."[89] Immerhin war es dem Klinikdirektor also gelungen, anstelle von Skulpturen Genzels, einige reich geschnitzte Stelen und Stühle (Abb.7) aus dem Nachlaß Karl Junkers – der allerdings nie in einer Anstalt interniert war – in Lemgo zu erwerben und seiner Kollektion als „autistische, vielfach stereotype Tätigkeit" eines „Schizoparanoiden" einzuverleiben.[90]

Weygandt suchte als vorgeblich nüchterner Wissenschaftler nach den degenerativen Zügen von Kunst und läßt sich von nichts und von der Erlebnistiefe der Schizophrenen schon gar nicht erschüttern, auch wenn Kollege Jaspers sie jenen zugeschrieben habe. Tatsächlich hatte Karl Jaspers versucht, seinen Kollegen die Erlebnistiefe Schizophrener als positive Erfahrung zu entdecken und vor Augen zu führen. Den Hamburger Psychopathologen interessiert indessen der geistig tief stehende Courbet, die Paralyse Manets sowie der Menzelsche

Wasserkopf und seine Folgen wie epileptoide Akribie, Zwergwuchs und Vorliebe für kleines Bildformat.[91] Ästhetische Indizien für Krankhaftes treiben ihn um. 1924 schreibt er, daß der von Prinzhorn bewunderte „Würgeengel" (Abb. 8) von Franz Pohl gern „in einer modernen Kunstausstellung einen Platz einnehmen könnte". Während Prinzhorn indes die Frage nach dem Niederschlag der Schizophrenie im Bild nicht beantworten könne, so sähe er „nach drei Richtungen den Einfluß der Krankheit". Sie zeige sich, so Weygandt weiter, in den heftigen Kerbungen des Papiers beim Strahlenkranz, an der Gleichgültigkeit im Gesicht des Opfers und in der Torsion der Beine um 180 Grad.[92] Derartige Ausdruckselemente hatten Prinzhorns einfühlende Deutungsmethode angezogen, doch die Augen des konventionellen Ästheten Weygandt verirren sich; das Bild verletzt, weil Papier und kanonische Körperdarstellung verletzt sind; es verwirrt, ist häßlich, krank und wie die Krankheit selbst keinen Deutungsaufwand wert.

Weygandts diagnostisches Urteil zielte jedoch grundsätzlich über die Patientenkunst hinaus in die Kunst der Avantgarde, und beider Denunziation ist letztlich nur Mittel, um die Künstler bei der tödlichen Aktion für Volksgesundheit gleich mit ‚entsorgen' zu können. Daß er erfolgreich sein würde, ahnte als einer der ersten Prinzhorn. Nachdem sein Gegner bereits im Juni 1921 in der Berliner *Woche* Werke von Klee, Kandinsky, Kokoschka, Schwitters, aber auch von Cézanne und van Gogh mit den „phantastischen", „flüchtigen", „pedantischen", „bizarren" Werken von „Paralytikern", „Epileptikern" und „Paranoikern" zu vergleichen begann[93], reagierte Prinzhorn und warnte in seinem Buch von 1922 ungewöhnlich heftig und deutlich vor den „platten und sensationellen" Kurzschlüssen „namhafter Psychiater":

„Es ist nämlich oberflächlich und falsch, aus Ähnlichkeit der äußeren Erscheinung Gleichheit der dahinterliegenden Zustände zu konstruieren. [...] Wer zu so einfältigen Schlüssen neigt, hat keinen Anspruch ernst genommen zu werden."[94]

Doch Weygandt wird ernst genommen. Von seiner rastlosen psychiatrischen, volks- und rassehygienischen Aufklärungsarbeit widmete er ein Drittel jenen antimodernen Feldzügen und ist damit, wie eine Laudatio 1937 bezeugt, „vorkämpferisch" für die Ziele der „heutigen Weltanschauung und Gesetzgebung" tätig.[95] Von 89 Vorträgen, die er zwischen 1920 und 1935 als „deutsche Kulturpropaganda" weltweit und allen Widrigkeiten zum Trotz hielt – fast hätten die Sowjets ihn verhaftet – galten allein 20 Referate dem Thema Kunst und Psychopathologie.[96] Erstaunlicherweise regte sich wenig Widerspruch. Nahmen ihn die Kollegen doch nicht ernst oder waren sie mit seiner Rede von der kranken Kunst einverstanden? Und die Künstler? Publizisten wie Hausenstein? Bisher ist nur bekannt, daß Heinrich Vogeler reagierte. Dazu Sanitätsrat Bresler 1937 in seiner Laudatio:

„Anfang der 20er Jahre ist Weygandt in Vorträgen und Schriften vielfach hervorgetreten zur Bekämpfung des Kunstbolschewismus, wobei er dessen Wesensverwandtschaft mit der Kunstausübung mancher Geisteskranker darlegte und die Unnatur des Expressionismus verurteilte, durchaus in dem Sinn, wie es auf dem Parteitag von 1935 geschehen ist. Er hat entsprechende Lehrsammlungen hierüber in der psychiatr. Klinik Hamburg angelegt. Von expressionistischer Seite wurde er wegen seiner Stellungnahme scharf angefeindet, beschimpft und bedroht, so von dem Maler Vogler [sic] in Worpswede."[97]

Vogeler, der in Weygandts Augen ein Ausbund von „Unnatur" gewesen sein wird, dürfte Grund gehabt haben. Der junge Unteroffizier hatte 1917 Fronturlaub erhalten, um ein Plakat zu malen, schrieb und schickte aber stattdessen dem Kaiser eine pazifistische Parabel, in der Gott als trauriger alter Mann und Friedensmahner standrechtlich erschossen und jeder, der ihn verteidigte, ins Irrenhaus gesperrt wird.[98] Auch der Autor dieser Geschichte wird bald abgeholt und zwei Monate in der Anstalt Bremen-Ellen beobachtet.[99]

Doch zurück zu Weygandts öffentlich vertretenen Ansichten, die anfangs noch nicht vom seelisch entarteten Kunstbolschewismus handeln. Zunächst erregte er sich 1921, wie zuvor erwähnt, in der *Woche* über dadaistische Werke, Assemblagen von Kurt Schwitters etwa, dessen hier zwar nicht aufgeführter „Irrenarzt", (1919) derartige ärztliche Übergriffe vorweg zu parodieren scheint. Der Künstler verwendete „Gummistempel, Stoff- und Druckpapierfetzen sowie Altmaterial"; „derartige Bizarrerien sieht man auch des öfteren bei Schizophrenen". Anstössig sind auch eine heute verlorene Assemblage des Russen Jefim Golyscheff, ein „Selbstbildnis aus einem Stück Brot mit Knopf als Auge und Seife als Nase zusammengesetzt, oder ein Blatt mit Heringsgräten", mit dem sich „kaum ein Idiot zu brüsten wage"[100]. Immerhin hatte die *Neue Zürcher Zeitung* das russische Brotgesicht als „kühnes Selbstbildnis" gewürdigt[101]. Doch der Psychiater verurteilte das Unkontrollierte, das Abweichende:

„All die verblüffend ähnlichen und verwandten Züge zwischen Irrenkunst und den Auswüchsen modernster Richtung berechtigen noch nicht, die Maler solcher Bilder selbst als geisteskrank hinzustellen. Aber die Verwandtschaft in einzelnen Zügen, in der Hemmungslosigkeit, Flüchtigkeit, technischen Rohheit, Kritiklosigkeit, Bizarrerie, unklaren Symbolik, grimassenhaften Phantastik [...] bedeutet eine Abirrung vom Wege normalen Denkens und Fühlens, eine Entartung [...]"[102].

Ein weiterer Beitrag Weygandts, der aufgrund der Vielzahl von Abbildungen zu einem, allerdings etwas abgelegenen und heute unbekannten Hauptwerk geriet, erschien 1923 im *Giornale di Psichiatria Clinica e Technica Manicomiale* in Ferrara.[103] Auf der Basis seines vorimpressionistischen, idealistischen Kunstbegriffs von der Kunst als „fiore della cultura"[104], die sich fundamental vom Krankhaften unterscheide, verbreitert er hier die Front seiner Vergleiche. Sein Gang durch die Kunstgeschichte angegriffener Volksgesundheit führt von der Venus von Willendorf über die „Salomea in convulsione" am Portal von San Zeno in Verona aus dem 12. Jahrhundert, den „isterismo" des Knaben in Raffaels *Transfiguration*, über Alkoholiker bei Rembrandt und Rubens bis zu der „visione fugace" des Impressionisten Degas. Künstlern, die in der Folge von Cézanne und Gauguin entweder die Wiedergabe des krassen äußeren Eindruckes oder der geistig unverarbeiteten „visione interna"[105] anstrebten, hält er nebenbei vor, daß ihr Bewußtseinszustand sich von den nicht fixierbaren Illusionen und Halluzinationen der Geisteskranken kaum unterscheide.

„Arte o follia?" Nach Weygandt gibt es keine typische „Irrenkunst", aber doch eindeutige Zeichen von Paralyse, Dementia praecox, Paranoia oder Katatonie; ihre Spuren durchziehen die aktuelle Kunst als „Ungenauigkeit, Fehlen von Schönheit, Vernachlässigung, Züge des Bizarren und Affektierten, einförmige Wiederholung, unverständliche Symbolik anstelle klarer und verständlicher Themen." Oskar Kokoschkas fleckiges *Selbstbildnis* von 1917 (Abb. 9, fig. 51) mit harten Umrissen, Arbeitsspuren gleicht dem effektvoll gefleckten Bildnis eines Patienten (Abb.9, fig. 52). Franz Marcs „Gewalt von Form und Farbe" entsprechen die konstruktiv aufgebauten Figuren eines klinisch „Verrückten"[106] (Abb. 9 fig. 53f. und Abb. 10 fig. 55). Bei Schmidt-Rottluff (Abb. 10 fig. 56ff) sind es schizoide Bravour und progressive paralytische Farbe, während Otto Langes „primitive Formen" an „Negerplastik erinnern, bei der ein Mangel an Technik jedoch kein Defekt ist"[107]. Marc Chagall (Abb. 11, fig. 60) rückt in die Nähe von Dementia praecox, während Picassos Dichterbildnis (Abb. 11, fig. 61) verglichen wird mit dem Porträt eines schizophrenen Patienten, der Oberarzt Künzel (Abb. 11, fig. 62) kubistisch zerlegt hatte – hier irrtümlich ‚liegend' abgebildet. Daß dieser Patient, wie Künzel 1921 berichtete[108], ein anerkannter Künstler war, überliest Weygandt, um Picasso mit einem ‚passenden' „Halluzinanten" vergleichen zu können. Die Gegenüberstellungen von Paul Klee (Abb. 12, fig. 63 und 65), Otto Dix und Kurt Schwitters wiederholen die schon erwähnten Konstellationen in der *Woche*. Das Resumé gipfelt in den alten Nordauschen Forderungen, daß der Künstler Teil der Gesellschaft sein müsse und Kunst ein Reflex seines „gesunden Lebens"[109].

Der 1870 geborene Arzt trat auf Nordaus Spuren seinen medizinischen Feldzug an und stritt zunächst gegen den Impressionismus, Synonym für die Ästhetik des Häßlichen, der Formauflösung und gesellschaftlicher Anarchie. Hier traf er sich mit den deutschnationalen Kunstpatrioten, die mit den vorsichtigen Ankäufen französischer Kunst durch die Museen nach 1900 schon die heimische Produktion vernichtet[110] und sich Komplotten von angeblich frankophilen jüdisch gesteuerten Kunsthändlern und Museumsdirektoren ausgeliefert glaubten. Dabei waren die Machtverhältnisse klar. Von einer deutschnationalen medizinalisierten Kunstkritik wurde die „Moderne" mit ihrer Vorhut langsam aufgerieben. Abgehängt, fremdgesteuert und verachtet von Modernen oder ‚Bolschewisten' empfanden sich zwar die künstlerischen Vertreter des ungetrübten „Kunstschönen" als Anhänger eines nachbiedermeierlichen Realismus oder epigonaler klassizistischer Abbildkunst. Doch die Mehrheit von links bis rechts schätzte genau Werke dieser Art und eben nicht die primitivistischen Eruptionen oder die kommentarbedürftige und damit elitäre „Esperantokunst" – Barlach über Kandinsky – der Avantgarde.

Weygandts Beitrag zu Schultze-Naumburgs *Kunst und Rasse* (1928)

Ende der zwanziger Jahre trat die suggestive Bildrhetorik der Gegenüberstellung in ein neues Stadium. In *Kunst und Rasse* – heute berüchtigt wie Nordaus *Entartung* – beschäftigte sich Paul Schultze-Naumburg (1869-1949) schon lange vor der Machtergreifung mit dem rassisch schönen und gesunden Körper. Der Architekt, der die umstrittensten und bestbesuchten Vorträge im „Kampfbund für deutsche Kultur"[111] hielt, versuchte aus dem rassischen Bekenntnis, das die Künstler aller Zeiten angeblich in ihren Bildfiguren verkörperten, die nordisch-antike Idealgestalt zu destillieren. Um die erbbiologische Entartung der Künstler der Weimarer Republik zu augenfällig zu machen, stellte ihm Wilhelm Weygandt für *Kunst und Rasse* 16 Photos seiner Sammlung zur Verfügung, Photos aus, wie er es nennt, „Idiotenanstalten, psychiatrischen Kliniken, Krüppelheimen, Stationen der Lepra".[112] Den vorgeblich objektiven, tatsächlich aber degradierend inszenierten Aufnahmen von Behinderten werden figürliche, meist fragmentarische Werke von Künstlern gegenübergestellt (Abb. 13). Verwirrende Bezüge sollen entstehen. Statt wie bisher in dem Buch, den Gestalten im Bild gemalte Selbstporträts der jeweiligen Künstler beizugesellen, um die ersichtliche physische Ähnlichkeit zwischen Figur und Schöpfer zu illustrieren, werden den Figuren von Nolde oder Heckel die Bildnisse „mißgestalteter" Patienten und Patientinnen gegenübergestellt, suggerierend, daß dies die wahren Abbilder der Autoren seien, die jene noch „schrecklicheren" Kunstgeschöpfe zu verantworten hätten.[113] Dazu heißt es weiter:

„Aber trotzdem sich dort Eindrücke von solcher Grauenhaftigkeit herandrängen, die die Photographie kaum wiederzugeben vermag, kommen sie doch nicht an jene Art von Kunst heran."[114] Die infolge der entblößenden Präsentation behinderter Anstaltsinsassen noch heute unerträgliche Konfrontation funktioniert auch deshalb so gut, weil, wie Walter Grasskamp schreibt, Bild und Wirklichkeit durch die „gleichmacherische Photographie"[115] zum Verwechseln ähnlich werden.

Im Medium des Bildes wird die Vertilgung des Häßlichen und Kranken wissenschaftlich begründet, nicht nur der Kunst, sondern gerade auch der als häßlich und krank ausgesonderten Menschen. Dabei ist eine argumentative Konstruktion eingesetzt, die man zumindest an einem der Photos nachweisen kann. Die labil und fragil inszenierte Abbildung des verwachsenen Knaben auf einem Thonet-Stuhl, der sich an einem leicht geöffneten Stehpult mühsam hält, hatte Weygandt schon 1902 in seinem *Atlas und Grundriß für Psychiatrie* eingesetzt, auf Tafel 23 (Abb. 14) als „Kretine, charakteristische fahlgelbe Hautfarbe. Fall 123." Im Text lieferte er eine genauere, doch kaum freundlichere Beschreibung.[116] Die Vorlage für die farbige Lithographie verdankte Weygandt „Herrn Kunstmaler Fink aus München", der, wohl eher ein Illustrator für Lexika, auch eine Reihe von „makroskopischen Bildern paralytischer und seniler Hirne" angefertigt hatte.[117] Die Reproduktion des Lithos als Photographie dreißig Jahre später, in der von Schultze-Naumberg und Weygandt geknüpften Verwendung, suggeriert die aktuelle Präsenz einer großen Zahl extremer körperlicher Mißbildungen, eine Krankenhäuser füllende Masse ungestalter Kobolde. Tatsächlich aber wurde ihre (nach einem Photo gemalte) 1928 mit photographischen Mitteln aktualisierte und bewiesene Existenz fingiert, um von der Notwendigkeit rassenhygienischer Maßnahmen gegen ‚entartete' Menschen und Künstler visuell überzeugen zu können.

Eine der Folgen von Weygandts wissenschaftlicher Mühe mit dem Medium des Bildes ist im übrigen ein Bilderverbot, das Professor Gruhle ausspracht. Bei der von ihm organisierten Ausstellungsreihe der Heidelberger Bilder-Sammlung durch deutsche Kunstvereine erläutert er dem Leiter des Kasseler Kunstvereins 1932, warum er Pressephotos und jegliche Bildrechte verweigere:

„Solche Reproduktionen abnormer Blätter (zwar nicht aus unserer Sammlung, wohl aber aus der von Weygandt in Hamburg) haben meist zu Missverständnissen und unerfreulichen Presseerörterungen Anlass gegeben."[118]

Erstaunlicherweise macht Gruhle nicht seinen Kollegen, sondern „Mißverständnisse" für die „unerfreulichen" Reaktionen verantwortlich.[119]

Die Heidelberger Sammlung in der Hand Carl Schneiders

Nach der Machtergreifung der Nationalsozialisten nutzte man das Schema des pathologisierenden Bildvergleichs nicht nur publizistisch[120], sondern auch in Ausstellungen. Erstmals, so Christoph Zuschlag, wurden in Erlangen 1933 die Zeichnungen von Geisteskranken und Kindern neben die ausgesonderten modernen Werke der „Mannheimer Schreckenskammer" gehängt.[121] Auch die künftigen Stationen der zunächst 1937 in München gezeigten Ausstellung „Entartete Kunst" plante man auf diese Weise propagandistisch zu schärfen.[122]

Über die Berliner Station vom 26.2.-8.3.1938 berichtet der Student Felix Hartlaub seinem Vater, dem inzwischen entlassenen Direktor der Mannheimer Kunsthalle:

„Anders aufgezogen als in München. [...] Nur einzelne, zum Beispiel Dix immer wieder angeprangert. [...] Publikum stark bedrückt. Demonstrative Entrüstung oder Heiterkeit sehr selten. In anderen Sälen manchmal offene Anerkennung. Allerdings viele andächtige und informierteste Berlin-W-Typen anwesend. Aber auch sonst eine Art teilnehmender Erschütterung – dabei ist vieles durchaus passé oder der pure Bluff und Blödsinn. Stellenweise Gegenüberstellung mit Kunst der Geisteskranken."[123]

Wie kam es zu dieser Gegenüberstellung? Der Direktor der Heidelberger Klinik, Karl Wilmanns, war 1933 entlassen worden. Sein Nachfolger, Carl Schneider beteiligte sich als wissenschaftlicher Leiter entscheidend an der „Aktion T 4", die ein systematisches Töten der als „unheilbar" ausgeschiedenen Patienten plante und umsetzte. Er erkannte bald auch die nützliche Seite der Bildersammlung in seinem Hause und folgte 1938 dem Leihgesuch der Reichsleitung der NSDAP für die Ausstellung „Entartete Kunst". Was Weygandt, Schultze-Naumburg und die Schweigsamkeit der Kollegen vorbereitet hatten, wurde nun staatliches Konzept mit dem Ziel, die störenden Künstler auf der Schiene der mentalen Vorbereitung der „Euthanasie" gleich mit zu ‚entsorgen'.

Am 22. Januar 1938 bestätigte der Geschäftsführer der Reichsleitung, Wilhelm Niederste-Ostholt, (Abb. 15a) der Klinik, daß die Reichspropagandaleitung als Veranstalterin der Ausstellung „Entartete Kunst" die Werke aus Heidelberg übernehme und dafür hafte; sie bitte um eine ausführliche Liste.[124] Die Gesamtliste der daraufhin wohl Anfang Februar 1938 von Heidelberg nach Berlin verschickten Leihgaben ist nicht erhalten. Erhalten ist nur eine etwa 70 Exponate umfassende Rückgabeliste (Abb. 15b und 15c) vom Juni 1938. Sie dokumentiert eine umfangreiche Vorauswahl, die bis auf einzelne Stücke nach Abschluß der Leipziger Station am 6. Juni wieder nach Heidelberg zurückgesandt wurde. Interessant ist, daß als Leihgeber auf der Liste auch die Münchner Psychiatrie ("Psych Mü") vermerkt ist, die fünf Konvolute mit insgesamt 75 Blättern separat zurück erhielt.

Nach welchen Gesichtspunkten wurde ausgewählt? Psychiater Schneider und SA-Mann Hartmut Pistauer, ehemals Student der Rechte und zeitweiliger Leiter des Femeprojektes, hatten im Herbst 1937 einvernehmlich Blätter zusammengestellt, die entweder motivisch oder formal den Bildern moderner Künstler verwandt waren, damit sie deren Verrücktheit gleichsam empirisch beweisen konnten.[125] Gemäß der von Weygandt inspirierten Bildrhetorik des neu angefertigten „Ausstellungsführers"[126] (Abb. 16) wurden Künstler wie Klee, Hoffmann, Haizmann oder Kokoschka zu „Geisteskranken", denn ihre Werke erschienen in der Gegenüberstellung mit vier Werken aus der Heidelberger Sammlung als ebenso ‚verrückt' wie die der Patienten oder noch ‚verrückter' und ‚ungekonnter'.

Die tatsächliche Positionierung von „irren" und „entarteten" Kunstwerken in der Ausstellung ist heute, trotz lebhafter Pressereaktionen, kaum mehr zu ermitteln. Auch kennt man die Exponate nicht, ausgenommen der „Kopf" von „Brendel". Keinesfalls möchte ich geplante Paarungsmuster virtuell nachholen, denn die von Pistauer nur angedachten Konstellationen gingen nicht über ein Planungsstadium hinaus, bzw. arbeiteten mit den nicht zurückgegebenen, heute unbekannten Leihgaben.

Deutlich wird anhand der Rückgabeliste, daß die meisten ausgewählten Beispiele die ‚Verrückten' als bessere ‚Könner' repräsentieren sollten, um den gesteigerten Wahnsinn der Moderne zu bezeugen. So waren zahlreiche großzügig aquarellierte Seelandschaften (Abb. 17) von Clemens von Oertzen ("Orth") und ambitionierte Ölbilder (Abb. 18) von Else Blankenhorn wohl gegen die „barbarischen" Methoden der Modernen gedacht. Gegen religiöse Blasphemien der Expressionisten hätte vermutlich die ernste „Kreuzigung im Park" (Abb. 19) von Franz Karl Bühler ("Pohl") zeugen sollen (etwa gegen die „Kreuzabnahme" Max Beckmanns aus der Mappe *Gesichter* von 1919?); ebenso die Miniaturen von Hermann Mebes, der mit feinem Pinsel Symbole verwirrte. Die Bleistiftzeichnung (Abb. 20) aus einer Serie drahtig verknäulter Maschinen mag – und hier stelle ich doch Vermutungen an – gegen Paul Klee und seine „Zwitschermaschine" gerichtet sein.

Ganz unterschiedliche Bildnisse wählte man, um ‚entartete' Portraits zu verurteilen. Teils entsprechen sie dem akademischen Konsens, teils sind sie vereinfacht aufgefaßt, wie das expressionistisch anmutende Frauenportrait Else Blankenhorns (Abb. 21, links unten). Mindestens 17 Werke entnahm man dem Oeuvre des einstigen Bauzeichners Joseph Schneller ("Sell"), dessen Präzisionsarbeiten vielfach „einsetzbar" waren. Dazu gehörten Blätter aus dem von ihm selbst so bezeichneten „sadistischen Lebenswerk" (Abb. 22), ferner Collagen, Landschaften, Stadt- und Architekturansichten (Abb. 23). Die reiche Auswahl von Werken Schnellers weist übrigens darauf hin, daß sich die denunziatorische Absicht unversehens in Gefallen verwandelt hatte. Zur Vorauswahl gehörten ferner Werke von dem Holzschnitzer Carl Genzel ("Brendel") und von Paul Goesch (Abb. 24), Architekt und Maler, von dem man kurz zuvor, 1937, in der Mannheimer Kunsthalle drei Blätter beschlagnahmt hatte.

Propagandaschriften und die örtliche Presse lieferten Hinweise über die Veränderungen, Kürzungen etc. im Verlauf der Tournee. Die Heidelberger Blätter sind nur gelegentlich abgebildet, ihre exponierte Rolle als Vergleichsmaterial wird jedoch meistens betont.[127] Im Kommentar (Abb. 25) eines Hamburger Wochenmagazins zur Ausstellung „Entartete Kunst" in Hamburg 1938 ist unter dem Titel „Urteilen Sie selbst – ist das noch Kunst?" im bekannten Muster ein *Liebespaar* (1924, zerstört) von Heinrich Hoerle neben dem *Liebespaar* eines anonymen Künstlers aus der Heidelberger Sammlung abgebildet. Darüber die rhetorische Frage: „Wer von ihnen war Künstler? Wer ist geisteskrank?". Die erhaltene Gouache (Abb. 26) dürfte von der Hand eines Akademiestudenten sein, eines jungen Künstlers, der, wenn er nicht zuvor psychiatrisiert, wohl selbst als Entarteter ausgegrenzt worden wäre. Ob er überlebte, wissen wir nicht.

Während viele Künstler flohen – Max Beckmann ging sofort nach Hitlers Drohrede zur Eröffnung des Hauses der Kunst 1937 ins Amsterdamer Exil – reiste die Wanderausstellung „Entartete Kunst" erfolgreich durch das Reich. Die zwölf Stationen sind erst seit wenigen Jahren von Christoph Zuschlag erforscht und dokumentiert: Berlin, Leipzig, Düsseldorf, Salzburg, Hamburg, Stettin, Weimar, Wien, Frankfurt/Main, Chemnitz, Waldenburg, Halle. Das war April 1941.[128] Insgesamt traf das Konzept der Ausstellung auf hohe Akzeptanz in der Bevölkerung. Es berührte traditionelle Ängste gegenüber moderner Kunst. Insofern „bündelte" die Ausstellung – ich zitiere Walter Grasskamp – „Vorbehalte gegen und Ängste vor der Moderne, die bereits lange vorher, ziviler vielleicht, aber keineswegs versöhnlicher die Reaktion des Bürgertums auf die moderne Kunst gekennzeichnet hatten und bis heute lebendig geblieben sind, [...] weil die Angst vor der modernen Kunst kein spezifisch nationalsozialistisches Syndrom, sondern lediglich ein spektakuläres Paradefeld ihrer Propaganda gewesen ist."[129]

In einem von der Ausstellungsleitung für die Düsseldorfer Station erbetenen Vortrag zum ersten Jahrestag[130] (Abb. 15b) versuchte Carl Schneider das Projekt zu begründen. Seine ausschweifenden Überlegungen enden bei der Forderung, das Unbeherrschbare, Triebhafte zu vernichten, eine Forderung, die er zunächst in seinem gewalttätigen psychiatrischen Kunstkonzept verwirklicht.[131]. So schildert er die „erfolgreiche Therapie" einer „schizophrenen Künstlerin", die „bereits krankhafte Erzeugnisse geliefert hatte", und erklärt den Erfolg damit, „daß wir das Gegenteil von dem taten, was Lombroso, Prinzhorn u.a. machten: Wir hoben die krankhaften Erzeugnisse der Künstlerin nicht auf, sondern wir zerstörten sie und wir leiteten die Kranke bei der Lösung ihrer selbstgewählten normalen Aufgabe."[132] Da Bilder dieser Künstlerin in der Sammlung heute nicht nachweisbar sind, mag einer jener letzten Zugänge, das um leidenschaftslose Korrektheit bemühte Porträt *Hitlerjunge* (1936, Abb. 27) veranschaulichen, was der Arzt mit der Lösung einer „normalen Aufgabe" von den Patienten forderte.

Die „biologische" Verwandtschaft zwischen „entarteten" Künstlern und „Irren" begründet Schneider damit, daß nur der nachahmen könne, der biologisch mit seinem Vorbild verwandt sei. Beweis ist die schlichte Gleichsetzung des künstlerisch Ähnlichen mit den „eindeutigen" Zeichen des Krankhaften: „Angstlust", „Grauen", „Wollust", „Chaos", „Fratzen", „Sudelei", „Ekel", „Gier", „innere Gehaltlosigkeit", „Schwelgen"[133] – all diese triebhafte Strebungen gelte es auszumerzen, damit „der treue, fleissige, disziplinierte, anständige, urteilsfähige, opferwillige, ehrliebende und ehrenhafte Mensch"[134] erstehe.

Die Bildersammlung blieb als Anschauungsmaterial unbehelligt, während der Klinikdirektor tödliche Forschung betrieb.[135] Andernorts wurden Schöpfer der Bilder getötet:

Den Kunstschmiededozenten Franz Karl Bühler („Pohl"), schizophrener „Meister" des „Würgeengels", teilt man im April 1940 dem ersten Emmendinger Transport nach Grafeneck zu[136]. Paul Goesch, der Architekt und Maler, wird in Hartheim an der Donau umgebracht. Joseph Grebing, Kaufmann aus Magdeburg, verlegt man 1940 aus Wiesloch in eine unbekannte Anstalt[137], um ihn zu töten. Der Tagelöhner Johann Faulhaber aus Mannheim, ebenfalls in Wiesloch interniert, wird verlegt und getötet. Gustav Sievers, Zeichner skurriler Bilderbögen und „Fall 1" der Sammlung, wird aus Lüneburg verlegt und getötet.[138]

Ihre Zeichnungen, Briefe und andere Schriften, vorwiegend aus dem Beginn der zwanziger Jahre, bewahrt die Prinzhorn-Sammlung als Erinnerungsspur. Die damit mögliche Rekonstruktion von Lebensgeschichte konstituiert überhaupt erst anschauliche Erinnerung an den einzelnen „euthanasierten" Menschen. Erinnerung bedeutet aber nicht nur, historische Spuren zu legen, sondern Veränderungen der Gegenwart kritisch wahrzunehmen und nicht erneut auszuweichen, wegzusehen oder zu schweigen (Fritz Stern).

Anmerkungen

[1] Brief Wilhelm Valentiners vom 26. 11 1920 an Carl Georg Heise, Museum für Kunst- und Kulturgeschichte, Lübeck. Für den Hinweis danke ich Jenns Howoldt, Hamburg/Lübeck.

[2] Hartlaub, Gustav (1920): Der Zeichner Josephson, S. 26 und 29.

[3] Panizza, Oskar (1896a): Die geisteskranken Psychiater, S. 365 und Panizza, Oskar (1896b): Neues aus dem Hexenkessel der Wahnsinnsfanatiker, S. 941

mit dem beruhigenden Hinweis, daß die „gesamte gebildete Welt den Anstifter dieses Frevels in die Schranken seiner Ignoranz wies." Zum frühen Sammler Kraepelin, der von 1890 bis 1903 die Heidelberger Klinik leitete, vgl. auch Brand-Claussen, Bettina (1997): Das „Museum für pathologische Kunst" in Heidelberg, S. 8.

4   Hartlaub (1920): Der Zeichner Josephson, S. 26: unklar ist, ab welchem Zeitpunkt. – MacGregor (MacGregor, John M. (1989): The Discovery of the Art of the Insane, S. 230) gibt an, daß in Deutschland die Rezeption des Schweden nach der Frühjahrsausstellung der Berliner Secession 1909 einsetzte, wo er neben Munch und Brücke-Künstlern zu sehen war und darüber in der Zeitschrift für bildende Kunst 20/1909 sowie Kunst und Künstler 9/1909 berichtet wurde. MacGregor weist ferner auf Noldes Abhängigkeit hin und ist überzeugt, daß auch Paul Klee Zeichnungen Josephsons seit 1909 kannte, a.a.O. S. 233f..

5   Forel, August: Rückblick auf mein Leben, Zürich, Europa, 1934, S. 239, zit. nach Wottreng, Willi (1999): Wie die Irrenärzte August Forel und Eugen Bleuler das Menschengeschlecht retten wollten, S. 161-164.

6   Psychiatrische Universitätsklinik in Zürich.

7   Forel, August: Rückblick auf mein Leben, Zürich, Europa, 1934, S. 239, zit. nach Wottreng, Willi (1999), S. 163. Werke Kokoschkas wurden auf der Wanderaustellung „Entartete *Kunst*" gezeigt, woraufhin er sich in einem Bildnis als „Entarteter" (1937, National Gallerie of Modern Art, Edinburgh) selbst zur Schau stellte.

8   Zum ‚hellen Wahnsinn' der Dadaisten, besonders Johannes Baaders, vgl. Riha, Karl (1989): Johannes Baader, Oberdada. Baader, der sein Leben zu einem dadaistischen Entwurf unter der Devise „Lernen am Irrtum" umschrieb, mußte fünf Internierungen dadaistisch wegstecken. Das Archiv der Prinzhorn-Sammlung bewahrt die Abschrift eines Briefes von 1908 an den Vorsitzenden der Psychologischen Gesellschaft, Dr. Albert Moll in Berlin, dem sich der Architekt nach drei Wochen Aufenthalt 1908 in der Universitätsklinik Jena bei Prof. Binswanger aufgrund seiner Erlebnisse und „verschiedenartigste[r] Erscheinungen" großmütig für Forschungszwecke anbietet.

9   Zit. nach Ausstellungsführer „Entartete *Kunst*", Berlin o. J. (1937), S. 25, abgedruckt in: Barron, Stephanie (1992): „Entartete Kunst" – Das Schicksal der Avantgarde im Nazi-Deutschland, S. 357-390, hier S. 383.

10 Dr. med. R. Ko: Die Kunst der Irren, in: *Frankfurter Zeitung* vom 20.1.1921. Diese erste Ausstellung der Heidelberger Sammlung fand in der Frankfurter Galerie *Zinglers Kabinett* statt.

11 Pathographien, wie sie Paul Möbius schrieb, wurden von der psychoanalytisch orientierten Psychographie keineswegs abgelöst, allenfalls zur Psychopathographie reformiert. Vgl. Sadger, Isidor (1912): Von der Pathographie zur Psychographie.

12 Rosenberg, Willi (1923): Moderne Kunst und Schizophrenie, S. 3.

13 Vgl. Jung, Carl Gustav (1932): Picasso, zit. nach MacGregor, John M.

(1989): The Discovery of the Art of the Insane, S. 239f..
14 Vgl. Hellpach, Willy (1906): Die geistigen Epidemien.
15 Vgl. Birnbaum, Karl (1924): Grundzüge der Kulturpsychopathologie.
16 Vgl. Hoche, Alfred (1907): Moderne Analyse psychischer Erscheinungen, S. 5, und Hoche, Alfred (1939): Die Geisteskranken in der Dichtung.
17 Hellpach (1910): Das Pathologische in der modernen Kunst, S. 42. Hellpach betont, daß es ihm allein um das Thema des seelisch Kranken als Sujet moderner Literatur gehe: „Wir leihen den Begriff des Pathologischen nicht her, um mit ihm die Begriffe des Verirrten, Kunstwidrigen [...] zu decken." a.a.O., S. 8.
18 Zit. nach Hellpach a.a.O., S. 27. Was er nicht berücksichtigen konnte, war, daß Hoche, wie viele seiner Kollegen, künstlerische Kompetenz für sich beanspruchte, allerdings nur insgeheim, denn er veröffentlichte seine Gedichte vorerst (1921) unter dem Namen „Alfred Erich", vgl. Erich, Alfred (1921): Narrenspiele, Freiburg.
19 Vgl. Grimminger, Rudolf (1998): Nationalsozialismus und Modernität, S. 427. Zugleich stellt Grimminger den Topos von der Konfliktträchtigkeit der Moderne in Frage, um den Kontinuitäten im Kunstbegriff des Nationalsozialismus etwa in seiner Verbindung zu den kunstreligiösen Traditionen des 19. Jahrhunderts auf die Spur zu kommen.
20 Vgl. Röske, Thomas (1995): Der Arzt als Künstler, der diesem Prozeß in Prinzhorns Gesamtwerk nachspürt.
21 Langbehn, August Julius (1890): Rembrandt als Erzieher, 45. Aufl. 1900.
22 Vgl. Stehr, Alfred (1933): Arzt, Priesterarzt und Staatsmann.
23 A.a.O., S. VII.
24 Schulte, Christoph (1997): Psychopathologie des fin de siècle – Der Kulturkritiker, Arzt und Zionist Max Nordau, S. 205.
25 Zur Genese rassenhygienischer Konzepte und ihrer Übernahme seitens der Medizin vgl. Schmuhl, Hans-Walter (1987): Rassenhygiene, Nationalsozialismus, Euthanasie.
26 Nordau, Max (1893/1893): Entartung, Berlin: Bd. 1 1892, Bd. 2 1893, 3. Aufl. ebd. 1896 (engl. 1. Aufl 1892, 9. Aufl. 1902; franz. 1894, ital. 1893, span. 1902). Was ist der Subtext dieses autoritären Pamphlets, das zwar an einen positivistisch-liberalen Diskurs über Gesundheit anknüpft, aber letztlich jegliche Kunst dem Verdacht des Pathologischen aussetzt? Nach Schulte (a.a.O, S. 210f.) ist das Buch von *dem* Antisemitismus geprägt, unter dem der angestrengt überzeugte deutsche Patriot und neubürgerliche Aufsteiger Nordau trotz seiner Anpassungsleistung zu leiden hatte, d. h. daß er die den Juden zugeschriebene rassische Entartung und Nervosität nun in eine „allgemeine-Kultur-Pathologie des fin de siècle" überführte.
27 Nordau, Max (1892): Entartung, Bd. 1, Vorwort.
28 A.a.O., S. 51-54.
29 Nordau, Max (1893): Entartung, Bd. 2, S. 556f..
30 A.a.O., S. 559.
31 A.a.O., S. 560.

32 Zielinski, Siegfried (1996): Maß und Maßlosigkeit – Cesare Lombroso und seine Anthropologie der Abweichungen, S. 109.
33 Zuerst Lombroso, Cesare: Genio e follia, 1864; seit 1886 revidiert: L'uomo di Genio, deutsch: Genie und Irrsinn in ihren Beziehungen zum Gesetz, zur Kritik und Geschichte, Leipzig: Reclam o. J. (1887). Das Thema Entartung griff Lombroso in späten Werken auf (z.B. in Kurella, Hans (Hg.) (1894): Entartung und Genie, Leipzig: Reclam).
34 Daß Lombroso in der Irrenklinik von Pesaro, die er von 1871 bis 1876 leitete, auch Ausstellungen organisierte, wurde bisher offenbar nicht gewürdigt. Zu Lombroso, Frigerio und du Camp vgl. auch MacGregor, John M. (1989): The Discovery of the Art of the Insane, S. 91-102.
35 Lombroso (1887): Genie und Irrsinn, S. 219.
36 Vgl. Schulte, Christoph (1995): Psychopathologie des fin de siècle, S. 344. Auch Fischer betont, daß Lombroso die Werke seiner pathologischen Genies nicht abqualifizierte, während für Nordau ein krankes Genie ein Widerspruch war. Vgl. Fischer, Jens Malte (1984): Entartete Kunst – Zur Geschichte eines Begriffs, S. 346-351.
37 Nordau, Max (1892/1893), Entartung, Bd. 2, S. 22, zit. nach Wyss, Beat (1985): Trauer der Vollendung, S. 248. Durch den beredten Stirnlappen bekommt er, und das ist gemäß Wyss das Neue an seiner Kunsttheorie, ohne Diskussionen „mit einem Schlag die gesamte Moderne in den Griff" (a.a.O.).
38 Vgl. auch Schmuhl, Hans-Walter (1987): Rassenhygiene, Nationalsozialismus, Euthanasie, S. 29-105 mit Literaturhinweisen: Hoche, Alfred E. (1910): Geisteskrankheit und Kultur, Rektoratsrede, Freiburg; Gaupp, Robert (1911): Die Pathologie in Kunst und Literatur, Deutsche Revue, April 1911; Rüdin, Ernst (1910): Über den Zusammenhang zwischen Geisteskrankheit und Kultur, Archiv für Rassen- und Gesellschaftsbiologie 7, 1910, S. 722-748; Schallmayer, Wilhelm (1891): Über die drohende körperliche Entartung der Kulturmenschheit und die Verstaatlichung des ärztlichen Standes, Berlin, Neuwied; Schallmeyer, Wilhelm (1907): Kultur und Entartung, Soz. Med. u. Hyg. 1, 1907, Nr. 9, S. 481, Nr. 10, S. 544.
39 Möbius, Paul J. (1900): Über Entartung, S. 95.
40 Feddersen, Martin (1894): Die Entartung der Münchener Kunst, S. 4.
41 A.a.O..
42 Wyss (1985): Trauer der Vollendung, S. 241. Vgl. auch den Abschnitt „Entartung", S. 239-258.
43 A.a.O..
44 Zit. n. Rothe, Wolfgang (1967): Zur Vorgeschichte Prinzhorns, S. 18.
45 Vgl. Seckel, Curt (1964): Maßstäbe der Kunst im 20. Jahrhundert, S. 14 (ohne Zitatnachweis), zit. nach Pallmert, Sigrid (1993): Adolf Wölfli und Walter Morgenthaler oder der Beginn der Rezeption der Kunst der Geisteskranken, S. 308.
46 Klee, Paul: Brief an Lily Stumpf vom 14.3.1902, in: Klee, Paul (1979): Briefe an die Familie 1893-1940, S. 216.

47 Klee, Paul: Tagebuch III, Nr. 905, 1912, in: Klee, Paul (1988): Tagebücher 1898-1918, S. 322. Noch drei Jahre zuvor reagierte Klee auf van Gogh mit Abstand: „Das Geniale erkannt, aber mit einem gewissen Bangen vor dem Pathologischen", vgl. Klee, Paul: Autobiographische Texte 1919/Wilhelm Hausenstein I, Nr. 816, 1908, in: Klee, Paul (1988), S. 498.
48 Hausenstein, Wilhelm (1911): „Van Gogh". Zu Beginn heißt es: „Wie die Phänomene der Politik werden auch die Phänomene der Malerei stracks aus dem Wahnsinn erklärt und man ist allenfalls so liebenswürdig, ihn für partiell oder für ein zyklisches Irresein zu erklären. Delacroix, Courbet, Manet, Rodin galten den unerschütterlich bourgeoisen Majoritäten stets als mehr oder minder verrückt. Und vollends Cézanne, Munch, Barlach, Gauguin, van Gogh – das alles ist das reine Attentat [...]." A.a.O..
49 Vgl. Panizza, Oskar (1896a): Neues aus dem Hexenkessel der Wahnsinnsfanatiker, S. 366. Panizza fertigte die undatierten Zeichnungen nach seiner Internierung im Jahre 1905 an. Die Mehrzahl der Blätter übergab die Klinik Herzoghöhe, Bayreuth, noch im Todesjahr Panizzas (1921) der Heidelberger Sammlung; ediert wurden sie von Abmeier, Armin; Farin, Michael; Hepp, Roland (Hg.) (1989): „Pour Gambetta", München: edition belleville, vgl. auch Müller, Jürgen (1999): Der Pazjent als Psychiater, S. 95f..
50 Vgl. Hellpach, Willy (1910): Das Pathologische in der modernen Kunst.
51 Vgl. Radkau, Joachim (1998): Das Zeitalter der Nervosität.
52 Bumke, Oswald (1912): Über nervöse Entartung.
53 A.a.O., S. 72.
54 Hartlaub, Gustav (1920): Der Zeichner Josephson, S. 24.
55 Prinzhorn, Hans (1922): Bildnerei der Geisteskranken, S. 347.
56 Vgl. Röske, Thomas (1995): Der Arzt als Künstler, S. 59-61. Prinzhorn versuchte, „den Topos vom Künstler als einem dem Wahnsinn nahen absoluten Außenseiter wissenschaftlich zu begründen." a.a.O., S. 60.
57 Prinzhorn, Hans (1922), S. 348.
58 Prinzhorn (1922), S. 346f. Prinzhorn, wenn er von ‚echten' Künstlern spricht, erwähnt einzelne des Blauen Reiter und der Brücke, doch kannte er auch, so Thomas Röske (1995), S. 147f., manche Spätexpressionisten, etwa aus der Karlsruher Gruppe Rih. Es ist offensichtlich, daß seine visuellen Vorlieben, die auch die Bildauswahl für die „Bildnerei" bestimmten, präsent sind, wenn er die „Abkehr von der schlicht erfaßten Umwelt" zu einem Qualitätsmerkmal macht.
59 Prinzhorn, Hans (1922), S. 348.
60 Vgl. Jaspers (1922): Strindberg und van Gogh – Versuch einer vergleichenden pathographischen Analyse, S. 181f.: „Es ist, als ob eine letzte Quelle der Existenz vorübergehend sichtbar würde [...]. Die Zeit drängt zum Besinnen auf letzte Fragen und zu unmittelbarsten Erfahrungen." Schon vor dem Krieg hatte Jaspers angesichts der Kölner Sonderbund Ausstellung (1913) eine derartige Zeitdiagnose formuliert, wobei er 1922 festhielt, daß van Gogh von expressionistischer Kunst umringt, der „einzige und widerwillig *Verrückte* [sei] unter so vielen, die verrückt sein wollen, aber nur allzu ge-

sund sind." A.a.O., S. 182.
61 Binding, Karl; Hoche; Alfred (1920). Schmuhl, Hans-Walter (1987): Rassenhygiene, Nationalsozialismus, Euthanasie, S. 117 weist daraufhin, wie sehr die mörderischen Argumentationen von Hoche, der noch 1917 jegliche Sterbehilfe abgelehnt hatte, an den Soldatentod seines Sohnes und an die Kriegsopfer überhaupt gebunden seien; der Weltkrieg hatte die bisherige „Unantastbarkeit des Lebens in Frage gestellt". Mit den Gedichten, die Hoche 1921 unter dem Pseudonym Alfred Erich in Freiburg veröffentlichte, verwandelte er seinen Schmerz in mörderische Racheakte gegen deutsche Kriegsverräter oder feindliche Franzosen, so in „Blindgänger" (S. 11).
62 Prinzhorn, Hans (1922), S. 345.
63 A.a.O., S. 361.
64 Hildebrandt, Kurt (1920): Norm und Entartung des Menschen, S. 74. Hildebrandt war zunächst Leiter der Psychiatrischen Klinik Berlin-Wittenau, dann Professor für Philosophie in Kiel; er stand Stefan George nahe, der die Rassentheorie des Psychiaters allerdings ablehnte.
65 A.a.O. S. 79.
66 A.a.O., S. 264f. Das heißt, auch „Hinrichtung" ist erlaubt.
67 A.a.O., S. 268.
68 Vgl. dazu auch Röske, Thomas (1995): Der Arzt als Künstler, S. 235-262.
69 Hildebrandt, Kurt (1920), S. 78f.
70 Die Konstruktion des Psychopathen bot Raum für alle von der Norm abweichenden, leistungsverminderten und leistungsunfähigen Menschen, vgl. Schmuhl, Hans-Walter (1987): Rassenhygiene, Nationalsozialismus, Euthanasie, S. 84-86.
71 Prinzhorn, Hans (1930): Zur Psychologie der Sozialversicherten, Ärztliche Mitteilungen 31, 1930, S. 827-832. 851-854; zit. nach Schmuhl, Hans-Walter (1987), S. 88.
72 Die allgemeine Folgerung, die Schmuhl, Hans-Walter (1987), S. 88 an das Zitat Prinzhorns anschließt, wendet sich ungerechtfertigt gegen diesen, weil man zusammenliest und direkt auf Prinzhorn bezieht, was offensichtlich so nicht zusammengedacht, sondern allgemeine Konklusion ist: „Der Kassenpatient erschien als ein von Natur aus ‚minderwertiger Mensch' [...]. Seine ‚Ausmerze' wurde als rassenhygienisches Postulat deklariert, wobei die Mißachtung der Menschenrechte mit dem Volksgesundheitsgedanken gerechtfertigt wurde."
73 Prinzhorn, Hans (1932): Gemeinschaft und Führertum, S. 187. Der Arzt, der sich als „Revolutionär für die ewigen Dinge" bezeichnete, sich in den zwanziger Jahren von liberalen Ideen und Gleichheitsgedanken distanzierte und gut konservativ Gemeinschafts- und Führerideale ausdachte, erhoffte von der NS-Bewegung eine beherzte nationale und kulturelle Reinigung. Vgl. auch bei Röske, Thomas (1995), S. 235-261, den Abschnitt „Gesellschaftstheorie und Politik". Prinzhorn, der in Berlin an den Feiern in Garnisonkirche und Oper zu Hitlers Machtübernahme März 1933 teilnahm (a.a.O., S. 258), hoffte sichtlich auch auf eine Wende seines getrübten Lebens.

74 Prinzhorn, Hans (1927): Ludwig Klages, in: Annalen I, 1927, S. 401-406, S. 405, zit. nach Röske, Thomas (1995), S. 243 und 258.
75 Hein, Peter Ulrich (1992): Die Brücke ins Geisterreich – Künstlerische Avantgarde zwischen Kulturkritik und Faschismus, S. 280 und Mürner, Christian (1998): Gebrandmarkte Gesichter, Entartete Kunst, S. 36.
76 Prinzhorn, Hans (1932): Gemeinschaft und Führertum, S. 187.
77 Geinitz, Wolfgang (1986/87): Hans Prinzhorn – Das unstete Leben eines ewig Suchenden, S. 60. Geinitz schreibt, auf Quellenangaben verzichtend: „Doch bald erkannte er, daß sich seine Zeitschrift mit diesen Leuten nicht realisieren ließ."
78 Vgl. Rosenberg, Alfred (1930): Der Mythos des 20. Jahrhunderts, S. 546. In diesem Männerbund sollten sich Persönlichkeiten vereinen, die „führend an der Erneuerung des deutschen Volkes teilgenommen hatten." Ähnlich hatte Prinzhorn bereits Ordensregeln für einen auserwählten Männerbund entworfen, Photokopien befinden sich im Archiv der Prinzhorn-Sammlung, Heidelberg.
79 „In der Erkenntnis, daß die letzte Gegenüberstellung der kämpfenden Kräfte sich durch die Bezeichnung Rasse und Chaos kennzeichnen läßt, wird der Kampfbund das rassisch Gebundene als Voraussetzung der deutschen Gesamtgesittung betonen und in jeder sich ermöglichenden Weise die Erkenntnisse dieser allein das Schöpferische gewährleistenden Verbundenheit in die weitesten Kreise tragen." Alfred Rosenberg, zit. nach Rave, Paul Ortwin (1987), S. 20f. Bezeichnend ist auch, daß Prinzhorn 1932 mit Kampfbündlern, wie dem Verlegerpaar Elsa und Hugo Bruckmann und dem Professor für Kunstgeschichte, Heinrich Wölflin, durch Norditalien reiste. Geinitz, Wolfgang (1986/87): Hans Prinzhorn, S. 61.
80 Vgl. auch Röske, Thomas (1995): Der Arzt als Künstler, S. 249-262, der die Beiträge Prinzhorns in der konservativen Zeitschrift „Der Ring" (1930-1932) untersucht, die sich manchmal kritisch, manchmal beifällig mit Zielen und Praxis des Nationalsozialismus befassen. Der Psychotherapeut bot sich darin als „Sinnender" zur Führung der geistig „schwachen Tatmenschen" an.
81 Vgl. Geinitz, Wolfgang (1986/87), S. 61.
82 Weygandt, Wilhelm (1921b): Pathologische Erscheinungen in der modernen Kunst. Weygandt beschäftigte sich mit ‚psychopathologischer' Literaturkritik (Weygandt, Wilhelm (1907): Abnorme Charaktere bei Ibsen, Grenzfragen des Nerven- und Seelenlebens 50, Wiesbaden: Bergmann), ehe er sich Bildender Kunst zuwandte.
83 Weygandt, Wilhelm (1906): Über die Idiotie; Weygandt, Wilhelm (1936): Der jugendliche Schwachsinn. Seine Erkennung, Behandlung und Ausmerzung.
84 Weygandt, Wilhelm: Zur Psychologie des Friedens, in: Deutschlands Erneuerung, 2, 1918, H. 2, S. 113-121, zit. nach Bussche, Hendrik van den (1989), S. 59.
85 Hansen, J. (1985): Wilhelm Weygandt in Würzburg und Hamburg, S. 53.

Anhand Weygandts „epochemachender" Habilitationschrift „Über die Mischzustände des manisch depressiven Irreseins" hebt Hansen die schöpferische Denkweise des Psychiaters hervor, alles „mit Allem kombinieren zu wollen" und lobt: „man denke da auch an *Paul Klee,* der ständig die unterschiedlichsten Dimensionen miteinander mischte und einander kontrapunktisch gegenüberstellte." A.a.O., S. 49. Offenbar ahnungslos gleicht Hansen den verehrten Weygandt mental einem seiner „entarteten" Opfer an.

86   Bussche, Hendrik van den; Pfäfflin, Friedemann; Mai, Christoph (1991): Die Medizinische Fakultät und das Universitätskrankenhaus Eppendorf, S. 1321. Parteigenossen und konkurrierende Kollegen zwangen den Übereifrigen allerdings bereits 1934 in Ruhestand, vgl. Bussche, Hendrik van den (1989): Medizinische Wissenschaft im Dritten Reich, S. 59.

87   In einem Brief vom 25. 10. 1921 an den Verleger Ferdinand Springer schreibt Prinzhorn: Professor Weygandt „ärgerte sich schon im Mai über unsere Sammlung und hat platten Vortrag gehalten, Hellpach will im Sommer Vorlesung dazu halten!" (Archiv Springer-Verlag, Heidelberg).

88   Vgl. Anfragen des Assistenten Dr. Ritterhaus vom 5.10. und 24.11.1922 und Antwort Dr. Hermkes vom 25.10.1922, Verwaltungsakten der Anstalt Eickelborn, Amt für Denkmalpflege, Landschaftsverband Westfalen-Lippe, Münster.

89   Weygandt, Wilhelm (1928): Die Staatskrankenanstalt Friedrichsberg und Psychiatrische Universitätsklinik Hamburg, S. 46-53. Dort wird die Klinik ausführlich vorgestellt mit ihrem „reichen Menschenmaterial", Forschungsaufgaben und Sammlungen, zu deren Fundus an Patientenkunst angeblich viele Ärzte beigetragen haben. Die Sammlung in Friedrichsberg muß heute als verloren gelten. Ihren Charakter kann man vielleicht angesichts der eindrucksvollen Reste des Pathologisch-anatomischen Cabinets von Rudolf Virchow in der Schumannstraße auf dem Gelände der Berliner Charité erahnen, von dessen einst 23.600 Stücken immerhin 2000 den Krieg überstanden haben.

90   Weygandt, Wilhelm (1928), zit. nach Weber-Jasper, Elisabeth (1996): Wilhelm Weygandt (1870-1939), S. 220.

91   Weygandt, Wilhelm (1925): Zur Frage der pathologischen Kunst, S. 425 und 422.

92   A.a.O, S. 423.

93   Weygandt, Wilhelm (1921a): Kunst und Wahnsinn, mit Abb..

94   Prinzhorn, Hans (1922): Bildnerei der Geisteskranken, S. 346.

95   Bresler, Johannes (1937): Professor Dr. med. et phil. W. Weygandt zum Geleit, S. 214.

96   „In über 20 Ländern von Europa, Nord- und Südamerika, Asien und Afrika hat W. wissenschaftliche Vorlesungen [...] im Sinne der deutschen Kulturpropaganda gehalten unter großem Aufwand von Kosten und Opfern, wobei er mehrmals unterwegs erkrankte, Unfällen ausgesetzt war und einmal auf der Durchreise von den Sowjets verhaftet werden sollte." A.a.O., S. 214.

97   A.a.O., S. 216.

[98] Vgl. Vogeler, Heinrich (1989): Werden. Erinnerungen. Mit Lebenszeugnissen aus den Jahren 1923-1942, S. 203f.
[99] A.a.O., S. 206-212. – Vogeler berichtet, wie er auf einen der Brandstiftung verdächtigten Proletarier maltherapeutisch einwirkte. „Ich veranlaßte den Jungen zu schreiben, auch zu zeichnen und später alles den Ärzten zu übergeben. Das befreite ihn psychisch, und dann ließ man ihn auch nach einigen Monaten frei, ungefähr zur gleichen Zeit wie mich." A.a.O., S. 209.
[100] Alle Zitate Weygandt, Wilhelm (1921a): Kunst und Wahnsinn, S. 485.
[101] Neue Zürcher Zeitung vom 11. 7 1920.
[102] Weygandt (1921a), S. 485. Vgl. auch die gekürzte Textversion in Weygandt, Wilhelm (1921b): Pathologische Erscheinungen in der modernen Kunst, in der es heißt: „Nicht Irrsinn, sondern Entartung ist ihr Zeichen."
[103] Der Aufsatz (Weygandt, Wilhelm 1923) „La psicopatologia nell' arte", erschien in Giornale di Psichiatria clinica e Manicomiale, Bd. 51, 1923 war nur mit Spürsinn zu ermitteln, weil er irrtümlich als selbständige Schrift (Ferrara 1923) zitiert wurde, zuletzt von Bresler, Johannes (1937), S. 216, der den fernen Erscheinungsort damit begründete, daß es „damals in Deutschland zu schwierig war, sie bei Verlegern unterzubringen und auch die Wiedergabe der vielen Abbildungen in der Inflation zu kostspielig gewesen wäre." Waren es tatsächlich nur die Kosten (69 Abbildungen, 14 Textseiten), die deutsche Verleger fürchteten?
[104] Weygandt, Wilhelm (1923), S. 29.
[105] A.a.O., S. 36f..
[106] A.a.O., S. 39; fig. 53f. und fig. 55.
[107] A.a.O., S. 40.
[108] Künzel, Werner (1921): Kubismus und Geisteskrankheit, S. 406. Der Arzt, Dr. Künzel, plädiert im übrigen gerade nicht dafür, dieses kubistische Blatt „für eine krankhafte Entgleisung" zu halten, wenn er auch den Künstler selbst für „geisteskrank" hält, a.a.O. S. 407.
[109] Weygandt, Wilhelm (1923), S. 42.
[110] Vgl. etwa Schuster, Peter-Klaus (1997): Hugo von Tschudi und der Kampf um die Moderne, der (S. 39) nebenbei vermerkt, daß sogar Wilhelm Bode die Kunst der Futuristen und Dadaisten als „entartet" verwarf.
[111] Der Kampfbund stellte sich am 23. 2.1929 in München der Öffentlichkeit vor. Die aktiven 65 Förderer waren zur Hälfte Hochschullehrer, darunter der Kunstwissenschaftler Heinrich Wölflin. Mitglieder waren u.a. auch Hugo Bruckmann und J. F. Lehmann als Verleger sowie Winifred Wagner und Daniela Thode, als Vertreterinnen des Bayreuther Musiktheaters.
[112] Schultze-Naumburg, Paul (1928): Kunst und Rasse, S. 104 (Anm.). Vgl. auch Brand-Claussen, Bettina (1997): Das „Museum für pathologische Kunst" in Heidelberg, S. 17f. und ausführlich Mürner, Christian (1998): Gebrandmarkte Gesichter, Entartete Kunst. – Einer der ersten, der sich ausgehend von Schultze-Naumburg mit der deutschen Kunstpolitik der psychopathographischen Verurteilung befaßt hat, ist Gorsen, Peter (1969): Kunstkritik und Psychopathologie, Probleme ihres Zusammenhangs.

113 Borrmann, Norbert (1989): Paul Schultze-Naumburg 1869-1949, S. 217.
114 Schultze-Naumburg, Paul (1928), S. 89. Angesicht dieser gewalttätigen Konfrontation fordert Mürner, Christian (1998), S. 133: „[...] die Entwürdigung von Menschen – nackt, auf einem Stuhl zur Schau gestellt, ohne Körper, ohne Kopf – wird ästhetisch aufs äußerste umgesetzt. Ihrer Demagogie kann die erneute Reproduktion nur in der Hoffnung der Rehabilitation begegnen, der Forderung nach der Analyse der gewaltsamen und normalisierenden Betrachtung [...]".
115 Grasskamp, Walter (1989): Die unbewältigte Moderne – Kunst und Öffentlichkeit, S. 112-119.
116 Weygandt, Wilhelm (1902): Atlas und Grundriß der Psychiatrie, S. 544: „Der zur Zeit 24 Jahre alte [...] Kretine [...]. Beim Essen wiegt er den Kopf und grunzt zufrieden. Er erkennt Gegenstände, besonders Eßwaren, und greift danach."
117 Weygandt, Wilhlem (1902), S. VI. Der Münchner Maler Johannes Fink konnte bisher nicht nachgewiesen werden. – Weygandt betont, daß er, um den Personenschutz zu wahren, entweder „Bilder von vor einiger Zeit verstorbenen Geisteskranken" gewählt habe oder auch die Ähnlichkeit „durch Beseitigung individueller, nicht pathognomischer Züge, mittels Aenderung der Haarfarbe, Barttracht usw. ausschaltete." A.a.O., S. VII. Heißt das, daß der offensichtlich damals noch lebende Stuhl-Steher durch veränderte Haarfarbe unkenntlich gemacht wurde?
118 Hans Gruhle, Brief vom 14. März an den Kunstverein Kassel, Archiv der Prinzhorn-Sammlung, Heidelberg.
119 Wie nahe Gruhle dem Kollegen dann doch wieder steht, zeigt die Zusammenarbeit an dem Lehrbuch der Nerven- und Geisteskrankheiten, Halle: Marhold, 1935, das Gruhle 1952 kommentarlos, doch von Antisemitismus ‚gereinigt' und, wie es im Vorwort heißt, „nach dem heutigen Stande der Wissenschaft" neu bearbeitet in 2. Auflage wieder herausgab.
120 Vgl. Willrich, Wolfgang (1937): Säuberung des Kunsttempels; Dresler, Adolf (1937): Deutsche Kunst und Entartete „Kunst".
121 Vgl. Zuschlag, Christoph (1995): „Entartete Kunst", S. 74. Vgl. auch das Kunstinteresse des Leiters der Psychiatrischen Abteilung in Bethel, Carl Schneider, der im August 1933 zwei Assistenten auf eine nicht öffentliche Schulungsausstellung nach Bielefeld schicken wollte, weil „kommunistisch-marxistische Bilder [...] gerade für den Psychiater von besonderem Interesse" seien, a.a.O., S. 109.
122 Vgl. Brand-Claussen, Bettina (1990): Die „Irren" und die „Entarteten", und Zuschlag, Christoph (1995), S. 237-247.
123 Hartlaub, G. F.; Krauss, Erna (Hg.) (1958): Felix Hartlaub in seinen Briefen, S. 159.
124 Der Brief an die Direktion der Klinik (Archiv der Psychiatrischen Universitätsklinik Heidelberg, Verwaltungsakte X/4) ist, wie Zuschlag, Christoph (1995), S. 246 herausfand, unterzeichnet von Wilhelm Niederste-Osthholt, Fachbeiratsvorsitzender des Instituts für deutsche Kultur- und Wirtschafts-

propaganda und Geschäftsführer der Reichspropagandaleitung in München.
125 Der Jurastudent und zeitweilige Ausstellungsleiter Hartmut Pistauer (vgl. Zuschlag, Christoph (1995), S. 379-381, der auch berichtet, daß Pistauer nach 1945 im Hauptsekretariat von Daimler-Benz in Stuttgart tätig war) besichtigte im Herbst 1937 die Sammlung auf der Suche nach Vergleichen. In der Folge davon verlieh man eine unbekannte Anzahl – vielleicht achtzig bis hundert – Exponate, von denen jedoch nur einzelne und zwar erstmals auf der Berliner Station Februar bis Mai 1938 der Wanderausstellung zugeordnet wurden; mehrheitlich sandte man die Auswahl im Juni 1938 nach der dritten, der Leipziger Station, zurück nach Heidelberg. Vgl. Rückgabeliste Leipzig vom 6. Juni 1938 und Begleitbrief Pistauers vom 2.7.1938 aus Düsseldorf, Verwaltungsakte X/4, Archiv der Psychiatrischen Universitätsklinik Heidelberg. Pistauer erinnerte sich 1990 Christoph Zuschlag (1995, S. 379f.) gegenüber: „Wohl schon 1937 besuchte ich zwei Wochen lang den damaligen Direktor der Psychiatrischen Klinik in Heidelberg. Ich suchte nach Vergleichsbeispielen für die in der Schau „Entartete Kunst" gezeigten Exponate. Tatsächlich fand ich einige verblüffend ähnliche Werke von Patienten, mit denen ich z.T. auch persönlich sprach. Ich erinnere mich deutlich, Photographien gemacht, allerdings nicht daran, auch Originale ausgesucht bzw. entliehen zu haben. Herr Schneider war sehr interessiert und unterstützte meine Arbeit." Ob seine Photographien im Ausstellungsführer Verwendung fanden, erinnerte Pistauer nicht mehr.
126 Allein vier Seiten der erst für die Berliner Station 1938 produzierten Broschüre sind der pathologisierenden Beweisführung gewidmet. Karl Genzel ("Brendel"), Oskar Herzberg und Georg Birnbacher aus der Heidelberger Sammlung müssen mit ihren Werken gegen Paul Klee, Oskar Kokoschka, Eugen Hoffmann und Joseph Haizmann zeugen. Eingestreute Redebrocken Hitlers bedrohen augenkranke oder unbelehrbare Künstler mit Sterilisation oder Haft. Autonome Farbwahl erklärt er zum Indiz für erbkranke Augen – Max Nordau hatte dies 1890 vorformuliert. – Vermutlich waren die in der Broschüre abgebildeten Blätter aus der Sammlung Teil der Tournee – zumindest für Genzels „Kopf" ist es gesichert.
127 Vgl. den Bericht Zuschlags zur Berliner Station (a.a.O., S. 242 und Abb. 68) mit dem Hinweis, daß der von einem Tuch fast verdeckte „Kopf" von Genzel neben dem „Mädchenkopf" von Hoffmann im Raum von Max Beckmanns „Der Strand" stehe. Zur Hamburger Ausstellung November 1938 und der offenbar gleichen Positionierung wie in Berlin vgl. Zuschlag (a.a.O., S. 265 u. 269), der anhand von Pressereaktionen feststellt, daß in der Abteilung „Geistige Entartung" Arbeiten aus der Psychiatrischen Klinik Heidelberg zugleich mit Beckmanns „Der Strand" gezeigt wurden, als Beweis, daß die „moderne[n] Künstler die Kunst der Idioten noch zu unterbieten wußten" (a.a.O., S. 269). – Im übrigen gibt, wie Zuschlag dokumentiert, die Presse fast zu jeder Station einen schriftlichen oder photographischen Hinweis auf das Heidelberger Vergleichsmaterial. Anschaulich ist das Photo von der Frankfurter Station 1939 (a.a.O., Abb. 107). Daß die Exponate in der

Ausstellung nicht so spektakulär und überzeugend wirkten, wie das ‚gleichmacherische' Medium der Photographie auf publizistischer Ebene versprochen hatte, war wohl Folge der unterschiedlichen Formate und Techniken. Die Patienten-Arbeiten beschränkten sich meist auf bescheidene Formate, auf Papier, Bleistift und Aquarell, wären damit eher für eine Konfrontation mit der – weniger sensationellen – Graphik geeignet.

[128] Vgl. Zuschlag, Christoph (1995), S. 293. Von den insgesamt einst 700 Werken verzeichnet eine Liste nurmehr 235. Über den Verbleib der Heidelberger Arbeiten ist nichts bekannt. Zuletzt erwähnt werden sie in Waldenburg, Anfang 1941, a.a.O., S. 292.
[129] Grasskamp, Walter (1989): Die unbewältigte Moderne, S. 82.
[130] Vgl. Brief Hartmut Pistauers vom 2.7.1938, Verwaltungsakte Akte X/4, Archiv Psychiatrische Klinik Heidelberg. Der für den 19.7.1938 in Düsseldorf geplante Vortrag wurde nicht gehalten, vgl. Schneider, Carl (1939): Entartete Kunst und Irrenkunst, S. 135.
[131] Auch Schneiders später noch gelobtes arbeitstherapeutisches Konzept war unmenschlich, denn es basierte auf Machtspielen des Arztes. Vgl. Laufs, Bernd (1989): Die Psychiatrie zur Zeit des Nationalsozialismus am Beispiel der Heidelberger Universitätsklinik.
[132] Schneider, Carl (1939): Entartete Kunst und Irrenkunst, S. 60.
[133] A.a.O., S. 135 und 156f..
[134] A.a.O., S. 162.
[135] „Er bestellte sich in verschiedenen Irrenanstalten [...] besonders interessante Fälle von Geisteskranken – ‚schöne Idioten' – die nach eingehender Voruntersuchung in einer Tötungsanstalt ermordet wurden", damit er oder Kollegen sie sezieren und hirnpathologisch untersuchen konnte." Laufs, Bernd (1989), S. 46f. u. 129.
[136] Transportliste vom 20.3.1940 für die Tötungsanstalt Grafeneck, Archiv Psychiatrisches Landeskrankenhaus Emmendingen – freundlicher Hinweis von Dr. Gabriel, Emmendingen.
[137] Vgl. Brief vom 29.5.1952, Kopie im Archiv der Prinzhorn-Sammlung.
[138] Freundliche Mitteilung von Maike Rotzoll und Gerrit Hohendorf, Heidelberg 1998, die anhand neuer Aktenfunde gegenwärtig versuchen, weitere Opfer namentlich zu ermitteln.

Literaturverzeichnis

Barron, Stephanie (Hg.) (1992): „Entartete Kunst" – Das Schicksal der Avantgarde im Nazi-Deutschland, Ausstellungskatalog Los Angeles 1991 und Berlin 1992, München: Prestel
Birnbaum, Karl (1924): Grundzüge der Kulturpsychopathologie (Grenzfragen des Nerven- und Seelenlebens 116), München: Bergmann
Binding, Karl; Hoche, Alfred (1920): Die Freigabe der Vernichtung lebensunwer-

ten Lebens. Ihr Maß und ihre Form., Leipzig: Meiner
Borrmann, Norbert (1989): Paul Schultze-Naumburg 1869-1949 – Maler, Publizist, Architekt – Vom Kulturreformer der Jahrhundertwende zum Kulturpolitiker im Dritten Reich, Essen: Bacht
Brand-Claussen, Bettina (1990): Die „Irren" und „Entarteten" – Die Rolle der Prinzhorn-Sammlung im Nationalsozialismus, in: Buxbaum, Roman; Stähli, Pablo (Hg.): Von einer Wellt zu'r Andern – Kunst von Außenseitern im Dialog, Köln: DuMont, S. 143-150
Brand-Claussen, Bettina (1997): Das „Museum für pathologische Kunst" in Heidelberg. Von den Anfängen bis 1945, in: Wahnsinnige Schönheit – Prinzhorn-Sammlung, Ausstellungskatalog Osnabrück 1997, Heidelberg: Wunderhorn, S. 7-23
Bresler, Johannes (1937): Professor Dr. med. et phil. W. Weygandt zum Geleit, Psychiatrisch-Neurologische Wochenschrift 39, Heft 20, 1937, S. 213-217
Bumke, Oswald (1912): Über nervöse Entartung, Berlin: Springer, 2. Aufl. 1922 unter dem Titel Kultur und Entartung
Bussche, Hendrik van den (Hg.) (1989): Medizinische Wissenschaft im „Dritten Reich" – Kontinuität, Anpassung und Opposition an der Hamburger Medizinischen Fakultät (Hamburger Beiträge zur Wissenschaftsgeschichte Bd. 5), Berlin: Reimer
Bussche, Hendrik van den; Pfäfflin, Friedemann; Mai, Christoph (Hg.) (1991): Die Medizinische Fakultät der Hamburger Universität und das Universitätskrankenhaus Eppendorf – Die Medizinische Fakultät, in: Krause, Eckart; Huber, Ludwig; Fischer, Holger (Hg.) (1991): Hochschulalltag im „Dritten Reich" – Die Hamburger Universität 1933-1945 – Teil III (Hamburger Beiträge zur Wissenschaftsgeschichte Bd. 3), Berlin: Reimer
Dresler, Adolf (1937): Deutsche Kunst und Entartete „Kunst", München: Deutscher Volksverlag
Feddersen, Martin (1894): Die Entartung der Münchener Kunst, München
Fischer, Jens Malte (1984): Entartete Kunst. Zur Geschichte eines Begriffs, Merkur 38, 1984, S. 346-351
Geinitz, Wolfgang (1986/87): Hans Prinzhorn. Das unstete Leben eines ewig Suchenden, in: Klages, Prinzhorn und die Persönlichkeitspsychologie. Zur Weltsicht von Ludwig Klages. Vorträge und Aufsätze, Hestia Bd. 1986/87, Bonn: Bouvier-Verlag S. 39-64
Gorsen, Peter (1969): Kunstkritik und Psychopathologie, Probleme ihres Zusammenhangs, in: Gorsen, Peter (1969): Das Bild Pygmalions, Kunstsoziologische Essays, Reinbek bei Hamburg, S. 142-196
Grasskamp, Walter (1989): Die unbewältigte Moderne – Kunst und Öffentlichkeit, München: C. H. Beck
MacGregor, John M. (1989): The Discovery of the Art of the Insane, Princeton: Princeton University Press
Grimminger, Rudolf (1998): Nationalsozialismus und Modernität, in: Vietta, Silvio; Kemper, Dirk (Hg.) (1998): Ästhetische Moderne in Europa. Grundzüge und Problemzusammenhänge seit der Romantik, München: Fink, S. 425-440

Gruhle, Hans (1935): Lehrbuch der Nerven- und Geisteskrankheiten, Halle: Marhold, 2. überarb. Aufl. 1952
Hansen, J. (1985): Wilhelm Weygandt in Würzburg und Hamburg, in: Nissen, Gerhardt; Keil, Gundolf (Hg.) (1985): Psychiatrie auf dem Wege zur Wissenschaft, Psychiatrie-historisches Symposium anläßlich des 90. Jahrestages der Eröffnung der „Psychiatrischen Klinik der Königlichen Universität Würzburg", Stuttgart, New York, S. 48-53
Hartlaub, Gustav (1920): Der Zeichner Josephson, Genius 1, 1920, S. 22-32
Hartlaub, G. F.; Krauss, Erna (Hg.) (1958): Felix Hartlaub in seinen Briefen, Tübingen: Wunderlich
Hausenstein, Wilhelm (1911): Van Gogh, Neue Zeit 29, Heft 37, S. 1-3
Hein, Peter Ulrich (1992): Die Brücke ins Geisterreich. Künstlerische Avantgarde zwischen Kulturkritk und Faschismus, Reinbek bei Hamburg: rowohlt
Hellpach, Willy (1906): Die geistigen Epidemien (Die Gesellschaft, Sammlung sozialpsychologischer Monographien, hg. von Martin Buber, Bd. 11), Frankfurt/Main: Rütten und Loening
Hellpach, Willy (1910): Das Pathologische in der modernen Kunst, Vortrag gehalten am 3. Oktober 1910 auf dem IV. internationalen Kongreß für Irrenfürsorge zu Berlin, Heidelberg: Carl Winter
Hildebrandt, Kurt (1920): Norm und Entartung des Menschen, Dresden: Sibyllen
Hoche, Alfred (1907): Moderne Analyse psychischer Erscheinungen, Vortrag gehalten auf der Versammlung deutscher Naturforscher und Ärzte in Dresden, Jena 1907: Fischer
Hoche, Alfred (1939): Die Geisteskranken in der Dichtung, München: Lehmann
Jaspers, Karl (1922): Strindberg und van Gogh. Versuch einer vergleichenden pathographischen Analye, Neuaufl. München 1977: Piper
Klee, Paul (1979): P. K., Briefe an die Familie 1893-1940, hg. von Felix Klee, Köln 1979: DuMont
Klee, Paul (1988): P. K., Tagebücher 1898-1918. Textkritische Neuedition, hg. von Paul Klee Stiftung Kunstmuseum Bern, bearb. von Wolfgang Kersten, Stuttgart 1988: Hatje
Künzel, Werner (1921): Kubismus und Geisteskrankheit, Archiv für Psychiatrie und Nervenkrankheiten 62, 1921, S. 395-407
Kurella, Hans (Hg.) (1894): Entartung und Genie, Leipzig: Reclam
Langbehn, August Julius (1890): Rembrandt als Erzieher. Von einem Deutschen. (Anonym erschienen), 45. Aufl. 1900, Leipzig: Hirschfeld
Laufs, Bernd (1989): Die Psychiatrie zur Zeit des Nationalsozialismus am Beispiel der Heidelberger Universitätsklinik, Homburg/Saar: Medizinische Dissertation
Lombroso, Cesare (1887): Genie und Irrsinn in ihren Beziehungen zum Gesetz, zur Kritik und Geschichte, Leipzig (o. J.): Reclam
Möbius, Paul J. (1900): Über Entartung, Wiesbaden: Bergmann
Müller, Jürgen (1999): Der Pazjent als Psychiater. Oskar Panizzas Weg vom Irrenarzt zum Insassen, Bonn: Psychiatrie Verlag

Mürner, Christian (1998): Gebrandmarkte Gesichter, Entartete Kunst. Die Denunzierung der Bilder von psychisch Kranken, Behinderten und Künstlern, Aachen: Murken-Altrogge

Nordau, Max (1892/93): Entartung, Bd. 1 1892, Bd. 2 1893, Berlin: Duncker

Pallmert, Sigrid (1993): Adolf Wölfli und Walter Morgenthaler oder der Beginn der Rezeption der Kunst der Geisteskranken, Zeitschrift für Schweizerische Archäologie und Kunstgeschichte 50, 1993, S. 301-312

Panizza, Oskar (=Saint Froid, Jules) (1896a): Die geisteskranken Psychiater, Die Gesellschaft 12, 1896, 1. Quartal, S. 362-367

Panizza, Oskar (=Saint Froid, Jules) (1896b): Neues aus dem Hexenkessel der Wahnsinns-Fanatiker, Die Gesellschaft 12, 1896, 3. Quartal, S. 938-943

Prinzhorn, Hans (1922): Bildnerei der Geisteskranken – Ein Beitrag zur Psychologie und Psychopathologie der Gestaltung, Berlin 4. Aufl. 1994: Springer

Prinzhorn, Hans (1932): Gemeinschaft und Führertum. Ansatz zu einer biozentrischen Gemeinschaftstheorie, in: Prinzhorn, Hans (Hg.) (1932): Die Wissenschaft am Scheidewege von Leben und Geist, Festschrift Ludwig Klages zum 60. Geburtstag, Leipzig: Barth, S. 179-189

Radkau, Joachim (1998): Das Zeitalter der Nervosität – Deutschland zwischen Bismarck und Hitler, München, Wien: Hanser

Rave, Paul Ortwin (1947): Kunstdiktatur im Dritten Reich, hg. von Schneede, Uwe M., Frankfurt/M., Olten, Wien: Argon

Riha, Karl (Hg.) (1989): Johannes Baader, Oberdada. Menschliche Menagerien (Vergessene Autoren der Moderne XLII), Siegen: Universitätsverlag

Röske, Thomas (1995): Der Arzt als Künstler. Ästhetik und Psychotherapie bei Hans Prinzhorn (1886-1933), Bielefeld: Aisthesis

Rosenberg, Alfred (1930): Der Mythus des 20. Jahrhunderts – Eine Wertung der seelisch-geistigen Gestaltenkämpfe unserer Zeit, München 59/60. Aufl. 1935: Hoheneichen

Rosenberg, Willi (1923): Moderne Kunst und Schizophrenie. Unter besonderer Berücksichtigung von Paul Klee, Jena: Medizinische Dissertation

Rothe, Wolfgang (1967): Zur Vorgeschichte Prinzhorns, in: Bildnerei der Geisteskranken. Aus der Prinzhorn-Sammlung, Ausstellungskatalog Heidelberg 1967, Galerie Rothe, Heidelberg, S. 17-42

Sadger, Isidor (1912): Von der Pathographie zur Psychographie (Erstveröffentlichung Imago 1912), in: Fischer, Jens Malte (Hg.) (1980): Psychoanalytische Literaturinterpretation. Aufsätze aus Imago 1912-1937, München: dtv

Schmuhl, Hans Walther (1987): Rassenhygiene, Nationalsozialismus, Euthanasie – Von der Verhütung zur Vernichtung ‚lebensunwerten Lebens', 1890-1945 (Kritische Studien zur Geschichtswissenschaft, Bd. 75), Göttingen: Vandenhoeck & Ruprecht

Schneider, Carl (1939): Entartete Kunst und Irrenkunst, Archiv für Psychiatrie und Nervenkrankheiten 110, 1939, S. 135-164

Schulte, Christoph (1997): Psychopathologie des fin de siècle. Der Kulturkritiker, Arzt und Zionist Max Nordau, Frankfurt: Fischer

Schultze-Naumburg, Paul (1928): Kunst und Rasse, München: Lehmann

Schuster, Peter-Klaus (1997): Hugo von Tschudi und der Kampf um die Moderne, in: Manet bis van Gogh. Hugo von Tschudi und der Kampf um die Moderne, Ausstellungskatalog Berlin und München 1997, München, New York: Prestel, S. 20-40
Seckel, Curt (1964): Maßstäbe der Kunst im 20. Jahrhundert, Düsseldorf
Stehr, Alfred (1933): Arzt, Priesterarzt und Staatsmann, München: Verlag der ärztlichen Rundschau
Vogeler, Heinrich (1989): Werden. Erinnerungen. Mit Lebenszeugnissen aus den Jahren 1923-1942, Fischerhude: Atelier im Bauernhaus
Weber-Jasper, Elisabeth (1996): Wilhelm Weygandt (1870-1939) – Psychiatrie zwischen erkenntnistheoretischem Idealismus und Rassenhygiene (Abhandlungen zur Geschichte der Medizin und Naturwissenschaften 76), Husum: Matthiesen
Weygandt, Wilhelm (1902): Atlas und Grundriß für Psychiatrie (Lehmanns medizinische Handatlanten, Bd. XXVII), München: Lehmann
Weygandt, Wilhelm (1906): Über die Idiotie (Sammlung zwangloser Abhandlungen auf dem Gebiete der Nerven- und Geisteskrankheiten Bd. 6, Heft 6/7), Halle 1906
Weygandt, Wilhelm (1921a): Kunst und Wahnsinn, Die Woche 23, Heft 22, Juni 1921, S. 483-485
Weygandt, Wilhelm (1921b): Pathologische Erscheinungen in der modernen Kunst, in: Der Deutsche vom 8.12.21
Weygandt, Wilhelm (1923): La psicopatologia nell' arte, Giornale di Psichiatria clinica e Manicomiale 51, 1923, S. 29-77 (Ferrara)
Weygandt, Wilhelm (1925): Zur Frage der pathologischen Kunst, Zeitschrift für die gesamte Neurologie und Psychiatrie 94, 1925, S. 421-429
Weygandt, Wilhelm (1928): Die Staatskrankenanstalt Friedrichsberg und Psychiatrische Universitätsklinik Hamburg, Düsseldorf: Rhenania
Weygandt, Wilhelm (1936): Der jugendliche Schwachsinn. Seine Erkennung, Behandlung und Ausmerzung, Stuttgart 1936
Willrich, Wolfgang (1937): Die Säuberung des Kunsttempels, München, Berlin: Lehmann
Wottreng, Willi (1999): Wie die Irrenärzte August Forel und Eugen Bleuler das Menschengeschlecht retten wollten, Zürich: Weltwoche-ABC-Verlag
Wyss, Beat (1985): Trauer der Vollendung. Zur Geburt der Kulturkritik, Erstveröffentlichung 1985, Köln 1997: DuMont
Zielinski, Siegfried (1996): Maß und Maßlosigkeit. Cesare Lombroso und seine Anthropologie der Abweichungen, in: Müller-Funk, Wolfgang; Reck, Hans Ulrich (Hg.) (1996): Inszenierte Imagination. Beiträge zu einer historischen Anthropologie der Medien, Wien, New York: Springer
Zuschlag, Christoph (1995): „Entartete Kunst" – Ausstellungsstrategien im Nazi-Deutschland, Worms: Wernersche Verlagsgesellschaft

305

Abb. 1 Ernst Josephson, Erschaffung Adams, Federzeichnung (In: Genius 1, 1920, S. 27)

Abb. 2 Oskar Kokoschka, Bildnis Oskar Forel (1848-1931), Öl auf Leinwand, 1910 (Mannheimer Kunsthalle)

Abb. 3 Max Nordau mit Tochter
Maxa am 70. Geburtstag in Granada,
1919 (Zionistisches Zentralarchiv,
Jerusalem: Schulte 1997, S. 357)

Abb. 4 Fritz von Uhde, In der
Heiligen Nacht, 1893, Holz, 59
x 51 cm (Verbleib unbekannt,
in: Hans Rosenhagen, F.v.Uhde,
Stuttgart 1908, S. 137)

*Abb. 5 Hans Prinzhorn um 1925
(Prinzhorn-Sammlung)*

Abb. 6 „Aus der anatomischen Sammlung" (In: Wilhelm Weygandt, Die Staatskrankenanstalt Friedrichsberg und Psychiatrische Universitätsklinik Hamburg, Düsseldorf, Rhenania, 1928, S. 48)

Abb. 7 „Aus der Sammlung pathologischer Kunst. Werke aus dem Junkerhaus" (In: Wilhelm Weygandt, Die Staatskrankenanstalt Friedrichsberg und Psychiatrische Universitätsklinik Hamburg, Düsseldorf, Rhenania, 1928, S. 53)

Abb. 8 Franz Karl Bühler („Pohl") (1864-1940) Würgeengel undatiert, farbige Kreide auf Papier (Verbleib unbekannt, in: Hans Prinzhorn, „Bildnerei der Geisteskranken", Frontispiz)

Abb. 9 Werke Kokoschkas, eines anonymen Patienten (aus der Sammlung Weygandt) und Franz Marcs (In: Wilhelm Weygandt, La psicopatologia nell' arte, in: Giornale di Psichiatria Clinica e Technica Manicomiale 51, Ferrara, 1923, S. 68f.)

Abb. 10 Werke eines anonymen Patienten und Schmidt-Rottluffs (In: Wilhelm Weygandt, La psicopatologia nell' arte, in: Giornale di Psichiatria Clinica e Technica Manicomiale 51, Ferrara, 1923, S. 70f.)

Abb. 11 Werke Morgners, Chagalls, Picassos und eines anonymen Künstlers (Patient von Dr. Künzel) (In: Wilhelm Weygandt, La psicopatologia nell' arte, in: Giornale di Psichiatria Clinica e Technica Manicomiale 51, Ferrara, 1923, S. 72f.)

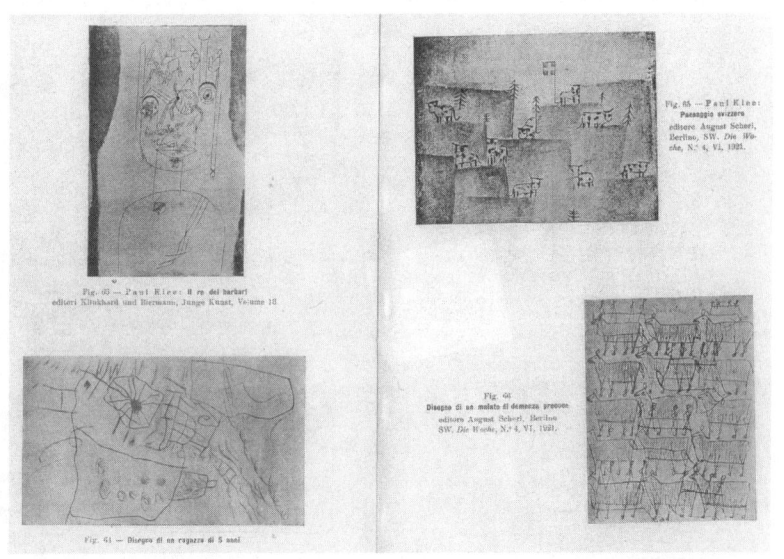

Abb. 12 Werke Paul Klees, eines Kindes und eines annonymen Patienten (In: Wilhelm Weygandt, La psicopatologia nell' arte, in: Giornale di Psichiatria Clinica e Technica Manicomiale 51, Ferrara, 1923, S. 74f.)

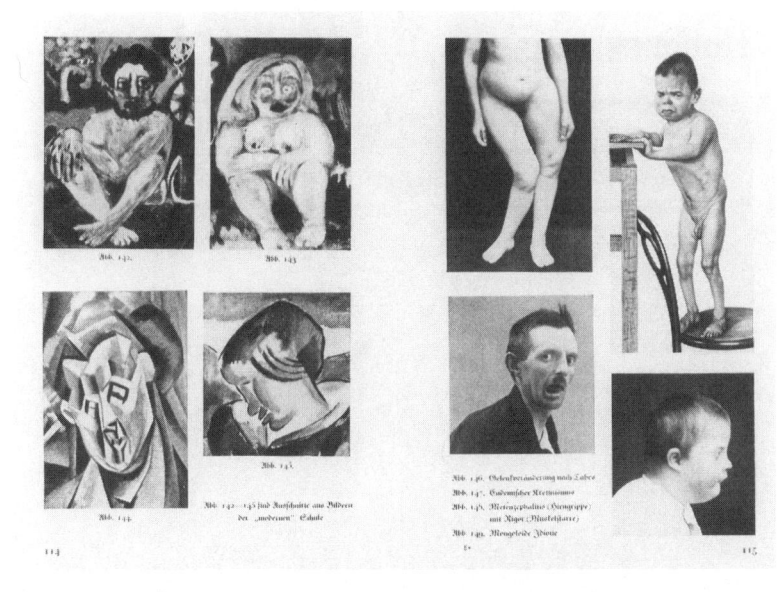

Abb. 13 Patienten und Patientinnen gegenüber Werken von Emil Nolde und Erich Heckel (In: Paul Schultze-Naumburg, Kunst und Rasse, München, Lehmann, 1928, S. 104)

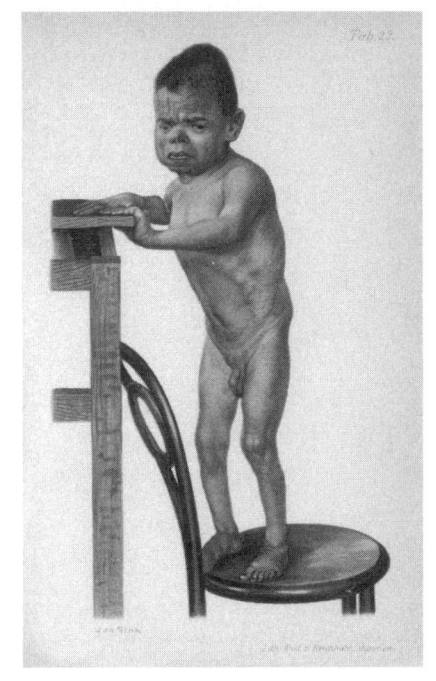

Abb. 14 „Fall 123" (In: Wilhelm Weygandt, Atlas und Grundriß für Psychiatrie, Lehmanns medizinische Handatlanten, Band XXVII, München 1902, S. 544, Tafel 22, farbige Lithographie nach einer Vorlage von Kunstmaler Joh. Fink)

Nationalsozialistische Deutsche Arbeiterpartei

Reichsleitung

München, Briennerstraße 45
Briefanschrift: München 33, Briefsach 80
Telefon-Nummern: 54901 u. 58343
Postscheckkonto München 23319

Zentralorgan der Partei:
„Völkischer Beobachter"
Verlag: München, Thierschstr. 11, F 22131
Berlin, Zimmerstr. 88, F K 1 Jäger 0022
Schriftleitung: München, Schellingstr. 39, F 20801
Berlin, Zimmerstr. 88, F K 1 Jäger 0022

Reichspropagandaleitung.

München, den 22.1.1938.
Karlstraße 20.

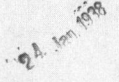

24. Jan. 1938

An die
Direktion der psychiatrischen Klinik,

H e i d e l b e r g .

Unter Bezugnahme auf die Unterredung des Herrn Pistauer
mit Herrn Professor Schneider teile ich Ihnen mit, daß
die Reichspropagandaleitung der NSDAP als Veranstalterin
der Ausstellung "Entartete Kunst" die Haftung für die von
Ihnen zur Verfügung zu stellenden Bilder und Plastiken
übernimmt. Ich bitte Sie, eine ausführliche Liste dieser
Bilder und Plastiken einzureichen, die wir Ihnen sofort
quittieren werden. Die Verpackung und den Versand bitte
ich einem Heidelberger Spediteur zu übergeben und diesen
zu veranlassen, die Werke an die Spedition Knauer, Berlin,
für Adresse Ausstellung "Entartete Kunst" zu Lasten der
Reichspropagandaleitung der NSDAP zu senden.

Heil Hitler!
I.A.

Höflichkeitsformeln fallen bei allen parteiamtlichen Schreiben weg.

*Abb. 15a Brief der Reichspropagandaleitung an Carl Schneider, 22.1.1938
(Archiv der Psychiatrischen Universitätsklinik Heidelberg)*

Ausstellung „Entartete Kunst"

Ausstellungsleitung

6. Juni 1938

L i s t e

der Werke der Irrenkunst aus Heidelberg (zurückgesandtes Material)

2887	Phant. Gest.		2308	Dame auf der Ofenbank
712	Landschaft		2310	Sonnendrachen
721	Seelandschaft		2307	Figuren
244	Gesicht		83	Kopf
"	"		....	Landschaft
3034	Gestalt		2876	Kreuzigung
871	Phantasie		7	Schöpfungsgeschichte
235	Gesicht		22	Osterfrieden
2314	Gartenlandsch.		876	Phantasie
5.3.20	2 Bilder		1888	Phant. Landschaft
385	Gestalten		1661	3 Bilder
...	Selbstbildnis		....	.....
2895	"Sein bei"		264	Männerportrait
2903	Gestalt		4212	Sonne über Wasserturm
717	Gesicht		718	Landschaft
715	Phant.		2167	Frauengestalten
4369	Teich		4234	Pappellandschaft
882	.....		4203	Brautpaar
21	d. Teufel u. der deutsche Michel		....	.....
888	Reiterkampf		2968	Kopf
628	Es braust ein Ruf..		2160	phant. Stadtbild
280	Figuren		4366	Waldlandschaft
...	Mode-Entwurf		2326	Klebearbeit
...	Selbstbildnis		81	Klebearbeit
6	Phant. Zyklus		....	Klebearbeit
3924	Ritter mit Pferd		2326	Phant. Szene
3178	Kopf		180	Winterlandschaft
....	schreibend Frau		62	Knabenkopf
710	Figuren		3174	2 Köpfe
404	Wolfsschlucht		1887	Lampenphantasie
194	die Schöpfung		23–41	Skizzenbuch
2297	Gott		42–56	Zeichenblock
4202	Grabstätte		1–16	Skizzenbuch
403	Wer wälzte...		17–22	lose Blätter (Oelstift)
2303	Altar		57–75	lose Blätter (Bleistift)
193	Aus d. Schöpfungsgeschichte		134	Holzplastik
2306	Dame in Blau		202	Holzplastik
4270	Frauenbildnis			
2264	Exotisches Gebäude			
2338	Pavillon			
2305	Landsch.m.Boot			
2316	phant. Landschaft			
4366	Sonnenaufgang			

Abb. 15b Teil-Rückgabeliste der im Januar 1938 ausgeliehenen Exponate für die Ausstellung „Entartete ‚Kunst'" Leipzig, 6. Juni 1938 (Archiv der Psychiatrischen Universitätsklinik Heidelberg)

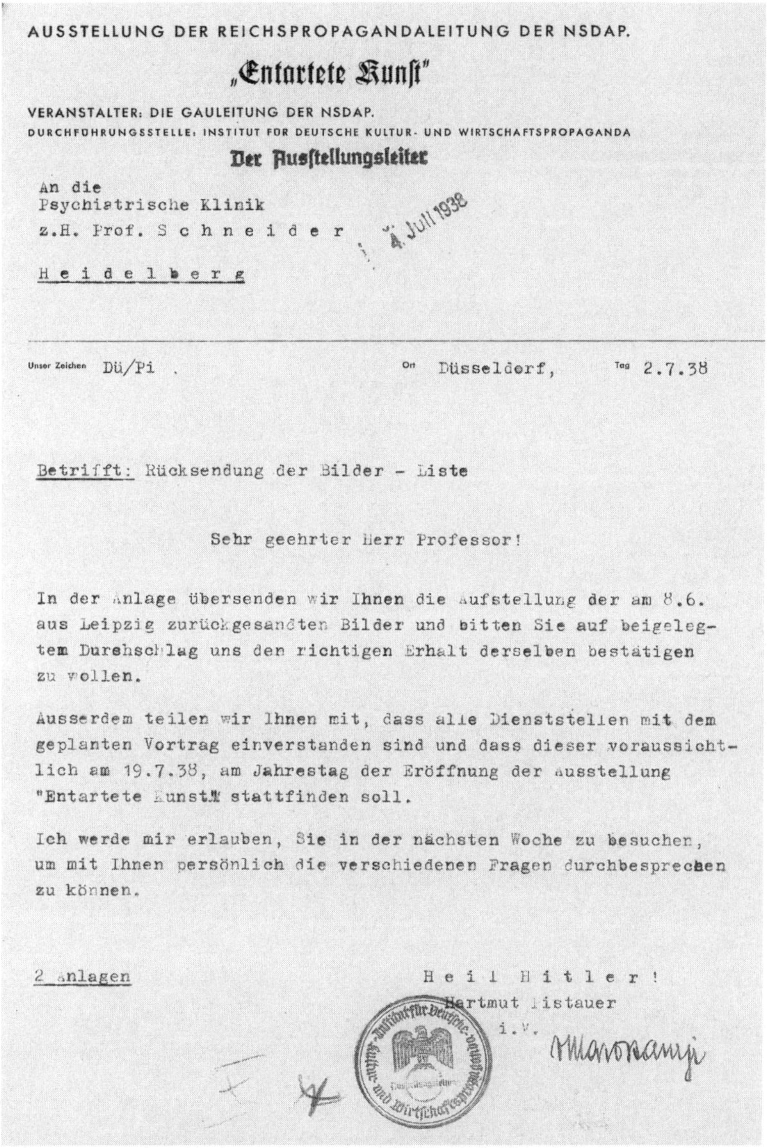

AUSSTELLUNG DER REICHSPROPAGANDALEITUNG DER NSDAP.

„Entartete Kunst"

VERANSTALTER: DIE GAULEITUNG DER NSDAP.
DURCHFÜHRUNGSSTELLE: INSTITUT FÜR DEUTSCHE KULTUR- UND WIRTSCHAFTSPROPAGANDA

Der Ausstellungsleiter

An die
Psychiatrische Klinik
z.H. Prof. S c h n e i d e r   4. Juli 1938

H e i d e l b e r g

Unser Zeichen Dü/Pi .   Ort Düsseldorf,   Tag 2.7.38

Betrifft: Rücksendung der Bilder - Liste

Sehr geehrter Herr Professor!

In der Anlage übersenden wir Ihnen die Aufstellung der am 8.6. aus Leipzig zurückgesandten Bilder und bitten Sie auf beigelegtem Durchschlag uns den richtigen Erhalt derselben bestätigen zu wollen.

Ausserdem teilen wir Ihnen mit, dass alle Dienststellen mit dem geplanten Vortrag einverstanden sind und dass dieser voraussichtlich am 19.7.38, am Jahrestag der Eröffnung der Ausstellung "Entartete Kunst" stattfinden soll.

Ich werde mir erlauben, Sie in der nächsten Woche zu besuchen, um mit Ihnen persönlich die verschiedenen Fragen durchbesprechen zu können.

2 Anlagen   H e i l H i t l e r !
                                            Hartmut Pistauer
                                                  i.V.

Abb. 15c Begleitbrief an Klinikdirektor Carl Scheider von Ausstellungsfunktionär Hartmut Pistauer vom 2.7.1938 aus Düsseldorf (Archiv der Psychiatrischen Universitätsklinik Heidelberg)

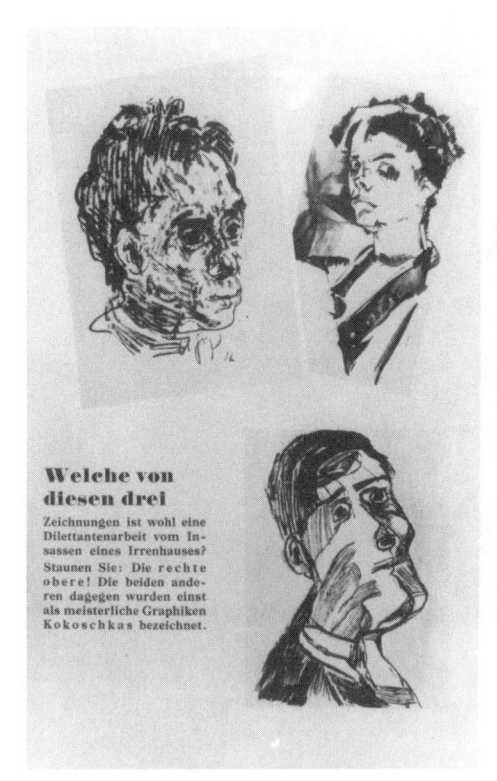

Abb. 16 Ausstellungsführer „Entartete Kunst" (Berlin 1938), oben rechts: Georg Birnbacher, Selbstbildnis um 1920 (Prinzhorn-Sammlung, Verbleib unbekannt); oben links: Oskar Kokoschka, Walter Hasenclever, 1917, Lithographie; unten rechts: Oskar Kokoschka, Selbstbildnis von zwei Seiten, 1923, Farblithographie.

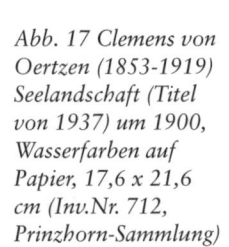

Abb. 17 Clemens von Oertzen (1853-1919) Seelandschaft (Titel von 1937) um 1900, Wasserfarben auf Papier, 17,6 x 21,6 cm (Inv.Nr. 712, Prinzhorn-Sammlung)

Abb. 18 Else Blankenhorn (1873-1921) Lampenphantasie (Titel von 1937) um 1910, Öl/ Papier, 44 x 58,2 cm (Inv.Nr. 1887, Prinzhorn-Sammlung)

Abb. 19 Franz Karl Bühler („Pohl") (1864-1940) Kreuzigung (Titel von 1937), 1907, Kreide über Bleistift, laviert, auf Papier, 41,6 x 31,1 cm (Inv. Nr. 2925, Prinzhorn-Sammlung)

Abb. 20 Arthur F. Becker (oder Buhr?) Gesicht (Titel von 1937) vor 1920, Bleistift auf Toilettenpapier, 15,4 x 12 cm (Inv. Nr. 244, Prinzhorn-Sammlung)

Abb. 21 Else Blankenhorn (1873-1921) Frauenbildnis (Titel von 1937) um 1910, Öl auf belichtetem Photopapier, 13 x 18 cm (Inv. Nr. 4270, Prinzhorn-Sammlung)

Abb. 22 Joseph Schneller („Sell") (1878-1943) Phantastisches Stadtbild (Titel von 1937) um 1920, Bleistift und Farbstifte auf Papier, 20,3 x 16 cm (Inv.Nr. 2166, Prinzhorn-Sammlung)

Abb. 23 Joseph Schneller („Sell") (1878-1943) Zwei Figuren (Titel von 1937) um 1915, Bleistift und Farbsitfte auf Papier, collagiert, 19,1 x 12,5 cm (Inv. Nr. 2307, Prinzhorn-Sammlung)

319

Abb. 24 Paul Goesch (1885-1940) „Phantasie" um 1920, Deckfarben über Bleistift auf Papier, 16,5 x 20,6 cm (Inv.Nr. 876, Prinzhorn-Sammlung)

Abb. 25 Bericht zur Ausstellung „Entartete Kunst" in Hamburg, November 1938; Hamburger Tageblatt-Wochenschau, 13. November 1938 (Staats- und Universitätsbibliothek Carl von Ossietzky, Hamburg)

320

Abb. 26 Anonym (C. oder Wölffle?) Liebespaar (Titel von 1937) um 1925, Deckfarben auf Aquarellkarton, 68,2 x 56,3 cm (Inv.Nr. 4370, Prinzhorn-Sammlung)

Abb. 27 Max Hatzenbühler (geb. 1888) Hitlerjunge, 1936, Bleistift auf Zeichenpapier, 45 x 35 cm (Inv.Nr. 5013, Prinzhorn-Sammlung)

Inhaltsverzeichnis

Vorwort

Christoph Mundt, Gerrit Hohendorf, Maike Rotzoll   S. 5

Grußworte

Christoph Mundt   S. 13

Otto Kramer   S. 19

Hartmut Kirchheim   S. 21

Hans-Günther Sonntag   S. 22

Eike Martin   S. 24

Franz Resch   S. 25

Thomas Schaller   S. 27

Klara Nowak   S. 31

Eduard Naudascher:
Worte eines betroffenen Angehörigen   S. 33

Historische Referate zur Heidelberger Forschungsabteilung

Volker Roelcke, Gerrit Hohendorf, Maike Rotzoll:
Die Forschungsabteilung der Psychiatrischen Universitätsklinik Heidelberg 1943-1945 und ihre Entwicklung in die nationalsozialistische „Euthanasie"   S. 41

Hans-Werner Scheuing:
Zur Geschichte des Schwarzacher Hofes S. 63

Willi Dreßen:
Das Heidelberger Verfahren gegen Rauch u.a.
– Versuch einer rechtlichen Beurteilung S. 91

Petra Lutz:
NS-Gesellschaft und „Euthanasie" – die Reaktionen der Eltern
ermorderter Kinder S. 97

Mahnmalsenthüllung

Dokumentenlesung S. 115

Christoph Zuschlag:
Das Mahnmal als künstlerische Herausforderung S. 123

Wissenschaftliches Symposium

Eduard Seidler:
„Kindereuthanasie" im Nationalsozialismus S. 129

Manfred Müller-Küppers:
Die Entwicklung der Kinder- und Jugendpsychiatrie
im Nationalsozialismus S. 145

Franz Resch:
Auch in Wien... Kindertötungen an der Heilpädagogischen
Klinik „Am Spiegelgrund" S. 165

Hans-Walter Schmuhl:
Von der Verhütung zur Vernichtung „lebensunwerten Lebens".
Zur Radikalisierung der Erb- und Rassenpolitik im
Nationalsozialismus S. 179

Klaus Dörner:
Die „Endlösung" der Sozialen Frage S. 193

Henry Friedlander:
„Euthanasie" und Holocaust   S. 203

Thomas Fuchs:
„Endlich einmal mit den alten Vorstellungen vom
Menschen Schluß machen..." – Wissenschaft und
Lebensvernichtung im Nationalsozialismus   S. 213

Hans Lauter:
„Euthanasie" – früher und heute   S. 231

Wolfgang U. Eckart:
Humanexperiment und Probandenrecht in der Medizin
des 20. Jahrhunderts   S. 247

Bettina Brand-Claussen: Häßlich, falsch, krank.
„Irrenkunst" und „irre" Kunst zwischen Wilhelm Weygandt
und Carl Schneider   S. 265

Verzeichnis der Autorinnen und Autoren   S. 325

Verzeichnis der Autorinnen und Autoren

Dr. Bettina Brand-Claussen
geb. 1947, Dr. phil., Kunsthistorikerin. 1978-1983 Katalogisierung der Prinzhorn-Sammlung. 1988-1994 Mitherausgeberin der Zeitschrift „Frauen Kunst Wissenschaft". Seit 1988 Stellvertretende Kustodin der Prinzhorn-Sammlung. Veröffentlichungen in Ausstellungskatalogen und Sammelbänden.

Prof. Dr. Dr. Klaus Dörner
geb. 1933 in Duisburg, Studium der Medizin sowie der Soziologie, Geschichte und Philosophie. 1968-1979 Assistenz- und Oberarzt der Psychiatrischen Universitätsklinik Hamburg. 1980-1996 Leitender Arzt des Westfälischen Landeskrankenhauses Gütersloh. Psychiatrischer Lehrstuhl der Universität Witten/Herdecke.

Oberstaatsanwalt Willi Dreßen
geb. 1935 in Eschweiler/Rheinland, Studium der Rechts- und Staatswissenschaften an den Universitäten Köln und Bonn. 1965 Dezernent bei der Staatsanwaltschaft Aachen. 1967 Abordnung an die Zentrale Stelle der Landesjustizverwaltungen in Ludwigsburg. 1976 Gruppenleiter (Staatsanwalt). 1984 ständiger Vertreter des Behördenleiters. 1997 Ernennung zum Behördenleiter (Oberstaatsanwalt) unter gleichzeitiger Übernahme in den Justizdienst des Landes Baden-Württemberg. Veröffentlichungen u.a.: „Schöne Zeiten" – Judenmord aus der Sicht Täter und Gaffer, Frankfurt/M. 1988; „Gott mit uns" – Der deutsche Vernichtungskrieg im Osten 1933-1945, Frankfurt/M. 1989.

Prof. Dr. Wolfgang U. Eckart
geb. 1952, Dr. med., 1977 Approbation als Arzt. 1978 Promotion, 1986 Habilitation. 1988-1992 Professor für Geschichte der Medizin an der Medizinischen Hochschule Hannover. Seit 1992 Professor für Geschichte der Medizin und Direktor des Instituts für Geschichte der Medizin an der Universität Heidelberg. 1996-1998 Präsident der Gesellschaft für Wissenschaftsgeschichte.

Prof. Dr. Henry Friedlander
geb. 1930, Ph.D. University of Pennsylvania, Professor für Zeitgeschichte, Department of Judaic Studies, Brooklyn College, City University of New York. Veröffentlichungen u.a. Der Weg zum NS-Genozid: Von der Euthanasie zur Endlösung, Berlin 1997.

PD Dr. Dr. Thomas Fuchs
geb. 1958 in München. Nach dem Studium der Medizin, Philosophie und Geschichte 1989 Promotion in Medizingeschichte zum Thema „Die Mechanisierung des Herzens". Ausbildung zum Facharzt für Psychiatrie in der Psychiatrischen Klinik der Technischen Universität München. Seit 1997 Oberarzt an der Psychiatrischen Universitätsklinik Heidelberg. 1999 Promotion in Philosophie über die Phänomenologie von Leib und Raum; Habilitation in Psychiatrie mit einer Arbeit über die Psychopathologie der Leiblichkeit. Veröffentlichungen zu psychopathologischen, anthropologischen, medizinhistorischen und -ethischen Themen.

Dr. Gerrit Hohendorf
geb. 1963, Dr. med., Studium der Medizin und der evangelischen Theologie in Bonn und Heidelberg. Assistenzarzt an der Psychiatrischen Universitätsklinik Heidelberg. Veröffentlichungen zur Geschichte der Psychoanalyse und Psychosomatik sowie zur Psychiatrie im Nationalsozialismus.

Prof. Dr. Hartmut Kirchheim
geb. 1934 in Allenstein/Ostpreußen, 1955-1960 Studium der Medizin an den Universitäten Marburg, Mainz und Gießen. 1961 Promotion zum Dr. med. an der Universität Gießen. 1961-1963 Medizinal-

assistent an den Universitätskliniken Gießen und Heidelberg. 1963-1966 wissenschaftlicher Assistent am Physiologischen Institut der Universität Heidelberg. 1966-1968 „postdoc" am Department of Physiology and Biophysics der University of Washington, Seattle, Wash., USA. 1968 Wiederaufnahme der Tätigkeit am I. Physiologischen Institut der Universität Heidelberg. 1970 Habilitation im Fach Physiologie, Universität Heidelberg. 1973 Ernennung zum apl. Professor an der Universität Heidelberg. Seit 1975 Leiter der Abteilung Biophysik des Kreislaufs am I. Physiologischen Institut der Universität Heidelberg. 1989-1991 und 1993/1994 Dekan der Fakultät für Naturwissenschaftliche Medizin der Universität Heidelberg. 1997-1999 Prorektor (Medizin) der Universität Heidelberg.

Ministerialdirigent Dr. Otto Kramer
geb. 1939, Dr. jur., Ministerialdirigent, ehemals Leiter der Universitätsabteilung im Ministerium für Wissenschaft, Forschung und Kunst von Baden-Württemberg.

Prof. Dr. Hans Lauter
geb. 1928 in Düsseldorf. 1956-1964 Assistenzarzt an den Psychiatrischen Kliniken in München und Göttingen. 1964 Habilitation. 1970 Ernennung zum a.o. Professor. 1972-1978 ärztlicher Direktor des Allgemeinen Krankenhauses Ochsenzoll in Hamburg und Chefarzt der dortigen 1. Psychiatrischen Abteilung. 1978 o. Professor. 1978-1996 Inhaber des Lehrstuhls für Psychiatrie an der Technischen Universität München und Direktor der Psychiatrischen Klinik rechts der Isar in München. 1996 emeritiert, seither niedergelassener Psychiater in München. Arbeitsschwerpunkte: Alterspsychiatrie, anthropologische und ethische Probleme im Bereich der Psychiatrie und Medizin.

Petra Lutz
geb. 1964, Lehramtsstudium der Geschichte/Germanistik an der Universität Heidelberg und an der Freien Universität Berlin. Erstes Staatsexamen 1994. Promotionsstipendiatin des Evangelischen Studienwerkes 1995-1998. Arbeitet an einer Dissertation über Angehörigenreaktionen auf die NS-„Euthanasieaktion". Seit 1999 wissenschaftliche Mitarbeiterin des Deutschen Hygiene-Museums, Dresden.

Prof. Dr. Eike Martin
geb. 1944. Dr. med., Studium der Medizin an der Johannes-Gutenberg-Universität Mainz. 1972 Approbation. 1976 Facharzt für Anästhesie am Institut für Anästhesie und Reanimation der Fakultät für Klinische Medizin, Mannheim. 1977 Habilitation im Fach Anästhesiologie, Universität Heidelberg. 1977 Oberarzt des Instituts für Anästhesiologie der Ludwig-Maximilians-Universität (LMU) München. 1980 Berufung als Professor an der Klinik für Anästhesiologie der LMU München. 1987-1990 Chefarzt des Instituts für Anästhesiologie des Städt. Klinikums Nürnberg. Seit 1990 Ordinarius der Klinik für Anästhesiologie des Universitätsklinikums Heidelberg. Seit 1993 Vorsitzender des Klinikumsvorstandes des Universitätsklinikums Heidelberg.

Prof. Dr. Manfred Müller-Küppers
geb. 1925. Studium der Medizin in Greifswald. 1951 Staatsexamen. 1950-1956 Psychologiestudium und Ausbildung zum Psychoanalytiker in Berlin. Facharzt für Psychiatrie und Neurologie und Kinder- und Jugendpsychiatrie. 1969 Habilitation in Heidelberg. 1972 Lehrstuhl für Kinder- und Jugendpsychiatrie in Heidelberg. Arbeitsschwerpunkte: Forensische Kinder- und Jugendpsychiatrie, Psychopathologie der geistigen Behinderung, destruktive Kulte und sogenannte Jugendreligionen, Geschichte der Kinder- und Jugendpsychiatrie. Seit 1993 emeritiert.

Prof. Dr. Christoph Mundt
geb. 1944. Studium der Medizin in München, Wien und Heidelberg. Ausbildung zum Facharzt in Heidelberg und London. 1982 Habilitation. 1987 Direktor am Bezirkskrankenhaus Haar bei München für den Akutbereich. 1989 Ruf nach Heidelberg. Ärztlicher Direktor der Psychiatrischen Klinik der Universität Heidelberg. 1993 Ruf nach Berlin (abgelehnt). Arbeitsschwerpunkte: Schizophrenieforschung, psychosoziale Faktoren für Entstehung und Verlauf affektiver Störungen, Psychotherapieforschung.

Prof. Dr. Ing. Eduard Naudascher
geb. 1929 in Sofia/Bulgarien. 1949-1954 Studium des Bauingenieurwesens an der Technischen Hochschule Karlsruhe. Lehre und Forschung in Wasserbau/Hydromechanik und Technikfolgenbewertung in den USA (8 Jahre) und an der Universität Karlsruhe (26 Jahre). Emeritiert seit 1994.

Klara Nowak
geb. 1922 in Berlin. 1941 zwangssterilisiert. 1945 umgezogen nach Halberstadt. 1952 Staatsexamen als Krankenschwester. 1957 Umsiedlung nach Westdeutschland. 1974 Frührentnerin. 1987 - März 1999 Vorsitzende des Bundes der „Euthanasie"-Geschädigten und Zwangssterilisierten e.V., Detmold. Danach Ehrenvorsitzende des Bundes der „Euthanasie"-Geschädigten und Zwangssterilisierten e.V., Detmold.

Prof. Dr. Franz Resch
geb. 1953 in Wien. Ordinarius und Ärztlicher Leiter der Abteilung Kinder- und Jugendpsychiatrie der Universität Heidelberg. Ausbildung zum Facharzt für Psychiatrie und Neurologie, Facharzt für Kinder- und Jugendneuropsychiatrie an der Universitätsklinik Wien. 1991 Erteilung der Lehrbefugnis für Psychiatrie und Neurologie des Kindes- und Jugendalters. 1991 Absolvierung einer Lehr- und Trainingsanalyse und Anerkennung als Individualpsychologe und Mitglied des Österreichischen Vereins für Individualpsychologie. 1993 Arzt für Psychotherapeutische Medizin nach den Richtlinien der Österreichischen Ärztekammer. Arbeitsschwerpunkte: Entwicklungspsychopathologie des Kindes- und Jugendalters, klinische Emotionsforschung sowie Krisen und Psychosen des Adoleszenzalters.

Prof. Dr. Volker Roelcke
geb. 1958. Studium der Medizin (1984 Dr. med., Universität Heidelberg) sowie der Ethnologie, der Alten Geschichte und Philosophie (1988 Master of Philosophy, Cambridge University). Facharzt für Psychiatrie. Seit 1992 Mitarbeiter am Medizinhistorischen Institut der Universität Bonn. 1997 Habilitation für Geschichte der Medizin und Ethnomedizin. Seit Wintersemester 1999/2000 Professor am Institut

für Medizin- und Wissenschaftsgeschichte der Medizinischen Universität Lübeck. Arbeitsschwerpunkte: Geschichte der Psychiatrie im 19. und 20. Jahrhundert, Medizin im Nationalsozialismus, transkulturelle Psychiatrie und Ethnomedizin.

Dr. Maike Rotzoll
geb. 1964, Dr. med., Studium der Medizin und Philosophiegeschichte in Lübeck, Florenz und Heidelberg. Arbeiten zur Medizin der frühen Neuzeit und zur Psychiatriegeschichte.

Bürgermeister Thomas Schaller
geb. 1946, seit 1980 Parteimitglied der Grünen. Von 1980-1984 im Gemeinderat der Stadt Stuttgart. Bis 1986 freiberuflicher Stadtplaner (Dipl.-Ing.). Ab 1986 Dezernent für Planung und Umwelt in Offenbach/Main. Seit 1993 Bürgermeister für Umwelt und Energie der Stadt Heidelberg.

PD Dr. Hans-Walter Schmuhl
geb. 1957 in Oberhausen/Rheinland. Studium der Geschichte, Germanistik und Latein an den Universitäten Bochum und Bielefeld. 1986 Promotion. 1995 Habilitation. Privatdozent an der Fakultät für Geschichtswissenschaft und Philosophie der Universität Bielefeld. Selbständiger Historiker („Zeitsprung" – Agentur für Historische Recherchen) Veröffentlichungen u.a.: Rassenhygiene, Nationalsozialismus, Euthanasie. Von der Verhütung zur Vernichtung „lebensunwerten Lebens", 1890-1945, Göttingen 1987, 2. Auflage 1992; Was ist Gesellschaftsgeschichte? Positionen, Themen, Analysen, München 1991 (Mitherausgeber); Ärzte in der Anstalt Bethel, 1890-1945, Bielefeld 1997; Die Herren der Stadt. Bürgerliche Eliten und städtische Selbstverwaltung in Nürnberg und Braunschweig vom 18. Jahrhundert bis 1918, Gießen 1998; Perspektiven der Gesellschaftsgeschichte, München 2000 (Mitherausgeber).

Dr. Hans-Werner Scheuing
geb. 1947 in Stuttgart. Evangelischer Theologe, Diplompädagoge und Sonderschullehrer. 1996 Promotion zum Dr. theol. an der Universität Heidelberg. Seit 1976 Mitarbeiter des Schwarzacher Hofes der Jo-

hannes-Anstalten Mosbach. Tätigkeit als Sonderschullehrer mit schwerstbehinderten Schülern. Gelegentlich Dozententätigkeit bei Fortbildungen zur Problematik „Euthanasie" damals und heute.

Rolf Schneider
geb. 1948 in Heidelberg. 1971-1976 Studium an der FH Wiesbaden bei Prof. Erwin Schutzbach. 1985-1986 Stipendium Cité Internationale des Arts, Paris. Seit 1985 Mitglied im Internationalen Künstlergremium. Seit 1994 Mitglied der Freien Akademie der Künste, Mannheim. Zahlreiche Einzelausstellungen, u.a. 1986, 1987, 1991, 1992, 1994, und 1996 in der Galerie Schütz, Frankfurt. 2000 im Kunstverein Heidelberg.

Prof. Dr. med. Eduard Seidler
geb. 1929. em. o. Professor für Geschichte der Medizin an der Albert-Ludwigs-Universität Freiburg i.Br., Facharzt für Kinderheilkunde.

Philipp Damian Siefert
geb. 1962 in Marburg an der Lahn. Studium der Musik an der Akademie für Tonkunst, Darmstadt bei Johannes G. Fritsch und Toni Völker (Komposition) und Olaf von Gonissen (Gitarre). Freie Improvisationen mit Volker Staub und Caspar Johannes Walter auf neuen Instrumenten. Dadaistisches Kabarett mit Bernd Goldau und Jutta Kargel. Verschiedene Projekte (z.B. Nachtlicht – Eine musikalisch-literarische Soiree; Erik Satie-Portraitkonzert; Texte und Musik für eine Filzhutmodenschau). Seit 1988 Beschäftigung mit Musik und Texten von Schizophrenen insbesondere aus der Prinzhorn-Sammlung Heidelberg. Lebt als freischaffender Komponist, Musiker und Dozent für Musik und Bewegung in Erbach im Odenwald.

Prof. Dr. Dr. h.c. Hans-Günther Sonntag
geb. 1938. Studium der Medizin an den Universitäten Gießen und Kiel, an letzterer Approbation und Promotion. Ab 1967 wissenschaftlicher Assistent am Hygiene-Institut der Universität Kiel. 1974 Habilitation für das Fach Immunologie. 1976 Erweiterung auf das Fach Medizinische Mikrobiologie. Seit 1980 Lehrstuhlinhaber und Ge-

schäftsführender Direktor des Hygiene-Instituts der Universität Heidelberg. Seit 1981 Mitglied des Senats der Universität Heidelberg. Von 1981-1987 Dekan der Fakultät für Theoretische Medizin und seit 1994 Dekan der Medizinischen Fakultät und gleichzeitig Mitglied des Klinikumsvorstandes der Universität Heidelberg. 1997 Verleihung der Ehrendoktorwürde durch die Semmelweis Medizinische Universität Budapest.

Dr. Christoph Zuschlag
geb. 1964 in Hannover, Studium der Kunstgeschichte, Geschichte, Klassischen und Christlichen Archäologie in Heidelberg und Wien. Mitarbeit an der Ausstellung „‚Entartete Kunst'. Das Schicksal der Avantgarde im Nazi-Deutschland" (USA 1991, Berlin 1992). 1991 Promotion über „‚Entartete Kunst'. Ausstellungsstrategien im Nazi-Deutschland", Worms 1995. 1991-1998 wiss. Mitarbeiter am Kunsthistorischen Institut der Unviersität Heidelberg. Co-Kurator der Ausstellung „Brennpunkt Informel. Quellen-Strömungen-Reaktionen" (Heidelberg 1998/1999). Derzeit Fertigstellung der Habilitationsschrift „‚Die Zukunft gehört der Erinnerung'. Kunst in der Kunst seit 1960" mit einem Habilitationsstipendium der Deutschen Forschungsgemeinschaft. Publikationen überwiegend zur Kunst des 20. Jahrhunderts.

Aus unserem Verlagsprogramm:

Gerrit Hohendorf, Achim Magull-Seltenreich (Hrsg.)

Von der Heilkunde zur Massentötung
Medizin im Nationalsozialismus
286 Seiten, DM 28,–
ISBN 3-88423-067-0

Norbert Giovannini, Jo-Hannes Bauer,
Hans Martin Mumm (Hrsg.)

Jüdisches Leben in Heidelberg
Studien zu einer unterbrochenen Geschichte
Mit einem Grußwort von Landesrabbiner
Prof. Dr. Nathan Peter Levinson
Anhang mit Zeittafel, Gesamtliteraturliste,
Personenregister, Dokumenten und 46 sw-Fotos
334 Seiten, gebunden, DM 58,–
ISBN 3-88423-077-8

Frank Moraw u.a.

Oppenheimer. Eine Heidelberger Familie vor dem Holocaust.
Der Schicksalsweg der Heidelberger Familie Oppenheimer im Nationalsozialismus.
Text- und Bildsammlung, erstellt von einer Arbeitsgemeinschaft
am Kurfürst-Friedrich-Gymnasium in Heidelberg.
48 Seiten, DM 24.–
ISBN 3-88423-132-4

Norbert Giovannini / Frank Moraw (Hrsg.)

Erinnertes Leben
Autobiographische Texte zur jüdischen Geschichte Heidelbergs
Mit einem Grußwort von Oberbürgermeisterin Beate Weber
Zahlreiche sw-Abbildungen
400 Seiten, gebunden, DM 48,–
ISBN 3-88423-129-4

Schriftenreihe des Dokumentations-und Kulturzentrums Deutscher Sinti und Roma

Band 8 *Anita Awosusi (Hrsg.)*

Stichwort: Zigeuner.

Zur Stigmatisierung von Sinti und Roma in Lexika und Enzyklopädien.
1998, 173 Seiten, gebunden, DM 38,–
ISBN 3-88423-141-3

Band 9 *Anita Awosusi (Hrsg.)*

Zigeunerbilder in der Kinder- und Jugendliteratur.
2000, 144 Seiten, gebunden, DM 38,–
ISBN 3-88423-177-4

Romani Rose (Hrsg.)

„**Den Rauch hatten wir täglich vor Augen...**"

Der nationalsozialistische Völkermord an den Sinti und Roma

Mit einem Vorwort von Simon Wiesenthal. Text- und Bildband zur ständigen Ausstellung im Dokumentations- und Kulturzentrum Deutscher Sinti und Roma.

380 Seiten, 300 sw Fotos, zahlreiche Dokumente,
DM 88,– (HC), DM 68,– (SC)

ISBN 3-88423-142-1 (HC)

ISBN 3-88423-143-X (SC)

Verlag das Wunderhorn · Bergstraße 21 · 69120 Heidelberg
www.wunderhorn.de

Bitte fordern Sie unser Verlagsverzeichnis an.